ÉTICA A EUDEMO

O livro é a porta que se abre para a realização do homem.

Jair Lot Vieira

ARISTÓTELES

ÉTICA A EUDEMO

TRADUÇÃO, TEXTOS ADICIONAIS E NOTAS
EDSON BINI
Estudou Filosofia na Faculdade de Filosofia,
Letras e Ciências Humanas da USP.
É tradutor há mais de 40 anos.

Copyright da tradução e desta edição © 2015 by Edipro Edições Profissionais Ltda.

Todos os direitos reservados. Nenhuma parte deste livro poderá ser reproduzida ou transmitida de qualquer forma ou por quaisquer meios, eletrônicos ou mecânicos, incluindo fotocópia, gravação ou qualquer sistema de armazenamento e recuperação de informações, sem permissão por escrito do editor.

Grafia conforme o novo Acordo Ortográfico da Língua Portuguesa.

1ª edição, 1ª reimpressão 2021.

Editores: Jair Lot Vieira e Maíra Lot Vieira Micales
Coordenação editorial: Fernanda Godoy Tarcinalli
Tradução, textos adicionais e notas: Edson Bini
Editoração: Alexandre Rudyard Benevides
Revisão: Fernanda Godoy Tarcinalli
Revisão do grego: Ticiano Lacerda
Arte: Karine Moreto Massoca

Dados Internacionais de Catalogação na Publicação (CIP)
(Câmara Brasileira do Livro, SP, Brasil)

Aristóteles (384-322 a.C.)

    Ética a Eudemo / Aristóteles ; tradução, textos adicionais e notas Edson Bini – São Paulo : Edipro, 2015. (Série Clássicos Edipro)

    Título original: ἨΘΙΚΑ ΕΥΔΗΜΕΙΑ

    ISBN 978-85-7283-897-9

    1. Aristóteles 2. Filosofia antiga 3. Eudemo, de Rodes I. Bini, Edson II. Título III. Série.

01-6112   CDD-185

Índices para catálogo sistemático:
1. Aristóteles : Obras filosóficas : 185
2. Filosofia aristotélica : 185

São Paulo: (11) 3107-7050 • Bauru: (14) 3234-4121
www.edipro.com.br • edipro@edipro.com.br
@editoraedipro   @editoraedipro

SUMÁRIO

APRESENTAÇÃO	7
CONSIDERAÇÕES DO TRADUTOR	11
DADOS BIOGRÁFICOS	13
ARISTÓTELES: SUA OBRA	21
CRONOLOGIA	41
LIVRO I	45
LIVRO II	67
LIVRO III	107
LIVRO IV	137
LIVRO V	177
LIVRO VI	207
LIVRO VII	247
LIVRO VIII	301

APRESENTAÇÃO

A *Ética a Eudemo*, COMO OUTROS ESCRITOS DE ARISTÓTELES, apresenta problemas peculiares que dividem helenistas, estudiosos e eruditos. Sem entrar no mérito desses problemas, o que não é de nossa competência, devemos, no entanto, apontá-los e assumir uma posição. Embora o título Ἠθικὰ Εὐδήμεια (*Ethikà Eudémeia*) ou mesmo Ἠθικῶν Εὐδήμιον (*Ethikôn Eudémion*) possa sugerir a autoria de Eudemo – um dos mais próximos discípulos de Aristóteles e sem dúvida um de seus colaboradores regulares nos cursos e atividade redacional do Liceu – há praticamente unanimidade entre os estudiosos aristotelistas antigos, medievais e modernos quanto a atribuir a autoria desse tratado ao mestre do Liceu que, já como opina Porfírio, dedicou esse trabalho ao diligente discípulo que, se presume, teria sido o seu primeiro editor.

O que tornou a situação marcantemente espinhosa e controvertida é a ausência na Ética a Eudemo [E.E.] *de três Livros (que correspondem a cerca de um terço do tratado inteiro) que os próprios manuscritos dessa obra reportam a* Ética a Nicômaco [E.N.], *tratado completo que ao menos na Antiguidade foi objeto de suspeita quanto à autoria de Aristóteles. Cícero, por exemplo, alimenta dúvidas sobre isso, admitindo a possibilidade de ter sido da autoria de Nicômaco, filho de Aristóteles; Diógenes Laércio simplesmente a atribui a Nicômaco.*

A questão, contudo, da autoria de ambos os tratados foi – por força, sobretudo, do argumento do estilo discursivo de Aristóteles, além de outros fatores – superada, prevalecendo a ideia de que são dois tratados efetivamente concebidos por Aristóteles e dedicados àqueles cujos nomes figuram nos títulos.

8 | ÉTICA A EUDEMO

A questão da cronologia, porém, continua polêmica entre os eruditos: helenistas de peso como Susemihl e Spengel concluem pela anterioridade da *E.N.* em relação a *E.E.*; outros, não menos versados e insignes, incluindo Jaeger e Burnet, consideram a *E.E.* anterior a *E.N.* Bekker, na sua colossal edição do *Corpus Aristotelicum* de 1831, já posicionara numericamente a *E.E.* como posterior a *E.N.*, separadas pelo apócrifo Ἠθικὰ μεγάλα (*Ethikà megála*), a *Magna Moralia*.

A observação no fim do Livro III da *E.E.* (constante nos próprios manuscritos) sobre os três Livros comuns com a *E.N.* parece corroborar a conclusão de Bekker, Susemihl e Spengel, mas não há sequer unanimidade no tocante à certeza de que esses três Livros realmente pertencem originalmente a *E.N.*

Jaeger e Burnet, ingressando no mérito estritamente qualitativo, concluem que a *E.E.* foi um curso incipiente em torno da ética (redigido como tratado, tal como as obras em geral do Estagirita) que foi posteriormente desenvolvido por ele mesmo, recebendo um tratamento maduro e definitivo, que resultou na *E.N.*

Nessa batalha de titãs, este simples e despretensioso tradutor deve tomar uma posição afiliando-se a um dos partidos.

Cabe-nos dizer que à parte dos três Livros comuns (V, VI e VII da E.N.*) que atipicamente intercalamos nesta edição da* E.E. *como Livros IV, V e VI pelos motivos indicados na nota 507, o teor essencial (ainda que formalmente exposto, muitas vezes, diferentemente) dos dois tratados é o mesmo, exceto pelo seguinte:*

1. A lista (tabela) dos excessos, deficiências e virtudes (*E.E.*, Livro II, cap. 3, 1220b38-1221a12) e subsequente discussão à luz da teoria da mediania apresentam alguma diversidade de conteúdo (ver nossas notas alusivas) e de caráter terminológico relativamente a *E.N.* A lista, a propósito, só está presente na *E.E.*

2. O assunto do Livro VII da *E.E.* é idêntico ao dos Livros VIII e IX da *E.N.*, isto é, a amizade (φιλία [*philía*]), mas nesse último tratado o discurso aristotélico é tanto mais extensivo quanto mais minucioso.

3. Um dos temas do Livro VIII da *E.E.*, ou seja, o perfil epistemológico da virtude (ἀρετή [*areté*]) tem a ver com o Livro I da *E.N.*, que se detém, contudo, largamente na questão da felicidade (εὐδαιμονία

APRESENTAÇÃO | 9

[*eudaimonía*]), o enfoque sendo inteiramente distinto. A análise seguinte na *E.E.* é a da boa sorte (εὐτυχία [*eutykhía*]), que não é discutida específica e amplamente na *E.N.*, ainda que a sorte (τύχη [*týkhe*]) apareça em várias passagens deste último tratado em conexão com outros objetos de investigação, por exemplo a felicidade. O tópico na sequência da *E.E.* é a nobreza (καλοκαγαθία [*kalokagathía*]), tão só mencionado de passagem na *E.N.* A *E.E.* finda tratando ligeiramente, e num enfoque metafísico (teológico), da especulação (θεωρία [*theoría*]). É o mesmo objeto de investigação do Livro X (capítulos 7 e 8) da *E.N.*, mas nesta o enfoque é diverso e a discussão mais ampla, com o famoso fecho da ética dando lugar à política no fim do Livro X.

Afiliamo-nos à posição modernamente predominante, segundo a qual a doutrina ética de Aristóteles, essencialmente presente na *E.E.* e na *E.N.*, tem sua exposição acabada e definitiva na *E.N.*, sem dúvida um tratado estruturalmente mais concatenado e completo. *Entretanto*, isso não significa, em absoluto, a nosso ver, que do ponto de vista do estudante e do estudioso da ética aristotélica, a *E.N.* *substitua* a *E.E.* – pelo contrário, elas são perfeitamente conciliáveis e até se complementam, com a única ressalva de que nos pouquíssimos pontos em que divergem doutrinariamente a *E.N.* deve prevalecer.

CONSIDERAÇÕES DO
TRADUTOR

MAIS UMA VEZ O TEXTO ESTABELECIDO por Immanuel Bekker nos serviu de ponto de partida. Ocasionalmente, entretanto, acatamos orientações de outros helenistas, por vezes divergentes de Bekker em pontos linguisticamente polêmicos. O recurso intermitente da inclusão de certos termos entre colchetes para completamento de ideias expressas onde ocorrem hiatos foi inevitável.

Os textos de Aristóteles, majoritariamente transcrições de aulas e não textos redigidos originalmente para publicação, fator a se somar à postura "científica" de seu autor, são formalmente secos e compactos, além de irregulares em sua composição, ora sumários, ora minuciosos; ora reiterativos, ora lacunares. Nosso método na tradução da *Ética a Eudemo* foi trabalhar geralmente (mas não invariavelmente, dadas as flutuações formais do texto, que não é propriamente uniforme) entre a paráfrase e a literalidade, esforçando-nos, porém, quando não em detrimento do conteúdo compreensível em nossa língua, no sentido de evitar a pura e simples paráfrase (tradução livre), que ainda que torne o texto mais "legível", assimilável e agradável, pode por vezes trair o seu teor. Ademais, o delicadíssimo labor de parafrasear está reservado a uma elite intelectual de especialistas e eruditos que muito admiramos, mas à qual não pertencemos. Esta tradução, portanto, se ressente de certa inflexibilidade e deselegância por conta da tentativa do tradutor de preservar, na medida do possível, a integridade do pensamento do autor.

A numeração da edição referencial de Bekker (1831) consta à margem esquerda do texto, revelando-se inestimável para a facilitação das consultas.

Igualmente em consonância com o cunho didático/formativo da coleção, esta é uma tradução *anotada*, e as muitas notas (informativas, elucidativas, raramente críticas) devem ser encaradas como articulações e apêndices necessários da própria tradução. Às vezes, reproduzimos frases ou mesmo períodos inteiros do grego, até porque aqueles que o conhecem, numa medida ou outra, podem assim ter acesso direto a trechos do original, comparar e, eventualmente, conceber sua própria tradução, ou mesmo compreender o original dispensando a tradução, sobretudo no caso de incidências linguísticas problemáticas. Com isso, minimizamos, ainda que modestamente, a ausência de um texto bilíngue.

Finalmente, pedimos ao leitor – legítimo juiz de nosso trabalho e razão de ser do mesmo – que envie a esta Editora sua opinião, críticas e sugestões, para nós valiosíssimas, pois possibilitarão tanto a retificação de erros quanto o aprimoramento de futuras edições. Inspirados em Sócrates de Atenas, somos levados a admitir que, por mais que vivamos e aprendamos, permanecemos, a rigor, aprendizes...

DADOS
BIOGRÁFICOS

ARISTÓTELES NASCEU EM ESTAGIRA, cidade localizada no litoral noroeste da península da Calcídia, cerca de trezentos quilômetros a norte de Atenas. O ano de seu nascimento é duvidoso – 385 ou, mais provavelmente, 384 a.c.

Filho de Nicômaco e Féstias, seu pai era médico e membro da fraternidade ou corporação dos *Asclepíades* (Ἀσκληπιάδης, ou seja, *filhos ou descendentes de Asclépios*, o deus da medicina). A arte médica era transmitida de pai para filho.

Médico particular de Amintas II (rei da Macedônia e avô de Alexandre), Nicômaco morreu quando Aristóteles tinha apenas sete anos, tendo desde então o menino sido educado por seu tio Proxeno.

Os fatos sobre a infância, a adolescência e a juventude de Aristóteles são escassos e dúbios. Presume-se que, durante o brevíssimo período que conviveu com o pai, este o tenha levado a Pela, capital da Macedônia ao norte da Grécia, e tenha sido iniciado nos rudimentos da medicina pelo pai e o tio. O fato indiscutível e relevante é que aos dezessete ou dezoito anos o jovem Estagirita se transferiu para Atenas e durante cerca de dezenove anos frequentou a *Academia* de Platão, deixando-a somente após a morte do mestre em 347 a.c., embora Diógenes Laércio (o maior dos biógrafos de Aristóteles, na antiguidade) afirme que ele a deixou enquanto Platão ainda era vivo.

Não há dúvida de que Aristóteles desenvolveu laços de amizade com seu mestre e foi um de seus discípulos favoritos. Mas foi Espeusipo que herdou a direção da Academia.

14 | ÉTICA A EUDEMO

O leitor nos permitirá aqui uma ligeira digressão.

Espeusipo, inspirado no último e mais extenso diálogo de Platão (*As Leis*), conferiu à Academia um norteamento franca e profundamente marcado pelo orfismo pitagórico, o que resultou na rápida transformação da Academia platônica num estabelecimento em que predominava o estudo e o ensino das matemáticas, trabalhando-se mais elementos de reflexão e princípios pitagóricos do que propriamente platônicos.

Divergindo frontalmente dessa orientação matematizante e mística da filosofia, Aristóteles abandonou a Academia acompanhado de outro discípulo de Platão, Xenócrates, o qual, contudo, retornaria posteriormente à Academia, aliando-se à orientação pitagorizante de Espeusipo, mas desenvolvendo uma concepção própria.

Os "fatos" que se seguem imediatamente acham-se sob uma nuvem de obscuridade, dando margem a conjeturas discutíveis.

Alguns autores pretendem que, logo após ter deixado a Academia, Aristóteles abriu uma Escola de retórica com o intuito de concorrer com a famosa Escola de retórica de Isócrates. Entre os discípulos do Estagirita estaria o abastado Hérmias, que pouco tempo depois se tornaria tirano de Atarneu (ou Aterna), cidade-Estado grega na região da Eólida.

Outros autores, como o próprio Diógenes Laércio, preferem ignorar a hipótese da existência de tal Escola e não entrar em minúcias quanto às circunstâncias do início do relacionamento entre Aristóteles e Hérmias.

Diógenes Laércio limita-se a afirmar que alguns supunham que o eunuco Hérmias era um favorito de Aristóteles, e outros, diferentemente, sustentam que o relacionamento e o parentesco criados entre eles foram devidos ao casamento de Aristóteles com Pítia – filha adotiva, irmã ou sobrinha de Hérmias – não se sabe ao certo.

Um terceiro partido opta por omitir tal Escola e associa o encontro de Aristóteles com Hérmias indiretamente a dois discípulos de Platão e amigos do Estagirita, a saber, Erasto e Corisco, que haviam redigido uma Constituição para Hérmias e recebido apoio deste para fundar uma Escola platônica em Assos, junto a Atarneu.

O fato incontestável é que nosso filósofo (Aristóteles) conheceu o rico Hérmias, durante três anos ensinou na Escola platônica de Assos, patrocinada por ele, e em 344 a.C. desposou Pítia.

DADOS BIOGRÁFICOS | 15

Nessa Escola nosso filósofo conheceu Teofrasto, o qual se tornaria o maior de seus discípulos. Pertence a este período incipiente o primeiro trabalho filosófico de Aristóteles: *Da Filosofia*.

Após a invasão de Atarneu pelos persas e o assassinato de Hérmias, ocasião em que, segundo alguns autores, Aristóteles salvou a vida de Pítia providenciando sua fuga, dirigiu-se ele a Mitilene na ilha de Lesbos. Pouco tempo depois (em 343 ou 342 a.c.) aceitava a proposta de Filipe II para ser o preceptor de seu filho, Alexandre (então com treze anos) mudando-se para Pela. Na fase de Pela, o Estagirita escreveu duas obras que só sobreviveram fragmentariamente e em caráter transitório: *Da Monarquia* e *Da Colonização*. Nosso filósofo teria iniciado, também nesse período, a colossal *Constituições*, contendo a descrição e o estudo de 158 (ou, ao menos, 125) formas de governo em prática em toda a Grécia (desse alentadíssimo trabalho só restou para a posteridade a *Constituição de Atenas*).

Depois de haver subjugado várias cidades helênicas da costa do mar Egeu, e inclusive ter destruído Estagira (que ele próprio permitiria depois que fosse reconstruída por Aristóteles), Filipe II finalmente tomou Atenas e Tebas na célebre batalha de Queroneia, em 338 a.C.

Indiferente a esses fatos militares e políticos, o Estagirita prosseguiu como educador de Alexandre até a morte de Filipe e o início do reinado de Alexandre (335 a.C.). Retornou então a Atenas e fundou nesse mesmo ano sua Escola no Λύκειον (*Lýkeion – Liceu*), que era um ginásio locali zado no nordeste de Atenas, junto ao templo de Apolo Lício, deus da luz, ou Λύκειος (*Lýkeios* – literalmente, *destruidor de lobos*).

O Liceu (já que o lugar emprestou seu nome à Escola de Aristóteles) situava-se em meio a um bosque (consagrado às Musas e a Apolo Lício) e era formado por um prédio, um jardim e uma alameda adequada ao passeio de pessoas que costumavam realizar uma *conversação caminhando* (περίπατος – *perípatos*), daí a filosofia aristotélica ser igualmente denominada filosofia *peripatética,* e sua Escola, Escola *peripatética*, referindo-se à tal alameda e especialmente ao hábito de o Estagirita e seus discípulos andarem por ali discutindo questões filosóficas.

A despeito de estar em Atenas, nosso filósofo permanecia informado das manobras político-militares de Alexandre através do chanceler macedônio e amigo, Antipater.

16 | ÉTICA A EUDEMO

O período do Liceu (335-323 a.C.) foi, sem qualquer dúvida, o mais produtivo e fecundo na vida do filósofo de Estagira. Ele conjugava uma intensa atividade intelectual entre o ensino na Escola e a redação de suas obras. Durante a manhã, Aristóteles ministrava aulas restritas aos discípulos mais avançados, os chamados cursos *esotéricos* ou *acroamáticos*, os quais versavam geralmente sobre temas mais complexos e profundos de lógica, matemática, física e metafísica. Nos períodos vespertino e noturno, Aristóteles dava cursos abertos, acessíveis ao grande público (*exotéricos*), via de regra, de dialética e retórica. Teofrasto e Eudemo, seus principais discípulos, atuavam como assistentes e monitores, reforçando a explicação das lições aos discípulos e as anotando para que o mestre, com base nelas, redigisse depois suas obras.

A distinção entre cursos esotéricos e exotéricos e a consequente separação dos discípulos não eram motivadas por qualquer diferença entre um ensino secreto místico, reservado apenas a *iniciados,* e um ensino meramente religioso, ministrado aos profanos, nos moldes, por exemplo, das instituições dos pitagóricos.

Essa distinção era puramente pragmática, no sentido de organizar os cursos por nível de dificuldade (didática) e, sobretudo, restringir os cursos exotéricos àquilo que despertava o interesse da grande maioria dos atenienses, a saber, a dialética e a retórica.

Nessa fase áurea do Liceu, nosso filósofo também montou uma biblioteca incomparável, constituída por centenas de manuscritos e mapas, e um museu, o qual era uma combinação de jardim botânico e jardim zoológico, com uma profusão de espécimes vegetais e animais oriundos de diversas partes do Império de Alexandre Magno.

Que se acresça, a propósito, que o *curriculum* para o aprendizado que Aristóteles fixou nessa época para o Liceu foi a base para o *curriculum* das Universidades europeias durante mais de dois mil anos, ou seja, até o século XIX.

A morte prematura de Alexandre em 323 a.C. trouxe à baila novamente, como trouxera em 338 na derrota de Queroneia, um forte ânimo patriótico em Atenas, encabeçado por Demóstenes (o mesmo grande orador que insistira tanto no passado recente sobre a ameaça de Filipe). Isso, naturalmente, gerou um acentuado e ardente sentimento antimacedônico.

DADOS BIOGRÁFICOS | 17

Como era de se esperar, essa animosidade atingiu todos os gregos que entretinham, de um modo ou outro, relações com os macedônios.

Nosso filósofo viu-se, então, numa situação bastante delicada, pois não apenas residira em Pela durante anos, cuidando da educação do futuro senhor do Império, como conservara uma correspondência regular com Antipater (braço direito de Alexandre), com quem estreitara um fervoroso vínculo de amizade. As constantes e generosas contribuições de Alexandre ao acervo do Liceu (biblioteca e museu) haviam passado a ser observadas com desconfiança, bem como a amizade "suspeita" do aristocrático e conservador filósofo que nunca ocultara sua antipatia pela democracia ateniense e que, às vezes, era duro na sua crítica aos próprios atenienses, como quando teria dito que "os atenienses criaram o trigo e as leis, mas enquanto utilizam o primeiro, esquecem as segundas".

Se somarmos ainda a esse campo minado sob os pés do Estagirita o fato de o Liceu ser rivalizado pela nacionalista Academia de Espeusipo e a democrática Escola de retórica de Isócrates, não nos espantaremos ao constatar que muito depressa os cidadãos atenienses começaram a alimentar em seus corações a suspeita de que Aristóteles era um *traidor*.

Segundo Diógenes Laércio, Aristóteles teria sido mesmo acusado de impiedade (cometendo-a ao render culto a um mortal e o divinizando) pelo sumo sacerdote Eurimédon ou por Demófilo.

Antes que sucedesse o pior, o sisudo e imperturbável pensador optou pelo exílio voluntário e abandonou seu querido Liceu e Atenas em 322 ou 321 a.C., transferindo-se para Cálcis, na Eubeia, terra de sua mãe. No Liceu o sucederam Teofrasto, Estráton, Lícon de Troas, Dicearco, Aristóxeno e Aríston de Cós.

Teria dito que agia daquela maneira "para evitar que mais um crime fosse perpetrado contra a filosofia", referindo-se certamente a Sócrates.

Mas viveria pouquíssimo em Cálcis. Morreu no mesmo ano de 322 ou 321, aos sessenta e três anos, provavelmente vitimado por uma enfermidade gástrica de que sofria há muito tempo. Diógenes Laércio supõe, diferentemente, que Aristóteles teria se suicidado tomando cicuta, exatamente o que Sócrates tivera que ingerir, um mês após sua condenação à morte.

Aristóteles foi casado uma segunda vez (Pítia encontrara a morte pouco depois do assassinato de seu protetor, o tirano Hérmias) com Hérpile, uma jovem, como ele, de Estagira, e que lhe deu uma filha e o filho Nicômaco.

18 | ÉTICA A EUDEMO

O testamenteiro de Aristóteles foi Antipater, e reproduzimos aqui seu testamento conforme Diógenes Laércio, que declara em sua obra *Vida, Doutrina e Sentenças dos Filósofos Ilustres* "(...) haver tido a sorte de lê-lo (...)":

Tudo sucederá para o melhor, mas na ocorrência de alguma fatalidade, são registradas aqui as seguintes disposições de vontade de Aristóteles. Antipater será para todos os efeitos meu testamenteiro. Até a maioridade de Nicanor, desejo que Aristomeno, Timarco, Hiparco, Dióteles e Teofrasto (se aceitar e estiver capacitado para esta responsabilidade) sejam os tutores e curadores de meus filhos, de Hérpile e de todos os meus bens. Uma vez alcance minha filha a idade necessária, que seja concedida como esposa a Nicanor. Se algum mal abater-se sobre ela – prazam os deuses que não – antes ou depois de seu casamento, antes de ter filhos, caberá a Nicanor deliberar sobre meu filho e sobre meus bens, conforme a ele pareça digno de si e de mim. Nicanor assumirá o cuidado de minha filha e de meu filho Nicômaco, zelando para que nada lhes falte, sendo para eles tal como um pai e um irmão. Caso venha a suceder algo antes a Nicanor – que seja afastado para distante o agouro – antes ou depois de ter casado com minha filha, antes de ter filhos, todas as suas deliberações serão executórias, e se, inclusive, for o desejo de Teofrasto viver com minha filha, que tudo seja como parecer melhor a Nicanor. Em caso contrário, os tutores decidirão com Antipater a respeito de minha filha e de meu filho, segundo o que lhes afigure mais apropriado. Deverão ainda os tutores e Nicanor considerar minhas relações com Hérpile (pois foi-me ela leal) e dela cuidar em todos os aspectos. Caso ela deseje um esposo, cuidarão para que seja concedida a um homem que não seja indigno de mim.

A ela deverão entregar, além daquilo que já lhe dei, um talento de prata retirado de minha herança, três escravas (se as quiser), a pequena escrava que já possuía e o pequeno Pirraio; e se desejar viver em Cálcis, a ela será dada a casa existente no jardim; se Estagira for de sua preferência, a ela caberá a casa de meus pais. De qualquer maneira, os tutores mobiliarão a casa do modo que lhes parecer mais próprio e satisfatório a Hérpile. A Nicanor também caberá a tarefa de fazer retornar dignamente à casa de seus pais o meu benjamim Myrmex, acompanhado de todos os dons que dele recebi. Que Ambracis seja libertada, dando-se-lhe por ocasião do casamento de minha filha quinhentas dracmas, bem como

DADOS BIOGRÁFICOS | 19

a menina que ela mantém como serva. A Tales dar-se-á, somando-se à menina que adquiriu, mil dracmas e uma pequena escrava. Para Simão, além do dinheiro que já lhe foi entregue para a compra de um escravo, deverá ser comprado um outro ou dar-lhe dinheiro. Tácon será libertado no dia da celebração do casamento de minha filha, e juntamente com ele Fílon, Olímpio e seu filho. Proíbo que quaisquer dos escravos que estavam a meu serviço sejam vendidos, mas que sejam empregados; serão conservados até atingirem idade suficiente para serem libertados como mostra de recompensa por seu merecimento. Cuidar-se-ão também das estátuas que encomendei a Grilion. Uma vez prontas, serão consagradas. Essas estátuas são aquelas de Nicanor, de Proxeno, que era desígnio fazer, e a da mãe de Nicanor. A de Arimnesto, cuja confecção já findou, será consagrada para o não desaparecimento de sua memória, visto que morreu sem filhos. A imagem de minha mãe será instalada no templo de Deméter em Nemeia (sendo a esta deusa dedicada) ou noutro lugar que for preferido. De uma maneira ou de outra, as ossadas de Pítia, como era seu desejo, deverão ser depositadas no local em que meu túmulo for erigido. Enfim, Nicanor, se preservado entre vós (conforme o voto que realizei em seu nome), consagrará as estátuas de pedra de quatro côvados de altura a Zeus salvador e à Atena salvadora em Estagira.

ARISTÓTELES:
SUA OBRA

A OBRA DE ARISTÓTELES FOI TÃO VASTA e diversificada que nos permite traçar uma pequena história a seu respeito.

Mas antes disso devemos mencionar algumas dificuldades ligadas à bibliografia do Estagirita, algumas partilhadas por ele com outras figuras célebres da Antiguidade e outras que lhe são peculiares.

A primeira barreira que nos separa do Aristóteles *integral*, por assim dizer, é o fato de muitos de seus escritos não terem chegado a nós ou – para nos situarmos no tempo – à aurora da Era Cristã e à Idade Média. A quase totalidade dos trabalhos de outros autores antigos, como é notório, teve o mesmo destino, particularmente as obras dos filósofos pré--socráticos. A preservação de manuscritos geralmente únicos ao longo de séculos constituía uma dificuldade espinhosa por razões bastante compreensíveis e óbvias.

No que toca a Aristóteles, há obras que foram perdidas na sua íntegra; outras chegaram a nós parciais ou muito incompletas; de outras restaram apenas fragmentos; outras, ainda, embora estruturalmente íntegras, apresentam lacunas facilmente perceptíveis ou mutilações.

Seguramente, entre esses escritos perdidos existem muitos cujos assuntos tratados nem sequer conhecemos. De outros estamos cientes dos temas. Vários parecem definitivamente perdidos e outros são atualmente objeto de busca.

Além do esforço despendido em tal busca, há um empenho no sentido de reconstituir certas obras com base nos fragmentos.

22 | ÉTICA A EUDEMO

É quase certo que boa parte da perda irreparável da obra aristotélica tenha sido causada pelo incêndio da Biblioteca de Alexandria, em que foram consumidos tratados não só de pensadores da época de Aristóteles (presumivelmente de Epicuro, dos estoicos, dos céticos etc.), como também de pré-socráticos e de filósofos gregos dos séculos III e II a.c., como dos astrônomos Eratóstenes e Hiparco, que atuavam brilhante e devotadamente na própria Biblioteca. Mais tarde, no fim do século IV d.C., uma multidão de cristãos fanáticos invadiu e depredou a Biblioteca, ocorrendo mais uma vez a destruição de centenas de manuscritos. O coroamento da fúria dos ignorantes na sua intolerância religiosa contra o imenso saber helênico (paganismo) ocorreu em 415 d.C., quando a filósofa (astrônoma) Hipácia, destacada docente da Biblioteca, foi perseguida e lapidada por um grupo de cristãos, que depois arrastaram seu corpo mutilado pelas ruas de Alexandria.

Uma das obras consumidas no incêndio supracitado foi o estudo que Aristóteles empreendeu sobre, no mínimo, 125 governos gregos.

Juntam-se, tristemente, a esse monumental trabalho irremediavelmente perdido: uma tradução especial do poeta Homero que Aristóteles teria executado para seu pupilo Alexandre; um estudo sobre belicismo e direitos territoriais; um outro sobre as línguas dos povos bárbaros; e quase todas as obras *exotéricas* (poemas, epístolas, diálogos etc.).

Entre os achados tardios, deve-se mencionar a *Constituição de Atenas*, descoberta só muito recentemente, no século XIX.

Quanto aos escritos incompletos, o exemplo mais conspícuo é a *Poética*, em cujo texto, de todas as artes poéticas que nosso filósofo se propõe a examinar, as únicas presentes são a tragédia e a poesia épica.

Outra dificuldade que afeta a obra de Aristóteles, esta inerente ao próprio filósofo, é a diferença de caráter e teor de seus escritos, os quais são classificados em *exotéricos* e *acroamáticos* (ou *esotéricos*), aos quais já nos referimos, mas que requerem aqui maior atenção.

Os exotéricos eram os escritos (geralmente sob forma de epístolas, diálogos e transcrições das palestras de Aristóteles com seus discípulos e principalmente das aulas públicas de retórica e dialética) cujo teor não era tão profundo, sendo acessíveis ao público em geral e versando especialmente sobre retórica e dialética. Os acroamáticos ou esotéricos eram precisamente os escritos de conteúdo mais aprofundado, minucioso e complexo (mais propriamente filosóficos, versando sobre física, metafísica, ética, política etc.), e que, durante o período no qual predominou em Atenas uma disposição marcantemente antimacedônica, circulavam exclusivamente nas mãos dos discípulos e amigos do Estagirita. Até meados do século I a.c., as obras conhecidas de Aristóteles eram somente as exotéricas. As acroamáticas ou esotéricas permaneceram pelo arco das existências do filósofo, de seus amigos e discípulos sob o rigoroso controle destes, destinadas apenas à leitura e ao estudo deles mesmos. Com a morte dos integrantes desse círculo aristotélico fechado, as obras acroamáticas (por certo o melhor do Estagirita) ficaram mofando em uma adega na casa de Corisco por quase 300 anos.

O resultado inevitável disso, como se pode facilmente deduzir, é que por todo esse tempo julgou-se que o pensamento filosófico de Aristóteles era apenas o que estava contido nos escritos exotéricos, que não só foram redigidos no estilo de Platão (epístolas e diálogos), como primam por questionamentos tipicamente platônicos, além de muitos deles não passarem, a rigor, de textos rudimentares ou meros esboços, falhos tanto do ponto de vista formal e redacional quanto carentes de critério expositivo, dificilmente podendo ser considerados rigorosamente como *tratados* filosóficos.

Foi somente por volta do ano 50 a.c. que descobriram que na adega de Corisco não havia *unicamente* vinho.

Os escritos acroamáticos foram, então, transferidos para Atenas e, com a invasão dos romanos, nada apáticos em relação à cultura grega, enviados a Roma.

Nessa oportunidade, Andrônico de Rodes juntou os escritos acroamáticos aos exotéricos, e o mundo ocidental se deu conta do verdadeiro filão do pensamento aristotélico, reconhecendo sua originalidade e envergadura. O Estagirita, até então tido como um simples discípulo de Platão, assumiu sua merecida importância como grande pensador capaz de ombrear-se com o próprio mestre.

Andrônico de Rodes conferiu ao conjunto da obra aristotélica a organização que acatamos basicamente até hoje. Os escritos exotéricos, entretanto, agora ofuscados pelos acroamáticos, foram preteridos por estes, descurados e acabaram desaparecendo quase na sua totalidade.

24 | ÉTICA A EUDEMO

A terceira dificuldade que nos furta o acesso à integridade da obra aristotélica é a existência dos *apócrifos* e dos *suspeitos*.

O próprio volume imenso da obra do Estagirita acena para a possibilidade da presença de colaboradores entre os seus discípulos mais chegados, especialmente Teofrasto. Há obras de estilo e terminologia perceptivelmente diferentes dos correntemente empregados por Aristóteles, entre elas a famosa *Problemas* (que trata dos temas mais diversos, inclusive a magia), a *Economia* (síntese da primeira parte da *Política*) e *Do Espírito*, sobre fisiologia e psicologia, e que não deve ser confundida com *Da Alma*, certamente de autoria exclusiva de Aristóteles.

O maior problema, contudo, ao qual foi submetida a obra aristotélica, encontra sua causa no tortuoso percurso linguístico e cultural de que ela foi objeto até atingir a Europa cristã.

Apesar do enorme interesse despertado pela descoberta dos textos acroamáticos ou esotéricos em meados do último século antes de Cristo, o mundo culto ocidental (então, a Europa) não demoraria a ser tomado pela fé cristã e a seguir pela cristianização oficial estabelecida pela Igreja, mesmo ainda sob o Império romano.

A cristianização do Império romano permitiu aos poderosos Padres da Igreja incluir a filosofia grega no contexto da manifestação pagã, convertendo o seu cultivo em prática herética. A filosofia aristotélica foi condenada e seu estudo posto na ilegalidade. Entretanto, com a divisão do Império romano em 385 d.C., o *corpus aristotelicum* composto por Andrônico de Rodes foi levado de Roma para Alexandria.

Foi no Império romano do Oriente (Império bizantino) que a obra de Aristóteles voltou a ser regularmente lida, apreciada e finalmente *traduzida*... para o árabe (língua semita que, como sabemos, não entretém qualquer afinidade com o grego) a partir do século X.

Portanto, o *primeiro* Aristóteles *traduzido* foi o dos grandes filósofos árabes, particularmente Avicena (*Ibn Sina*, morto em 1036) e Averróis (*Ibn Roschd*, falecido em 1198), ambos exegetas de Aristóteles, sendo o último considerado o mais importante dos *peripatéticos árabes* da Espanha, e *não* o da latinidade representada fundamentalmente por Santo Tomás de Aquino.

Mas, voltando no tempo, ainda no século III, os Padres da Igreja (homens de ferro, como Tertuliano, decididos a consolidar institucionalmente o cristianismo oficial a qualquer custo) concluíram que a filosofia helênica, em lugar de ser combatida, poderia se revelar um poderoso instrumento para a legitimação e o fortalecimento intelectual da doutrina cristã. Porém, de que filosofia grega dispunham em primeira mão? Somente do neoplatonismo e do estoicismo, doutrinas filosóficas gregas que, de fato, se mostravam conciliáveis com o cristianismo, especialmente o último, que experimentara uma séria continuidade romana graças a figuras como Sêneca, Epíteto e o imperador Marco Aurélio Antonino. Sob os protestos dos representantes do neoplatonismo (Porfírio, Jâmblico, Proclo etc.), ocorreu uma apropriação do pensamento grego por parte da Igreja. Situação delicadíssima para os últimos filósofos gregos, que, se por um lado podiam perder suas cabeças por sustentar a distinção e/ou oposição do pensamento grego ao cristianismo, por outro tinham de admitir o fato de muitos de seus próprios discípulos estarem se convertendo a ele, inclusive através de uma tentativa de compatibilizá-lo não só com Platão, como também com Aristóteles, de modo a torná-los "aceitáveis" para a Igreja.

Assim, aquilo que ousaremos chamar de *apropriação do pensamento filosófico grego* foi encetado inicialmente pelos próprios discípulos dos neoplatônicos, e se consubstanciou na conciliação do cristianismo (mais exatamente a teologia cristã que principiava a ser construída e estruturada naquela época) primeiramente com o platonismo, via neoplatonismo, e depois com o aristotelismo, não tendo sido disso pioneiros nem os grandes vultos da patrística (São Justino, Clemente de Alexandria, Orígenes e mesmo Santo Agostinho) relativamente a Platão, nem aqueles da escolástica (John Scot Erigene e Santo Tomás de Aquino) relativamente a Aristóteles.

A primeira consequência desse "remanejamento" filosófico foi nivelar Platão com Aristóteles. Afinal, não se tratava de estudar a fundo e exaustivamente os grandes sistemas filosóficos gregos – os pragmáticos Padres da Igreja viam o vigoroso pensamento helênico meramente como um precioso veículo a atender seu objetivo, ou seja, propiciar fundamento e conteúdo filosóficos à incipiente teologia cristã.

Os discípulos cristãos dos neoplatônicos não tiveram, todavia, acesso aos manuscritos originais do *corpus aristotelicum.*

Foi por meio da conquista militar da península ibérica e da região do mar Mediterrâneo pelas tropas cristãs, inclusive durante as Cruzadas, que os cristãos voltaram a ter contato com as obras do Estagirita, precisamen-

26 | ÉTICA A EUDEMO

te por intermédio dos *infiéis*, ou seja, tiveram acesso às *traduções e paráfrases* árabes (e mesmo hebraicas) a que nos referimos anteriormente.

A partir do século XII começaram a surgir as primeiras traduções latinas (latim erudito) da obra de Aristóteles. Conclusão: o Aristóteles linguística e culturalmente original, durante séculos, jamais frequentou a Europa medieval.

Tanto Andrônico de Rodes, no século I a.c., ao estabelecer o *corpus aristotelicum*, quanto o neoplatônico Porfírio, no século III, ressaltaram nesse *corpus* o Ὄργανον (*Órganon* – série de tratados dedicados à lógica, ou melhor, à *Analítica*, no dizer de Aristóteles) e sustentaram a ampla divergência doutrinária entre os pensamentos de Platão e de Aristóteles. Os discípulos cristãos dos neoplatônicos, a partir da alvorada do século III, deram realce à lógica, à física e à retórica, e levaram a cabo a proeza certamente falaciosa de conciliar os dois maiores filósofos da Grécia. Quanto aos estoicos romanos, também prestigiaram a lógica aristotélica, mas deram destaque à ética, não nivelando Aristóteles com Platão, mas os aproximando.

O fato é que a Igreja obteve pleno êxito no seu intento, graças à inteligência e à sensibilidade agudas de homens como o bispo de Hipona, Aurélio Agostinho (Santo Agostinho – 354-430 d.C.) e o dominicano oriundo de Nápoles, Tomás de Aquino (Santo Tomás – 1224-1274), que se revelaram vigorosos e fecundos teólogos, superando o papel menor de meros intérpretes e *aproveitadores* das originalíssimas concepções gregas.

Quanto a Aristóteles, a Igreja foi muito mais além e transformou *il filosofo* (como Aquino o chamava) na suma e única autoridade do conhecimento, com o que, mais uma vez, utilizava o pensamento grego para alicerçar os dogmas da cristandade e, principalmente, respaldar e legitimar sua intensa atividade política oficial e extraoficial, caracterizada pelo autoritarismo e pela centralização do poder em toda a Europa.

Se, por um lado, o Estagirita sentir-se-ia certamente lisonjeado com tal posição, por outro, quem conhece seu pensamento sabe que também certamente questionaria o próprio *conceito* de autoridade exclusiva do conhecimento.

Com base na clássica ordenação do *corpus aristotelicum* de Andrônico de Rodes, pode-se classificar os escritos do Estagirita da maneira que se segue (note-se que esta relação não corresponde exatamente ao extenso elenco elaborado por Diógenes Laércio posteriormente no século III d.C. e que nela não se cogita a questão dos apócrifos).

ARISTÓTELES: SUA OBRA | 27

1. Escritos sob a influência de Platão, mas já detendo caráter crítico em relação ao pensamento platônico:[*]

— *Poemas*;[*]

— *Eudemo* (diálogo cujo tema é a alma, abordando a imortalidade, a reminiscência e a imaterialidade);

— *Protrépticos*[*] (epístola na qual Aristóteles se ocupa de metafísica, ética, política e psicologia);

— *Da Monarquia*;[*]

— *Da Colonização*;[*]

— *Constituições*;[*]

— *Da Filosofia*[*] (diálogo constituído de três partes: a *primeira*, histórica, encerra uma síntese do pensamento filosófico desenvolvido até então, inclusive o pensamento egípcio; a *segunda* contém uma crítica à teoria das Ideias de Platão; e a *terceira* apresenta uma exposição das primeiras concepções aristotélicas, onde se destaca a concepção do *Primeiro Motor Imóvel*);

— *Metafísica*[*] (esboço e porção da futura Metafísica completa e definitiva);

— *Ética a Eudemo* (escrito parcialmente exotérico que, exceto pelos Livros IV, V e VI, será substituído pelo texto acroamático definitivo *Ética a Nicômaco*);

— *Política*[*] (esboço da futura *Política*, no qual já estão presentes a crítica à República de Platão e a teoria das três formas de governo originais e puras e as três derivadas e degeneradas);

— *Física*[*] (esboço e porção – Livros I e II – da futura *Física*; já constam aqui os conceitos de matéria, forma, potência, ato e a doutrina do movimento);

— *Do Céu* (nesta obra, Aristóteles faz a crítica ao *Timeu* de Platão e estabelece os princípios de sua cosmologia com a doutrina dos cin-

---

[*]. Os asteriscos indicam os escritos perdidos após o primeiro século da Era Cristã e quase todos exotéricos; das 125 (ou 158) *Constituições*, a de Atenas (inteiramente desconhecida de Andrônico de Rodes) foi descoberta somente em 1880.

28 | ÉTICA A EUDEMO

co elementos e a doutrina da eternidade do mundo e sua finitude espacial; trata ainda do tema da geração e corrupção).

2. Escritos da maturidade (principalmente desenvolvidos e redigidos no período do Liceu – 335 a 323 a.c.)

— A *Analítica* ou *Órganon*, como a chamaram os bizantinos por ser o Ὄργανον (instrumento, veículo, ferramenta e propedêutica) das ciências (trata da lógica – regras do pensamento correto e científico, sendo composto por seis tratados, a saber: Categorias, Da Interpretação, Analíticos Anteriores, Analíticos Posteriores, Tópicos e Refutações Sofísticas);

— *Física* (não contém um único tema, mas vários, entrelaçando e somando oito Livros de física, quatro de cosmologia [intitulados *Do Céu*], dois que tratam especificamente da geração e corrupção, quatro de meteorologia [intitulados *Dos Meteoros*], Livros de zoologia [intitulados *Da Investigação sobre os Animais, Da Geração dos Animais, Da Marcha dos Animais, Do Movimento dos Animais, Das Partes dos Animais*] e três Livros de psicologia [intitulados *Da Alma*]);

— *Metafísica* (termo cunhado por Andrônico de Rodes por mero motivo organizatório, ou seja, ao examinar todo o conjunto da obra aristotélica, no século I a.C., notou que esse tratado se apresentava *depois* [μετά] do tratado da *Física*) (é a obra em que Aristóteles se devota à filosofia primeira ou filosofia teológica, quer dizer, à ciência que investiga as causas primeiras e universais do ser, *o ser enquanto ser;* o tratado é composto de quatorze Livros);

— *Ética a Nicômaco* (em dez Livros, trata dos principais aspectos da ciência da ação individual, a ética, tais como o bem, as virtudes, os vícios, as paixões, os desejos, a amizade, o prazer, a dor, a felicidade etc.);

— *Política* (em oito Livros, trata dos vários aspectos da ciência da ação do indivíduo como animal social (*político*): a família e a economia, as doutrinas políticas, os conceitos políticos, o caráter dos Estados e dos cidadãos, as formas de governo, as transformações e revoluções nos Estados, a educação do cidadão etc.);

ARISTÓTELES: SUA OBRA | 29

— *Retórica*[*] (em três Livros);

— *Poética* (em um Livro, mas incompleta).

A relação que transcrevemos a seguir, de Diógenes Laércio (século III), é muito maior, e esse biógrafo, como o organizador do *corpus aristotelicum*, não se atém à questão dos escritos perdidos, recuperados, adulterados, mutilados, e muito menos ao problema dos apócrifos, que só vieram efetivamente à tona a partir do helenismo moderno. O critério classificatório de Diógenes é, também, um tanto diverso daquele de Andrônico e ele faz o célebre introito elogioso a Aristóteles, a saber:

"Ele escreveu um vasto número de livros que julguei apropriado elencar, dada a excelência desse homem em todos os campos de investigação:

— *Da Justiça*, quatro Livros;

— *Dos Poetas*, três Livros;

— *Da Filosofia*, três Livros;

— *Do Político*, dois Livros;

— *Da Retórica* ou *Grylos*, um Livro;

— *Nerinto*, um Livro;

— *Sofista*, um Livro;

— *Menexeno*, um Livro;

— *Erótico*, um Livro;

— *Banquete*, um Livro;

— *Da Riqueza*, um Livro;

— *Protréptico*, um Livro;

— *Da Alma*, um Livro;

— *Da Prece*, um Livro;

— *Do Bom Nascimento*, um Livro;

— *Do Prazer*, um Livro;

— *Alexandre*, ou *Da Colonização*, um Livro;

— *Da Realeza*, um Livro;

(*). Escrito exotérico, mas não perdido.

30 | ÉTICA A EUDEMO

— *Da Educação*, um Livro;

— *Do Bem*, três Livros;

— *Excertos de As Leis de Platão*, três Livros;

— *Excertos da República de Platão*, dois Livros;

— *Economia*, um Livro;

— *Da Amizade*, um Livro;

— *Do ser afetado ou ter sido afetado*, um Livro;

— *Das Ciências*, dois Livros;

— *Da Erística*, dois Livros;

— *Soluções Erísticas*, quatro Livros;

— *Cisões Sofísticas*, quatro Livros;

— *Dos Contrários*, um Livro;

— *Dos Gêneros e Espécies*, um Livro;

— *Das Propriedades*, um Livro;

— *Notas sobre os Argumentos*, três Livros;

— *Proposições sobre a Excelência*, três Livros;

— *Objeções*, um Livro;

— *Das coisas faladas de várias formas ou por acréscimo*, um Livro;

— *Dos Sentimentos* ou *Do Ódio*, um Livro;

— *Ética*, cinco Livros;

— *Dos Elementos*, três Livros;

— *Do Conhecimento*, um Livro;

— *Dos Princípios*, um Livro;

— *Divisões*, dezesseis Livros;

— *Divisão*, um Livro;

— *Da Questão e Resposta*, dois Livros;

— *Do Movimento*, dois Livros;

— *Proposições Erísticas*, quatro Livros;

— *Deduções*, um Livro;

ARISTÓTELES: SUA OBRA | 31

— *Analíticos Anteriores*, nove Livros;

— *Analíticos Posteriores*, dois Livros;

— *Problemas*, um Livro;

— *Metódica*, oito Livros;

— *Do mais excelente*, um Livro;

— *Da Ideia*, um Livro;

— *Definições Anteriores aos Tópicos*, um Livro;

— *Tópicos*, sete Livros;

— *Deduções*, dois Livros;

— *Deduções e Definições*, um Livro;

— *Do Desejável e Dos Acidentes*, um Livro;

— *Pré-tópicos*, um Livro;

— *Tópicos voltados para Definições*, dois Livros;

— *Sensações*, um Livro;

— *Matemáticas*, um Livro;

— *Definições*, treze Livros;

— *Argumentos*, dois Livros;

— *Do Prazer*, um Livro;

— *Proposições*, um Livro;

— *Do Voluntário*, um Livro;

— *Do Nobre*, um Livro;

— *Teses Argumentativas*, vinte e cinco Livros;

— *Teses sobre o Amor*, quatro Livros;

— *Teses sobre a Amizade*, dois Livros;

— *Teses sobre a Alma*, um Livro;

— *Política*, dois Livros;

— *Palestras sobre Política* (como as de Teofrasto), oito Livros;

— *Dos Atos Justos*, dois Livros;

— *Coleção de Artes*, dois Livros

— *Arte da Retórica*, dois Livros;

— *Arte*, um Livro;

— *Arte* (uma outra obra), dois Livros;

— *Metódica*, um Livro;

— *Coleção da Arte de Teodectes*, um Livro;

— *Tratado sobre a Arte da Poesia*, dois Livros;

— *Entimemas Retóricos*, um Livro;

— *Da Magnitude*, um Livro;

— *Divisões de Entimemas*, um Livro;

— *Da Dicção*, dois Livros;

— *Dos Conselhos*, um Livro;

— *Coleção*, dois Livros;

— *Da Natureza*, três Livros;

— *Natureza*, um Livro;

— *Da Filosofia de Árquitas*, três Livros;

— *Da Filosofia de Espeusipo e Xenócrates*, um Livro;

— *Excertos do Timeu e dos Trabalhos de Árquitas*, um Livro;

— *Contra Melisso*, um Livro;

— *Contra Alcmeon*, um Livro;

— *Contra os Pitagóricos*, um Livro;

— *Contra Górgias*, um Livro;

— *Contra Xenófanes*, um Livro;

— *Contra Zenão*, um Livro;

— *Dos Pitagóricos*, um Livro;

— *Dos Animais*, nove Livros;

— *Dissecações*, oito Livros;

— *Seleção de Dissecações*, um Livro;

— *Dos Animais Complexos*, um Livro;

— *Dos Animais Mitológicos*, um Livro;

— *Da Esterilidade*, um Livro;

— *Das Plantas*, dois Livros

— *Fisiognomonia*, um Livro;

— *Medicina*, dois Livros;

— *Das Unidades*, um Livro;

— *Sinais de Tempestade*, um Livro;

— *Astronomia*, um Livro;

— *Ótica*, um Livro;

— *Do Movimento*, um Livro;

— *Da Música*, um Livro;

— *Memória*, um Livro;

— *Problemas Homéricos*, seis Livros;

— *Poética*, um Livro;

— *Física* (por ordem alfabética), trinta e oito Livros;

— *Problemas Adicionais*, dois Livros;

— *Problemas Padrões*, dois Livros;

— *Mecânica*, um Livro;

— *Problemas de Demócrito*, dois Livros;

— *Do Magneto*, um Livro;

— *Conjunções dos Astros*, um Livro;

— *Miscelânea*, doze Livros;

— *Explicações* (ordenadas por assunto), catorze Livros;

— *Afirmações*, um Livro;

— *Vencedores Olímpicos*, um Livro;

— *Vencedores Pítios na Música*, um Livro;

— *Sobre Píton*, um Livro;

— *Listas dos Vencedores Pítios*, um Livro;

— *Vitórias em Dionísia*, um Livro;

— *Das Tragédias*, um Livro;

34 | ÉTICA A EUDEMO

— *Didascálias*, um Livro;

— *Provérbios*, um Livro;

— *Regras para os Repastos em Comum*, um Livro;

— *Leis*, quatro Livros;

— *Categorias*, um Livro;

— *Da Interpretação*, um Livro;

— *Constituições de 158 Estados* (ordenadas por tipo: democráticas, oligárquicas, tirânicas, aristocráticas);

— *Cartas a Filipe*;

— *Cartas sobre os Selimbrianos*;

— *Cartas a Alexandre* (4), *a Antipater* (9), *a Mentor* (1), *a Aríston* (1), *a Olímpias* (1), *a Hefaístion* (1), *a Temistágoras* (1), *a Filoxeno* (1), *a Demócrito* (1);

— *Poemas*;

— *Elegias*.

Curiosamente, esse elenco gigantesco não é, decerto, exaustivo, pois, no mínimo, duas outras fontes da investigação bibliográfica de Aristóteles apontam títulos adicionais, inclusive alguns dos mais importantes da lavra do Estagirita, como a *Metafísica* e a *Ética a Nicômaco*. Uma delas é a *Vita Menagiana*, cuja conclusão da análise acresce:

— *Peplos*;

— *Problemas Hesiódicos*, um Livro;

— *Metafísica*, dez Livros;

— *Ciclo dos Poetas*, três Livros;

— *Contestações Sofísticas ou Da Erística*;

— *Problemas dos Repastos Comuns*, três Livros;

— *Da Bênção, ou por que Homero inventou o gado do sol?*;

— *Problemas de Arquíloco, Eurípides, Quoirilos*, três Livros;

— *Problemas Poéticos*, um Livro;

— *Explicações Poéticas*;

ARISTÓTELES: SUA OBRA | 35

— *Palestras sobre Física*, dezesseis Livros;

— *Da Geração e Corrupção*, dois Livros;

— *Meteorológica*, quatro Livros;

— *Da Alma*, três Livros;

— *Investigação sobre os Animais*, dez Livros;

— *Movimento dos Animais*, três Livros;

— *Partes dos Animais*, três Livros;

— *Geração dos Animais*, três Livros;

— *Da Elevação do Nilo*;

— *Da Substância nas Matemáticas*;

— *Da Reputação*;

— *Da Voz*;

— *Da Vida em Comum de Marido e Mulher*;

— *Leis para o Esposo e a Esposa*;

— *Do Tempo*;

— *Da Visão*, dois Livros;

— *Ética a Nicômaco*;

— *A Arte da Eulogia*;

— *Das Coisas Maravilhosas Ouvidas*;

— *Da Diferença*;

— *Da Natureza Humana*;

— *Da Geração do Mundo*;

— *Costumes dos Romanos*;

— *Coleção de Costumes Estrangeiros*.

A *Vida de Ptolomeu*, por sua vez, junta os títulos a seguir:

— *Das Linhas Indivisíveis*, três Livros;

— *Do Espírito*, três Livros;

— *Da Hibernação*, um Livro;

— *Magna Moralia*, dois Livros;

36 | ÉTICA A EUDEMO

— *Dos Céus e do Universo*, quatro Livros;

— *Dos Sentidos e Sensibilidade*, um Livro;

— *Da Memória e Sono*, um Livro;

— *Da Longevidade e Efemeridade da Vida*, um Livro;

— *Problemas da Matéria*, um Livro;

— *Divisões Platônicas*, seis Livros;

— *Divisões de Hipóteses*, seis Livros;

— *Preceitos*, quatro Livros;

— *Do Regime*, um Livro;

— *Da Agricultura*, quinze Livros;

— *Da Umidade*, um Livro;

— *Da Secura*, um Livro;

— *Dos Parentes*, um Livro.

A contemplar essa imensa produção intelectual (a maior parte da qual irreversivelmente desaparecida ou destruída), impossível encarar a questão central dos apócrifos e dos suspeitos como polêmica. Trata-se, apenas, de um fato cultural em que possam se debruçar especialistas e eruditos. Nem se o gênio de Estagira dispusesse dos atuais recursos de preparação e produção editoriais (digitação eletrônica, impressão a *laser*, *scanners* etc.) e não meramente de redatores e copiadores de manuscritos, poderia produzir isolada e individualmente uma obra dessa extensão e magnitude, além do que, que se frise, nos muitos apócrifos indiscutíveis, o pensamento filosófico ali contido *persiste* sendo do intelecto brilhante de um só homem: Aristóteles; ou seja, se a forma e a redação não são de Aristóteles, o conteúdo certamente é.

A relação final a ser apresentada é do que dispomos hoje de Aristóteles, considerando-se as melhores edições das obras completas do Estagirita, baseadas nos mais recentes estudos e pesquisas dos maiores helenistas dos séculos XIX e XX. À exceção da *Constituição de Atenas*, descoberta em 1880 e dos *Fragmentos*, garimpados e editados em inglês por W. D. Ross em 1954, essa relação corresponde *verbatim* àquela da edição de Immanuel Bekker (que permanece padrão e referencial), surgida em Berlim em 1831. É de se enfatizar que este elenco, graças ao empenho de Bekker (certamen-

ARISTÓTELES: SUA OBRA | 37

te o maior erudito aristotelista de todos os tempos) encerra também uma ordem provável, ou ao menos presumível, do desenvolvimento da reflexão peripatética ou, pelos menos, da redação das obras (insinuando certa continuidade), o que sugere um excelente guia e critério de estudo para aqueles que desejam ler e se aprofundar na totalidade da obra aristotélica, mesmo porque a interconexão e progressão das disciplinas filosóficas (exemplo: *economia – ética – política*) constituem parte indubitável da técnica expositiva de Aristóteles. Disso ficam fora, obviamente, a *Constituição de Atenas* e os *Fragmentos*. Observe-se, contudo, que a ordem a seguir não corresponde exatamente à ordem numérica progressiva do conjunto das obras.

Eis a relação:

— *Categorias* (ΚΑΤΗΓΟΡΙΑΙ);

— *Da Interpretação* (ΠΕΡΙ ΕΡΜΗΝΕΙΑΣ);

— *Analíticos Anteriores* (ΑΝΑΛΥΤΙΚΩΝ ΠΡΟΤΕΡΩΝ);

— *Analíticos Posteriores* (ΑΝΑΛΥΤΙΚΩΝ ΥΣΤΕΡΩΝ);

— *Tópicos* (ΤΟΠΙΚΑ);

— *Refutações Sofísticas* (ΠΕΡΙ ΣΟΦΙΣΤΙΚΩΝ ΕΛΕΓΧΩΝ);

Obs.: o conjunto desses seis primeiros tratados é conhecido como *Órganon* (ΟΡΓΑΝΟΝ).

— *Da Geração e Corrupção* (ΠΕΡΙ ΓΕΝΕΣΕΩΣ ΚΑΙ ΦΘΟΡΑΣ);

— *Do Universo* (ΠΕΡΙ ΚΟΣΜΟΥ);[*]

— *Física* (ΦΥΣΙΚΗ);

— *Do Céu* (ΠΕΡΙ ΟΥΡΑΝΟΥ);

— *Meteorologia* (ΜΕΤΕΩΡΟΛΟΓΙΚΩΝ);

— *Da Alma* (ΠΕΡΙ ΨΥΧΗΣ);

— *Do Sentido e dos Sensíveis* (ΠΕΡΙ ΑΙΣΘΗΣΕΩΣ ΚΑΙ ΑΙΣΘΗΤΩΝ);

— *Da Memória e da Revocação* (ΠΕΡΙ ΜΝΗΜΗΣ ΚΑΙ ΑΝΑΜΝΗΣΕΩΣ);

— *Do Sono e da Vigília* (ΠΕΡΙ ΥΠΝΟΥ ΚΑΙ ΕΓΡΗΓΟΡΣΕΩΣ);

(*). Suspeito.

— *Dos Sonhos* (ΠΕΡΙ ΕΝΥΠΝΙΩΝ);

— *Da Divinação no Sono* (ΠΕΡΙ ΤΗΣ ΚΑΘ΄ΥΠΝΟΝ ΜΑΝΤΙΚΗΣ);

— *Da Longevidade e da Efemeridade da Vida*
(ΠΕΡΙ ΜΑΚΡΟΒΙΟΤΗΤΟΣ ΚΑΙ ΒΡΑΧΥΒΙΟΤΗΤΟΣ);

— *Da Juventude e da Velhice. Da Vida e da Morte* (ΠΕΡΙ ΝΕΟΤΗΤΟΣ
ΚΑΙ ΓΗΡΩΣ. ΠΕΡΙ ΖΩΗΣ ΚΑΙ ΘΑΝΑΤΟΥ);

— *Da Respiração* (ΠΕΡΙ ΑΝΑΠΝΟΗΣ);

> Obs.: o conjunto dos oito últimos pequenos tratados é conhe-
> cido pelo título latino *Parva Naturalia.*

— *Do Alento* (ΠΕΡΙ ΠΝΕΥΜΑΤΟΣ);[*]

— *Da Investigação sobre os Animais* (ΠΕΡΙ ΤΑ ΖΩΑ ΙΣΤΟΡΙΑΙ);

— *Das Partes dos Animais* (ΠΕΡΙ ΖΩΩΝ ΜΟΡΙΩΝ);

— *Do Movimento dos Animais* (ΠΕΡΙ ΖΩΩΝ ΚΙΝΗΣΕΩΣ);

— *Da Marcha dos Animais* (ΠΕΡΙ ΠΟΡΕΙΑΣ ΖΩΩΝ);

— *Da Geração dos Animais* (ΠΕΡΙ ΖΩΩΝ ΓΕΝΕΣΕΩΣ);

— *Das Cores* (ΠΕΡΙ ΧΡΩΜΑΤΩΝ);[*]

— *Das Coisas Ouvidas* (ΠΕΡΙ ΑΚΟΥΣΤΩΝ);[*]

— *Fisiognomonia* (ΦΥΣΙΟΓΝΩΜΟΝΙΚΑ);[*]

— *Das Plantas* (ΠΕΡΙ ΦΥΤΩΝ);[*]

— *Das Maravilhosas Coisas Ouvidas* (ΠΕΡΙ ΘΑΥΜΑΣΙΩΝ
ΑΚΟΥΣΜΑΤΩΝ);[*]

— *Mecânica* (ΜΗΧΑΝΙΚΑ);[*]

— *Das Linhas Indivisíveis* (ΠΕΡΙ ΑΤΟΜΩΝ ΓΡΑΜΜΩΝ);[*]

— *Situações e Nomes dos Ventos* (ΑΝΕΜΩΝ ΘΕΣΕΙΣ ΚΑΙ
ΠΡΟΣΗΓΟΡΙΑΙ);[*]

— *Sobre Melisso, sobre Xenófanes e sobre Górgias* (ΠΕΡΙ
ΜΕΛΙΣΣΟΥ, ΠΕΡΙ ΞΕΝΟΦΑΝΟΥΣ, ΠΕΡΙ ΓΟΡΓΙΟΥ);[*]

— *Problemas* (ΠΡΟΒΛΗΜΑΤΑ);[**]

(*). Suspeito.

(**). Apócrifo.

ARISTÓTELES: SUA OBRA | 39

— *Retórica a Alexandre* (ΡΗΤΟΡΙΚΗ ΠΡΟΣ ΑΛΕΞΑΝΔΡΟΝ);[*]
— *Metafísica* (ΤΑ ΜΕΤΑ ΤΑ ΦΥΣΙΚΑ);
— *Economia* (ΟΙΚΟΝΟΜΙΚΑ);[**]
— *Magna Moralia* (ΗΘΙΚΑ ΜΕΓΑΛΑ);[**]
— *Ética a Nicômaco* (ΗΘΙΚΑ ΝΙΚΟΜΑΧΕΙΑ);
— *Ética a Eudemo* (ΗΘΙΚΑ ΕΥΔΗΜΕΙΑ);
— *Das Virtudes e dos Vícios* (ΠΕΡΙ ΑΡΕΤΩΝ ΚΑΙ ΚΑΚΙΩΝ);[*]
— *Política* (ΠΟΛΙΤΙΚΑ);
— *Retórica* (ΤΕΧΝΗ ΡΗΤΟΡΙΚΗ);
— *Poética* (ΠΕΡΙ ΠΟΙΗΤΙΚΗΣ);
— *Constituição de Atenas* (ΑΘΗΝΑΙΩΝ ΠΟΛΙΤΕΙΑ);[***]
— Fragmentos.[****]

(*). Suspeito.
(**). Apócrifo.
(***). Ausente na edição de 1831 de Bekker e sem sua numeração, já que este tratado só foi descoberto em 1880.
(****). Ausente na edição de 1831 de Bekker e sem sua numeração, uma vez que foi editado em inglês somente em 1954 por W. D. Ross.

CRONOLOGIA

AS DATAS (A.C.) AQUI RELACIONADAS SÃO, em sua maioria, aproximadas, e os eventos indicados contemplam apenas os aspectos filosófico, político e militar.

481 – Criada a confederação das cidades-Estado gregas comandada por Esparta para combater o inimigo comum: os persas.

480 – Os gregos são fragorosamente derrotados pelos persas nas Termópilas (o último reduto de resistência chefiado por Leônidas de Esparta e seus *trezentos* é aniquilado); a acrópole é destruída; no mesmo ano, derrota dos persas em Salamina pela esquadra chefiada pelo ateniense Temístocles.

479 – Fim da guerra contra os persas, com a vitória dos gregos nas batalhas de Plateia e Micale.

478-477 – A Grécia é novamente ameaçada pelos persas; formação da *Liga Délia*, dessa vez comandada pelos atenienses.

469 – Nascimento de Sócrates em Atenas.

468 – Os gregos derrotam os persas no mar.

462 – Chegada de Anaxágoras de Clazomena a Atenas.

462-461 – Promoção do governo democrático em Atenas.

457 – Atenas conquista a Beócia.

456 – Conclusão da construção do templo de Zeus em Olímpia.

447 – O Partenon começa a ser construído.

42 | ÉTICA A EUDEMO

444 – Protágoras de Abdera redige uma legislação para a nova colônia de Túrio.

431 – Irrompe a Guerra do Peloponeso entre Atenas e Esparta.

429 – Morte de Péricles.

427 – Nascimento de Platão em Atenas.

421 – Celebrada a paz entre Esparta e Atenas.

419 – Reinício das hostilidades entre Esparta e Atenas.

418 – Derrota dos atenienses na batalha de Mantineia.

413 – Nova derrota dos atenienses na batalha de Siracusa.

405 – Os atenienses são mais uma vez derrotados pelos espartanos na Trácia.

404 – Atenas se rende a Esparta.

399 – Morte de Sócrates.

385 – Fundação da Academia de Platão em Atenas.

384 – Nascimento de Aristóteles em Estagira.

382 – Esparta toma a cidadela de Tebas.

378 – Celebradas a paz e a aliança entre Esparta e Tebas.

367 – Chegada de Aristóteles a Atenas.

359 – Ascensão ao trono da Macedônia de Filipe II e começo de suas guerras de conquista e expansão.

347 – Morte de Platão.

343 – Aristóteles se transfere para a Macedônia e assume a educação de Alexandre.

338 – Filipe II derrota os atenienses e seus aliados na batalha de Queroneia, e a conquista da Grécia é concretizada.

336 – Morte de Filipe II e ascensão de Alexandre ao trono da Macedônia.

335 – Fundação do Liceu em Atenas.

334 – Alexandre derrota os persas na Batalha de Granico.

331 – Nova vitória de Alexandre contra os persas em Arbela.

330 – Os persas são duramente castigados por Alexandre em Persépolis, encerrando-se a expedição contra eles.

323 – Morte de Alexandre.

322 – Transferência de Aristóteles para Cálcis, na Eubeia; morte de Aristóteles.

ÉTICA A EUDEMO

LIVRO I

1

1214a1 AQUELE QUE EM DELOS manifestou abertamente *junto ao deus*[1] seu próprio juízo[2] produziu uma inscrição para a antecâmara do templo de Leto[3] na qual dissociou o bom, *o belo*[4] e o prazeroso, como não sendo todos qualidades da mesma coisa.[5] Escreveu os versos:

5 *O mais justo é o mais belo, enquanto a saúde é o melhor,*
Porém o desejo daquilo que se ama é o mais prazeroso de todos.

Pessoalmente não o aceitamos. Com efeito, a *felicidade*[6] é ao mesmo tempo a mais bela e a melhor de todas as coisas, além de a mais prazerosa.

Há, no que toca a cada coisa e cada [espécie] natural, muitas 10 *questões*[7] que acarretam dificuldades e reclamam exame; entre elas, algumas dizem respeito apenas ao conhecimento da coisa, ao passo que algumas outras dizem respeito também à sua aquisição e à ação a ela relacionada. No que se refere, portanto, a todas essas questões que envolvem *somente filosofia especulativa*,[8] cabe-nos dizer, quan-

---

1. ...παρὰ τῷ θεῷ... (*parà tôi theôi*). Aristóteles refere-se presumivelmente a Apolo, que, como Ártemis, possuía um importante santuário em Delos, onde ele próprio nasceu.

2. Alusão a Teógnis de Atenas, poeta trágico que floresceu entre os séculos V e IV a.C.

3. ...Λητῴου... (*Letôiou*), divindade que personifica a noite, que antecede e gera o dia. Filha do titã Ceos e Febe e mãe de Apolo e Ártemis com Zeus.

4. ...τὸ καλὸν... (*tò kalòn*), entenda-se a beleza tanto física quanto moral, ou seja, a nobreza.

5. Ver *Ética a Nicômaco* (obra presente em *Clássicos Edipro*), 1099a25-27.

6. ...εὐδαιμονία... (*eudaimonía*), ou sucesso, ou prosperidade, ou mesmo "bem-estar", embora a palavra grega seja, a rigor, intraduzível na sua abrangência para o nosso idioma. Não se trata necessariamente de um sentimento ou estado passivo (como especialmente o nosso conceito de "bem-estar" sugere), mas sim de uma forma de atividade.

7. ...θεωρημάτων... (*theoremáton*).

8. ...φιλοσοφίαν μόνον θεωρητικήν, ... (*philosophían mónon theoretikén*).

48 | ÉTICA A EUDEMO

15 do for oportuno, o que venha a ser apropriado à *investigação*.[9] Mas
principiemos por examinar em que consiste *a vida boa*[10] e como
obtê-la; além disso, se todos aqueles que são chamados de *felizes*
assim se tornam por natureza, como ocorre no que toca à alta e
baixa estaturas e às diferenças de porte físico, ou devido ao aprendizado, o que significaria haver uma *certa ciência da felicidade*,[11]
ou devido a alguma forma de treinamento (há, com efeito, muitas
20 qualidades humanas que não são nem por natureza nem adquiridas
graças ao aprendizado, mas conquistadas por força do hábito: más
qualidades se as pessoas são treinadas mediante maus hábitos, boas
se treinadas por força de bons hábitos). Ou assim se tornam não
devido a quaisquer dessas maneiras, mas devido *ou* a uma *espécie de
inspiração divina*,[12] como no caso de pessoas inspiradas por ninfas
25 ou deuses, *ou* à *sorte*?[13] (De fato, são muitos os que afirmam ser a
felicidade e a *boa sorte*[14] o mesmo.)

É evidente que a felicidade entre os seres humanos se deve a todas
essas coisas, a algumas delas ou a uma delas, já que praticamente todos os modos em que ela se produz enquadram-se nesses princípios
(porquanto todos os atos oriundos da inteligência podem ser reu-
30 nidos entre aqueles oriundos do conhecimento). Estar feliz e viver
venturosamente e bem devem consistir principalmente de três coisas
tidas como *sumamente desejáveis*:[15] há quem afirme que a *sabedoria*[16]
é o maior dos bens; outros afirmam ser este a *virtude*,[17] e outros, o
prazer.[18] Há quem considere discutível o grau de importância em que

---

9. ...μεθόδῳ... (*methódoi*).

10. ...τὸ εὖ ζῆν... (*tò eú zên*), o *viver bem*.

11. ...ἐπιστήμης τινὸς τῆς εὐδαιμονίας... (*epistémes tinós tês eudaimonías*).

12. ...ἐπιπνοίᾳ δαιμονίου τινός... (*epipnoíai daimoníou tinós*): note-se que etimológica e morfologicamente εὐδαιμονία (*eudaimonía* [felicidade]) é uma palavra composta que aparentemente remonta ao radical δαιμόνιος (*daimónios*).

13. ...τύχην... (*týkhen*).

14. ...εὐτυχίαν... (*eutykhían*).

15. ...αἱρετωτάτοις... (*airetotátois*).

16. ...φρόνησιν... (*phrónesin*).

17. ...ἀρετήν... (*aretén*), o mesmo que excelência. Tanto a virtude moral quanto a intelectual.

18. ...ἡδονήν... (*hedonén*).

LIVRO I | 49

1214b1 cada uma dessas coisas concorre para a felicidade, tendo-o como variável, alguns sustentando ser a sabedoria um bem superior à virtude, outros, o oposto; sustentam outros ser o prazer um bem superior a ambas; alguns são da opinião de que *a vida feliz*[19] procede da soma de
5 todos eles; outros, que procede de dois deles; e outros, que consiste exclusivamente de um entre eles.

2

UMA VEZ DEFINIDO, em relação a isso, que todos os capacitados a viver *de acordo com a própria prévia escolha*[20] deveriam visar algo a favor de viver bem e nobremente, seja a honra, a reputação, a ri-
10 queza ou a cultura, em função do que orientariam toda a sua conduta (pois não ter a própria vida organizada em vista de algum fim é um claro sinal de grande loucura), conclui-se que é maximamente necessário começar por se decidir pessoalmente, nisso não agindo *nem apressada nem negligentemente,*[21] em qual das coisas que nos dizem respeito está encerrada a vida boa, e quais são as condições imprescindíveis que possibilitam a nós, seres humanos, entrarmos de posse dessa vida. É de se observar que a saúde e as condições im-
15 prescindíveis da saúde não são o mesmo, o que ocorre igualmente com muitas outras coisas, de modo que viver bem não é idêntico às coisas cuja ausência impossibilita o viver bem. Com referência a essas coisas, algumas, que constituem condições imprescindíveis da saúde e da vida, não são particulares, mas comuns praticamente
20 a todas as pessoas, como *os estados e as ações:*[22] não poderíamos ter a posse de qualquer bem ou mal sem respirar, estar despertos ou poder nos mover. Por outro lado, outras coisas são mais características da natureza de cada um, por exemplo: *comer carne e caminhar após a refeição,*[23] a título de exercício, não apresentam uma conexão estreita

---

19. ...τὸ ζῆν εὐδαιμόνως... (*tò zên eudaimónos*), o viver de maneira feliz.

20. ...κατὰ τὴν αὑτοῦ προαίρεσιν... (*katà tèn hautoû proaíresin*).

21. ...μήτε προπετῶς μήτε ῥαθύμως... (*méte propetôs méte rathýmos*).

22. ...καὶ τῶν ἕξεων καὶ τῶν πράξεων, ... (*kaì tôn héxeon kaì tôn práxeon*).

23. ...κρεωφαγία καὶ τῶν περιπάτων οἱ μετὰ δεῖπνον. ... (*kreophagía kaì tôn peripáton hoi metà deípnon*).

50 | ÉTICA A EUDEMO

com a saúde do mesmo modo que as condições gerais supracitadas.
25 Devemos estar atentos a isso, pois nesses fatos residem as causas das
polêmicas em torno do ser feliz, sua natureza e o que concorre para
alcançar a felicidade; há aqueles, com efeito, que consideram as coisas que simplesmente constituem condições imprescindíveis do ser
feliz como elementos da felicidade.

3

É SUPÉRFLUO EXAMINAR todas as opiniões sobre a felicidade que
quaisquer indivíduos expressam.[24] Parece, realmente, que crianças,
30 enfermos e insanos as têm em grande quantidade, mas nenhuma
pessoa sensata as discutiria, pois para esses indivíduos argumentos
são dispensáveis, os primeiros necessitando sim tempo para terem
idade e se transformarem, enquanto os segundos necessitam de
correção médica ou política[25] (com efeito, o remédio, não menos do
que o açoite, é uma correção ou punição). É igualmente supérfluo
1215a1 examinar o que pensa a respeito o vulgo, pois as pessoas ordinárias
falam casualmente acerca de quase tudo, e, sobretudo, acerca da felicidade. {*Cabe-nos examinar apenas as opiniões dos sábios.*}[26] É um
despropósito aplicar a razão àqueles que não precisam de razão, mas
de *submissão*.[27] Considerando-se, entretanto, que todo assunto apre-

---

24. Cf. *Ética a Nicômaco*, 1095a28-30.

25. ...κολάσεως ἰατρικῆς ἢ πολιτικῆς... (*koláseos iatrikês è politikês*).

26. { } ...τὰς δὲ τῶν σοφῶν ἐπισκεπτέον μόνας... (*tàs dè tôn episkeptéon mónas*). Suprimido por Susemihl. Tudo indica que esta frase (que, a propósito, claramente interrompe a continuidade lógica do texto, como o prova a imediata sequência) não é de Aristóteles, mas uma inserção feita no texto posteriormente possivelmente por algum editor.

27. ...πάθους... (*páthous*), o que induz certos tradutores a traduzi-lo por *experiência*, termo que não é incorreto, porém francamente impreciso e até ambíguo. Há aqui um problema, provavelmente ligado ao manuscrito. Alguns helenistas entendem que é ...πείθους... (*peíthous*), que como πίθανος (*píthanos*), nos remete à acepção de obediente, dócil, submisso. Na verdade, como se pode facilmente notar, não se trata apenas de semelhança morfológica das palavras, mas também de parentesco semântico, os dois termos sendo perfeitamente cabíveis e intercambiáveis no contexto, pois tudo o que Aristóteles quer dizer é que os indivíduos ordinários prescindem do pensar, do exercício da razão, bastando que *se submetam*, que sejam *passivos*, que *sofram a ação* de (*páthos*), o que inclui e envolve o conceito

LIVRO I | 51

5 senta dificuldades que lhe são peculiares, está claro que, quanto à vida, apresentam-se dificuldades referentes à melhor vida e à existência de maior excelência; convém, portanto, examinar essas opiniões, uma vez que as refutações daqueles que as contestam constituem demonstrações dos argumentos que se opõem a elas.

Que se acrescente que não omitir esses aspectos se revela, sobretudo, proveitoso visando àquilo que deve constituir o alvo de toda a investigação, a saber, a questão de quais são os meios que 10 possibilitam a participação no *viver bem e nobremente*[28] (se *bem-aventuradamente*[29] for uma expressão demasiado censurável), e visando a nossa possível esperança de atingirmos cada um o que é conveniente. Se viver bem depende do que a nós chega pela sorte ou pela natureza, muitos terão com isso suas esperanças frustradas, visto que a consecução do viver bem não é assegurada pelo empe-15 nho, não tem como base a própria pessoa e nada tem a ver com as suas próprias ações; se, porém, depende da própria pessoa e suas próprias ações detêm um caráter particular, nesse caso o bem seria mais comum e *mais divino*:[30] mais comum porque permitiria ser compartilhado por mais indivíduos, e mais divino porque a felicidade estaria pronta para aqueles que transmitem a si mesmos e às suas ações um certo caráter particular.

4

20 A MAIORIA DAS QUESTÕES envoltas em controvérsia e embaraços suscitados serão esclarecidas se definirmos bem o que é felicidade, se consiste apenas na posse pessoal de um certo caráter de alma, como o sustentaram alguns sábios e pensadores antigos, ou se, em-25 bora um certo caráter seja necessário à pessoa, a condição indispensável seja, sim, que suas ações possuam um certo caráter.

---

menos genérico e amplo de *peíthos* (*píthanos*), isto é, devem se limitar a ser submissos, dóceis, obedientes.

28. ...εὖ καὶ καλῶς ζῆν... (*eú kai kalôs zén*).

29. ...μακαρίως... (*makaríos*).

30. ...θειότερον... (*theióteron*).

52 | ÉTICA A EUDEMO

Quando distinguimos as diversas formas de vida, notamos que algumas delas sequer têm a pretensão de encerrar a *felicidade*[31] em pauta: são adotadas tão só no interesse do que é necessário à existência, por exemplo as formas de vida dos que se ocupam das artes vulgares, das artes manuais e das atividades comerciais (entendo por [artes] *vulgares*[32] as que são praticadas somente objetivando a reputação; por *manuais*,[33] aquelas cuja prática é sedentária e remunerada, e por atividades *comerciais*[34] as que envolvem compras e vendas no varejo realizadas no mercado); sendo, porém, três as coisas vinculadas à prática na vida que implica a felicidade – já anteriormente indicadas –, os maiores bens para os seres humanos, nomeadamente a virtude, a sabedoria e o prazer, observamos a existência igualmente de três tipos de vida nos quais todos os contemplados com a *liberdade concedida pela sorte* escolhem viver, a saber, a *do político, a do filósofo e a daquele que busca o gozo sensual.*[35] Entre estas, o filósofo deseja ocupar-se da sabedoria *e da especulação da verdade*;[36] o político, *das ações nobres*[37] (sendo estas as que se originam da virtude); quanto ao voluptuoso, deseja ocupar-se *dos prazeres do corpo.*[38] Por conta disso, este ou aquele qualifica como felizes diferentes pessoas, como anteriormente já foi dito; e quando indagado sobre *quem é o mais feliz*, Anaxágoras de Clazomena[39] declarou: "Nenhum daqueles que tens como tal, mas alguém que a ti pareceria estranho.". Mas essa resposta foi por ele dada porque percebeu que aquele que fizera a pergunta supunha ser impossível alguém ser classificado de feliz sem que fosse importante, belo ou rico, quando ele próprio talvez pensasse que o indivíduo que vivia

---

31. ...εὐημερίας... (*euemerías*).

32. ...φορτικὰς... (*phortikàs*).

33. ...βαναύσους... (*banaúsous*).

34. ...χρηματιστικὰς... (*khematistikàs*).

35. ...πολιτικὸν φιλόσοφον ἀπολαυστικόν. ... (*politikòn philósophon apolaustikón*).

36. ...καὶ τὴν θεωρίαν τὴν περὶ τὴν ἀλήθειαν, ... (*kaì tèn theorían tèn perì tèn alétheian*).

37. ...περὶ τὰς πράξεις τὰς καλάς... (*perì tàs práxeis tàs kalás*).

38. ...περὶ τὰς ἡδονὰς τὰς σωματικάς. ... (*perì tàs hedonàs tàs somatikás*).

39. Filósofo da natureza jônico (500-428 a.C.): ...οὐθεὶς [...] ὧν σὺ νομίζεις, ἀλλ᾽ ἄτοπος ἄν τίς σοι φανείη. ... (*outheis [...] hôn sù nomízeis, all' átopos án tís soi phaneíe*).

LIVRO I | 53

sem padecer dor e em consonância com a justiça, *ou participando de alguma especulação divina*[40] tanto quanto sua humanidade o permitisse, este era o ser humano venturoso.

5

15 EMBORA HAJA MUITAS COISAS distintas em relação às quais não é fácil emitir um bom julgamento, isso ocorre, sobretudo, com uma no tocante à qual todas as pessoas pensam ser seu julgamento facílimo e facultado a qualquer um, a saber: qual coisa presente no viver deveria receber nossa preferância e qual, uma vez atingida, proporcionaria plena satisfação ao *desejo*.[41] De fato, são copiosos os acontecimentos de tal natureza que induzem as pessoas a abri-
20 rem mão da vida, do que constituem exemplos doenças, dores intensas ou agudas, adversidades, de maneira a tornar evidente que, se fosse facultado a alguém escolher, preferiria simplesmente não nascer. Ademais, nossa vida infantil não é desejável, e ninguém no seu juízo se disporia a suportar o seu retorno. Acrescente-se a
25 isso que muitas experiências da vida que não envolvem nem prazer nem dor, bem como aquelas que envolvem prazer, porém prazer a que falta nobreza, são tais que *o não existir seria melhor do que o estar vivo*.[42] Em termos gerais, se alguém reunisse todas as coisas que todos os seres humanos fazem e todas a que estão submetidos, mas não voluntariamente, porque não no interesse delas próprias,
30 e acrescesse a isso uma existência de duração infindável, a escolha não seria viver de preferência a não viver. Além disso, imaginando que contássemos apenas com os prazeres do comer ou do sexo, sendo de nós subtraídos os demais prazeres proporcionados pelo saber, pela visão e por quaisquer outros sentidos aos seres humanos,
35 ninguém atribuiria valor à vida, exceto um indivíduo inteiramente servil, pois está claro que para aquele que fizesse tal escolha seria

---

40. ...ἤ τινος θεωρίας κοινωνοῦντα θείας. ... (*é tinos theorías koinonoûnta theias*).

41. ...ἐπιθυμίαν... (*epithymían*).

42. ...τὸ μὴ εἶναι κρεῖττον εἶναι τοῦ ζῆν. ... (*tò mè eînai kreîtton eînai toû zên*).

54 | ÉTICA A EUDEMO

indiferente ter nascido *besta ou ser humano*;[43] de qualquer modo,
1216a1 o boi no Egito, que veneram como Ápis, dispõe de um suprimento maior desses prazeres do que muitos monarcas. Tampouco seria justificável alguém viver em função do prazer de dormir. *Com efeito, o que diferencia dormir um sono ininterrupto do primeiro ao último dia de mil anos ou de qualquer outro número de anos e viver* 5 *a existência de um vegetal?*[44] Plantas, de qualquer modo, parecem participar desse tipo de vida, o mesmo ocorrendo com as crianças. Estas, de fato, na primeira etapa de sua geração, no interior de suas mães mantêm-se adormecidas todo o tempo. Fica claro, portanto, à luz dessas considerações, que o que é o bem-estar e o viver bem 10 permanece estranho ao nosso exame.

Diz-se que toda vez que alguém insistia apresentando dificuldades desse naipe a Anaxágoras, sobre o propósito de preferir nascer a não nascer, ele respondia nos seguintes termos: "*Sondar*[45] o céu e toda a ordem do universo.". Portanto, a opinião de Anaxágoras era 15 a de que a opção pela vida valia no interesse de alguma forma de conhecimento; entretanto, aqueles que veem a felicidade em Sardanápalo[46] ou em Esmindiride,[47] *o Sibarita*,[48] ou em alguns dos outros que vivem a vida da volúpia parecem todos eles situar a felicidade no gozo do prazer. Alguns outros, todavia, escolheriam as ações 20 com base na virtude, nem a sabedoria, nem os prazeres do corpo: para todos os efeitos, há algumas pessoas que optam por tais ações não apenas tendo em vista a reputação, mas inclusive quando não

---

43. ...θηρίον ἢ ἄνθρωπον... (*theríon è ánthropon*).

44. ...τί γὰρ διαφέρει καθεύδειν ἀνέγερτον ὕπνον ἀπὸ τῆς πρώτης ἡμέρας μέχρι τῆς τελευταίας ἐτῶν ἀριθμὸν χιλίων ἢ ὁποσωνοῦν, ἢ ζῆν ὄντα φυτόν; (*tí gàr diaphérei katheúdein anégerton hýpnon apò tês prótes heméras mékhri tês teleutaías etôn arithmòn khilíon è hoposonoûn, è zên ónta phytón;*).

45. ...θεωρῆσαι... (*theorêsai*), literalmente observar, contemplar, mas o sentido aqui envolve um claro empenho filosófico ou científico: examinar, investigar.

46. Rei mítico assírio celebrizado por seu fausto e extrema riqueza. Cf. *Ética a Nicômaco*, 1095b22.

47. Figura historicamente duvidosa também celebrizada pelo extremo luxo de que se cercava.

48. ...τὸν Συβαρίτην... (*tòn Sybaríten*), nativo ou habitante de Sibaris, cidade da Magna Grécia (colônia grega no sul da Itália) que ficou famosa devido à indolência e sensualidade de seus habitantes.

LIVRO I | 55

atraem para si nenhum crédito. A maioria das pessoas que atuam
como políticos recebem erroneamente a designação de políticos,
25 pois não são verdadeiramente políticos, uma vez que o político é o
indivíduo que por prévia escolha opta por uma conduta nobre por
ela mesma, *enquanto a maioria adota esse gênero de vida visando ao
dinheiro e por cobiça.*[49]

Fica claro, assim, pelo que foi dito que todos associam a felicidade a três tipos de vida: à vida política, à filosófica e à do gozo
sensual. Nelas revelam-se nítidos o caráter e a qualidade do prazer
30 vinculado ao corpo e ao gozo sensual, bem como se evidenciam os
recursos para sua obtenção; daí decorre que somos dispensados de
indagar quais são esses prazeres, mas não de indagar se afinal conduzem ou não à felicidade, e como o realizam e – se a vida nobre
tiver, por direito, a ela associados alguns prazeres – se são esses a
serem associados ou se é necessária a participação nesses prazeres
35 diferentemente, ao passo que são distintos os prazeres que, conforme uma crença razoável, tornam prazerosa a vida do indivíduo feliz
e não apenas destituída de dor.

São, porém, matérias que merecerão um exame posterior. *Comecemos por investigar a virtude e a sabedoria prática,*[50] qual a natureza
40 de cada uma delas e se constituem partes da *vida boa*[51] em si mesmas
1216b1, ou através das ações que delas derivam, uma vez que, se não todos
os seres humanos, ao menos todos aqueles cujo discurso racional é
digno de consideração sustentam a conexão entre elas e a felicidade.

Nesse sentido, o velho Sócrates[52] pensava ser a meta o conhecimento da virtude, tendo ele se dedicado à investigação do que é a
5 justiça, a coragem e cada uma das partes da virtude. Seu procedi-

---

49. ...οἱ δὲ πολλοὶ χρημάτων καὶ πλεονεξίας ἕνεκεν ἅπτονται τοῦ ζῆν οὕτως. ... (*hoi dè polloì khemáton kai pleonexías héneken hapotontai toû zên hoûtos.*).

50. ...περὶ δ' ἀρετῆς καὶ φρονήσεως πρῶτον θεωρήσωμεν... (*perì d'aretês kai phronéseos prôton theorésomen*).

51. ...ἀγαθῆς ζωῆς... (*agathês zoês*).

52. Ou seja, Sócrates de Atenas (469-399 a.C.), o mestre de Platão. Existiu um *jovem* Sócrates (mais exatamente Σωκράτης ὁ νεώτερος [*Sokrátes ho neóteros*]), o Sócrates mais jovem, discípulo de Platão, que, inclusive, aparece como interlocutor do velho Sócrates no diálo-go *Político* de Platão.

mento foi razoável, pois ele pensava serem todas as virtudes tipos de conhecimento, *de maneira que conhecer a justiça e ser justo ocorrem concomitantemente.*[53] Com efeito, ao mesmo tempo que aprendemos geometria e construção, nos convertemos em construtores
10 e geômetras; em função disso, ele investigava o que é a virtude, mas não como é produzida e do que se origina. Entretanto, embora assim seja no que toca ao conhecimento especulativo, visto que a *astronomia*,[54] a *ciência da natureza*[55] e a geometria só têm como fim conhecer e especular a natureza das coisas que constituem os
15 objetos dessas *ciências*[56] (ainda que seja inteiramente possível nos serem acidentalmente úteis em muitas de nossas necessidades), o fim das ciências produtivas é distinto da ciência e do conhecimento; por exemplo, a *saúde*[57] é o fim da medicina, enquanto o fim da política é o *bom governo*[58] ou algo semelhante. Assim, embora seja admirável inclusive conhecer cada uma das coisas admiráveis, no
20 que se refere à virtude o mais valioso não é conhecer o que ela é, mas sim a sua origem. Com efeito, o que desejamos não é saber o que é a coragem, mas ser corajosos; tampouco saber o que é a justiça, mas ser justos, tal como desejamos ser sadios, e não conhecer o que é a saúde; e estar em bom estado físico em lugar de conhecer
25 o que é o bom estado físico.

---

53. ...ὥσθ' ἅμα συμβαίνειν εἰδέναι τε τὴν δικαιοσύνην καὶ εἶναι δίκαιον... (*hósth'háma symbaínein eidénai te tèn dikaiosýnen kai einai díkaion*).

54. ...ἀστρολογίας... (*astrologías*).

55. ...φύσεως ἐπιστήμης... (*phýseos epistémes*), ou seja, a física, embora o nosso conceito moderno de física seja mais restrito.

56. ...ἐπιστήμαις... (*epistémais*). Para Aristóteles, as ciências especulativas (as citadas aqui por ele, além da aritmética, a teoria musical, a psicologia e a filosofia primeira [metafísica]) são aquelas que não possuem e dispensam uma finalidade que as transcende. As ciências produtivas (...ποιητικῶν ἐπιστήμων... [*poietikôn epistémon*] são as que têm como fim um produto que as transcende, delas sendo exemplos as duas aqui indicadas logo na sequência (a medicina, que tem como fim a saúde, e a política, que visa ao bom governo) e muitas outras, como a carpintaria, a tecelagem, a construção (de casas ou de embarcações), a pilotagem, e as artes em geral, desde as artes manuais, como a do oleiro e do ferreiro, até as artes cênicas e plásticas, como a poesia (épica, trágica etc.), a pintura, a escultura etc.

57. ...ὑγίεια... (*hygíeia*).

58. ...εὐνομία... (*eunomía*), embora possamos aqui contemplar um sentido mais restrito e mais próximo do significado literal da palavra, ou seja, *correto acatamento das leis*.

LIVRO I | 57

6

Com relação a todos esses assuntos, deve-se empreender um esforço no sentido de convencer por força do discurso racional, empregando *os fenômenos*[59] a título de evidências e exemplos. O melhor seria que contássemos com o visível assentimento de todas as pessoas no que será expresso, porém, em caso negativo, que ao menos contemos com algum assentimento delas. É o que farão se
30 permitirem ser transformadas, uma vez que cada uma tem algo particular com o que contribuir para a verdade, sendo necessário que tomemos isso como ponto de partida a fim de apresentar alguma demonstração a respeito; *de fato, partindo de afirmações verdadeiras, ainda que obscuramente expressas,*[60] à medida que progredimos também conquistamos a clareza, isso se a cada etapa trocarmos as
35 usuais afirmações confusas por posicionamentos mais criteriosos do prisma do conhecimento. Em todo estudo metódico argumentos expressos filosoficamente diferem daqueles expressos não filosoficamente; disso conclui-se que não devemos pensar que a especulação desse tipo, a qual visa a revelar não só a natureza da coisa como também sua causa, seja supérflua, mesmo no que tange à política, já que esse é o método filosófico em toda esfera de investi-
40 gação. Isso, entretanto, exige muita precaução. Por conta de pensar
1217a1 que nada dizer casualmente e sim empregar o argumento racional é a marca do filósofo, alguns, frequentemente sem que sejam percebidos, propõem argumentos inúteis e estranhos ao assunto em pauta (assim o fazendo às vezes por ignorância, às vezes por impostura ditada por jactância); isso leva até mesmo homens experien-
5 tes e capazes de agir a serem apanhados por aqueles a quem falta *inteligência construtiva ou prática,*[61] e capacidade para tê-la. Estes

---

59. ...τοῖς φαινομένοις... (*toîs phainoménois*). O φαινόμενον (*phainómenon*) é aquilo que se mostra, que aparece, que se manifesta à percepção, por extensão o fato que se evidencia, se desoculta, se desvela, podendo então ser percebido pelos sentidos e conhecido pela consciência.

60. ...ἐκ γὰρ τῶν ἀληθῶς μὲν λεγομένων οὐ σαφῶς... (*ek gàr tôn alethôs mèn legoménon ou saphôs*).

61. ...διάνοιαν ἀρχιτεκτονικὴν ἢ πρακτικήν. ... (*diánoian arkhitektonikèn è praktikén*).

58 | ÉTICA A EUDEMO

são assim afetados por falta de educação, uma vez que a incapacidade, com referência a cada assunto, de discernir entre argumentos pertinentes e aqueles que são estranhos ao assunto indica *falta de educação*.[62] E convém igualmente apreciar dissociadamente a causa
10 e o que foi demonstrado, *quer* pela razão indicada há pouco, ou seja, não se deve, no tocante a todas as coisas, recorrer à inferência do argumento, mas frequentemente dar preferência aos fenômenos (uma vez que agora, quando não se é capaz de refutar o argumento, impõe-se dar crédito ao que foi dito), *quer* também porque com
15 frequência embora o que parece ter sido demonstrado pelos argumentos seja verdadeiro, não o é devido à causa que é asseverada no argumento. *É possível, com efeito, demonstrar a verdade mediante a falsidade,*[63] como fica claro nos *Analíticos*.[64]

7

UMA VEZ REGISTRADAS ESSAS OBSERVAÇÕES preliminares, comecemos pelas primeiras afirmações, que são obscuramente ex-
20 pressas, como o dissemos antes; na sequência trata-se de descobrir com clareza *a essência da felicidade*.[65] Concorda-se ser esta o mais grandioso e melhor entre os bens humanos (dissemos humanos pois provavelmente poderia haver também alguma outra felicidade referente a algum ser superior, de um deus, por exemplo), ao
25 passo que, no que se refere aos outros seres vivos, os quais são naturalmente inferiores ao ser humano, é fato não participarem dessa *denominação*;[66] com efeito, um cavalo não é feliz, como tampouco o é uma ave, um peixe ou *outros seres*[67] cujos nomes não trazem o indício de que na sua natureza participam em alguma medida do

---

62. ...ἀπαιδευσία... (*apaideusía*).

63. ...ἔστι γὰρ διὰ ψεύδους ἀληθὲς δεῖξαι... (*ésti gàr dià pseúdous alethès deixai*).

64. No *Órganon* (obra presente em *Clássicos Edipro*), "Analíticos Anteriores", Livro II, 2, 53b26 ss; "Analíticos Posteriores", Livro I, 32, 88a20 ss.

65. ...τί ἐστιν ἡ εὐδαιμονία... (*tí estin he eudaimonía*), ou literalmente: ... o que é a felicidade... .

66. ...προσηγορίας... (*prosegorías*), ou seja, a denominação de *felizes*.

67. ...ἄλλο τῶν ὄντων... (*állo tôn ónton*).

LIVRO I | 59

que é divino; é em função de alguma outra participação nas coisas
boas que alguns vivem melhor, ao passo que outros vivem pior.

30 Mas que é assim é algo a ser examinado posteriormente. De momento, digamos que, entre os bens, alguns estão ao alcance da ação
humana (são humanamente exequíveis), enquanto outros não. A
razão de o dizermos é que algumas *coisas que são*[68] de modo algum
participam de *mudança*,[69] inclusive algumas *coisas boas*,[70] sendo estas em sua natureza talvez as melhores; por outro lado, algumas

35 coisas, ainda que ao alcance da ação, estão apenas para seres que
nos são superiores. *Visto que ao alcance da ação tem sentido duplo*[71]
(já que tanto aquilo em função do que agimos quanto as coisas que
fazemos em função dele participam da ação, o que nos leva a colocar entre as coisas ao alcance da ação quer a saúde, quer a riqueza,
quer o ato saudável, quer o ato lucrativo), fica claro que a felicidade

40 deve ser encarada como o melhor daquilo que está ao alcance da
ação do ser humano.

8

1217b1 CABE-NOS, PORTANTO, examinar o que é *o melhor*,[72] e em quantos
sentidos essa palavra é empregada. Isso parece estar contido fundamentalmente em três opiniões. Diz-se que a melhor de todas as coisas é o *bem em si*,[73-74] sendo o bem em si aquilo que possui os atri-

5 butos que o qualificam como sendo o bem primordial e, por força
de sua presença, a causa em outros bens de serem eles bens; ambos

---

68. ...ὄντων... (*ónton*), seres.

69. ...κινήσεως, ... (*kinéseos*), ou seja, são imutáveis; κίνησις (*kínesis*), movimento, abrange o
conceito de mudança.

70. ...ἀγαθῶν, ... (*agathón*).

71. ...ἐπειδὴ δὲ διχῶς λέγεται τὸ πρακτόν... (*epeidè dè dikhôn légetai tò praktón*).
...πρακτόν... (*praktón*): literalmente "acionável", exequível, suscetível de ser atingido, afetado ou envolvido pela ação.

72. ...τὸ ἄριστον... (*tò áriston*), o mais excelente.

73. ...αὐτὸ τὸ ἀγαθόν... (*autò tò agathón*).

74. Esta é a opinião de Platão.

60 | ÉTICA A EUDEMO

esses atributos pertencem à Forma[75] do bem (refiro-me tanto ao atributo de ser o bem primordial quanto ao de ser, por força de sua presença, a causa dos outros bens serem eles bens), visto o bem ser 10 predicado o mais verdadeiramente dessa Forma (Ideia) (enquanto outras coisas que são boas o são por participação na Forma do bem e por semelhança com ela); e esse é o bem primordial, pois a destruição daquilo em que se participa acarreta a destruição das coisas que participam na Forma (as quais obtêm seu nome nela participando); e essa é a relação do primordial com o posterior, do que 15 resulta ser a Forma do bem o bem em si, uma vez que a Forma do bem é dissociável das coisas que nela participam, tal como ocorre também com as outras Formas.

Contudo, o exame cuidadoso dessa opinião concerne a um outro *estudo*,[76] ampla e necessariamente do âmbito da lógica; com efeito, argumentos ao mesmo tempo de refutação direta e comuns dizem respeito exclusivamente a essa ciência. Mas, ao nos referirmos com 20 brevidade a esse ponto, cabe-nos dizer, para começar, que afirmar *o existir de uma Forma*[77] – não apenas do bem como de qualquer outra coisa – não passa de uma abstração ociosa (o que tem sido considerado de diversos modos, seja em *discursos exotéricos*,[78] seja em

---

75. ...ἰδέα... (*idéa*), que podemos traduzir também por Ideia, de preferência com a inicial maiúscula, para distinguir e destacar a acepção restrita platônica (distinta da acepção moderna, genérica e ordinária da palavra ideia, isto é, conteúdo abstrato de uma percepção intelectual, conceito). Forma (**não confundir** com o conceito aristotélico de forma, em contraposição à matéria, no âmbito da física e metafísica aristotélicas) é a realidade sensorialmente imperceptível, perfeita, original, imutável, singular, eterna, abstrata e necessária existente na região ("mundo") inteligível (νοέτος τόπος [*noétos tópos*]) que serve de modelo às coisas sensorialmente perceptíveis, imperfeitas, copiadas, mutáveis, múltiplas, perecíveis, concretas e contingentes da região ("mundo") sensível (αἰσθετος τόπος [*aisthetos tópos*]). Ver o Diálogo *Parmênides* de Platão, principalmente 129a-135e (*Diálogos IV*, obra presente em *Clássicos Edipro*).

76. ...διατριβῆς... (*diatribês*).

77. ...τὸ εἶναι ἰδέαν... (*tò eînai idéan*).

78. ...ἐξωτερικοῖς λόγοις... (*exoterikois lógois*): helenistas como H. Rackham tendem a achar que Aristóteles se refere aqui a discussões e doutrinas estranhas àquelas desenvolvidas no Liceu, ou seja, produzidas por ele junto aos seus discípulos. Há outros, como J. Solomon, aos quais nos filiamos, que pensam que está se referindo tão só aos seus próprios discursos *exotéricos*, em contraposição aos esotéricos (acroamáticos). Ver "Aristóteles: sua obra" neste mesmo volume.

LIVRO I | 61

discursos filosóficos[79]); em seguida, mesmo se admitida a existência
25 de Formas e, sobretudo, da *Forma do bem*,[80] com certeza isso não
apresentaria qualquer utilidade no que toca à vida boa e à ação.[81]
O bem,[82] com efeito, comporta muitos sentidos, na verdade tan-
tos quantos *o ser*.[83] O *ser*, com efeito, tal como o decompomos em
outras obras,[84] significa ora o *o quê*,[85] ora a qualidade, ora a quantidade, ora o *quando*,[86] e, a se somar a isso, consiste ora em ser mu-
30 dado, ora em mudar; e o bem está em cada um desses *casos*:[87] na
substância, como *intelecto e Deus*;[88] na qualidade, como justiça;
na quantidade, como moderação; no tempo, como momento propício; ao passo que, como exemplos dele *com respeito à mudança*,[89]
aquele que ensina e aquele que é ensinado. Portanto, tal como *ser*
não é unicamente *um o quê* quanto às categorias que indicamos,
35 tampouco o é o bem, e nem há *uma* única ciência do ser ou do bem.
Nem sequer os bens predicados numa mesma categoria, *digamos o
momento propício ou a moderação*,[90] são investigados por uma única
ciência – o que ocorre é distintos tipos de momento propício e de
moderação serem investigados por diferentes ciências, por exemplo: no que se refere à alimentação, momento propício e moderação constituem objetos de investigação da *medicina e da ginástica*;[91]

---

79. Ou seja, os esotéricos.

80. ...ἀγαθοῦ ἰδέα... (*agathoû idéa*).

81. Ou seja, é totalmente inútil no que tange à investigação no domínio da ética e das ciências
da práxis em geral, como a economia (administração doméstica) e a política.

82. ...τὸ ἀγαθόν... (*tò agathón*).

83. ...τῷ ὄντι... (*tôi ónti*).

84. Ver especialmente a *Metafísica* (Livro V, 7, 1017a7-1017b5).

85. ...τί ἐστί... (*tí estí*), ou seja, a substância.

86. ...πότε... (*póte*), ou seja, o tempo.

87. ...πτώσεών... (*ptóseón*), casos de uma declinação exceto o nominativo. Mas Aristóteles refere-se às *categorias*. Ver o primeiro tratado do *Órganon*, isto é, *Categorias*, sobretudo IV,
1b25-2a10.

88. ...ὁ νοῦς καὶ ὁ θεός, ... (*ho noûs kai ho theós*), literalmente: *o intelecto e o deus*, mas ver a
Metafísica, 1072b15-30 e nossa nota 1418.

89. ...περὶ κίνησιν... (*perì kínesin*). Alusão às *categorias* da ação e da paixão.

90. ...οἷον τὸν καιρὸν ἢ τὸ μέτριον, ... (*hoîon tôn kairôn è tò métrion*).

91. ...ἰατρικὴ καὶ γυμναστική, ... (*iatrikè kai gymnastiké*).

62 | ÉTICA A EUDEMO

40 no que se refere a ações militares, constituem objetos da *arte do comando militar;*[92] analogamente, no que se refere a outras ações, são investigados por uma outra ciência. A conclusão é que dificil-
1218a1 mente o bem em si pode ser investigado por uma única ciência. Ademais, em todo lugar em que existe um anterior e um posterior, *inexiste um elemento comum*[93] além deles e que lhes seja dissociável, pois, se existisse, haveria algo anterior ao anterior, uma vez que
5 o elemento comum e dissociável apresentaria anterioridade, pois quando ele fosse destruído, o primeiro elemento também o seria. Por exemplo, se o duplo é o primeiro dos múltiplos, não é possível existir a multiplicidade predicada dos múltiplos em comum como algo dissociável. Com efeito, nesse caso ele seria anterior ao duplo, se acontecesse de o elemento comum ser a Forma,[94] como seria se alguém tornasse dissociável o elemento comum: se, pois, a justiça
10 é um bem, assim como a coragem, há então, segundo dizem, um bem em si. *O em si é, assim, acrescentado à definição comum.*[95] Tudo, porém, que isso poderia significar é que é eterno e dissociável. Não é? Apesar disso, uma coisa que é branca por muitos dias não é mais branca do que aquela que é branca por um único dia, de modo que
15 {*o bem não é mais bem por ser eterno*};[96] nem, portanto, o bem comum é idêntico à Forma, visto pertencer ele a todos em comum.

Que se acresça que o modo apropriado de demonstrar o bem em si é o oposto daquele ora empregado. É com base em coisas em relação às quais não se reconhece que encerrem o bem que efetuam a demonstração das coisas que se reconhece como boas; exemplificamos: é com base nos números que demonstram que a justiça e a saúde são bens, visto serem elas coisas ordenadas e números,
20 na hipótese de que o bem constitua o fundamento de números e

---

92. ...στρατηγία... (*strategía*).

93. ...οὐκ ἔστι κοινόν... (*ouk ésti koinón*).

94. ...ἰδέαν... (*idéan*), conceito platônico. Ver nota 75.

95. ...τὸ οὖν αὐτὸ πρόσκειται πρὸς τὸν λόγον τὸν κοινόν. ... (*tò oûn autò próskeitai pròs tòn lógon tòn koinón.*).

96. { } ...τὸ ἀγαθὸν μᾶλλον ἀγαθὸν τῷ ἀΐδιον εἶναι... (*tò agathòn mâllon agathòn tôi aídion eînai*). Rackham vê aqui uma inserção no conteúdo entre chaves. Susemihl o considera como texto corrente aristotélico.

LIVRO I | 63

unidades, por ser o bem em si uno. O devido, contudo, é partir
das coisas reconhecidas como sendo bens, das quais são exemplos
a saúde, a força e a moderação,[97] *e demonstrar que o bem está mais
nas coisas imutáveis;*[98] de fato, todas essas coisas constituem ordem
e repouso; resulta que, se assim é, as coisas imutáveis são bens num
grau superior, pois os detêm quantitativamente mais. E é temerá-
25 rio, no que diz respeito a demonstrar que o bem em si é unidade,
dizer que os números a desejam, uma vez que ninguém expressa
com clareza como isso ocorre, a expressão sendo demasiado des-
qualificada; e como conceber o desejo naquilo que é destituído de
vida? Isso deve ser examinado meticulosamente, não se fazendo,
sem razões, suposições em torno de algo acerca de que, mesmo com
30 razões, não é fácil nos certificarmos. Ademais, a afirmação de que
todas as coisas existentes[99] desejam um bem único é falsa; cada coisa
anseia pelo bem que lhe é particular: *o olho, a visão, o corpo, a saúde,*[100] e analogamente, outras coisas, outros bens.

Eis aí os impasses apontando para a inexistência do bem em si,
e para a inutilidade dele na *política,*[101] a qual, pelo contrário, possui
35 um bem que lhe é particular, tal como as outras ciências o possuem,
por exemplo: a boa condição física é o bem da ginástica.

{Ademais, há o registrado no discurso, que ou a Forma do bem
não é ela mesma útil a nenhuma, ou é útil igualmente a todas.

Ademais, não é exequível.}[102] Do mesmo modo, o bem como
1218b1 universal também não é um bem em si (uma vez que pode ser realizado mesmo num pequeno bem), e também não é exequível; de

---

97. ...ὑγιείας ἰσχύος σωφροσύνης... (*hygieías iskhúos sophrosýnes*).

98. ...καὶ ἐν τοῖς ἀκινήτοις μᾶλλον τὸ καλόν... (*kaì en toîs akinétois mâllon tò kalón*). Aristóteles utiliza aqui τὸ καλόν (*tò kalón*), o belo, o nobre (a beleza moral) em lugar de τὸ
ἀγαθόν (*tò agathón*), mas a ideia é a mesma.

99. ...τὰ ὄντα... (*tà ónta*), as coisas que são, os seres.

100. ...ὀφθαλμὸς ὄψεως, σῶμα ὑγιείας, ... (*ophthalmòs ópseos, soma hygieías*).

101. ...πολιτική... (*politiké*), quer dizer, tanto a teoria (ciência) política quanto a prática
política.

102. { } ...ἔτι καὶ τὸ ἐν τῷ λόγῳ γεγραμμένον· ἢ γὰρ οὐδεμιᾷ χρήσιμον αὐτὸ τὸ τοῦ
ἀγαθοῦ εἶδος ἢ πάσαις ὁμοίως, ἔτι οὐ πρακτόν. (*éti kaì tò en tôi lógoi gegramménon.
è gàr oudemiâi khrésimon autò tò toû agathoû eîdos è pásais homoíos, éti ou praktón.*). O
período entre chaves é suspeito e suprimido por Susemihl.

64 | ÉTICA A EUDEMO

fato, a medicina não investiga como alcançar a obtenção de um atributo aplicável a *qualquer coisa*, mas como alcançar a obtenção da saúde, o que acontece igualmente com cada uma das demais *artes*.[103] O *bem*, entretanto, pode ser entendido de várias maneiras,
5 nele existindo uma *nobre em si,* parte exequível, parte não exequível. O bem ao alcance da ação (exequível) é aquele que constitui uma meta; o problema é que o bem em coisas que são imutáveis não é exequível.

Fica evidente, portanto, que o *bem em si* objeto de nossa busca não é a Forma do bem, como também não é o bem como universal (posto que a primeira é imutável e inexequível, enquanto o segun-
10 do, embora mutável, é inexequível). Entretanto, o objeto visado como *fim*[104] é o melhor, além de ser a causa daqueles que lhe estão subordinados e o primeiro de todos os bens; esse bem, consequentemente, seria o bem em si, ou seja, *o fim exequível humano*.[105] Trata-se do bem que se enquadra naquela que é soberana entre todas as ciências [práticas],[106] nomeadamente a política associada à *economia*[107] e à *sabedoria prática*;[108] essas disposições distinguem-se
15 das outras em função de possuírem esse caráter (se diferem realmente entre si é algo a ser discutido posteriormente). O ensino mostra que o fim constitui a causa daquilo que está a ele subordinado; a começar pela definição do fim, os professores demonstram que cada um dos diversos meios é bom, porque a causa é o fim visado. Por exemplo, uma vez que estar com saúde é isso ou aquilo, o que
20 para ela concorre é necessariamente isso ou aquilo; o que promove a saúde é a *causa motriz*[109] dela, mas apenas do existir dela, não da saúde ser um bem. Que se acresça que ninguém demonstra ser a saúde um bem (*a menos que se trate de um sofista e não de um mé-*

---

103. ...τεχνῶν... (*tekhnôn*). Aristóteles se refere às ciências produtivas ou *poiéticas*.

104. ...τέλος... (*télos*), meta.

105. ...τὸ τέλος τῶν ἀνθρώπῳ πρακτῶν... (*tò télos tôn anthrópoi prakton*).

106. Para Aristóteles, aquela cujo fim é a ação (πρᾶξις [*práxis*]).

107. ...οἰκονομικὴ... (*oikonomikè*), entenda-se a ciência da administração doméstica e familiar, e não economia na acepção moderna.

108. ...φρόνεσις... (*phrónesis*), acepção restrita (prudência).

109. ... αἴτιον ὡς κινῆσαν, ... (*aítion hos kinêsan*), causa como motriz.

LIVRO I | 65

dico, de alguém que, com efeito, raciocinando como um sofista, produz
argumentos incompatíveis),[110] não mais do que demonstra qualquer
outro princípio.

25   Findo isso, cabe-nos reiniciar e considerar, no que diz respeito
ao bem como fim humano e ao melhor ao alcance da ação, quantos
sentidos comporta a expressão *o melhor de todos,*[111] uma vez ser este
o melhor.

---

110. ...ᾶν μὴ σοφιστὴς ᾖ καὶ μὴ ἰατρός οὗτοι γὰρ τοῖς ἀλλοτρίοις λόγοις σοφίζονται... (*àn
mè sophistès êi kaì mè iatrós hoûtoi gàr toîs allotríois lógois sophízontai*). Tal como Sócrates
e Platão, Aristóteles não vê com bons olhos os sofistas, sobretudo na sua pretensão de
filosofar.

111. ...τὸ ἄριστον πάντων, ... (*tò áriston pánton*).

LIVRO II

1

30 DEPOIS DISSO, CABE-NOS RECOMEÇAR e tratar dos assuntos subsequentes.

Todos os bens são ou externos ou internos em relação à alma e, dentre eles, aqueles *no interior da alma*[112] são mais desejáveis, tal como os classificamos inclusive nos *discursos exotéricos*.[113] A sabe-
35 doria, a virtude e o prazer encontram-se na alma, e todos pensam ser ou algum entre eles um fim ou todos os três o serem. No interior da alma [reconhecemos] *estados*[114] ou *faculdades*,[115] *atividades*[116] e *movimentos*.[117]

Que isso seja considerado a título de hipótese, bem como que a virtude é *a melhor disposição*,[118] estado ou faculdade de cada tipo de
1219a1 coisa suscetível de algum uso ou função. Isso fica claro com base na indução; com efeito, o postulamos na totalidade dos casos; por exemplo, há uma *virtude*[119] no que diz respeito a uma roupa, porquanto esta atende a uma função e uso, *e o melhor estado da roupa é sua virtude (excelência)*;[120] considere-se que o mesmo se aplica a um navio, a uma casa e às demais coisas, sendo, portanto, também aplicável à alma, já que

---

112. ...ἐν τῇ ψυχῇ... (*em têi psykhêi*).

113. ...ἐξωτερικοῖς λόγοις... (*exoterikoîs lógois*): ver neste volume em "Aristóteles: sua obra", a distinção entre escritos esotéricos ou acroamáticos e escritos exotéricos.

114. ...ἕξεις... (*héxeis*).

115. ...δυνάμεις... (*dynámeis*).

116. ...ἐνέργειαι... (*enérgeiai*).

117. ...κινήσεις... (*kinéseis*).

118. ...ἡ βελτίστη διάθεσις... (*he beltíste diáthesis*).

119. ...ἀρετὴ... (*aretè*), excelência.

120. ...καὶ ἡ βελτίστη ἕξις τοῦ ἱματίου ἀρετὴ ἐστίν... (*kaì he beltíste hexis toû himatíou aretè estín*).

70 | ÉTICA A EUDEMO

5 esta possui uma função que lhe é própria. E suponhamos que quanto melhor é o estado, melhor é sua função, e que tal como são os estados entre si, assim o são as funções que lhes dizem respeito. E a função de cada coisa é o seu fim; evidencia-se com isso que a função é melhor do que o estado, pois o fim enquanto fim é o mais excelente; de fato,
10 supõe-se o melhor como um fim e como o derradeiro fim no interesse do qual tudo o mais existe. Que a função é melhor do que o estado e do que a disposição fica, portanto, claro.

O vocábulo *função*,[121] contudo, possui sentido duplo; de fato, certas coisas têm uma função que difere um pouco de seu emprego, por exemplo: a *função*[122] da construção é uma casa, e não o ato de
15 construir; a da medicina é a saúde, e não o ato de restituir a saúde ou curar; diferentemente, com relação a outras coisas, sua função é o seu próprio emprego, do que são exemplos a função da visão, ou seja, o ato de ver, e aquela da ciência matemática, ou seja, o *ato de especular*.[123] Assim, conclui-se necessariamente que relativamente às coisas cuja função é o seu emprego, empregá-las é melhor do que o estado [que consiste em ter delas a posse].

Tendo sido isso assim distinguido, estamos facultados a dizer que a função de uma coisa é a mesma de sua virtude (excelência)
20 (ainda que não igualmente), por exemplo: um calçado é a função[124] da arte de fabricar calçados e do ato de fabricar calçados; *se existe uma virtude do fabricar calçados e um bom fabricante de calçados, a função deles é um bom calçado;*[125] o mesmo aplica-se a todas as outras [artes].

Ademais, admitamos que a função da alma seja produzir vida,
25 *e que isso seja emprego e estar desperto*[126] (uma vez que o sono é um

---

121. ...ἔργον... (*érgon*). O sentido mais amplo dessa palavra é *trabalho*.

122. Isto é, o produto do trabalho.

123. ...θεορία... (*theoria*), a especulação ou contemplação intelectual.

124. Ver nota 122.

125. ...εἰ δή τίς ἐστιν ἀρετὴ σκυτικῆς καὶ σπουδαίου σκυτέως, τὸ ἔργον ἐστὶ σπουδαῖον ὑπόδημα... (*ei dé tís estin aretè skytikês kaì spoudaíou skytéos, tò érgon estì spoudaîon hypódema*).

126. ...ἔτι ἔστω ψυχῆς ἔργον τὸ ζῆν ποιεῖν, τοῦ δὲ χρῆσις καὶ ἐγρήγορσις... (*éti ésto psykhês érgon tò zên poieîn, toû dè khrêsis kaì egrégorsis*).

tipo de inatividade e repouso). Consequentemente, a considerar que a função é necessariamente una e idêntica no que toca à alma e sua virtude (excelência), a função da virtude seria a *boa vida*.[127] Isso, portanto, é o *bem perfeito*,[128] que, segundo vimos, era a felicidade. E fica claro com base no que supomos (ser a felicidade o mais excelen-

30 te, e os fins e as coisas mais excelentes estarem na alma, sendo elas ou um estado ou uma atividade),[129] que se considerando a atividade melhor do que a disposição, e a melhor atividade melhor do que o melhor estado, e se considerando que a virtude é o melhor estado, a atividade da virtude é o mais excelente da alma. Entretanto, também constatamos ser a felicidade o mais excelente. *Portanto, a*

35 *felicidade é a atividade de uma boa alma*.[130] E, como vimos, a felicidade é algo perfeito, ao passo que a vida é ou perfeita ou imperfeita, o mesmo aplicando-se à virtude (há, com efeito, a que é um todo e a que é uma parte), sendo a atividade do que é imperfeito, imperfeita. Disso seria de se concluir que a felicidade é uma atividade da vida perfeita em consonância com a virtude perfeita.

O fato de termos indicado corretamente seu gênero e definição

40 é algo testemunhado pelas opiniões correntes. Com efeito, achamos
1219b1 que se sair bem e viver bem são idênticos a ser feliz; mas cada uma dessas coisas, isto é, *a vida e a ação*,[131] são uso e atividade, pois a vida ativa acarreta o emprego de coisas, visto que se é o *ferreiro*[132] que fabrica o freio, é *o cavaleiro*[133] quem o usa. Há também a opinião que confirma que não se é feliz por um único dia e de que não existe fe-

5 licidade infantil; e tampouco a felicidade pertence a esta ou àquela faixa etária (daí ser correta a opinião de Sólon[134] no sentido de não classificarmos como feliz alguém durante sua existência, mas somen-

---

127. ...ζωὴ σπουδαία... (*zoè spoudaía*).

128. ...τέλεον ἀγαθόν... (*téleon agathón*).

129. Susemihl entende que este período não finda aqui, havendo uma lacuna.

130. ...ἔστιν ἄρα ἡ εὐδαιμονία ψυχῆς ἀγαθῆς ἐνέργεια... (*éstin ára he eudaimonía psykhês agathês enérgeia*).

131. ...καὶ ἡ ζωὴ καὶ ἡ πρᾶξις... (*kaì he zoè kaì he prâxis*).

132. ...χαλκεὺς... (*khalkeús*).

133. ...ὁ ἱππικός... (*ho hippikós*).

134. Sólon de Atenas (?639-559 a.C.), político, legislador e poeta.

72 | ÉTICA A EUDEMO

te quando atingiu o fim dela). Com efeito, não sendo um todo, nada
incompleto é feliz. Ademais, louvores são concedidos à virtude por
conta de suas ações, e louvores específicos são concedidos às ações
10 (*e os vencedores é que recebem a coroa da vitória, não os que têm capacidade para vencer e, no entanto, não vencem*);[135] e é fato julgarmos,
de algum modo, o caráter de alguém com base em suas ações. Além
disso, por que não é a felicidade louvada? Porque as outras coisas são
louvadas devido a ela, quer por estarem vinculadas a ela, quer por serem partes dela mesma. *Daí o classificar como feliz, o louvor à virtude
e o louvor à ação são distintos*,[136] pois o louvor à ação é a narrativa de
15 uma proeza particular, o louvor à virtude a declaração sobre o perfil
geral de alguém, e o classificar como feliz tem a ver com um fim. Isso
esclarece também o problema por vezes suscitado, a saber, a razão
porque durante *a metade de suas vidas*[137] os bons não são melhores
do que os maus, uma vez que todos são iguais enquanto adorme-
cidos. A razão está no fato de o sono ser uma inatividade da alma
20 e não uma atividade. A conclusão é que mesmo considerando uma
outra parte da alma, *digamos a nutritiva*,[138] sua virtude não constitui
uma parte da virtude como um todo, e tampouco a virtude (excelência) do corpo; de fato, a parte nutritiva é mais ativa no sono, ao passo
que a *sensorial e a apetitiva*[139] não têm efeito durante o sono. Mas
na medida em que participam em alguma medida do movimento,
25 mesmo *as imagens*[140] dos bons são melhores do que as dos maus, contanto que não sejam provocadas por doença ou mutilação.

A seguir, cabe-nos investigar a alma, uma vez que a virtude não
diz respeito à alma acidentalmente. E como o que buscamos é a virtude humana, *postulemos que as partes da alma que participam da*

---

135. ...καὶ στεφανοῦνται οἱ νικῶντες, ἀλλ᾽ οὐχ οἱ δυνάμενοι νικᾶν, μὴ νικῶντες δέ... (*kai stephanoûntai hoi nikôntes all'ouk hoi dynámenoi nikân, mè nokôntes dé*).

136. ...διὸ ἕτερον εὐδαιμονισμὸς καὶ ἔπαινος καὶ ἐγκώμιον... (*diò heteron eudaimonismós kai épainos kai enkómion*).

137. ...τὸν ἥμισυν τοῦ βίου... (*tòn hémisyn toû bíou*).

138. ...οἷον τὸ θρεπτικόν... (*hoîon tò threptikón*).

139. ...τὸ δ᾽ αἰσθητικὸν καὶ ὀρεκτικὸν... (*tò d'aisthetikòn kai orektikòn*).

140. ...αἱ φαντασίαι... (*hai phantasían*). Aristóteles refere-se presumivelmente às visões ou sonhos percebidos ou experimentados durante o sono.

razão são duas,[141] embora desta não participem ambas do mesmo
30 modo, já que uma delas participa por ter naturalmente a capacidade
do comando, enquanto a outra participa devido à sua tendência
natural para obedecer e ouvir (descartemos qualquer parte que seja
irracional em algum outro sentido). Se a alma é divisível ou indivisível é indiferente, desde que detentora de distintas faculdades, a
saber, as mencionadas,[142] tal como são indissociáveis o côncavo e o
35 convexo numa curva, e o reto e o branco numa linha reta branca,
*ainda que uma coisa reta não seja branca senão por acidente e não na
sua própria essência*.[143] Também descartamos qualquer outra parte possivelmente existente da alma, por exemplo *a vegetativa*;[144] as
partes ora indicadas por nós são características da alma humana, de
modo a entendermos que as virtudes da parte relativa à nutrição e
40 ao crescimento não são características do ser humano; se, de fato, o
consideramos enquanto ser humano, é imperioso ter ele a *razão*[145]
como princípio que comanda a ação, sendo a razão um princípio
1220a1 que comanda não a razão, mas *desejo e paixões*;[146] é necessário,
portanto, que possua essas partes. E tal como uma boa condição
corpórea é constituída pelas *virtudes parciais*,[147] a virtude da alma,
porquanto é um fim, também o é.

A virtude é de duas espécies: *moral ou intelectual*.[148] *Com efei-
5 to, louvamos não só o justo, como também o inteligente e o sábio*.[149]

---

141. ...ὑποκείσθω δύο μέρη ψυχῆς τὰ λόγου μετέχοντα... (*hypokeóstho dýo mére psykhês tà lógou metékhonta*).

142. Ou seja, a pensante ou racional, a nutritiva, a sensorial e a apetitiva. Ver *Da Alma*, Livro II, 2, 413b10; Livro II, 3, 414a30 a 414b15.

143. ...καίτοι τὸ εὐθὺ οὐ λευκόν, ἀλλὰ κατὰ συμβεβηκὸς καὶ οὐκ οὐσία τοῦ αὐτοῦ... (*kaítoi tò euthù ou leukón, allà katà symbebekòs kaì ouk ousía toû autoû*).

144. ...τὸ φυτικόν... (*tò phytikón*).

145. ...λογισμὸν... (*logismòn*), mais precisamente o raciocínio, a faculdade do raciocínio.

146. ...ὀρέξεως καὶ παθημάτων... (*eréxeos kaì pathemáton*).

147. ...μόριον ἀρετῶν, ... (*mórion aretôn*).

148. ...ἡ μὲν ἠθικὴ ἡ δὲ διανοητική... (*he mèn ethikè he dè dianoetiké*). Cf. *Ética a Nicômaco*, Livro I, 1103a5.

149. ...ἐπαινοῦμεν γὰρ οὐ μόνον τοὺς δικαίους ἀλλὰ καὶ τοὺς συνετοὺς καὶ τοὺς σοφούς... (*epainoûmen gàr ou mónon toùs dikaious allà kai toùs synetoùs kaì toùs sophoús*). Preferimos o singular em português.

74 | ÉTICA A EUDEMO

Assumimos que o louvável é a virtude ou a ação virtuosa, que não são atividades, porém contêm elas mesmas atividades. E como as virtudes intelectuais estão associadas à razão, pertencem à parte racional, a qual, de posse da razão, detém o comando da alma; por
10 outro lado, as morais, embora pertençam à parte irracional, têm a capacidade natural de acatar o racional; de fato, não é declarando que alguém é sábio ou inteligente que indicamos seu *caráter*,[150] mas declarando que é gentil ou *arrojado*.

Depois disso, cabe-nos começar por examinar a virtude moral, sua essência, a natureza de suas partes (pois foi este o ponto
15 que atingimos) e como é produzida. Devemos proceder em nossa investigação como todos procedem no trato de outras matérias, quando estão de posse de algo pelo que começar; partindo de afirmações verdadeiras, porém obscuramente expressas, devemos nos empenhar em atingir o que é *tanto verdadeiro quanto claro*.[151] A condição em que nos encontramos neste momento assemelha-se a saber que a saúde é a mais excelente disposição do corpo e que
20 Corisco é o homem mais moreno na ágora; realmente isso não significa saber o que é a saúde e quem é Corisco; entretanto, tal condição é útil para passarmos a conhecer essas coisas. Principiemos, portanto, por estabelecer que a melhor disposição é gerada pelo melhor meio, e que a maior excelência que pode ser feita em cada domínio de ação é produto das virtudes pertencentes a cada
25 domínio; exemplificamos: são os melhores exercícios e o melhor alimento que produzem a boa condição corpórea, ao passo que a boa condição corpórea torna os indivíduos capazes de realizar os melhores exercícios; além disso, toda disposição é tanto produzida quanto destruída por uma certa maneira de aplicar as mesmas coisas, como a saúde pelo alimento, pelos exercícios e pelo clima. *Isso é tornado claro com base na indução*.[152] Conclui-se, assim, que
30 a virtude também é o tipo de disposição produzida pelos melhores

---

150. ...ἦθος... (*éthos*).

151. ...καὶ τὸ ἀληθῶς καὶ σαφῶς... (*kaì tò alethôs kaì saphôs*).

152. ...ταῦτα δὲ δῆλα ἐκ τῆς ἐπαγωγῆς... (*taûta dè dêla ek tês epagogês*). A indução é o raciocínio que partindo de uma proposição particular atinge uma conclusão universal. Ver *Órganon, Tópicos*, Livro I, XII. Seu oposto é precisamente a *dedução* (silogismo).

LIVRO II | 75

movimentos na alma, sendo igualmente a produtora *das melhores obras e emoções da alma*;[153] e o seu emprego tem a ver com as mesmas coisas responsáveis tanto por seu aumento quanto por sua destruição, criando ela em relação a essas coisas a melhor disposição.

35 O sinal de que é assim está no fato de que virtude e *vício*[154] dizem ambos respeito ao prazeroso e ao doloroso; punições, sendo curas e se desenvolvendo através de opostos, como ocorre com as demais curas, desenvolvem-se através de prazeres e dores.

2

EVIDENCIA-SE, ASSIM, que a virtude moral diz respeito a prazeres e dores. Considerando, entretanto, que *o caráter*,[155] como inclusive

1220b1 indica seu nome, é algo que se desenvolve a partir do *hábito*,[156] e que pelo movimento de um hábito *não inato*[157] numa determinada direção ele acaba por se tornar *operativo*,[158] por força do treino, nessa direção (o que não vemos no tocante a coisas inanimadas, já que até o arremesso de uma pedra dez mil vezes para cima, jamais

5 produzirá seu movimento ascendente, exceto mediante o emprego da força), definamos o caráter como uma qualidade da alma em harmonia com a razão que comanda, qualidade esta capaz de submeter-se à razão. Isso nos obriga a declarar qual é a parte da alma em relação à qual nosso caráter é desta ou daquela qualidade. Será relativamente às capacidades para paixões em função das quais se diz das pessoas que são *sujeitas à paixão*,[159] e também relativamente aos estados, em função dos quais as pessoas são descritas com

---

153. ...τὰ ἄριστα τῆς ψυχῆς ἔργα καὶ πάθη... (*tà arista tês psykhês erga kai páthe*).

154. ...κακία... (*kakía*), mal, maldade, porém aqui mais em sentido moral do que metafísico, em direta oposição à virtude (ἀρετή [*areté*]).

155. ...τὸ ἦθος... (*tò êthos*).

156. ...ἔθους... (*éthous*).

157. ...μὴ ἐμφύτου... (*mè emphýtou*).

158. ...ἐνεργητικόν... (*energetikón*).

159. ...παθητικοί... (*pathetikoí*).

76 | ÉTICA A EUDEMO

10 respeito a essas paixões, *por as experimentarem de algum modo ou serem a elas insuscetíveis.*[160]

A seguir apresenta-se a divisão feita {nas discussões}[161] das paixões, capacidades e estados. Entendo por *paixões*[162] coisas como *ardor, medo, vergonha, desejo,*[163] em geral tudo aquilo que é em si mesmo de costume acompanhado da sensação de prazer ou de dor.

15 Não há aqui nenhuma qualidade – {são, porém, passivas},[164] embora haja no caso das capacidades; entendo por *capacidades*[165] aquilo em função do que as pessoas que agem com base em suas paixões são chamadas, por exemplo: irascível, insensível, erótico, envergonhado, impudente. Estados são causas que fazem com que paixões se manifestem racionalmente ou o oposto, *por exemplo: coragem,*

20 *moderação, covardia, desregramento.*[166]

3

FEITAS TAIS DISTINÇÕES, deve ser entendido que em tudo o que é contínuo e divisível, *excesso, deficiência e mediania* estão presentes,[167] isso ou numa relação recíproca ou numa relação conosco, por exemplo: na ginástica, na medicina, na construção, na navegação,

25 bem como em quaisquer outras ações, *ou científicas, ou não científicas, ou realizadas com engenhosidade, ou realizadas sem engenho-*

---

160. ...τῷ πάσχειν πως ἢ ἀπαθεῖς εἶναι. ... (*tôi páskhein pos è apatheîs eînai*).

161. { } ...ἐν τοῖς διειλεγμένοις... (*em toîs dieilegménois*). Segundo Susemihl e J. Solomon, lacunar ou incerto no texto.

162. ...πάθη... (*páthe*).

163. ...θυμὸν φόβον αἰδῶ ἐπιθυμίαν, ... (*thymòn phóbon aidô epithymían*). *Ardor* traduz aqui θυμός (*thymós*), mas, a considerarmos o rigor terminológico, Aristóteles parece estar se referindo a ira, ὀργή (*orgé*). Contudo, os dois termos são, evidentemente, intercambiáveis como sinônimos significando *ira*.

164. { } ...ἀλλὰ πάσχει, ... (*allà páskhei*). H. Rackham vê aqui uma interpolação, a nosso ver inconveniente, pois introduz uma oração subordinada adversativa.

165. ...δυνάμεις... (*dynámeis*), o mesmo que faculdades.

166. ...οἷον ἀνδρεία σωφροσύνη δειλία ἀκολασία... (*hoîon andreía sophrosýne deilía akolasía*).

167. ...ὑπεροχὴ καὶ ἔλλειψις καὶ μέσον... (*hyperokhè kaì méson*).

sidade.[168] Isso porque o movimento é contínuo e ação é movimento. E em tudo a mediania em relação a nós, segundo nos instruem o conhecimento e a razão, é o melhor, o que também produz *em todo* 30 *lugar*[169] o melhor estado. *E é evidenciado tanto pela indução quanto pela razão.*[170] Opostos, com efeito, destroem-se mutuamente e extremos são tanto mutuamente opostos quanto opostos à mediania, porquanto esta é para um ou outro extremo o outro extremo; por exemplo, o igual é maior do que o menor e menor do que o maior. *Assim, a virtude moral necessariamente diz respeito a certas medianias e tem* 35 *que ser alguma mediania.*[171] Cabe-nos, portanto, apurar que espécie de mediania é ela e com qual espécie de mediania tem a ver. Que seja, então, cada uma extraída do elenco a título de exemplo e estudada:

Irascibilidade	Desalento[172]	Brandura
Temeridade[173]	Covardia	Coragem
Impudência	Acanhamento	Recato
Desregramento	Insensibilidade	Moderação[174]
Inveja	(sem nome)[175]	Justa Indignação
Lucro	Prejuízo	O Justo
Prodigalidade	Mesquinhez	Generosidade
Ostentação	Autodepreciação	Sinceridade

1221a1 (na linha "Impudência")
5 (na linha "Prodigalidade")

168. ...καὶ ἐπιστημονικῇ καὶ ἀνεπιστημονικῇ, καὶ τεχνικῇ καὶ ἀτέχνῳ... (*kai episteminikêi kai anepisteminikêi, kai tekhnikêi kai atékhnoi*).

169. ...πανταχοῦ... (*pantakhoû*).

170. ...καὶ τοῦτο δῆλον διὰ τῆς ἐπαγωγῆς καὶ τοῦ λόγου... (*kai toûto dêlon dià tês epagogês kai toû lógou*). Esta frase de Aristóteles pode induzir o leitor a pensar que a indução não é racional, quando o método indutivo (ver nota 152) é um processo de raciocínio. Apenas considerar que para o Estagirita a indução "é mais facilmente apreendida pela percepção sensorial" (*Tópicos*, Livro I, XII, 105a15), enquanto a dedução (silogismo) é um raciocínio mais rigoroso, o que não significa que monopoliza a razão. De qualquer modo, entender que para Aristóteles a dedução (silogismo) é o método racional por excelência.

171. ...ὥστ᾽ ἀνάγκη τὴν ἠθικὴν ἀρετὴν περὶ μές᾽ ἄττα εἶναι καὶ μεσότητα τινά. ... (*hóst'anánke tèn ethikèn aretèn perì més'átta eînai kai mesóteta tiná*).

172. ἀοργεσία (*aorgesía*), apatia.

173. θρασύτης (*thrasýtes*), atrevimento, ousadia, audácia.

174. σωφροσύνη (*sophrosýne*), temperança.

175. Ver *Ética a Nicômaco*, Livro II, 7, 1107a10 e 1108b2, malevolência, que traduz ἐπιχαιρεκακία (*epikhairekakía*).

Bajulação	Hostilidade	Amistosidade
Servilismo	Arrogância	Dignidade
{Moleza}[176]	{Resignação}[176-177]	{Firmeza}[176]
Vaidade	Pequenez de Alma	Grandeza de Alma
Extravagância[178]	Torpeza[179]	Magnificência
{Astúcia}[176-180]	{Candidez}[176]	{Sabedoria prática}[176]

Essas e outras semelhantes são paixões que acontecem na alma, sendo o fator determinante de suas denominações serem excessivas ou deficientes.[181] Aquele que fica irado mais, com crescente rapidez e com mais pessoas do que devia é *irascível*,[182] ao passo que aquele a quem falta ira com respeito a pessoas, ocasiões e posturas, é *desalentado*[183] (apático); é *temerário*[184] aquele que não teme o que deveria temer, nem quando nem como deveria, enquanto é *covarde*[185] aquele que teme o que não deveria temer, nem quando nem como não deveria. De maneira semelhante, alguém *propenso aos seus desejos*[186] e que se excede em tudo o que é possível, é *desregrado*,[187] ao passo que aquele a quem falta desejo, mesmo num grau moderado e natural que lhe é benéfico, sendo tão *destituído de sentimento como uma pedra*,[188] é *insensível*.[189] Aquele que busca o lucro proveniente

---

176. { } Suprimido por Susemihl.

177. κακοπάθεια (*kakopátheia*), analiticamente *submissão aos males*.

178. δαπανηρία (*dapanería*).

179. μικροπρέπεια (*mikroprépeia*), sovinice.

180. πανουργία (*panourgía*); astúcia tem aqui claramente peso pejorativo (vizinho à patifaria).

181. Respectivamente primeira e segunda colunas do elenco (tabela). A terceira coluna é a das medianias.

182. ...ὀργίλος... (*orgílos*).

183. ...ἀοργέτος... (*aorgétos*).

184. ...θρασὺς... (*thrasùs*).

185. ...δειλὸς... (*deilòs*).

186. ...ἐπιθυμητικὸς... (*epithymetikòs*), ou, simplesmente, aquele que tem desejos ou apetites.

187. ...ἀκόλαστος... (*akólastos*).

188. ...ἀπαθὴς ὥσπερ λίθος... (*apathès hósper líthos*).

189. ...ἀναίσθητος... (*anaísthetos*).

LIVRO II | 79

de toda parte é *ganancioso*,[190] enquanto aquele que não o busca em nenhuma parte ou o busca em poucas é *perdedor*.[191] Aquele que finge ter mais do que de fato tem é *ostentador*,[192] ao passo que aquele que finge ter menos é *autodepreciador*.[193] Aquele que se excede no 25 louvor, indo além do que é conveniente, é *bajulador*,[194] ao passo que aquele que louva menos do que convém é *rude*[195] (hostil). Agir invariavelmente de modo a proporcionar prazer a outrem é *servilismo*,[196] enquanto proporcionar prazer esporadicamente e de maneira relutante é *arrogância*.[197] {Por outro lado, aquele que não suporta nenhuma dor, nem sequer a que lhe é benéfica, é mole, ao passo 30 que aquele capaz de suportar qualquer dor igualmente não tem, expressando-o rigorosamente, nenhum nome, embora metaforicamente seja chamado de duro, tolerante ou *resignado*.[198]}[199] Aquele que se sobre-estima é *vaidoso*,[200] enquanto quem se subestima é *pequeno de alma*.[201] Ademais, o indivíduo que se excede em todo gasto é *pródigo*,[202] enquanto quem é deficiente em relação a todo tipo de gasto 35 é *mesquinho*.[203] Analogamente *o sovina*[204] (torpe) e *o extravagante*[205]

---

190. ...πλεονεκτικός... (*pleonektikós*).

191. ...ζημιώδης... (*zemiódes*).

192. ...ἀλαζὼν... (*alazòn*).

193. ...εἴρων... (*eíron*).

194. ...κόλαξ... (*kólax*).

195. ...ἀπεχθητικὸς... (*apekhthetikòs*).

196. ...εὐθάδεια... (*euthádeia*).

197. ...εὐθάδεια... (*euthádeia*).

198. ...κακοπαθητικός... (*kakopathetikós*), literalmente *submisso aos males*; ver 11ª deficiência do elenco acima (coluna do meio) e nota 177.

199. { } Suprimido por Susemihl.

200. ...χαῦνος... (*khaûnos*).

201. ...μικρόψυχος... (*mikrópsykhos*).

202. ...ἄσωτος.., (*ásotos*).

203. ...ἀνελεύθερος... (*aneleútheros*).

204. ...ὁ μικροπρεπὴς... (*ho mikroprepès*).

205. ...ὁ σαλάκων, ... (*ho salákon*). O substantivo utilizado para extravagância no elenco (tabela) é δαπανηρία (*dapanería*), primeira coluna (dos excessos) e não σαλακώνεια (*salakóneia*), mas o sentido é o mesmo.

80 | ÉTICA A EUDEMO

(vulgar), este último se excedendo ao conveniente, enquanto o primeiro é deficiente em relação a ele. {O *astuto*[206] obtém lucro de todos os meios e o extrai de todas as fontes, ao passo que o *cândido*[207] não o extrai nem sequer das fontes corretas.}[208] O *invejoso*[209] é aquele que se entristece ao presenciar a prosperidade alheia mais frequentemente do que deveria, já que mesmo a prosperidade daqueles que a merecem o incomoda; o caráter contrário não possui um nome tão definido,[210] mas tem a ver com alguém que se excede a ponto de não se entristecer sequer com a prosperidade daqueles que não a merecem, tudo aceitando, como fazem os glutões em relação à comida, ao passo que seu contrário não se satisfaz facilmente devido à inveja. Seria supérfluo acrescer à definição que a relação específica com cada coisa não deveria ser acidental; com efeito, nenhuma ciência, especulativa ou produtiva, recorre a esse tipo de acréscimo à definição, *quer no discurso, quer na ação*;[211] tal acréscimo, entretanto, é dirigido contra a *fraude*[212] lógica cometida contra *as artes*.[213] É o caso, portanto, de adimitirmos essas simples definições, conferindo-lhes maior precisão quando tratarmos dos estados opostos.

Entretanto, esses estados passivos, eles mesmos, são divididos em espécies que recebem nomes que diferem dependendo do excesso ser

---

206. ...πανοῦργος... (*panoûrgos*).

207. ...εὐήθης... (*euéthes*).

208. { } Suprimido por Susemihl.

209. ...φθονερòς... (*phthonerós*).

210. O malevolente (ἐπιχαιρέκακος [*epikhairékakos*]). Se a inveja corresponde a entristecer--se com a prosperidade, o sucesso alheio, a malevolência (seu contrário) corresponde a *alegrar-se* com o insucesso alheio. Mas considerar, obviamente, o que Aristóteles diz na imediata sequência, o que revela aqui uma outra qualificação do malevolente. Ver a 5ª deficiência (coluna do meio) do elenco acima e a nota 175. Ver também *Ética a Nicômaco*, Livro II, 7, 1108b1-5.

211. ...οὔτε λέγει οὔτε πράττει... (*oúte légei oúte práttei*), quer no dizer quer no agir.

212. ...συκοφαντίας... (*sykophantías*), ou seja, o sofisma.

213. ...τῶν τεχνῶν... (*tôn tekhnôn*), ou ciências, aqui intercambiáveis, até porque Aristóteles inclui as ciências produtivas (poiéticas), que ao mesmo tempo que são saberes (formas de conhecimento), são saberes que *produzem* algo que os transcendem, por exemplo, a medicina produz a saúde, a navegação produz a viagem de navio, o carpinteiro produz a porta, o construtor produz a casa, o pintor produz o quadro, o poeta produz o poema etc.

no tempo, na intensidade ou relativamente ao objeto que produz os estados passivos.[214] Entendo, por exemplo, que alguém é propenso a acessos de ira por experimentá-la mais rapidamente do que deveria, desagradável e passional por experimentá-la mais do que de-
15 veria, cruel por ter uma tendência a retê-la, violento e injurioso por conta dos atos de punição e reparação provocados por ela. Aqueles chamados de *glutões refinados, gulosos e beberrões*,[215] assim são chamados por serem irracionalmente suscetíveis de ceder a este ou àquele tipo de alimento.

Não convém, contudo, ignorar que alguns dos vícios de que falamos não podem ser compreendidos como dependentes de alguma maneira, entendendo-se por *alguma maneira*[216] *experimentar*
20 *[algo] em excesso*.[217] Por exemplo, alguém não é adúltero porque pratica relações sexuais em excesso com *as mulheres casadas*[218] (o que, com efeito, não é o caso aqui), já que o ato em si mesmo é pernicioso, a palavra que exprime a paixão tornando implícito que o indivíduo é pernicioso;[219] o mesmo ocorre com respeito a *ultraje*.[220] Daí resulta os homens contestarem a responsabilidade por sua ação, admitindo que mantiveram as relações, mas negando o adul-
25 tério sob a alegação de terem agido ignorantemente ou sob o império da necessidade, ou admitindo que assestaram um golpe, porém não admitindo que cometeram um ultraje; o mesmo ocorre no que se refere à sua postura quanto a outras acusações semelhantes.

---

214. ...αὐτῶν δὲ τούτων τῶν παθημάτων εἴδη κατονομάζεται τῷ διαφέρειν κατὰ τὴν ὑπερβολὴν ἢ χρόνου ἢ τοῦ μᾶλλον ἢ πρός τι τῶν ποιούντων τὰ πάθη. ... (*autôn dè toúton tôn pathemáton eide katonomázetai tôi diaphérein katà tèn hyperbolèn è khrónou è toû mâllon è prós ti tôn poioúnton tà páthe.*).

215. ...ὀψοφάγοι δὲ καὶ γαστρίμαργοι καὶ οἰνόφλυγες... (*opsophágoi dè kai gastrímargoi kai oinóphlyges*).

216. ...πῶς... (*pôs*).

217. ...τῷ μᾶλλον πάσχειν... (*tôi mâllon paskhein*).

218. ...τὰς γαμετὰς... (*tàs gametas*), as esposas.

219. Adultério é μοιχεῖα (*moikheîa*) e pernicioso, vicioso é μοχθήρος (*mokhthéros*). Adúltero é μοῖχος (*moîkhos*).

220. O sentido amplo e genérico de ὕβρις (*hýbris*), ultraje, é *excesso, desmedida*.

4

Ao ATINGIR ESTE PONTO, cabe-nos em seguida declarar: *visto que* existem duas partes da alma, sendo as virtudes divididas de maneira equivalente, *aquelas* da parte racional, as intelectuais, *cuja função* é *a verdade*,[221] quer acerca da natureza de uma coisa, quer acerca de sua gênese, e *aquelas* que pertencem à parte irracional, mas são apetitivas (pois ainda que a alma tenha partes que a divide, não significa que qualquer parte sua e que toda parte sua seja apetitiva), *conclui-se* necessariamente que o caráter é mau ou bom por conta de se *buscar ou evitar certos prazeres e dores*.[222] Isso ganha clareza com base em nossa classificação das paixões, capacidades e estados. Capacidades e estados têm a ver com as paixões, e é a dor e o prazer que as distinguem; infere-se, portanto, a partir disso e a partir das posições já estabelecidas que toda virtude moral diz respeito a prazeres e dores. De fato, *o estado*[223] vincula-se e diz respeito a essas coisas possuidoras da propriedade de aprimorar ou piorar uma alma. Dizemos, entretanto, que a maldade dos indivíduos é devida a prazeres e dores, seja buscando e evitando os prazeres e dores que são impróprios, seja o fazendo de um modo impróprio. Com isso, todos prontamente definem as virtudes como *apatia ou tranquilidade no que toca a prazeres e dores*,[224] e os vícios como o oposto.

5

CONTUDO, VISTO TER SIDO suposto que a virtude é o estado que leva os indivíduos a realizar as melhores ações, e lhes confere a melhor disposição relativamente ao que é o melhor e o mais excelente, e estes

---

221. ...ὧν ἔργον ἀλήθεια, ... (*hôn érgon alétheia*).

222. ...διώκειν καὶ φεύγειν ἡδονάς τινας καὶ λύπας. ... (*diókein kai pheúgein hedonás tinas kai lýpas*).

223. ...ἡ ἕξις... (*he héxis*). Susemihl: ...ἡδονή... (*hedoné*), prazer.

224. ...ἀπάθειαν καὶ ἠρεμίαν περὶ ἡδονὰς καὶ λύπας... (*apátheian kai eremían peri hedonàs kai lýpas*).

LIVRO II | 83

são o que se harmoniza com *a reta razão*,[225] sendo esta a mediania
10 entre o excesso e a deficiência relativa a nós, a necessária conclusão
é a de que a virtude moral é uma mediania individual e tem a ver
com certas medianias nos prazeres e dores, bem como em coisas
prazerosas e dolorosas. E essa mediania ocorrerá às vezes em prazeres (com efeito, nestes existe excesso e deficiência), às vezes em
15 dores, às vezes em ambos. Aquele que excede no sentir prazer o faz
no prazeroso, enquanto quem excede no sentir dor o faz no oposto, e isto ou simplesmente ou com referência a algum critério, por
exemplo quando são mais intensos do que acontece com a maioria
dos indivíduos; o indivíduo bom experimenta o sentimento como
o deve sentir. E como há um certo estado que tem como consequência o seu detentor ora admitir o excesso, ora a deficiência da *mesma*
20 *coisa*,[226] conclui-se necessariamente que, na medida em que essas
ações são *mutuamente contrárias e contrárias à mediania, também
os estados são mutuamente contrários e contrários à virtude.*[227]

Sucede, entretanto, de às vezes todas as oposições serem *mais
evidentes*,[228] às vezes aquelas do lado do excesso, às vezes aquelas
do lado da deficiência. A causa dessa contrariedade é *a desigual-
25 dade ou a semelhança relativamente à mediania*[229] nem sempre ser
idêntica, podendo ora mudar mais rapidamente a partir do excesso,
ora a partir da deficiência, para o estado mediano; o resultado é a
pessoa mais distanciada parecer mais oposta, por exemplo: no que
tange ao corpo, o excesso, com respeito aos exercícios, é mais sadio
e mais próximo da mediania do que a deficiência, ao passo que a
30 deficiência o é mais do que o excesso com respeito ao alimento. *Por
conseguinte, os estados que permitem prévia escolha favoráveis à gi-*

---

225. ...τὸν ὀρθὸν λόγον... (*tòn orthòn lógon*).

226. ...αὐτοῦ πράγματος... (*autoû prágmatos*).

227. ...ἀλλήλοις ἐναντία καὶ τῷ μέσῳ, οὕτω καὶ τὰς ἕξεις ἀλλήλαις ἐναντίας εἶναι καὶ τῇ
ἀρετῇ. ... (*allélois anantía kaì tôi mésoi, hoúto kaì tàs hexeis allélais enantías eînai kaì têi
aretêi*).

228. ...φανερωτέρας... (*phanorotéras*).

229. ...τῆς ἀνισότητος ἢ ὁμοιότητος πρὸς τὸ μέσον, ... (*tês anisótetos è homoiótetos pròs tò méson*).

84 | ÉTICA A EUDEMO

nástica serão favoráveis à saúde[230] conforme cada uma das escolhas, ora os mais esforçados, ora os mais resistentes; e também aquele
35 que se opõe ao moderado e à razão será o indivíduo que se esquiva ao exercício e *não ambos*,[231] sendo, no caso do alimento, aquele que se curva ao apetite e não aquele que se dispõe a passar fome. Assim ocorre porque desde o início nossa natureza não se desvia da mediania igualmente com respeito a todas as coisas; favorecemos menos o esforço nos exercícios, curvando-nos mais às inclinações; e o mesmo ocorre no que se refere à alma. Consideramos como
40 contrário à mediania o estado para a qual nós e a maioria temos uma propensão mais acentuada, enquanto o outro passa despercebido como se não existisse, uma vez que sua raridade determina que passe despercebido. Por exemplo, opomos a irascibilidade à brandura e o irascível ao brando; no entanto, existe também excesso na
1222b1 orientação de ser brando, no estar pronto a se reconciliar e conter a ira quando se é atacado; pessoas com esse pendor, entretanto, são poucas, a *grande maioria*[232] inclinando-se mais para o outro extremo; ademais, a disposição para a ira não é a de um *bajulador*.[233]

5 Considerando-se que lidamos com o elenco de estados no que respeita a cada uma das paixões que contêm excessos e deficiências, e de estados opostos em consonância com os quais se é orientado em conformidade com a reta razão (ainda que o que é a *reta razão*[234] e qual é a diretriz a nos guiar para estabelecer a mediania sejam questões que aguardam exame posterior), salta aos olhos que
10 *todas as virtudes morais e vícios*[235] têm a ver com excessos e deficiências de prazeres e dores, e que prazeres e dores são gerados a partir dos estados e paixões supracitados. Mas, nesse caso, o melhor esta-

---

230. ...ὥστε καὶ αἱ προαιρετικαὶ ἕξεις αἱ φιλογυμναστικαὶ φιλοϋγιεῖς... (*hoste kai hai proairetikaì héxeis hai philogymnastikaì philoýgieîs*).

231. ...καὶ οὐκ ἄμφω, ... (*kai ouk ámpho*), ou seja, tanto aquele que se esquiva ao exercício quanto o mais esforçado.

232. ...πάντες... (*pántes*), todos, mas a incongruência é flagrante.

233. ...κολακικὸν... (*kolakikòn*), mas J. Solomon, traduzindo o texto de Susemihl, prefere ...καταλλάκτικον... (*katalláktikon*), de um *reconciliador*.

234. ...ὀρθὸς λόγος... (*orthòs lógos*), ou justa razão.

235. ...πᾶσαι αἱ ἠθικαὶ ἀρεταὶ καὶ κακίαι... (*pâsai hai ethikaì aretaì kai kakíai*).

LIVRO II | 85

do *no que toca a cada classe de coisas*[236] é o mediano, com o que fica claro que as virtudes na sua totalidade, ou ao menos algumas, serão as medianias.

6

15 ESTABELEÇAMOS, ENTÃO, um novo ponto de partida para a investigação seguinte. Todas as *substâncias*[237] são naturalmente um certo tipo de *princípios*,[238] o que capacita cada uma delas a gerar muitas coisas de tipo idêntico ao seu; exemplos: o ser humano gera seres humanos, o animal em geral, animais, e a planta, plantas. E que se acresça a isso que apenas o ser humano entre *os seres vivos*[239] (animais) constitui também princípio de uma certa *conduta*,[240] pois 20 não se diria de qualquer outro que *age*.[241] E esses princípios, que são fontes primordiais dos movimentos, *são chamados* [de princípios] *em sentido estrito*,[242] sobretudo e justamente aqueles que têm resultados *necessários*.[243] *Deus*[244] é indubitavelmente um desses princípios. O sentido estrito, porém, não é encontrado entre princípios destituídos de movimento, por exemplo aqueles das matemáticas; é de se notar, contudo, que nesse domínio emprega-se realmente 25 a palavra por analogia, pois aí, se o princípio fosse alterado, praticamente tudo o que é demonstrado a partir dele se alteraria; suas consequências, contudo, não alterariam a si mesmas, ocorrendo entre elas mútua destruição, sendo a alternativa para isso aniquilar a hipótese, com o que se teria uma demonstração. *O ser humano,*

---

236. ...περὶ ἕκαστα... (*peri hékasta*).

237. ...οὐσίαι... (*ousíai*).

238. ...ἀρχαί... (*arkhaí*).

239. ...τῶν ζῴων... (*tôn zóion*).

240. ...πράξεών... (*práxeón*), literalmente *ações*.

241. ...πράττειν... (*práttein*).

242. ...κύριαι λέγονται... (*kýriai légontai*).

243. ...μὴ ἐνδέχεται... (*mè endékhetai*), literalmente *não contingentes*.

244. ...ὁ θεὸς... (*ho theòs*), mas ver *Metafísica*, Livro XII, 7, e nossa nota 1418.

86 | ÉTICA A EUDEMO

entretanto, é o princípio de um tipo de movimento,[245] visto que ação

30 é movimento. E como em outras coisas o princípio é causa do que *é* (*existe*) *ou vem a ser* (*existir*)[246] em função dele mesmo, cabe-nos adotar a mesma posição que adotamos nas demonstrações. Se, com efeito, supondo que os ângulos de um triângulo sejam na sua soma iguais a dois ângulos retos, os ângulos de um quadrado serão necessariamente iguais a quatro ângulos retos, a causa disso é claramente o triângulo possuir ângulos que são iguais a dois ângulos retos; e

35 supondo que um triângulo se alterasse, um quadrado o acompanharia necessariamente nessa alteração, a exemplificarmos: se os ângulos de um triângulo se tornassem iguais a três ângulos retos, os ângulos de um quadrado se tornariam iguais a seis ângulos retos – se quatro [para o triângulo], oito [para o quadrado]; por outro lado, se um triângulo não se altera, mas permanece como anteriormente, o mesmo ocorre necessariamente com o quadrado.

O caráter necessário do que nos empenhamos em mostrar evidencia-se com base nos *Analíticos,*[247] tudo que podemos negar ou afirmar com precisão de momento resumindo-se nisso. Supondo

40 não haver outra causa para essa propriedade do triângulo indicada por nós, estaríamos autorizados a pensar ser ele um tipo de princípio ou causa do que ocorre posteriormente. Daí decorre que, se é possível haver entre as *coisas que são*[248] algumas que admitem a condição contrária, os princípios delas necessariamente são idên-

1223a1 ticos; o que resulta do acontecimento necessário é necessário, mas o que resulta do contingente pode se tornar o contrário. Aquilo que depende dos próprios seres humanos enquadra-se em grande parte nessa variabilidade, sendo eles mesmos os princípios de coisas desse tipo.[249] *Evidencia-se, portanto, que todas as ações das quais o*

5 *ser humano é o princípio e o controlador podem ocorrer ou não ocorrer, dependendo dele próprio a ocorrência ou não ocorrência delas,*

---

245. ...ὁ δ' ἄνθρωπος ἀρχὴ κινήσεως τινός... (*ho d'ánthropos arkhè kinéseos tinós*).

246. ...ὄντων ἢ γινομένων... (*ónton è ginoménon*).

247. *Órganon, Analíticos Posteriores* (obra presente em *Clássicos Edipro*).

248. ...τῶν ὄντων... (*tôn ónton*).

249. Ou seja, dos resultados contingentes.

na medida em que o ser ou não-ser delas está sob o controle dele.[250]
Entretanto, ele próprio é a causa daquilo cujo fazer ou não fazer
depende dele; e aquilo de que ele é a causa depende dele mesmo. E
10 como a virtude, o vício e as ações que destes resultam são, decerto,
objeto de louvor ou de censura (pois censura e louvor não são atribuídos à necessidade, à sorte ou à natureza, mas ao causado por nós
mesmos, uma vez que para coisas cuja causa é uma outra pessoa, é
a esta que cabe portar a censura ou o louvor), fica claro que virtude
15 e vício dizem respeito àquilo em que a própria pessoa, quanto às
suas ações, causa e constitui princípio. Cabe-nos, portanto, apurar
de qual tipo de ações a própria pessoa é causa e princípio. Todos
concordamos que, no que tange a atos que são voluntários e realizados com base na prévia escolha individual, é o indivíduo a causa
desses atos, mas que não é ele a causa de atos involuntários. E está
claro que todos os atos realizados com base em prévia escolha são
realizados voluntariamente. Fica patente, portanto, que virtude e
20 vício têm a ver com o que é realizado voluntariamente.

7

É NOSSA INCUMBÊNCIA, portanto, atinar com o voluntário e o
involuntário, e apurar o que é a *prévia escolha*,[251] uma vez que con-
tribuem para a definição de virtude e vício. Comecemos por examinar o voluntário e o involuntário. Parece que o primeiro seria uma
de três coisas: conformidade com o *desejo*,[252] com a prévia escolha

---

250. ...ὥστε ὅσων πράξεων ὁ ἄνθρωπός ἐστιν ἀρχὴ καὶ κύριος, φανερὸν ὅτι ἐνδέχεται
καὶ γίνεσθαι καὶ μή, καὶ ὅτι ἐφ᾽ αὐτῷ ταῦτ᾽ ἐστι γίνεσθαι καὶ μή, ὧν γε κύριός ἐστι
τοῦ εἶναι καὶ τοῦ μὴ εἶναι. ... (*hoste hóson práxeon ho ánthropós estin arkhè kai kýrios,
phaneròn hóti endékhetai kai gínesthai kai mé, kai hóti eph'hautôi taût'esti gínesthai kai
mè, hôn ge kúriós esti toû eînai kai toû mè eînai*).

251. ...προαίρεσις... (*proaíresis*), escolha ressaltando a deliberação livre e espontânea que antecede e a preferência que a sucede. Não há, a rigor, uma única palavra em português que
traduza προαίρεσις (*proaíresis*). Mas em todo o presente contexto, o sentido contempla-
do por Aristóteles é o aqui indicado, mesmo que por vezes nos limitemos a traduzir esse
termo por *escolha*, ou *o escolhido* (τὸ προαίρετος [*tò proaíretos*]), evitando a repetição do
adjetivo *prévia* ou do advérbio *previamente*.

252. ...ὄρεξιν... (*órexin*).

88 | ÉTICA A EUDEMO

25 ou com o *pensamento*,[253] a saber, o voluntário seria o que se conforma com um deles, ao passo que o involuntário o que contraria um deles. O desejo, por sua vez, subdivide-se triplamente em *vontade*,[254] *ardor*[255] e *apetite*,[256] tendo nós que distingui-los, começando por examinar a conformidade com o apetite.

Tudo o que se conforma com o apetite se afiguraria voluntário. Com efeito, *tudo que é involuntário parece ser forçado*,[257] e o que é

30 forçado é doloroso, assim o sendo a totalidade do que as pessoas fazem ou sofrem sob o império da necessidade, como o diz Eveno...[258]

Pois toda coisa necessária gera aflição...[259]

...de modo que se é dolorosa, é forçada e, se forçada, é dolorosa. Tudo, porém, que é contrário ao apetite é doloroso (uma vez que o

35 apetite é pelo prazeroso), resultando forçado e involuntário. Com efeito, aquilo que se conforma ao apetite é voluntário na medida em que coisas que são contrárias ao apetite [e coisas que lhe são conformes] são opostas entre si. Ademais, através de toda maldade alguém torna-se mais injusto e o *descontrole*[260] se afigura como sendo maldade; o descontrolado é o indivíduo que age de acordo

1223b1 com o apetite, a se opor à razão, e revela seu descontrole ao agir sob a diretriz do apetite; bem, a ação injusta é voluntária, de modo que o descontrolado agirá injustamente ao se comportar de acordo com o apetite; agirá então voluntariamente, e o que é feito conforme o apetite é voluntário. Seria absurdo, com efeito, se aqueles que se tornassem descontrolados fossem mais justos. Com base nesses elementos, portanto, pareceria que aquilo que acata o ape-

5 tite é voluntário; mas é de se observar que resulta o oposto do fato de que o que alguém faz voluntariamente ele quer, e o que quer fazer ele o faz voluntariamente. Ninguém, porém, quer o que julga

---

253. ...διάνοιαν... (*diánoian*).

254. ...βούλησιν... (*boúlesin*).

255. ...θυμὸν... (*thymòn*).

256. ...ἐπιθυμίαν... (*epithymían*).

257. ...τὸ γὰρ ἀκούσιον πᾶν δοκεῖ εἶναι βίαιον. ... (*tò gàr akoúsion pân dokeî eînai bíaion*).

258. Eveno de Paros, contemporâneo de Sócrates (floresceu em torno de 460 a.C.), poeta e sofista.

259. ...πᾶν γὰρ ἀναγκαῖον πρᾶγμ' ἀνιαρὸν ἔφυ. ... (*pân gàr anankaîon prâgm'aniaròn éphy.*).

260. ...ἀκρασία... (*akrasía*).

LIVRO II | 89

ser ruim. Ainda assim, o descontrolado não faz o que quer, pois a ação descontrolada corresponde a agir conforme o apetite, o que se opõe àquilo que se julga o melhor. Concluir-se-ia que uma mes-
10 ma pessoa estaria agindo voluntária e involuntariamente de modo simultâneo. Mas isso é impossível. Além disso, o autocontrolado agirá com justiça, nisso superando o descontrole; afinal o *autocontrole*[261] é uma virtude responsável por tornar as pessoas mais justas. Uma pessoa pratica o autocontrole toda vez que age em oposição ao apetite e em consonância com a razão. Assim, se agir com justiça
15 é voluntário, como o é agir com injustiça (visto que ambas essas ações parecem ser voluntárias, e se uma é, conclui-se necessariamente que a outra também o é), ao passo que aquilo que se opõe ao apetite é involuntário, *então a mesma pessoa realizará simultaneamente o mesmo voluntária e involuntariamente.*[262]

Idêntico argumento vale para o ardor, posto que se pensa haver descontrole e autocontrole do ardor como o há do apetite, e aquilo
20 que contraria o ardor é doloroso, sendo a repressão algo constrangedor, forçado. É de se concluir que se o que é forçado é involuntário, o que se harmoniza com o ardor é voluntário. E Heráclito[263] parece ter considerado *a força do ardor* [264] ao observar que sua repressão é dolorosa: "É difícil...", ele diz, "...*lutar contra o ardor, pois ele compra o que lhe apetece ao custo de sua vida*".[265] Mas se é impossível realizar
25 a mesma ação voluntária e involuntariamente de modo simultâneo e relativamente a mesma coisa, o que é realizado com base na vontade é mais voluntário do que aquilo que é realizado com base no apetite ou no ardor. Uma evidência para isso é o fato de realizarmos muitas coisas voluntariamente *sem ira*[266] ou sem apetite.

---

261. ...ἐγκράτεια... (*enkráteia*).

262. ...ἅμα ἄρα ὁ αὐτὸς τὸ αὐτὸ πράξει ἑκὼν καὶ ἄκων... (*háma ára ho autòs tò autò práxeis hekòn kaì ákon*).

263. Heráclito de Éfeso (*circa* 500 a.C.), filósofo da natureza pré-socrático.

264. ...τὴν ἰσχύν τοῦ θυμοῦ... (*tèn iskhýn toú thymoú*).

265. ...θυμῷ μάχεσθαι, ψυχῆς γὰρ ὠνεῖται. ... (*thymôi mákhesthai, psykhês gàr oneitai*).

266. ...ἄνευ ὀργῆς... (*áneu orgês*). Embora tenhamos traduzido por ira, talvez Aristóteles tenha em mente o sentido genérico de *orge*, ou seja, agitação interior da alma. Na verdade, o contexto, a contemplar o rigor terminológico, parece reclamar por ardor (θυμός [*thymós*]) e não ira (ὀργή [*orgé*]). Excluído tal rigor, Aristóteles está simplesmente empregando os dois termos intercambiavelmente como sinônimos. Ver nota 163.

90 | ÉTICA A EUDEMO

Resta examinar se agir com base na vontade e agir voluntaria-
30 mente são idênticos. Isso, entretanto, parece impossível. De fato,
admitimos a hipótese e se pensa em geral que as pessoas tornam-se
mais injustas através da maldade, e o descontrole parece ser um tipo
de maldade. Todavia, essa hipótese leva a concluir o oposto. Ninguém, com efeito, tem vontade de coisas que julga más e, no entanto, as realiza quando se torna descontrolado. Assim, supondo-se
que cometer injustiça é voluntário e este é aquilo que está em con-
35 formidade com a própria vontade, então, quando alguém abrigar
o descontrole, não estará mais cometendo injustiça, mas será mais
justo do que antes de abrigá-lo. Mas isso é impossível. É evidente,
portanto, que a ação voluntária não é a ação conforme o desejo,
bem como a ação involuntária não é a ação que se opõe a ele.

8

TAMBÉM FICA CLARO, com base no que diremos a seguir, que [agir
voluntariamente não é agir] em conformidade com a prévia escolha. Foi demonstrado que agir conforme a própria vontade não é
involuntário;[267] que, pelo contrário, tudo o que se tem vontade é vo-
1224a1 luntário, ainda que tudo que foi demonstrado é ser possível realizar
voluntariamente aquilo que não se tem vontade; contudo, realiza-
mos muitas coisas com base na vontade subitamente, ao passo que
ninguém faz uma prévia escolha subitamente.

5 Mas se, como afirmamos, o voluntário é necessariamente uma
de três coisas: o que é conforme o desejo, a prévia escolha ou o
pensamento,[268] e não se trata dos dois primeiros, resta como alternativa a ação voluntária ser conforme algum tipo de pensamento. Ademais, fazendo o argumento progredir um pouco mais,
estabeleçamos um fecho para nossa delimitação do voluntário e
10 do involuntário. *Agir forçadamente e não forçadamente*[269] parece,

---

267. ...ἀκούσιον... (*akoúsion*), mas apesar da imediata sequência, o que foi demonstrado sugere ἑκούσιον... (*hekoúsion*), *voluntário*.

268. Cf. 1223a23-25.

269. ...τὸ βίᾳ καὶ μὴ βίᾳ τι ποιεῖν... (*tò bíai kaì mè bíai ti poieîn*).

LIVRO II | 91

com efeito, estar associado a essas palavras, pois dizemos que tudo aquilo que é forçado é involuntário e que tudo aquilo que é involuntário é forçado. É preciso, portanto, começar por examinar o que é *força*[270] e sua relação com o voluntário e o involuntário. Julga-se, então, que no domínio das ações realizadas *o forçado e o necessário*[271] e *a força e a necessidade*[272] constituem o oposto *do* 15 *voluntário e da persuasão*.[273]

Falamos, inclusive, de força e necessidade geralmente mesmo no caso *das coisas inanimadas:*[274] *dizemos, com efeito, que a pedra move--se ascendentemente e o fogo descendentemente pela força e a necessidade*,[275] ao passo que quando se movem de acordo com seu impulso interno natural, dizemos que não se movem pela força, ainda que deles não digamos que se movem voluntariamente; inexiste nome 20 para essa antítese, porém, quando se movem contrariamente ao seu impulso interno natural, dizemos então que se movem pela força. *Do mesmo modo, também no que se refere às coisas animadas e aos animais, vemos muitos deles submetidos à ação da força e atuando com base nela quando algo externo move-os contrariando o seu próprio impulso*.[276] No caso das coisas inanimadas, trata-se de um princípio motriz único, mas naquele das coisas animadas, trata-se de mais de um princípio, uma vez que o desejo e a razão nem sempre se harmonizam. Consequentemente, enquanto no que concerne aos outros 25 animais a força é simples, como o é no caso das coisas inanimadas (pois nesses animais não existe a oposição entre razão e desejo, vivendo eles pelo desejo), o ser humano possui ambos e a uma certa

---

270. ...βία... (*bía*), força no sentido de constrangimento.

271. ...τὸ βίαιον καὶ τὸ ἀναγκαῖον... (*tò bíaion kaì tò anankaîon*).

272. ...ἡ βία καὶ ἡ ἀνάγκη... (*he bía kaì he anánke*).

273. ...τῷ ἑκουσίῳ καὶ τῇ πειθοῖ... (*tôi hekousíoi kaì têi peithoî*)

274. ...τῶν ἀψύχων... (*tôn apsýkhon*).

275. ...καὶ γὰρ τὸν λίθον ἄνω καὶ τὸ πῦρ κάτω βίᾳ καὶ ἀναγκαζόμενα φέρεσθαι φαμέν, ... (*kai gàr tòn líthon áno kai tò pûr káto bíai kai anazómena phéresthai phamén*).

276. ...ὁμοίως δὲ καὶ ἐπὶ ἐμψύχων καὶ ἐπὶ τῶν ζῴων ὁρῶμεν βίᾳ πολλὰ καὶ πάσχοντα καὶ ποιοῦντα, ὅταν παρὰ τὴν ἐν αὐτῷ ὁρμὴν ἔξωθέν τι κινῇ. ... (*homoíos dè kaì epì empsýkhon kaì epì tôn zóion horômen bíai pollà kaì páskhonta kaì poioûnta, hotan parà tèn em autôi hormèn éxothen ti kinêi*).

92 | ÉTICA A EUDEMO

idade, à qual atribuímos também *o agir*[277] (de fato, não dizemos de uma criança que ela age, e *tampouco do animal selvagem*,[278] mas apenas de uma pessoa que atingiu o agir com base na razão).

30 Assim, julga-se sempre dolorosa a ação forçada, e ninguém que age constrangido pela força o faz com contentamento. Com isso o autocontrolado e o descontrolado são objeto de acirrada discussão, já que cada um deles age com impulsos internos que se opõem. O resultado é a pessoa autocontrolada – segundo dizem – forçadamente arrastar-se distanciando-se dos apetites acompanhados de prazer 35 (com efeito, ela sente dor ao arrastar-se distanciando-se em sua oposição à resistência do desejo); por outro lado, a pessoa descontrolada é submetida à força ao opor-se à sua razão. Parece, entretanto, que experimenta menos dor, *visto que o apetite é pelo prazeroso, e ela o acompanha com regozijo*;[279] o resultado é a pessoa descontrolada agir mais voluntariamente do que forçadamente, já que isenta de dor. A persuasão é o oposto da força e da necessidade, e o autocon-1224b1 trolado é conduzido àquilo de que foi persuadido, e assim procede voluntariamente e não sob constrangimento. *O apetite, porém, conduz sem persuadir, posto que não participa da razão.*[280] Foi afirmado, então, que exclusivamente essas pessoas parecem agir sob força e involuntariamente, para o que indicamos a causa, ou seja, sua ação guarda uma certa semelhança com a ação forçada, em razão do que 5 falamos desta, inclusive no que toca a coisas inanimadas. Todavia, se fosse agregado, nesse caso, também o acréscimo efetuado em nossa definição, a afirmação seria viciosa, porquanto dizemos de uma coisa que está sendo forçada quando algo externo a move ou a conduz ao repouso, contrariando o seu próprio impulso interno; quando isso não ocorre, não dizemos que atua sob constrangimento; no 10 autocontrolado e no descontrolado é o próprio impulso interno que

---

277. ...τὸ πράττειν... (*tò práttein*).

278. ...οὐδὲ τὸ θηρίον, ... (*oudè tò theríon*), ou seja, o domínio do ético é exclusivo do ser humano adulto.

279. ...ἡ γὰρ ἐπιθυμία τοῦ ἡδέος, ᾗ ἀκολουθεῖ χαίρων... (*he gàr epithymía toû hedéos, hêi akoloutheî khaíron*).

280. ...ἡ δὲ ἐπιθυμία οὐ πείσασα ἄγει, οὐ γὰρ μετέχει λόγου. ... (*he dè epithymía ou peísasa ágei, ou gàr metékhei lógou*).

LIVRO II | 93

os dirige (uma vez que eles possuem ambos os impulsos); consequentemente, ao menos com base no que afirmamos anteriormente, nem um nem outro estaria agindo sob constrangimento (força), mas voluntariamente; tampouco estariam agindo sob determinação da necessidade, pois entendemos por necessidade um *princípio externo*[281] que ou barra ou move opondo-se ao impulso, por exemplo quando golpeamos uma pessoa com a mão de alguém cuja vontade
15 e apetite oferecem resistência; *quando o princípio é interno, não há força*.[282] Que se acresça que prazer e dor estão presentes em ambos os casos, pois aquele que se autocontrola, ao agir fazendo oposição ao seu apetite tanto experimenta dor quanto se regozija com a *expectativa*[283] de ser posteriormente beneficiado, ou já ser beneficiado presentemente por gozar de saúde; no que se refere ao descontro-
20 lado, frui a obtenção do que o apetece dada sua falta de autocontrole, porém padece de uma expectativa de dor ao pensar que está agindo mal. Assim, é com razão que declaramos que cada um deles age forçadamente e está, por vezes, agindo involuntariamente, um[284] movido pelo desejo, o outro[285] pela razão, razão e desejo sendo coisas inteiramente dissociadas e que produzem um empuxo recíproco. Consequentemente, as pessoas *transpõem*[286] isso para a alma como
25 um todo, porque algo que se assemelha ao supracitado é detectado nas partes da alma. É possível dizê-lo no que se refere às partes, mas a alma como um todo – quer no descontrolado, quer no autocontrolado – atua voluntariamente, a pessoa não agindo sob constrangimento em nenhuma das duas situações. Entretanto, uma das partes neles assim funciona, pois possuímos naturalmente ambas as partes. Com efeito, a razão está naturalmente presente em nós caso seja fa-
30 cultado nosso desenvolvimento e não atrofiado, também o apetite sendo natural, porque nos acompanha e se faz presente em nós a

---

281. ...ἔξωθεν ἀρχήν... (*éxothen arkhén*).

282. ...ὅταν δ' ἔσωθεν ἡ ἀρχή... (*hótan d'esothen he arkhé*).

283. ...ἐλπίδος... (*elpídos*).

284. O descontrolado.

285. O autocontrolado.

286. ...μεταφέρουσι... (*metaphérousi*), ou, em outras palavras: utilizam essa linguagem metaforicamente (com respeito à alma).

94 | ÉTICA A EUDEMO

partir do nascimento. E são esses praticamente os dois elementos distintivos mediante os quais o natural é definido: ou o que acompanha a todos nós tão logo nascemos ou o que surge em nós se facultado o desenvolvimento regular, *por exemplo o cabelo grisalho*,[287]
35 a velhice etc. Conclui-se que uma ou outra dessas pessoas de algum modo age *em oposição à natureza*,[288] embora em termos absolutos cada uma delas aja efetivamente em conformidade com a natureza, embora não com a mesma natureza. São as seguintes, portanto, as dificuldades no que respeita ao autocontrolado e ao descontrolado: se agem os dois ou um deles sob o império da força, produzindo ações involuntárias, ou agem os dois voluntariamente e sob o império da força de maneira simultânea, e se o realizado sob o império da força é involuntário, se suas ações são voluntárias e involuntárias de maneira simultânea. E está razoavelmente claro, com base
1225a1 no que dissemos, como essas dificuldades devem ser enfrentadas.

Há, contudo, uma outra circunstância na qual se diz dos indivíduos que agem forçadamente e sob o império da necessidade sem que um desacordo neles ocorra entre a razão e o desejo: trata-se
5 das ocasiões em que fazem algo que consideram doloroso e mau, vendo-se ameaçados pelo *açoite, ou o encarceramento ou a morte*[289] se não o fizerem. Nessas situações declaram que suas ações são determinadas pela necessidade. É possível, entretanto, o negarmos e afirmarmos que todos executam essas ações voluntariamente, uma vez que podem não executá-las e se submeterem ao sofrimento das punições. Ademais, talvez alguém pudesse acusar a presença de
10 umas e outras situações,[290] pois naquelas entre essas ações em que a própria pessoa tem o poder de fazer ou não fazer, até mesmo as ações que ela executa sem ter vontade de executá-las, ela o faz voluntariamente e não forçadamente; naquelas, porém, em que lhe falta esse poder, num certo sentido ela age forçadamente, mas não

---

287. ...οἷον πολιά... (*hoîon poliá*), mais exatamente *o cabelo que começa a ficar branco*.

288. ...μὴ κατὰ φύσιν... (*mè katà phúsin*), literalmente: não conforme à natureza.

289. ...πληγαὶ ἢ δεσμοὶ ἢ θάνατοι... (*plegaì è desmoì è thánatoi*). Preferimos o singular no português.

290. Isto é, casos em que as ações são voluntárias e casos em que não são, sendo determinadas pela necessidade.

LIVRO II | 95

em termos absolutos, uma vez que decididamente não escolhe previamente a própria coisa que faz, mas sim o propósito em função do qual é feita. Com efeito, também nisso uma certa diferença se apresenta. De fato, se uma pessoa matasse uma outra para impedir
15 que esta última a apanhasse, esta limitando-se a tatear, seria ridículo a primeira alegar tê-lo feito forçadamente e obrigada pela necessidade, *devendo existir um mal maior e mais penoso do que esse a ser sofrido por ela se não o fizesse.*[291] É quando um mal é realizado em função de algum bem, ou objetivando livrar-se de um mal maior que ocorre a ação determinada pela necessidade e sob o império da força, ou, aconteça o que acontecer, não determinada pela natureza. Então alguém estará de fato agindo involuntariamente, já que
20 a ação não está sob seu próprio controle. *Em razão disso, muitos estimam o amor sexual, certas formas de ardor e pendores naturais como involuntários, pois sua força chega a superar a natureza;*[292] e nós os escusamos como naturalmente capazes de forçar a natureza. E seria de se pensar estar alguém agindo mais sob o império da força e involuntariamente quando visasse a esquivar-se à dor violenta do que quando visasse a esquivar-se à dor moderada, e geralmente mais quando visasse a esquivar-se à dor do que quando seu objetivo fos-
25 se obter prazer. Com efeito, o que depende dele próprio – e tudo gravita em torno disso – constitui o limite de resistência de sua natureza. Não depende dele o que sua natureza não é capaz de suportar, bem como o que não está na esfera de seu próprio desejo natural e de sua razão. *Devido a isso, dos inspirados e que profetizam, ainda que executem um ato de pensamento,*[293] não afirmamos que dizer o que disseram e fazer o que fizeram dependiam deles pró-
30 prios. Tampouco o afirmamos quanto às pessoas movidas pelo ape-

---

291. ...ἀλλὰ δεῖ μεῖζον κακὸν καὶ λυπηρότερον εἶναι, ὃ πείσεται μὴ ποιήσας... (*allà deî meîzon kakòn kaì lyperóteron eînai, ho peísetai mè poiésas*), ou seja, a ameaça foi insignificante demais para se alegar o forçoso e a necessidade de cometer o homicídio.

292. ...διὸ καὶ τὸν ἔρωτα πολλοὶ ἀκούσιον τιθέασιν, καὶ θυμοὺς ἐνίους καὶ τὰ φυσικά, ὅτι ἰσχυρὰ καὶ ὑπὲρ τὴν φύσιν... (*diò kaì tòn érota polloì akoúsion tithéasin, kaì thumoùs eníous kaì tà physiká, hóti iskhyrà kaì hypèr tèn phýsin*).

293. ...διὸ καὶ τοὺς ἐνθουσιῶντας καὶ προλέγοντας, καίπερ διανοίας ἔργον ποιοῦντας, ... (*diò kaì toùs enthousiôntas kaì prolégontas, kaíper dianoías érgon poioûntas*).

96 | ÉTICA A EUDEMO

tite. *Portanto alguns pensamentos e paixões não dependem de nós, ou as ações que resultam desses pensamentos e raciocínios*,[294] mas, como o disse Filolau,[295] *"alguns argumentos são demasiado fortes para nós"*.[296] Consequentemente, se fosse o caso de examinarmos o voluntário e o involuntário também relativamente à ação sob constran-

35 gimento (força), seria essa a nossa distinção final, (*pois aqueles que embaraçam sobremaneira o voluntário* [...][297] como se agissem sob a força e, no entanto, voluntariamente).

9

UMA VEZ ENCERRADO ESSE TÓPICO, e não tendo sido o voluntário definido em conformidade com o desejo, e nem em conformidade com a prévia escolha, a alternativa restante é defini-lo como

1225b1 aquilo que está em conformidade com o pensamento. O voluntário parece ser o oposto do involuntário, e agir com conhecimento ou da pessoa que sofre uma ação, ou do instrumento ou do propósito dela (pois às vezes quem age sabe que o objeto é, por exemplo, seu pai, mas não que o propósito da ação é matá-lo, mas salvá-lo, *como as filhas de Pélias*,[298] ou sabe que o que está oferecendo é uma bebi-

5 da que toma por um *filtro*,[299] ou vinho, quando na verdade é cicuta)

---

294. ...ὥστε καὶ διάνοιαί τινες καὶ πάθη οὐκ ἐφ' ἡμῖν εἰσίν, ἢ πράξεις αἱ κατὰ τὰς τοιαύτας διανοίας καὶ λογισμούς, ... (*hoste kai diánoiaí tines kai páthe ouk eph'hemín eisín, è práxeis hai katà tàs toiaútas dianoías kai logismoús*).

295. Filolau de Crotona, filósofo pitagórico contemporâneo de Sócrates.

296. ...εἶναί τινας λόγους κρείττους ἡμῶν. ... (*eînaí tinas lógous kreíttous hemón*).

297. ...οἱ γὰρ μάλιστ' ἐμποδίζοντες τὸ ἑκούσιον [...] (*hoi gàr málist'empodízontes tò hekoúsion*). O texto é lacunar neste ponto.

298. ...ὥσπερ αἱ Πελιάδες, ... (*hósper hai Peliádes*). Episódio mitológico: instruídas por Medeia, princesa da Cólquida e sacerdotisa de Hécate, as filhas do rei Pélias, acreditando que sua ação restauraria a juventude do pai, mataram-no, cortaram-no em pedaços e o cozinharam.

299. ...φίλτρον... (*phíltron*), genericamente tudo que tem a propriedade de atrair, seduzir ou obter o favorecimento. Mas aqui trata-se simplesmente do sentido original e específico de poção do amor, uma poção mágica capaz de fazer despertar a paixão (amor sexual – ἔρως [*éros*]) naquele ou naquela por quem se está apaixonado. O Estagirita ilustra com uma passagem mitológica que envolve explicitamente uma operação mágica, mas o termo em pauta também designa a *pastinaca* silvestre, planta afrodisíaca.

LIVRO II | 97

parece ser o oposto de agir sem conhecer a parte passiva, o instrumento e a natureza da ação, *por ignorância e não acidentalmente.*[300] Entretanto, a ação na ignorância em relação ao ato, ao instrumento e à parte passiva é ação involuntária. O contrário, portanto, é voluntário. Conclui-se que tudo que é feito por alguém não submetido à ignorância, e por sua própria iniciativa, detendo ele o poder

10 de não fazê-lo, são ações voluntárias, sendo nisso que consiste o voluntário; quanto a tudo o que faz *ignorantemente e devido à sua ignorância,*[301] esse alguém o faz involuntariamente. *Como, porém, conhecer e saber tem dois sentidos,*[302] ou seja, um a posse do conhecimento e o outro o seu uso, uma pessoa que possuísse o primeiro, mas não o usasse poderia numa situação ser *com justiça*[303] considerada ignorante, ao passo que numa outra situação *não justamente,*[304] por exemplo, se não houvesse usado seu conhecimento tendo isso sido determinado pela negligência. De idêntico modo, seria

15 censurável não possuirmos o conhecimento quando se tratasse de algo fácil ou necessário cuja privação fosse devida à negligência, ao prazer ou à dor. Isso deve ser acrescentado à nossa definição.

Eis aí, portanto, nossa distinção do voluntário e do involuntário.

10

OCUPEMO-NOS NA SEQUÊNCIA da abordagem da prévia escolha, começando por discutir diversas dificuldades que lhe dizem

20 respeito. Seria, com efeito, dubitável saber a que gênero naturalmente pertence e em qual deles deveríamos enquadrá-la, bem como saber se o voluntário e *o previamente escolhido*[305] são distintos ou idênticos. Há quem proponha, sobretudo, que a prévia escolha

---

300. ...ὃ δι' ἄγνοιαν, μὴ κατὰ συμβεβηκός. ... (*hò di'ágnoian, mè katà symmemekós*).

301. ...ἀγνοῶν καὶ διὰ τὸ ἀγνοεῖν, ... (*agnoón kaì dià tò agnoeîn*).

302. ...ἐπεὶ δὲ τὸ ἐπίστασθαι καὶ τὸ εἰδέναι διττόν, ... (*epeì dè tò epistasthai kaì tò eidénai dittón*).

303. ...δικαίως... (*dikaíos*).

304. ..οὐ δικαίως... (*ou dikaíos*).

305. ...τὸ προαιρετὸν... (*tò proairetòn*). Ver nota 251.

98 | ÉTICA A EUDEMO

é uma de duas coisas: *opinião ou desejo*,[306] o que, em vista da investigação, pode ser procedente, na medida em que ambos parecem
25 acompanhá-la. Ora, é evidente que não é desejo, pois nesse caso seria *vontade*, ou *apetite* ou *ardor*, uma vez que ninguém deseja sem haver experimentado uma dessas sensações. Ardor e apetite são experimentados por animais selvagens, mas estes não são capazes de prévia escolha. Ademais, mesmo [seres vivos] capazes de ambos frequentemente escolhem sem ardor e apetite, e enquanto os experimentam eles não efetuam prévias escolhas, mantendo-se na
30 omissão delas. Que se acresça que o apetite e o ardor sempre acarretam dor, ao passo que frequentemente fazemos prévias escolhas sem experimentar dor. Por outro lado, a prévia escolha não é tampouco idêntica à vontade; *com efeito, tem-se frequentemente vontade daquilo que se sabe ser impossível, por exemplo, ser rei de todos os seres humanos e imortal*,[307] quando ninguém escolhe algo ciente de que é impossível, nem geralmente algo que, embora possível, não
35 se considera estar no próprio poder realizar ou deixar de realizar. Assim, evidencia-se que o previamente escolhido é necessariamente algo que está em nosso próprio poder. Analogamente, fica
1226a1 claro que a prévia escolha não é tampouco opinião, nem algo que simplesmente se pensa, pois vimos que o previamente escolhido é algo em nosso próprio poder, e nossas opiniões sobre muitas coisas são sobre coisas que não estão sob nosso poder, como a diagonal ser *incomensurável*[308] com o lado; acrescente-se que a prévia esco-
5 lha não é verdadeira ou falsa. Tampouco é uma opinião em torno de matérias práticas na esfera daquilo que nos capacita a pensar se devemos fazer ou não fazer algo. Entretanto, isso é comum à opinião e à vontade. Ninguém, com efeito, escolhe de maneira prévia um fim, mas aquilo que conduz ao fim. Refiro-me, por exemplo, ao

---

306. ...δόξα ἤ ὄρεξις... (*dóxa è órexis*).

307. ...βούλονται μὲν γὰρ ἔνια καὶ τῶν ἀδυνάτων εἰδότες, οἷον βασιλεύειν τε πάντων ἀνθρώπων καὶ ἀθάνατοι εἶναι, ... (*boúlontai mèn gàr énia kaì tôn adynáton eidótes, hoîon basileúein te pánton anthrópon kaì athánatoi eînai*).

308. ...ἀσύμμετρον... (*asýmmetron*), embora o manuscrito registre ...σύμμετρον... (*sýmmetron*), comensurável, que é o que Susemihl mantém. Cf. *Ética a Nicômaco*, Livro III, 3, 1112a22.

LIVRO II | 99

fato de que ninguém escolhe ser sadio, mas sim fazer uma caminha-
10 da ou sentar-se no interesse de alcançar a saúde; *tampouco ser feliz,*
mas realizar negócios lucrativos ou correr riscos com o objetivo de ser
feliz;[309] e geralmente ao escolher sempre conferimos transparência
tanto ao que escolhemos quanto ao objetivo da escolha, este sendo aquilo em função do que escolhemos algo mais e *o que escolhe-*
mos aquilo que escolhemos em função de algo mais. Aquilo de que
se tem vontade é, sobretudo, o fim, enquanto é opinião dever-se
15 ser sadio e sair-se bem. Com isso evidencia-se que a prévia escolha
difere tanto da opinião quanto da vontade; vontade e opinião têm
a ver, sobretudo, com o fim, a prévia escolha não.

Patenteia-se, portanto, que prévia escolha não é vontade nem
opinião, *nem simplesmente juízo.*[310] Mas qual a diferença deles? E
qual o caráter de sua realação com o voluntário? A resposta a essas perguntas também esclarecerá o que é prévia escolha. No que
20 respeita a coisas que podem tanto ser quanto não ser, algumas são
tais que permitem que se delibere acerca delas, enquanto acerca de
outras a deliberação não é possível. Com efeito, algumas coisas podem *ou ser ou não ser,*[311] porém o seu vir a ser não está sob nosso
controle, devendo-se em alguns casos à natureza, em outros a ou-
25 tras causas; e no que se refere a essas coisas, ninguém tentaria deliberar, salvo na ignorância. Contudo, no que toca a algumas coisas,
não só é possível *o ser ou não ser,*[312] como também seres humanos
deliberarem acerca delas. São as coisas cujo fazer ou não fazer está
sob nosso controle. Daí não deliberarmos *acerca dos assuntos dos*
indianos,[313] ou acerca de como tornar quadrado o círculo; de fato
30 o primeiro desses itens não está sob nosso controle, enquanto os
objetos de prévia escolha e coisas praticáveis estão, sendo o segundo item completamente impraticável (com o que fica claro que a

---

309. ...οὐδ᾽ εὐδαιμονεῖν, ἀλλὰ χρηματίζεσθαι ἢ κινδυνεύειν τοῦ εὐδαιμονεῖν ἕνεκα, ...
(*oud'eudaimonein, allà khrematízesthai è kindyneýein toû eudaimonein héneka*).

310. ...οὔθ᾽ ὑπόληψις ἁπλῶς... (*outh'hypólepsis haplôs*).

311. ...καὶ εἶναι καὶ μὴ εἶναι, ... (*kaì einai kaì mè einai*).

312. ...τὸ εἶναι καὶ μή... (*tò einai kaì mé*), seu existir ou não existir (sua existência ou não
existência).

313. ...περὶ τῶν ἐν Ἰνδοῖς... (*peri tôn en Indoîs*).

100 | ÉTICA A EUDEMO

prévia escolha não é tampouco simplesmente opinião). Entretanto, também não tem a ver com todas as coisas praticáveis que estão sob nosso controle. Isso nos facultaria levantar a seguinte questão: por que exatamente enquanto médicos deliberam sobre coisas no
35 âmbito de sua ciência, gramáticos não o fazem? A razão é que ocorrendo *o erro*[314] de dois modos (com efeito, erramos no raciocínio ou na percepção quando nos ocupamos do próprio ato), na medicina podemos errar de ambos os modos, porém na gramática o erro
1226b1 somente ocorre na percepção e na ação; e, de fato, a investigação sobre isso seria interminável.

Assim, como a prévia escolha não é nem opinião nem vontade isoladamente, nem ambas conjuntamente (pois ninguém faz uma prévia escolha *subitamente*,[315] mas opina que deve agir e tem vontade subitamente), ela deve se compor procedendo de ambas,
5 pois topamos com ambas quando alguém faz uma prévia escolha. Cumpre examinarmos como a prévia escolha se compõe emergindo delas. De certa maneira, a própria palavra o indica claramente. *Prévia escolha*[316] é *tomada*,[317] mas não o tomar simplesmente, e sim o tomar uma coisa de preferência a outra, o que não pode ser feito *sem exame e deliberação*.[318] Conclui-se que a prévia escolha procede da *opinião deliberativa*.[319]

10 Ninguém delibera quanto ao fim, o qual está fixado para todos. Delibera-se, contudo, sobre o que conduz a ele, se isto ou aquilo conduz a ele, e, supondo estar decidido se isto ou aquilo, como será produzido. E essa deliberação quanto ao que conduz ao fim é considerada por todos nós até havermos conduzido o ponto de partida do processo de produção de volta a nós. Se, então, ninguém faz uma prévia escolha sem primeiramente preparar-se e deliberar
15 a respeito do melhor ou pior desta ou daquela ação, e alguém de-

---

314. ...τῆς ἁμαρτίας... (*tês hamartías*).

315. ...ἐξαίφνης... (*exaíphnes*).

316. ...προαίρεσις... (*proaíresis*).

317. ...αἵρεσις... (*hairesis*), sentido primordial e genérico da palavra.

318. ...ἄνευ σκέψεως καὶ βουλῆς... (*áneu sképseos kai boulês*).

319. ...δόξης βουλευτικῆς... (*dóxes bouleutikês*).

LIVRO II | 101

libera na seleção dos meios potencialmente existentes ou não que estão ao nosso alcance para atingir o fim, fica claro que a prévia escolha é um desejo deliberativo de coisas na esfera de nosso próprio poder. *Com efeito, deliberamos sobre tudo em relação a que fazemos uma prévia escolha, mas não fazemos uma prévia escolha em relação a tudo sobre o que deliberamos.*[320] Chamo o desejo de deliberativo

20 toda vez que seu princípio ou causa é deliberação, e toda vez que alguém deseja porque deliberou. Daí resulta a prévia escolha não existir no que toca aos *outros animais*,[321] bem como não existir no ser humano em todas as idades e condições; com efeito, não há deliberação ou juízo na base de um ato; entretanto, é inteiramente possível muitos possuírem a capacidade de formar opinião quanto a fazer ou não fazer uma coisa, sem que seja como produto do ra-

25 ciocínio. *Com efeito, a parte que delibera da alma é a que contempla um certo tipo de causa,*[322] e o objeto de uma ação é um tipo entre as causas; de fato, chamamos de *causa*[323] aquilo devido ao que alguma coisa acontece; aquilo em função do que alguma coisa existe ou vem a ser é o que chamamos especialmente de sua causa; por exemplo, se alguém caminha a fim de buscar coisas úteis, buscar coisas úteis é a causa do seu caminhar. Portanto, pessoas que não

30 têm um objetivo estabelecido não se predispõem a deliberar. Por conseguinte, na medida em que uma pessoa, por sua própria conta e não devido à ignorância, faz ou deixa de fazer aquilo que está em seu poder fazer ou não fazer, o faz ou deixa de fazer voluntariamente (embora façamos muitas dessas coisas sem deliberação ou sem pensar previamente), conclui-se necessariamente que tudo o que foi previamente escolhido é voluntário. Mas voluntário não é

35 previamente escolhido, e ainda que tudo o que é feito por prévia escolha seja voluntário, nem tudo o que é feito voluntariamente é

---

320. ...ἅπαντες γὰρ βουλευόμεθα ἃ καὶ προαιρούμεθα, οὐ μέντοι γε ἃ βουλευόμεθα, πάντα προαιρούμεθα. ... (*hápantes gàr bouleuómetha hà kaì proairoúmetha, ou méntoi ge hà bouleuómetha, pánta proairoúmetha*).

321. ...ἄλλοις ζῴοις... (*állois zóiois*), ou seja, todos os outros animais, exceto o ser humano.

322. ...ἔστι γὰρ βουλευτικὸν τῆς ψυχῆς τὸ θεωρητικὸν αἰτίας τινός... (*ésti gàr bouleutikòn tês psykhês tò theoretikòn aitías tinós*).

323. ...αἰτία... (*aitía*), ver *Metafísica*, Livro V, 2.

102 | ÉTICA A EUDEMO

em conformidade com a prévia escolha. Ao mesmo tempo, com base nisso evidencia-se que os legisladores que classificam os *delitos*[324] como *involuntários, voluntários e premeditados*[325] os definem

1227a1 bem, pois mesmo não havendo nisso exatidão, de qualquer modo aproxima-se ao menos da verdade. Mas nos ocuparemos disso no nosso exame *da justiça*.[326] No que diz respeito à prévia escolha, está claro que não é simplemente vontade nem tampouco opinião, mas opinião e desejo somados quando estes resultam como conclusão

5 da deliberação.

Mas como aquele que delibera sempre delibera em função de algo e tem sempre algo em vista por referência ao que julga vantajoso, *ninguém delibera com respeito ao fim, sendo este ponto de partida e hipótese, como as hipóteses nas ciências especulativas*[327] (referimo-nos

10 brevemente a isso no início desta obra e com precisão nos *Analíticos*[328]), ao passo que a *decisão*[329] de todas as pessoas, *ou com arte ou sem arte*,[330] diz respeito ao que conduz ao fim, por exemplo quando deliberam quanto a ir ou não ir à guerra. A questão do que conduz

---

324. ...ἀδικημάτων... (*adikemáton*); Susemihl: ...παθημάτων... (*pathemáton*), estados emocionais, disposições emocionais. *Adikematon* nos parece mais juridicamente apropriado.

325. ...τὰ μὲν ἀκούσια τὰ δ᾽ ἑκούσια τὰ δ᾽ ἐκ προνοίας... (*tà mèn akoúsia tà d'hekoúsia tà d'ek pronoías*).

326. ...περὶ τῶν δικαίων... (*perì tôn dikaíon*): no Livro IV desta edição, que corresponde ao Livro V da *Ética a Nicômaco*.

327. ...περὶ μὲν τοῦ τέλους οὐθεὶς βουλεύεται, ἀλλὰ τοῦτ᾽ ἐστιν ἀρχὴ καὶ ὑπόθεσις, ὥσπερ ἐν ταῖς θεωρητικαῖς ἐπιστήμαις ὑποθέσεις... (*perì mèn toû télous outheìs bouleúetai, allà toût'estin arkhè kaì hypóthesis, hósper en taís theoretikaís epistémais hypothéseis*). As ciências especulativas são aquelas cujo fim reside nelas mesmas e que não possuem um produto que as transcende, por exemplo, a filosofia da natureza (física), a filosofia primeira (metafísica) e as matemáticas. Aristóteles as distingue das ciências práticas (cujo fim não está nelas mesmas, mas na ação [πρᾶξις – *práxis*], como a economia, a ética e a política) e das ciências *poiéticas* ou produtivas (cujo fim é um produto que as transcende), como a carpintaria (seu produto pode ser uma mesa, uma cama etc.), a poesia (seu produto é o poema), a construção naval (seu produto é a embarcação), a náutica ou pilotagem (seu produto é a viagem), a medicina (seu produto é a saúde) etc.

328. No *Órganon*.

329. ...σκέψις... (*sképsis*): acepção restrita dessa palavra. Aristóteles quer dizer simplesmente *deliberação*.

330. ...καὶ μετὰ τέχνης καὶ ἄνευ τέχνης... (*kaì metà tékhnes kaì áneu tékhnes*), isto é, com habilidade, destreza ou sem ela.

LIVRO II | 103

ao fim dependerá, sobretudo, de uma outra, nomeadamente aquela
do objeto, do que constituem exemplos a riqueza, o prazer ou outra
15 coisa desse tipo que eventualmente venha a ser nosso objeto. De
fato, aquele que delibera o faz se houver considerado, do prisma do
fim, o que tende a atrair o fim para si ou o que capacita a ele próprio dirigir-se ao fim. O fim é naturalmente sempre um bem e algo
em relação a que se delibera parte à parte (por exemplo, um médi-
20 co delibera se administrará um medicamento, e um general, onde
acampará); para o médico e o general o fim é o bem que é *o melhor
absoluto*;[331] entretanto, contrariamente à natureza e por perversão,
o *bem aparente*[332] é o fim e não o bem. A razão disso é a existência
de certas coisas cujo uso circunscreve-se aos objetos que lhes são
naturais, como por exemplo a visão: não é possível ver o que não é
25 visível e tampouco ouvir o que não é audível. Uma ciência, contudo, nos capacita a fazer algo que não diz respeito a essa ciência. De
fato, saúde e doença não concernem igualmente à mesma ciência.
A saúde é naturalmente seu objeto, enquanto a doença o é contrariando a natureza. Analogamente, o bem concerne naturalmente à
30 vontade, mas o mal também, embora este em oposição à natureza;
queremos o bem naturalmente, mas contra a natureza e por perversão também queremos o mal.

Que se acresça que *a corrupção e a perversão*[333] de toda coisa
não se conduzem aleatoriamente, mas rumo ao contrário e às posições intermediárias. Com efeito, não é possível sair dessa esfera,
porquanto nem mesmo *o engano*[334] conduz a algo aleatório, *mas
35 quando se trata de coisas que possuem contrários, aos contrários e
àqueles próprios contrários que são contrários conforme sua ciência.*[335]
Conclui-se necessariamente que tanto o engano quanto a prévia
escolha ocorrem a partir da mediania rumo aos contrários (os con-

---

331. ...τὸ ἁπλῶς ἄριστον... (*tò aplôs áriston*).

332. ...φαινόμενον ἀγαθόν... (*phainómenon agathón*).

333. ...φθορὰ καὶ διαστροφὴ... (*phthorà kaì diastrophè*).

334. ...ἡ ἀπάτη... (*he apáte*).

335. ...ἀλλ᾽ εἰς τὰ ἐναντία ὅσοις ἐστὶν ἐναντία, καὶ εἰς ταῦτα τῶν ἐναντίων ἃ κατὰ τὴν
ἐπιστήμην ἐναντία ἐστίν. ... (*all'eis tà enantía hósois estin enantía, kaì eis taûta tôn
enantíon hà katà tèn epistémen enantía estín.*).

104 | ÉTICA A EUDEMO

trários da mediania sendo o mais e o menos). A causa é prazer ou

40 dor. Com efeito, a constituição das coisas é tal que o prazeroso se
revela bom à alma e quanto mais prazeroso melhor, enquanto o doloroso se revela mau e quanto mais doloroso pior, algo que também
1227b1 nos deixa claro que virtude e vício têm a ver com prazeres e dores;
de fato, ocorrem em associação com *os objetos da prévia escolha*,[336] a
qual tem a ver com o bom e o mau e com o que ostenta a aparência
destes, prazer e dor sendo naturalmente coisas assim.

5 Infere-se, portanto, necessariamente que como *a virtude moral*[337] é ela mesma uma mediania e diz respeito inteiramente a prazeres e dores, enquanto o vício consiste em excesso ou deficiência,
dizendo respeito ao mesmo que a virtude, a virtude moral é um
estado em que se escolhe previamente a mediania em relação a nós
10 mesmos no tocante a coisas prazerosas ou dolorosas relativamente às quais diz-se de alguém que experimenta prazer ou dor, que
possui um certo *caráter moral*[338] (com efeito, não se diz de uma pessoa que possui um certo caráter moral simplesmente porque gosta
do que é doce ou do que é amargo).

11

Uma vez estabelecidas essas distinções, *digamos se a excelência (virtude) torna a prévia escolha certa e o fim correto*[339] levando
quem faz a prévia escolha a fazê-la a favor do fim correto, ou se,
15 como pensam alguns, torna correta a razão. Mas o que produz
isso é o autocontrole, já que ele impede a corrupção da razão; mas
virtude e autocontrole são distintos. Teremos que abordá-los posteriormente, visto que aqueles que sustentam que a virtude torna
correta a razão assim o fazem movidos por uma causa, a saber, que
o autocontrole possui essa natureza e é algo louvável. Após levan-

---

336. ...τὰ προαιρετὰ... (*tà proairetà*).

337. ...ἡ ἀρετὴ μὲν ἡ ἠθικὴ... (*he aretè mèn he ethikè*).

338. ...ἦθος... (*éthos*).

339. ...λέγωμεν πότερον ἡ ἀρετὴ ἀναμάρτητον ποιεῖ τὴν προαίρεσιν καὶ τὸ τέλος
ὀρθόν... (*légomen póteron he aretè anamárteton poieî tèn proaíresin kai tò télos orthón*).

LIVRO II | 105

20 tar essa questão preliminar, cabe-nos ir em frente. É possível ser o *objetivo*[340] correto, mas estar inteiramente equivocado quanto ao que conduz ao objetivo; por outro lado, é possível que o objetivo haja sido equivocado, enquanto o que a ele conduz esteja correto. Pode ser que ambos estejam incorretos. Mas é a virtude que constitui o objetivo ou o que conduz ao objetivo? Sustentamos que é 25 ela que constitui o objetivo, porque não o atingimos por *dedução lógica nem razão*.[341] Que isso seja suposto como ponto de partida. Ao médico não interessa se a pessoa deve ou não estar sadia, mas se deve fazer caminhadas ou não, assim como ao treinador de ginástica não interessa se a pessoa deve ou não estar em boa forma física, mas se deve lutar ou não. Semelhantemente, nenhuma [arte] indaga acerca do fim. *De fato, como nas ciências especulativas as hipóteses* 30 *são pontos de partida, também nas produtivas o fim é um ponto de partida e hipótese*.[342] Caso se pretenda que este indivíduo conquiste saúde, para que isso seja assegurado impõe-se que isto ou aquilo seja obtido, tal como [em geometria] se os ângulos de um triângulo somados são iguais a dois ângulos retos, o resultado será necessariamente isto ou aquilo. Assim, o fim é o ponto de partida do nosso pensamento, porém a conclusão deste é o ponto de partida da ação. Se, portanto, a razão ou a virtude é a causa de *toda correção*,[343] se 35 não é a primeira que é a causa da correção do fim, então o fim – embora não o que conduz ao fim – será correto devido à virtude. O fim, contudo, é aquilo em função do que se age, pois toda prévia escolha é de alguma coisa e em função de algum objeto. Nesse sentido, o objeto é a mediania, sendo a virtude a sua causa determinada pela prévia escolha. Ainda assim, a prévia escolha nada tem a ver com isso, mas com as coisas realizadas em função disso. Atinar com 40 essas coisas, quer dizer, aquilo que deve ser feito em função do obje-
1228a1 to, diz respeito a uma outra faculdade, porém a virtude é a causa do

---

340. ...σκοπòν... (*skopòn*).

341. ...συλλογισμòς οὐδὲ λόγος,... (*syllogismòs oudè lógos*).

342. ...ὥσπερ γὰρ ταῖς θεωρητικαῖς αἱ ὑποθέσεις ἀρχαί, οὕτω καὶ ταῖς ποιητικαῖς τὸ τέλος ἀρχὴ καὶ ὑπόθεσις... (*hósper gàr taîs theoretikaîs hai hypothéseis arkhaí, hoúto kaì taîs poietikaîs tò télos arkhè kaì hypóthesis*).

343. ...πάσης ὀρθότητος... (*páses orthótetos*).

106 | ÉTICA A EUDEMO

fim visado pela prévia escolha que é correta. Em razão disso, é com base na prévia escolha de uma pessoa que julgamos seu caráter, ou seja, não pela sua ação, mas por algum objeto em função do qual ela age. De maneira análoga, igualmente o vício faz com que a prévia
5 escolha seja feita a partir dos objetos contrários. A conclusão é que se uma pessoa dispõe do poder de fazer o que é nobre e nada fazer de vil, e age de modo contrário, trata-se claramente de uma pessoa que não é virtuosa. *Infere-se necessariamente que o vício e a virtude são voluntários.*[344] Com efeito, não há uma necessidade que nos impõe fazer coisas más. A consequência é ser o vício censurável e a
10 virtude louvável. De fato, o involuntário, sendo *vil ou mau*,[345] não é censurável, e sendo bom, não é louvável, mas exclusivamente o voluntário. Ademais, dirigimos louvores ou censuras a todos mais por suas prévias escolhas do que por suas ações (embora a atividade seja mais desejável do que a virtude), o que se explica, ou seja, as pessoas podem agir mal sob o império da necessidade, mas ninguém faz prévia escolha da má ação por necessidade. Além disso, como
15 é difícil representar a natureza da prévia escolha de uma pessoa, vemo-nos forçados a avaliar seu caráter com base em suas ações; assim, ainda que a atividade seja mais desejável, a prévia escolha é mais louvável. E isso não só resulta de nossas suposições, como também se coaduna com os fenômenos observados.

---

344. ...ὥστ᾽ ἀνάγκη τήν τε κακίαν ἑκούσιον εἶναι καὶ τὴν ἀρετήν... (*hóst'anánke tén te kakían hekoúsion eînai kaì tèn aretén*).

345. ...αἰσχρὰ καὶ κακὰ... (*aiskhrà kaì kakà*).

LIVRO III

1

FOI, PORTANTO, EXPOSTO em termos universais a existência das
medianias[346] nas virtudes, que estas têm caráter de prévia escolha,
25 que seus opostos são vícios e o que são estes. Tomemo-las uma a
uma e realizemos uma discussão sequencial; e para começar, fale-
mos da *coragem*.[347]

Há uma concordância quase unânime de que o corajoso tem
a ver com *medos*[348] e que a coragem é uma das virtudes. *Anteriormente distinguimos na tabela temeridade e medo como contrários.*[349]
30 Com efeito, de certo modo, são mutuamente opostos. Está claro,
portanto, que aqueles que são nomeados em conformidade com
esses estados serão, de igual maneira, mutuamente opostos, a saber,
o covarde (assim denominado por ter mais medo do que o que deve
e ser menos confiante do que o que deve) e o temerário (que é denominado assim por ter menos medo do que o que deve e ser mais
35 confiante do que o devido, de onde, inclusive, provém o substantivo, já que a palavra *temerário*[350] é cognata da palavra *temeridade*[351]).

Assim, como a coragem é o melhor estado relativamente ao medo

---

346. ...μεσότητές... (*mesótetés*).

347. ...ἀνδρείας... (*andreías*).

348. ...φόβους... (*phóbous*).

349. ...διείλομεν δ' ἐν τῇ διαγραφῇ πρότερον καὶ θράσος καὶ φόβον ἐναντία. ...
(*dieílomen d'em têi diagraphêi próteron kaì thrásos kaì phóbon enantía.*). Em 1220b39, segundo item da coluna do meio, mas Aristóteles aí indica covardia [δειλία (*deilía*)] e não
medo [φόβος [*phóbos*)]. Podemos entender que a covardia é o *vício* produzido pelo medo
indevido, sendo o medo um *estado* (ἕξις [*héxis*]) ou *sentimento* (πάθος [*páthos*]). Assim,
a rigor, o que se opõe à coragem (ἀνδρεία [*andreía*]), virtude, é a covardia e não o medo.

350. ...θρασύς... (*thrasýs*).

351. ...θρασύς... (*thrasýs*). Na tabela em 1220b39, segundo item da coluna esquerda, o termo
indicado é θρασυτής (*thrasytés*).

110 | ÉTICA A EUDEMO

e à *autoconfiança*,[352] e o caráter devido não é nem o do temerário (pois é deficiente num aspecto e excessivo no outro), nem o do 1228b1 covarde (do qual o mesmo pode ser declarado, com a ressalva de não ser no tocante às mesmas coisas, porém inversamente, havendo deficiência de autoconfiança e excesso de medo), fica claro que *a disposição mediana*[353] entre temeridade e covardia é a coragem, pois esta é a melhor.

Considera-se que em geral o corajoso é destemido, enquanto o 5 covarde é medroso; e que este último tem medo tanto de poucas coisas insignificantes quanto de muitas coisas importantes, experimentando um medo intenso, além do que se amedronta rapidamente, enquanto o seu oposto, ou jamais experimenta medo em absoluto, ou apenas o experimenta ligeiramente, com dificuldade e esporadicamente, e com respeito a coisas importantes ou graves; e ele suporta aquilo que é sumamente amedrontador, ao passo que o covarde não suporta sequer as coisas ligeiramente amedrontadoras. O que, então, o corajoso suporta? Para começar, é aquilo que 10 amedronta a ele próprio ou que amedronta a uma outra pessoa? Se é o que amedronta a uma outra pessoa, nada haveria de notável nisso; mas se é aquilo que amedronta a ele próprio, o que é capaz de incutir-lhe medo deve ser coisas de grande peso e numerosas. *As coisas amedrontadoras produzem medo no indivíduo para o qual são amedrontadoras*,[354] ou seja, se são muito amedrontadoras, o medo produzido por elas será intenso, se apenas ligeiramente amedrontadoras, esse medo será leve, do que se conclui que o corajoso 15 experimenta numerosos medos de grande peso. Entretanto, pelo contrário, considerou-se que a coragem torna a pessoa destemida, e que o destemor consiste em nada temer, ou então temer umas poucas coisas e estas ligeiramente e com dificuldade. Mas talvez a palavra *amedrontador*[355] tenha um sentido duplo, como *prazeroso*[356]

---

352. ...θάρρη... (*thárre*).

353. ...ἡ μέση διάθεσις... (*he mése diáthesis*).

354. ...τὰ δὲ φοβερὰ φόβου ποιητικὰ ἑκάστῳ ᾧ φοβερά, ... (*tà dè phoberá phóbou poietikà hekástoi hôi phoberá,*).

355. ...φοβερὸν... (*phoneròn*).

356. ...ἡδὺ... (*hedú*).

LIVRO III | 111

e bom.[357] Certas coisas, com efeito, são prazerosas ou boas absolutamente, enquanto outras o são para alguém em particular, não
20 o sendo absolutamente; pelo contrário, são más e desprazerosas
para alguns; por exemplo, o que é benéfico à pessoa má, *e o que
é prazeroso às crianças enquanto crianças.*[358] Analogamente, certas
coisas são amedrontadoras absolutamente, ao passo que outras apenas para uma determinada pessoa. Assim, entre as coisas de que o
covarde enquanto covarde tem medo algumas não são amedrontadoras para ninguém, e outras apenas o são ligeiramente; entretan-
25 to, quanto às coisas que incutem medo à maioria das pessoas, às
quais se somam todas as que incutem medo à *natureza humana,*[359]
classificamo-las como absolutamente amedrontadoras. O corajoso,
contudo, apresenta destemor em relação a elas e as suporta ainda
que sejam num certo sentido amedrontadoras para ele, porém num
outro não, a saber, o amedrontam enquanto ser humano, porém
enquanto corajoso o amedrontam tão só ligeiramente, ou mesmo
30 não o amedrontam de modo algum. Todavia, trata-se de coisas efetivamente amedrontadoras, já que o são para a maioria das pessoas.
Isso explica o comportamento do corajoso atrair louvor, pois assemelha-se ao dos indivíduos fortes e sadios. Eles possuem o caráter que possuem não porque nenhum esforço, em um caso, ou nenhum extremo, no outro, seja capaz de prostrá-los, mas porque se
mostram completamente insensíveis, ou são sensibilizados apenas
ligeiramente por aquilo que sensibiliza a muitos ou à maioria. O
35 resultado é que enquanto os doentes, os fracos e os covardes sofrem
os padecimentos comuns,[360] com uma maior rapidez e numa maior
medida do que a maioria, [os sadios, fortes e corajosos – embora
submetidos a sumos padecimentos, sofrem a ação destes de maneira mais lenta e menos do que a maioria],[361] além do que não sofrem
de modo algum ou sofrem apenas ligeiramente a ação daquilo que
atua sobre a maioria.

---

357. ...τἀγαθόν... (*tagathón*).

358. ...καὶ ὅσα ἡδέα τοῖς παιδίοις ἢ παιδία... (*kaì hósa hedéa toîs paidíois hêi paidía*).

359. ...ἀνθρωπίνη φύσει,... (*anthropínei phýsei*).

360. ...τῶν κοινῶν παθημάτων... (*tôn koinôn pathemáton*).

361. Lacuna do texto (já no manuscrito), mas preenchida conjeturalmente.

112 | ÉTICA A EUDEMO

Questiona-se, porém, se para o corajoso há algo de amedrontador e se ele é insensível ao medo. Não estaríamos facultados a tê-lo como sensível ao medo do modo supracitado? *Com efeito,* 1229a1 *a coragem consiste em seguir a razão, e a razão instrui-nos a escolher o que é nobre.*[362] Concluímos que aquele que suporta o amedrontador, mas não em função dela, está ou fora de seu juízo ou é temerário – somente aquele que assim age por nobreza é *destemido e* 5 *corajoso.*[363] O resultado é o covarde temer até o que não deve temer, enquanto o temerário é autoconfiante até com o que não deveria ser autoconfiante: unicamente o corajoso tanto teme quanto é autoconfiante quando deve ser, estando nesse caso na mediania, na medida em que é autoconfiante ou temeroso em relação às coisas sobre as quais a razão o instrui; todavia, a razão somente o instrui a suportar aquilo que é muito doloroso e destrutivo se for nobre. 10 Ora, o temerário encara isso autoconfiantemente ainda que a razão não o instrua para tanto; o covarde, de sua parte, não o encara mesmo que a razão o instrua a fazê-lo: somente o corajoso o encara se a razão o instrui para tanto.

Há cinco tipos de coragem, portadoras desse nome comum por uma questão de analogia, já que os corajosos desses tipos suportam o mesmo, mas por razões distintas. Um deles é a coragem *cívica,*[364] que se deve ao senso de pudor; o segundo tipo é a coragem *mili-* 15 *tar,*[365] devida à experiência e ao conhecimento, *não – como disse Sócrates*[366] *– do que é temível, mas quanto aos meios de topar com o temível;*[367] o terceiro tipo é o devido à inexperiência e à ignorância, aquele que leva crianças e loucos a enfrentarem coisas que se movem contra eles ou a agarrarem serpentes. Há um outro tipo[368] pro-

---

362. ...ἡ γὰρ ἀνδρεία ἀκολούθησις τῷ λόγῳ ἐστίν, ὁ δὲ λόγος τὸ καλὸν αἱρεῖσθαι κελεύει. ... (*he gàr andreía akoloúthesis tôi lógoi estín, ho dè lógos tò kalòn haireîsthai keleúei.*).

363. ...ἄφοβος καὶ ἀνδρεῖος... (*áphobos kaì andreîos*).

364. ...πολιτική... (*politiké*), ou seja, a coragem do indivíduo como membro da πόλις (*pólis*), cidadão, do indivíduo na sua vida no seio da comunidade social.

365. ...στρατιωτική... (*stratiotiké*), ou seja, a coragem como combatente nos conflitos bélicos.

366. Ver Platão, *Protágoras*, 360d (*Diálogos I*, obra presente em *Clássicos Edipro*).

367. ...οὐχ ὥσπερ Σωκράτης ἔφη τὰ δεινά, ἀλλ'ὅτι τὰς βοηθείας τῶν δεινῶν. ... (*oukh hósper Sokrátes éphe tà deiná all'hoti tàs boetheías tôn deinôn.*).

368. Quarto.

duzido pela esperança, que faz frequentemente favorecidos pela
20 sorte enfrentarem perigos, assim como os embriagados, *pois o vinho produz a boa esperança.*[369] Um outro tipo[370] deve-se ao *sentimento irracional,*[371] digamos o amor sexual ou o ardor. De fato, alguém apaixonado é mais temerário do que covarde e ousa diante de muitos perigos, do que constituem exemplos o homem que assassinou o tirano em Metaponto e a pessoa sobre a qual contam histórias em Creta;[372] e o mesmo ocorre se alguém estiver submetido à ação da
25 *ira ou ardor,*[373] uma vez que o ardor o *faz sair de si mesmo.*[374] Assim, pensa-se que *porcos selvagens*[375] são corajosos, o que não é realmente o caso, pois seu comportamento é determinado pelo fato de estarem fora de si; se não fosse essa a situação, seu comportamento seria inconstante, como ocorre com os temerários. De qualquer modo, a coragem devida ao ardor é inteiramente natural. *O ardor, com efeito, é invencível, o que explica porque as crianças são excelentes lutadores.*[376] A coragem cívica é determinada pela lei. Na verdade,
30 porém, nenhuma dessas formas é coragem, embora todas mostrem utilidade no processo de encorajamento diante do perigo.

Até aqui nos referimos ao amedrontador de maneira geral, porém é melhor defini-lo mais. Em síntese, *amedrontador* designa o que produz medo, aquilo que se revela capaz de gerar dor destruti-
35 va, uma vez que pessoas que estão na expectativa de alguma dor diversa talvez pudessem experimentar outra dor e outra emoção, mas não medo, como por exemplo se alguém previsse o sentimento de dor do invejoso, do ciumento ou do envergonhado. O medo, contudo,
40 somente ocorre quando se trata de dores que se revelam ser do tipo que possui uma natureza que leva à destruição da vida. Em

---

369. ...εὐέλπιδας γὰρ ποιεῖ ὁ οἶνος. ... (*euélpidas gàr poieî ho oînos.*).

370. Quinto.

371. ...πάθος ἀλόγιστον ... (*páthos alógiston*).

372. Desconhecemos a quem e a que episódios Aristóteles se refere.

373. ...ὀργὴν καὶ θυμὸν... (*orgèn kaì thymòn*).

374. ...ἐκστατικὸν... (*ekstatikòn*), ou seja, deixa seu juízo aturdido, faz seu juízo perder o rumo.

375. ...ἄγριοι σύες... (*ágrioi sýes*).

376. ...ἀήττητον γὰρ ὁ θυμός, διὸ καὶ οἱ παῖδες ἄριστα μάχονται. ... (*aétteton gàr ho thymós, diò kaì hoi paîdes arista mákhontai.*).

114 | ÉTICA A EUDEMO

1229b1 consonância com isso, alguns indivíduos que são, inclusive, muito *moles*[377] em relação a certas coisas, são corajosos, enquanto outros, que são *duros e resistentes*,[378] são também covardes. Ademais, julga--se ser praticamente um traço característico da coragem [a pessoa corajosa] assumir certa postura em relação à morte e à dor asso-
5 ciada a esta. De fato, se uma pessoa fosse de uma tal têmpera que a capacitasse a suportar racionalmente calor e frio, e outras dores semelhantes *não perigosas*,[379] mas fosse mole e muito medrosa *relativamente à morte*,[380] não em função de qualquer outro sentimento, mas simplesmente porque a morte acarreta a destruição, enquanto um outro indivíduo fosse mole quanto àquelas dores, mas *impas-*
10 *sível*[381] no tocante à morte, a primeira dessas pessoas seria considerada um covarde, enquanto a segunda, um corajoso. Fala-se de perigo somente quando se trata de coisas amedrontadoras que nos aproximam do que causa a destruição anteriormente mencionada; quando isso se revela próximo, revela-se perigoso.

Assim, as coisas amedrontadoras, em relação às quais classificamos alguém como corajoso, são, como o dissemos, aquelas que
15 se mostram capazes de causar dor destrutiva, e tão só quando se revelam próximas, e não distantes, *e são de uma magnitude, real ou aparente, que é proporcional ao ser humano*;[382] com efeito, algumas coisas revelam-se necessariamente amedrontadoras a todos os seres humanos, atemorizando a todos, uma vez que é inteiramente pos-
20 sível que, tal como o calor e o frio, e algumas outras forças, nos superem *e as condições do corpo humano*,[383] o mesmo ocorrendo com *emoções da alma*.[384]

---

377. ...μαλακοὶ... (*malakoi*), termo de difícil tradução: em geral, a referência é a homens cujo temperamento e comportamento combinam uma certa *moleza* e indolência a um certo efeminamento.

378. ...σκληροὶ καὶ καρτερικοὶ... (*skleroi kai karterikoi*).

379. ...ἀκινδύνους... (*akindýnous*).

380. ...πρὸς δὲ τὸν θάνατον... (*pròs dè tòn thánaton*).

381. ...ἀπαθής, ... (*apathés*).

382. ...καὶ τοσαῦτα τῷ μεγέθει ὄντα ἢ φαινόμενα ὥστ᾽εἶναι σύμμετρα πρὸς ἄνθρωπον. ... (*kaì tosaûta tôi megéthei ónta è phainómena host'eînai sýmmetra pròs ánthropon.*).

383. ...καὶ τὰς τοῦ ἀνθρωπίνου σώματος ἕξεις, ... (*kaì tàs toû anthropínou sómatos héxeis*).

384. ...τὴν ψυχὴν παθημάτων. ... (*tèn psykhèn pathemáton*).

LIVRO III | 115

Portanto, o covarde e o temerário são levados ao erro por seus estados, visto que o primeiro considera aquilo que não é amedrontador como amedrontador, e aquilo que é ligeiramente amedrontador como muito amedrontador; e o segundo, ao contrário, 25 considera aquilo que é amedrontador como seguro e aquilo que é muito amedrontador como apenas ligeiramente amedrontador. Para o corajoso as coisas se afiguram como verdadeiramente o que são. Daí uma pessoa não ser corajosa porque suporta o que é amedrontador por ignorância – por exemplo, se por conta de sua loucura enfrentasse a queda de um raio – nem o seria se, ciente da magnitude do perigo, o enfrentasse devido ao ardor – *como os celtas empunhando armas e marchando contra as vagas*;[385] em geral, 30 a coragem dos bárbaros encerra ardor. Há os que encaram o perigo também visando a outros prazeres, posto que o ardor não deixa de conter um certo prazer, *visto estar associado à expectativa de vingança*.[386] Entretanto, mesmo se enfrentassem e suportassem a morte por esse prazer ou por um outro, ou para se esquivarem a dores maiores, nenhuma dessas pessoas seria com justiça denominada 35 corajosa; de fato, se morrer fosse prazeroso, *os desregrados*[387] morreriam frequentemente por conta de seu descontrole; tal como agora, uma vez que aquilo que causa a morte é prazeroso embora ela própria não o seja, muitas pessoas cientemente topam com ela devido ao seu descontrole, mas nenhuma delas seria julgada corajosa mesmo se o fizesse mostrando estar inteiramente pronta para 40 morrer. Tampouco é qualquer pessoa corajosa se dá cabo da vida, como muitos o fazem, no intuito de escapar do sofrimento; como 1230a1 diz Agaton:[388]

---

385. ...οἷον οἱ Κελτοὶ πρὸς τὰ κύματα ὅπλα ἀπαντῶσι λαβόντες... (*hoíon hoi Keltoì pròs tà kýmata hópla apantôsi labóntes*). Ver *Ética a Nicômaco*, Livro III, 7, 1115b25: ...μήτε σεισμὸν μήτε κύματα, καθάπερ φασὶ τοὺς Κελτούς... (*méte seismòn méte kýmata, katháper phasì toùs Keltoús*), "'nem terremotos nem vagas', como dizem dos celtas".

386. ...μετ' ἐλπίδος γάρ ἐστι τιμωρίας... (*met'elpídos gár esti timorías*).

387. ...οἱ ἀκόλαστοι, ... (*hoi akólastoi*).

388. Agaton de Atenas (aproximadamente 448-401 a.c.), poeta trágico; um dos personagens do diálogo *O Banquete*, de Platão (*Diálogos V*, obra presente em *Clássicos Edipro*).

Mortais vis pelo sofrimento vencidos e
Pela morte apaixonados.[389]

Também Quíron,[390] na narrativa mítica dos poetas, devido à dor de sua ferida, orou pela morte, ainda que fosse ele imortal. Semelhantemente, todos aqueles que ousam ante perigos por conta
5 da experiência não são realmente corajosos; é como, talvez, a maioria dos homens que pertencem à classe militar ousa ante os perigos. Trata-se exatamente do oposto do que pensa Sócrates, que sustentava ser a coragem conhecimento.[391] As pessoas que sabem como subir ao topo dos mastros ousam não porque conhecem o que é
10 amedrontador, mas porque sabem como se protegerem em caso de perigo. Tampouco é a coragem o que torna os indivíduos lutadores mais audaciosos, pois se o fosse, força e riqueza seriam coragem. É como o formula Teógnis:[392]

Todo homem, com efeito, é pela pobreza submetido.[393]

É evidente que alguns, a despeito de serem covardes, enfrentam situações de emergência, isso devido à experiência, assim agindo porque não as consideram perigosas, porquanto dispõem de recur-
15 sos para se protegerem. É indicativo disso o fato de que quando consideram que não contam com proteção e que o perigo se avizinha, deixam de enfrentá-lo. Mas de todas essas causas, é a vergonha que faz as pessoas encararem o perigo que parece revelar as maximamente corajosas, como Homero diz de Heitor[394] que este se defrontou com o perigo representado por Aquiles:[395]

---

389. ...φαῦλοι βροτῶν γὰρ τοῦ πονεῖν ἡσσώμενοι, θανεῖν ἐρῶσιν. ... (*phaûloi brotôn gàr toû poneîn hessómenoi, thaneîn erôsin.*).

390. O velho centauro (filho do titã Cronos), mestre de Asclépio, de Jasão e de Aquiles. Quíron foi acidentalmente atingido por uma seta envenenada de Héracles.

391. Ver o diálogo *Laques*, de Platão (*Diálogos VI*, obra presente em *Clássicos Edipro*).

392. Teógnis de Atenas (viveu entre séculos V e IV a.C.), poeta trágico.

393. ...πᾶς γὰρ ἀνὴρ πενίῃ δεδμημένος. ... (*pâs gàr anèr peníei dedmeménos*).

394. Príncipe troiano, filho de Príamo e Hécuba, que viria a perecer num combate contra Aquiles.

395. O mais temido e prestigiado dos guerreiros gregos no cerco de Troia. Filho da divindade marinha Tétis e do rei Peleu, Aquiles possuía todo o corpo invulnerável, exceto o calcanhar. Tombou por terra precisamente quando foi atingido no calcanhar por uma seta certeira disparada por Páris, irmão de Heitor.

LIVRO III | 117

20   ...*E vergonha de Heitor se apoderou...*[396]
e
...*Polidamas será o primeiro a cobrir-me de escárnio...*[397]
A coragem cívica é desse jaez. A verdadeira coragem, contudo,
não é nem essa nem nenhuma das outras, ainda que a elas se asse-
melhe, como é o caso também daquela dos *animais selvagens*,[398] os
quais, acicatados pelo ardor, precipitam-se rumo ao golpe. Cabe,
com efeito, a uma pessoa defender sua posição, ainda que amedron-
tada, não porque sua omissão a fará perder sua boa reputação, nem
por estar motivada pela ira, nem porque não tenha a expectativa de
25   ser morta ou disponha de recursos para proteger-se, até porque se
assim fosse sequer pensaria na presença de qualquer coisa temível.
Como, entretanto, toda virtude envolve prévia escolha (dissemos
anteriormente o que entendemos por isso: ela faz a pessoa escolher todas as coisas em função de algum objeto, sendo este o que
é nobre), fica claro que a coragem, pelo fato de ser uma virtude,
30   fará alguém enfrentar o que é amedrontador em função de algum
objeto, de forma que não o faz nem por ignorância (*pois ela, de preferência, o faz julgar corretamente*),[399] nem por prazer, mas porque
o ato é nobre, *porquanto se não for nobre, mas insano*,[400] esse alguém
não enfrentará o perigo que o amedronta, porque nesse caso essa
ação seria vil.

Assim, no tocante a quais coisas a coragem constitui uma me-
35   diania, entre que coisas, a razão disso e quanto ao que é o poder
alojado no amedrontador, efetuamos uma exposição razoavelmente adequada a contemplar o que nos interessa presentemente.

---

396. ...Ἕκτορα δ' αἰδὼς εἷλε·... (*Héktora d'aidòs heîle.*). Não encontramos este verso no que
chegou a nós de Homero, inclusive na *Ilíada*.

397. ...Πουλυδάμας μοι πρῶτος ἐλεγχείην ἀναθήσει... (*Polydámas moi prôtos elenkhe-
íen anathései*). *Ilíada*, Canto XXII, 100. Polidamas, guerreiro troiano e amigo de
Heitor.

398. ...θηρίων, ... (*theríon*).

399. ...ὀρθῶς γὰρ μᾶλλον ποιεῖ κρίνειν... (*orthôs gàr mâllon poieî krínein*).

400. ...ἄν γε μὴ καλὸν ᾖ ἀλλὰ μανικόν, ... (*án ge mè kalòn êi allà manikón,*).

2

CABE-NOS A SEGUIR TENTAR estabelecer algumas distinções no que diz respeito à *moderação*[401] e ao *desregramento*.[402] *Desregrado*[403] encerra múltiplos sentidos. Denota, com efeito, alguém que *não foi, de alguma maneira, castigado (corrigido) nem curado, tal como não* 1230b1 *cortado (não dividido) é o que não foi cortado (dividido);*[404] ademais, por esses termos são indicadas pessoas tanto capazes quanto incapazes [de ser submetidas ao castigo]: não cortado (não dividido) significa tanto aquilo que não é passível de ser cortado (dividido) quanto aquilo que, embora o seja, não o foi. O mesmo ocorre com desregrado, que é tanto aquilo que é naturalmente incapaz de 5 *castigo (punição, correção)*[405] quanto aquilo que, embora naturalmente capaz disso, não foi realmente castigado com respeito aos erros em relação aos quais o moderado age corretamente, como ocorre com as crianças; de fato, no que toca a elas, é nesse sentido que a palavra *desregrado* é empregada, enquanto um outro sentido de *desregramento* tem a ver com pessoas de difícil recuperação (cura) ou completamente irrecuperáveis (incuráveis) via castigo. Entretanto, embora *desregramento* encerre muitos sentidos, é evidente que diz 10 respeito a certos prazeres e dores, e que suas formas diferem entre si e de outros [estados] em função, de alguma maneira, da postura em relação a eles; anteriormente expomos o modo como se aplica

---

401. ...σωφροσύνης... (*sophrosýnes*), genericamente *condição sadia do espírito ou do coração*; mas a acepção aqui, mais restritiva (embora incorporando o sentido genérico) transcende a ideia meramente de um estado ou condição, sugerindo uma atitude ou ação para preservar o estado ou condição. Trata-se de uma dessas tantas palavras gregas a rigor intraduzíveis. Outra opção seria *temperança* (termo bastante expressivo, mas que se ressente de arcaísmo). Expressões como bom senso, sabedoria, prudência são dificilmente compreensíveis porque abrigam outros sentidos, inclusive veiculados por outras palavras gregas.

402. ...ἀκολασίας... (*akolasías*). Sentido primordial e genérico: falta de repressão, correção ou castigo.

403. ...ἀκόλαστος... (*akólastos*). Sentido primordial e genérico: não reprimido, não corrigido, não castigado.

404. ...μὴ κεκολασμένος πως μηδ' ἰατρευμένος, ὥσπερ ἄτμητος ὁ μὴ τετμημένος... (*mè kekolasménos pos med'iatreuménos, hósper átmetos ho mè tetmeménos*).

405. ...κόλασιν, ... (*kólasin*).

LIVRO III | 119

a palavra *desregramento* por analogia. Pessoas que, devido à *insensibilidade*,[406] não são movidas por esses prazeres, são chamadas por
15 alguns de *insensíveis*,[407] sendo designadas por outros nomes de tipo idêntico; esse estado passivo, porém, não é muito familiar, nem se produz comumente, porque todas as pessoas, de preferência, erram na direção oposta, suscetibilidade e sensibilidade a esse gênero de prazeres sendo naturais a todos.[408] Trata-se, sobretudo, do estado de pessoas rústicas introduzidas no teatro e instruídas por comedió-
20 grafos, gente que nem mesmo se aproxima de prazeres moderados e necessários.

E como o indivíduo moderado apresenta-se em associação com os prazeres, está necessariamente também associado a certos apetites, devendo nós apurarmos quais são eles. Afinal, o moderado não é moderado no que toca a todos os prazeres, nem no que toca a tudo que é prazeroso, mas, pelo que parece, *no que toca aos objetos*
25 *de dois sentidos – paladar e tato –*,[409] ou melhor, na verdade no que toca àqueles do tato. Não é moderado em relação ao prazer visual do belo (*sem o apetite sexual*)[410] ou ao desprazer do disforme, nem em relação ao prazer ou desprazer auditivos dos sons harmoniosos ou dissonantes, nem ainda em relação aos prazeres e desprazeres olfativos oriundos de cheiros agradáveis ou desagradáveis; tampou-
30 co é alguém designado como desregrado por ser suscetível ou não a tais coisas. Por exemplo, *se uma pessoa contempla uma bela estátua, um belo cavalo ou um belo ser humano*,[411] ou se escuta alguém

---

406. ...ἀναισθησίαν... (*anaisthésian*): ver tabela, 1221a2, quarto item da coluna do meio, ou seja, a coluna das deficiências. Neste caso o excesso é o desregramento e a mediania (virtude) a moderação. Vale lembrar que nesta tabela a coluna da esquerda é a dos excessos, a do meio é a das deficiências, e a da direita é a das medianias. Excessos e deficiências são vícios, medianias são virtudes.

407. ...ἀναισθήτους... (*anaisthétous*).

408. Ou seja, o vício é comumente pelo excesso (desregramento) e não pela deficiência (insensibilidade).

409. ...περὶ δύο τῶν αἰσθητῶν, περί τε τὸ γευστὸν καὶ τὸ ἁπτόν, ... (*perì dúo tôn aisthetôn, perí te tò geustòn kaì tò haptón*).

410. ...ἄνευ ἐπιθυμίας ἀφροδισίων... (*áneu epithymías aphrodisíon*).

411. ...εἰ γοῦν τις ἢ καλὸν ἀνδριάντα θεώμενος ἢ ἵππον ἢ ἄνθρωπον, ... (*ei goûn tis è kalòn andriánta theómenos è híppon è ánthropon*).

120 | ÉTICA A EUDEMO

cantando, sem desejar paralelamente comer, beber ou ter relações sexuais, mas apenas experimentando o desejo de contemplar o belo
35 e escutar o canto, não é considerada desregrada mais do que *aqueles enfeitiçados pelas sereias*.[412] [Moderação e desregramento] têm a ver com os dois objetos sensoriais em relação aos quais exclusivamente acontece também de os animais irracionais ter sensibilidade, sentir prazer e dor, ou seja, os objetos sensoriais do paladar e do tato, ao passo que praticamente em relação a todos os prazeres dos demais
1231a1 sentidos igualmente eles se revelam insensíveis, *por exemplo ao som harmonioso ou à beleza*;[413] não são evidentemente suscetíveis em qualquer grau considerável à mera contemplação do belo ou à audição de sons harmoniosos, salvo possivelmente no caso da ocorrência de algum prodígio. Não são, tampouco, sensíveis *aos cheiros*
5 *agradáveis ou desagradáveis*,[414] isso embora todos os seus sentidos sejam mais aguçados do que os nossos; mesmo os cheiros de cujo prazer fruem são os *incidentalmente*[415] agradáveis, e não agradáveis *por si mesmos*.[416] Entendo por cheiros não agradáveis por si mesmos os que nos proporcionam prazer por expectativa ou memória, por exemplo os cheiros de *alimentos e bebidas*,[417] porquanto temos prazer com esses cheiros devido a um prazer distinto, ou seja, aquele
10 de *comer ou beber*;[418] entendo por cheiros agradáveis por si mesmos aqueles como os das *flores*[419] (razão pela qual Estratônico[420] diz com propriedade que o cheiro das flores é nobre, enquanto o daquilo que comemos e bebemos é prazeroso). De fato, nem todos os prazeres do paladar atraem os animais irracionais, bem como não os atraem aqueles experimentados com a ponta da língua, mas

---

412. ...οἱ κηλούμενοι παρὰ ταῖς Σειρῆσιν. ... (*hoi keloúmenoi parà taîs Seirêsin*).

413. ...οἷον περὶ εὐαρμοστίαν ἢ κάλλος... (*hoîon perì euarmostían è kállos*).

414. ...τὰ εὐώδη ἢ δυσώδη... (*tà euóde è dysóde*).

415. ...κατὰ συμβεβηκὸς... (*katà symbebekòs*).

416. ...καθ' αὐτάς... (*kath'hautás*).

417. ...ὄψων καὶ ποτῶν, ... (*ópson kaì potôn*).

418. ...φαγεῖν ἢ πιεῖν... (*phageîn è pieîn*).

419. ...ἀνθῶν... (*anthón*).

420. Contemporâneo de Platão e de Aristóteles, Estratônico parece ter sido homem de talentos variados, entre eles orador e músico.

LIVRO III | 121

somente os experimentados pela garganta, para os quais a sensibi-
15 lidade parece mais tátil do que gustativa. *Eis porque os gourmands
não oram pela posse de uma longa língua, mas pela garganta de um
grou,*[421] como o fez Filoxeno, o filho de Erixis. A conclusão é que,
em termos gerais, deve se considerar o desregramento associado aos
objetos do tato, tendo a ver o desregrado igualmente com prazeres desse tipo. *Com efeito, embriaguez, glutonaria, libertinagem, a*
20 *prática do gourmand e similares têm todas a ver com os sentidos su-*
pracitados,[422] sendo essas as divisões do desregramento. Ninguém,
entretanto, é chamado de desregrado se comete excessos no que se
refere aos prazeres ligados aos sentidos da visão, da audição ou do
olfato. São erros que censuramos sem taxá-los de vergonhosos, e
geralmente tudo aquilo a que nos referimos que não diz respeito ao
25 indivíduo autocontrolado: os descontrolados não são desregrados,
nem moderados.

Aquele, portanto, que por sua natureza é deficiente em todos os
prazeres dos quais todos devem participar e dos quais devem fruir,
é insensível, ou que lhe atribuamos um outro nome; o indivíduo
que neles se excede é desregrado. De fato, todos naturalmente ex-
30 traem gozo desses objetos e geram apetites por eles, sem que sejam
desregrados ou denominados como tais, já que não cometem excesso experimentando mais regozijo do que o devido quando a eles
têm acesso, nem mais dor do que o devido quando não os alcan-
çam; e, tampouco, são insensíveis, pois não são deficientes quanto a
sentir regozijo ou dor, mas, pelo contrário, excedem nesse aspecto.

35 Como essas coisas encerram excesso e deficiência, é evidente que
também encerram mediania, sendo este estado o melhor e o oposto
de ambos os outros. Disso resulta que, se o melhor estado relativamente às coisas que dizem respeito ao desregrado é a moderação, a
mediania no tocante aos objetos prazerosos dos sentidos supraci-

---

421. ...διὸ οἱ ὀψοφάγοι οὐκ εὔχονται τὴν γλῶτταν ἔχειν μακρὰν ἀλλὰ τὸν φάρυγγα
γεράνου, ... (*diò hoi opsophágoi ouk eúkhontai tèn glôttan ékhein makràn allà tòn phárynga
geránou*).

422. ...οἰνοφλυγία γὰρ καὶ γαστριμαργία καὶ λαγνεία καὶ ὀψοφαγία καὶ πάντα τὰ τοιαῦτα
περὶ τὰς εἰρημένας ἐστὶν αἰσθήσεις, ... (*oinophlygía gàr kaì gastrimargía kaì lagneía kaì
opsophagía kaì pánta tà toiaúta peri tàs eireménas estin aisthéseis*).

122 | ÉTICA A EUDEMO

tados será a moderação, ou seja, a mediania entre desregramento e
1231b1 insensibilidade; o excesso será desregramento, ao passo que a deficiência não terá um nome ou será designada pelos nomes sugeridos
por nós.[423] Distinções mais precisas sobre o gênero de prazeres em
pauta serão feitas em nossa discussão posterior do autocontrole e
do descontrole.

3

5 DO MESMO MODO, cabe-nos apurar o que são *brandura e rispi-
dez*.[424] Vemos que *brando*[425] diz respeito à dor que surge a partir do
ardor:[426] alguém é brando devido a uma certa postura em relação a
essa dor. Em nossa tabela[427] indicamos como oposto do irascível,
ríspido e selvagem (uma vez que todas essas características são da
10 mesma disposição) o servil e *o desalentado*;[428] de fato, essas são as
palavras que usamos, sobretudo, para designar aqueles que não são
movidos pelo ardor nem quando devem ser, mas que se dispõem facilmente a suportar insultos e encarar o desprezo com humildade.
Com efeito, a lentidão com respeito ao ardor opõe-se à rapidez, a
veemência, à tranquilidade, a persistência duradoura no sentimen-
15 to doloroso que chamamos de ardor à persistência efêmera. E como
dissemos com referência às outras situações, ocorrendo igualmente
aqui de haver excesso e deficiência (porquanto o ríspido é aquele

---

423. Isto é, nomes aparentados ou similares a ἀναισθησία (*anaisthesía*), mas não indicados
aqui ou em 1230b15. Cf. tabela, 1221a2, coluna do meio.

424. ...πραότητος καὶ χαλεπότητος· ... (*praótetos kaì khalepótetos*). Ver tabela, 1220b38, primeiro item, colunas direita e esquerda, onde Aristóteles utiliza terminologia distinta.

425. ...πρᾶον... (*prâon*).

426. ...θυμοῦ... (*thymoû*), embora em todo este contexto Aristóteles esteja aludindo à *ira* e não
ao ardor. Mais uma vez utiliza intercambiavelmente θυμός (*thymós*) como sinônimo de
ὀργή (*orgé*).

427. 1220b38 a 1221a12.

428. ...τὸν ἀνόργητον... (*tòn anórgeton*), mas Rackham informa que no manuscrito consta
ἀνόητον (*anóeton*), destituído de senso, estúpido, que é o considerado por Susemihl. A
semelhança ortográfica das duas palavras é flagrante. Ficamos com a coerência relativamente à tabela.

que experimenta essa agitação interior mais rapidamente, por mais tempo, na ocasião em que não deve, com quem não deve, e com muita gente, ao passo que em relação ao indivíduo servil é o contrário), está claro que há também o indivíduo situado na mediania de tal desigualdade. Como, conclusivamente, ambos esses estados estão errados, *evidencia-se que o estado mediano entre eles é o conveniente*.[429] Com efeito, esse indivíduo não é nem demasiado precipitado, nem demasiado demorado, nem se torna irascível com as pessoas na ocasião indevida, nem deixa de se tornar irascível com certas pessoas com as quais deve se tornar no momento devido. Assim, considerando que o melhor estado com referência a essas emoções é a brandura, esta seria igualmente uma mediania, e a pessoa branda estaria na mediania entre a ríspida e a servil.

4

TAMBÉM A *GRANDEZA DE ALMA*,[430] a *magnificência*[431] e a *generosidade*[432] são medianias.[433] A generosidade é aquela relativa à aquisição e gasto da riqueza. Aquele que experimenta mais regozijo do que o devido com a aquisição e mais dor do que a devida com o gasto é *mesquinho*,[434] enquanto aquele que experimenta esses dois sentimentos menos do que o devido é *pródigo*;[435] aquele que experimenta ambos esses sentimentos da maneira devida é *generoso*[436] (o que entendo por *o devido*,[437] nesse caso bem como nos demais, é o orientado pela reta razão). Como os dois anteriores[438] consistem

---

429. ...φανερὸν ὅτι ἐπιεικὴς ἡ μέση τούτων ἕξις... (*phaneròn hóti epieikès he mése toúton héxis*).

430. ...μεγαλοψυχία... (*megalopsykhía*).

431. ...μεγαλοπρέπεια... (*megaloprépeia*).

432. ...ἐλευθεριότης... (*eleutheriótes*).

433. Ver tabela, coluna da direita, 1221a10, 1221a11 e 1221a5.

434. ...ἀνελεύθερος, ... (*aneleútheros*).

435. ...ἄσωτος... (*ásotos*).

436. ...ἐλευθέριος... (*eleuthérios*).

437. ...τὸ ὡς δεῖ, ... (*tò hos deî*).

438. Isto é, o mesquinho e o pródigo.

124 | ÉTICA A EUDEMO

35 em excesso e deficiência, e a presença de extremos indica também aquela de uma mediania, e esta é o melhor – existindo um único melhor para cada forma –, impõe-se a conclusão de que a generosidade é a mediania entre a prodigalidade e a mesquinhez no tocante à aquisição e ao gasto da riqueza. As expressões *riqueza*[439] e *gestão financeira*[440] são empregadas por nós em dois sentidos, visto que uma
1232a1 maneira de usar algo que nos pertence, digamos um calçado ou um manto, é própria do objeto, enquanto a outra é acidental, ainda que usar um calçado como peso não seria um uso acidental dele – queremos dizer, *por exemplo, a sua venda ou aluguel*,[441] pois nesse caso ele é usado como calçado. O *amante do dinheiro*[442] é alguém inte-
5 ressado no *dinheiro real*,[443] e este é um signo representativo de posse que substitui o uso acidental. A pessoa mesquinha, entretanto, poderia, inclusive, ser pródiga ao buscar acidentalmente riqueza; é, com efeito, na busca natural desta que ela visa a sua acumulação. *Para o pródigo faltam as coisas necessárias, enquanto o generoso dá o*
10 *que lhe é supérfluo.*[444] Desses próprios gêneros há espécies classificadas como excessivas ou deficientes no que diz respeito a partes [do assunto em pauta]. A exemplificarmos, o parcimonioso, o sovina e o aproveitador são mesquinhos: o parcimonioso por sua recusa em gastar dinheiro, o aproveitador por sua predisposição de aceitar qualquer coisa, o sovina por empolgar-se com pequenas somas; por
15 outro lado, aquele que fere a justiça, sendo isso determinado por sua mesquinhez, é um falso avaliador e um trapaceiro. De modo semelhante, o pródigo abrange o esbanjador, o tipo de pródigo que gasta desordenadamente, e o estouvado, que se revela pródigo por ser incapaz de suportar o incômodo penoso do cálculo.

---

439. ...χρήματα... (*khrémata*), haveres, bens.

440. ...χρηματιστικήν... (*khrematistikén*).

441. ...οἶον ἡ πώλησις καὶ ἡ μίσθωσις... (*hoîon he pólesis kaì he místhosis*).

442. ...φιλάργυρος... (*philárgyros*).

443. ...νόμισμά... (*nómismá*), ou seja, a moeda sonante, corrente. É preciso ficar claro ao leitor que Aristóteles refere-se ao dinheiro vivo (*cash*), mas sob a forma de moeda (metal), excluindo explicitamente a cédula, desconhecida dos antigos.

444. ...ὁ δ' ἄσωτος ἐλλείπει τῶν ἀναγκαίων, ὁ δ' ἐλευθέριος τὴν περιουσίαν δίδωσιν. ... (*ho d'ásotos elleípei tôn anankaíon, ho d'eleuthérios tèn periousían dídosin*).

LIVRO III | 125

5

QUANTO À GRANDEZA DE ALMA, devemos definir o que a ca-
20 racteriza com base nos atributos da pessoa que possui grandeza de
alma. Com efeito, acontece no caso da grandeza de alma tal como
no caso de outras coisas, em relação às quais em função de sua
proximidade e similaridade, numa certa medida, sua divergência
além dessa medida passa despercebida. Resulta às vezes pessoas
opostas reivindicarem idêntico caráter, por exemplo o pródigo
reivindicar o caráter do generoso; *o arrogante, o do augusto*;[445] o
25 temerário, o do corajoso, isto porque se ocupam de coisas idênticas,
sendo numa certa medida, vizinhos; de fato, o corajoso e o temerário estão igualmente a postos para enfrentar o perigo, embora o primeiro o faça de um modo, enquanto o segundo de outro, o que representa uma enorme diferença. E dizemos *magnânimo* (dotado de
grandeza de alma),[446] conforme indica a expressão, referindo-nos a
alguém possuidor de uma certa grandeza de alma e da capacidade
30 [que lhe é inerente]. O resultado é a pessoa magnânima (dotada de
grandeza de alma) parecer assemelhar-se tanto ao augusto quanto
ao magnificente, *uma vez que* [*a grandeza de alma*] *parece acompa-
nhar todas as virtudes*.[447] De fato, é louvável discernir corretamente
entre grandes bens e pequenos bens. Ora, aqueles tidos como grandes são os buscados por quem detém o melhor estado em relação ao
35 que se julga ser prazeres, e a grandeza de alma é o melhor estado. E a
virtude que diz respeito a algo em particular corretamente discerne
o bem maior do bem menor, como o instruiriam o sábio e a virtude.
A conclusão é que todas as virtudes acompanham a grandeza de
alma, ou é ela própria que acompanha todas as virtudes.

Ademais, julga-se característico da pessoa dotada de grandeza
de alma ser *desdenhosa*.[448] Cada virtude torna a pessoa desdenho-

---

445. ...ὁ αὐθάδης τῷ σεμνῷ... (*ho authádes tôi semnôi*).

446. ...μεγαλόψυχον... (*megalópsykhon*).

447. ...ὅτε καὶ πάσαις ταῖς ἀρεταῖς ἀκολουθεῖν φαίνεται... (*hóte kaì pásais taîs aretaîs
akoloutheín phaínetai*).

448. ...καταφρονητικὸν... (*kataphronetikòn*).

126 | ÉTICA A EUDEMO

sa do que é considerado como grande contrariamente à razão; por 1232b1 exemplo, a coragem leva um indivíduo a desdenhar os perigos (já que ele pensa que ter o perigo na conta de grande é algo vil e que nem sempre a grande quantidade é amedrontadora); quanto ao moderado, ele desdenha *prazeres intensos e numerosos*,[449] ao passo que o generoso desdenha a riqueza. O indivíduo dotado de grandeza de alma importar-se apenas com poucas coisas, e grandiosas, e 5 não com aquilo a que uma outra pessoa atribui importância explica o porque possui ele também essa característica. E o dotado de grandeza de alma tem em mais alta estima o que pensa um indivíduo bom do que muitos indivíduos ordinários – *como Antífon, após sua condenação, declarou a Agaton ao elogiar seu discurso de defesa*.[450] *O desprezo*[451] é considerado um sentimento marcantemente peculiar 10 do indivíduo detentor de grandeza de alma. Por outro lado, quanto à honra, à vida e à riqueza – que parecem ser objetos legítimos do interesse humano –, ele só se importa com a primeira. Seria para ele penoso ser desonrado e estar submetido ao governo de uma pessoa indigna, e o que lhe proporciona o maior dos contentamentos é a obtenção de honra.

Uma possível consequência disso seria ser ele taxado de incoe-15 rente, *pois se interessar maximamente pela honra e ser desdenhoso com a multidão e a reputação não se coadunam*.[452] Mas aqui se impõe uma distinção. A honra, com efeito, é pequena ou grande (inexpressiva ou expressiva) em duplo sentido; ou seja, é distinta se conferida por uma multidão de pessoas vulgares ou se por pessoas

---

449. ...ἡδονῶν μεγάλων καὶ πολλῶν, ... (*hedinôn megálon kaì pollôn*).

450. ...ὥσπερ Ἀντιφῶν ἔφη πρὸς Ἀγάθωνα κατεψηφισμένος τὴν ἀπολογίαν ἐπαινέσαντα. ... (*hósper Antiphôn éphe pròs Agáthona katepsephisménos tèn apologían epainésanta*.). Aristóteles muito provavelmente refere-se a Antífon de Ramnonte (*circa* 480-411 a.C.), célebre orador e mestre de retórica, julgado por crime de traição contra Atenas e condenado à morte. Quanto a Agaton, supomos ser o mesmo Agaton de Atenas (*circa* 448-401 a.C.), famoso poeta trágico que figura, inclusive, como um dos personagens de *O Banquete*, de Platão (obra presente em *Clássicos Edipro*).

451. ...τὸ ὀλίγωρον... (*tò olígoron*).

452. ...τῷ γὰρ εἶναί τε μάλιστα περὶ τιμὴν καὶ καταφρονητικὸν εἶναι τῶν πολλῶν καὶ δόξης οὐχ ὁμολογεῖσθαι. ... (*tôi gàr eînaí te málista perì timèn kaì kataphronetikòn eînai tôn pollôn kaì dóxes oukh homologeîsthai*).

LIVRO III | 127

dignas, e também distingue-se em função do fundamento que de-
20 termina sua atribuição, já que sua grandeza não é dependente apenas da quantidade de pessoas que a conferem ou mesmo da qualidade daqueles que a conferem, mas também do fato de ser valiosa; na
verdade, cargos e outras coisas boas somente são valiosos e dignos
de efetiva busca se forem *verdadeiramente grandiosos*,[453] de modo
que não há virtude na ausência de grandeza; disso resulta que cada
25 uma das virtudes parece tornar as pessoas grandiosas de alma relativamente às coisas às quais a virtude em pauta diz respeito. Apesar
disso, há uma virtude específica da grandeza de alma paralelamente às demais virtudes, impondo que o possuidor dessa virtude seja
particularmente chamado de magnânimo (dotado de grandeza de
alma). E como existem certos bens que ora são valiosos ora não
são, conforme o que distinguimos anteriormente, e no tocante a
bens desse tipo alguns entre eles são verdadeiramente grandes (importantes), ao passo que outros, pequenos (medíocres), e algumas
30 pessoas são merecedoras dos primeiros e os reivindicam, é entre
tais pessoas que se deve buscar a pessoa grandiosa de alma. E, nesse caso, há necessariamente quatro tipos distintos. O merecimento de grandes coisas é possível, bem como reivindicá-las segundo
o próprio mérito; constatamos também a existência de pequenas
coisas que se pode merecer e reivindicar. Com respeito a esses dois
tipos, é possível ocorrer o inverso; com efeito, alguém que, embora
merecedor de pequenas coisas, reivindica bens de elevado valor –,
35 enquanto outra pessoa, cujo mérito a autoriza a receber grandes
coisas, pode e se dispõe a reivindicar pequenas. É reprovável o merecedor de pequenas coisas reivindicar grandes, *pois é insensato e vil
pretender obter o que contraria o merecimento.*[454] E é igualmente reprovável a pessoa que, ainda que merecedora de grandes bens, não
considera a si própria digna de participar deles, quando lhe estão
1233a1 disponibilizados. Resta o indivíduo que corresponde ao oposto de
ambos os anteriores, ou seja, uma vez merecedor de grandes coisas,
as reivindica, já que é delas merecedor, e é essa sua predisposição.

---

453. ...μεγάλα ἀληθῶς... (*megála alethôs*).

454. ...ἀνόητον γὰρ καὶ οὐ καλὸν τὸ παρὰ τὴν ἀξίαν τυγχάνειν... (*anóeton gàr kaì ou kalòn
tò parà tèn axían tynkhánein*).

128 | ÉTICA A EUDEMO

Essa pessoa deve ser louvada e constitui a mediania entre as duas
anteriores. Assim, como com respeito à *escolha*,[455] ao uso da honra
5 e aos demais bens em elevada estima, a melhor disposição é a da
grandeza de alma – e definimos o magnânimo (indivíduo dotado
de grandeza de alma) nesses termos e não sob a referência de coisas
úteis –; e como essa mediania constitui o estado mais louvável, a
grandeza de alma revela-se obviamente como sendo uma media-
10 nia. Dos opostos mostrados em nossa tabela,[456] aquele que consiste
em se considerar digno de grandes bens quando não se é digno é
a *vaidade*[457] (com efeito, chamamos de vaidosas as pessoas que se
imaginam dignas de grandes coisas quando não o são), e aquele que
tem a ver com não se considerar digno de grandes coisas quando se
é digno delas, é *pequenez de alma*[458] (de fato, chamamos de *pequena de alma*[459] a pessoa que não se julga digna de nada grandioso,
15 quando é possuidora do que com justiça lhe confere essa dignidade); conclui-se necessariamente que a grandeza de alma é mediania
entre a vaidade e a pequenez de alma. *O quarto tipo que distinguimos não é nem totalmente repreensível nem grandioso de alma*,[460] já
que nada tem a ver com qualquer coisa detentora de grandeza, não
sendo nem considerando a si mesmo digno de grandes coisas; por
conseguinte, não constitui o oposto da pessoa dotada de grandeza
de alma. Entretanto, poder-se-ia pensar que se julgar digno de pe-
20 quenas coisas realmente o sendo é o oposto de julgar-se digno de
grandes coisas realmente o sendo; contudo, a pessoa de que se trata
aqui não se opõe àquela com grandeza de alma, pois não é repreensível, sendo seu estado conforme o que é instruído pela razão;
de fato, é naturalmente igual à com grandeza de alma, pois ambas
reivindicam aquilo de que são merecedoras. E essa primeira pessoa
poderia se tornar dotada de grandeza de alma, porque reivindicará

---

455. ...αἵρεσιν... (*haíresin*).

456. Cf. 1221a10.

457. ...χαυνότης... (*khaunótes*).

458. ...μικροψυχία... (*mikropsykhía*), humildade.

459. ...μικρόψυχος... (*mikrópsykhos*), humilde.

460. ...ὁ δὲ τέταρτος τῶν διορισθέντων οὔτε πάμπαν ψεκτὸς οὔτε μεγαλόψυχος... (*ho dè tétartos tôn diopisthénton oúte pámpan psektòs oúte megalópsykhos*).

aquilo que é conforme seu merecimento. O que poderia fazer, en-
25 tretanto, a *pessoa de pequenez de alma*,[461] que não se julga merecedora dos grandes bens que lhe cabem por mérito, quando de fato
tivesse pouco merecimento? Com efeito, ou se julgaria digna de
grandes coisas, com o que seria vaidosa, ou então de coisas ainda
menores do que o que fosse compatível consigo. Decorre disso que
ninguém classificaria de dotado de pequenez de alma alguém que,
sendo *estrangeiro residente*,[462] não reivindicasse exercer o governo,
limitando-se a submeter-se ao poder; seria, entretanto, classificado
30 como tal se fosse de nobre nascimento e valorizasse o exercício de
governar.

6

O *MAGNIFICENTE*,[463] EXCETO QUANDO empregamos a palavra
metaforicamente, não diz respeito à ação, qualquer e toda ação, e à
prévia escolha, mas sim ao *gasto*.[464] *Sem gasto não existe magnificên-*
35 *cia*,[465] pois é o que convém no *ornamento*[466] – e este não é produto
do gasto casual ordinário, mas é ultrapassar o necessário. É magnificente, portanto, aquele que previamente escolhe a grandeza adequada no grande gasto, e que almejando um *prazer*[467] desse tipo
deseja essa espécie de mediania. Aquele que aprecia gastar mais do
que o apropriado e *desordenadamente*[468] carece de nome; entretan-

---

461. O humilde.

462. ...μέτοικος... (*métoikos*). Diferentemente do estrangeiro comum (ξένος [*xénos*], βάρβαρος [*bárbaros*]), em Atenas o *meteco* possuía cidadania.

463. ...μεγαλοπρεπὴς... (*megaloprepès*), grande ostentador.

464. ...δαπάνην... (*dapánen*).

465. ...ἄνευ δὲ δαπάνης μεγαλοπρέπεια οὐκ ἔστιν, ... (*áneu dè dapánes megaloprépeia ouk éstin*).

466. ...κόσμῳ... (*kósmoi*).

467. ...ἡδονῇ... (*hedonêi*). Há helenistas que alimentam dúvidas sobre este termo, acenando para δαπάνη (*dapáne*), gasto. Embora tenhamos traduzido por prazer, admitimos que o termo *dapane* (gasto) é perfeitamente cabível.

468. ...παρὰ μέλος... (*parà mélos*), desarmoniosamente. *Contrariamente à melodia* é o signifi-cado literal.

130 | ÉTICA A EUDEMO

1233b1 to, aqueles que algumas pessoas denominam *sem gosto e afetados*[469] apresentam certo parentesco com esse indivíduo. *Por exemplo, se um rico, ao gastar no casamento de alguém amado julga apropriado para si contar com o tipo de arranjo adequado à recepção de bebedores moderados, trata-se de um sovina,*[470] ao passo que alguém que re-
5 cepcionasse esse tipo de convivas com um banquete de casamento – caso assim não agisse por conta de sua reputação ou por interesse num cargo – pareceria um indivíduo afetado; o magnificente é o indivíduo que proporciona entretenimento de maneira cabível e compatível com a razão, pois o adequado é o cabível, porquanto nada que seja descabido é adequado. É necessário, porém, que seja adequado em todos os aspectos, quer dizer, cabível do ponto de vista daquele que oferece a recepção, do ponto de vista do recepcionado e do ponto de vista do evento; exemplo: o que é adequado no
10 casamento de um servo não é adequado naquele de um indivíduo do nosso círculo afetivo; e é adequado do ponto de vista de quem oferece a recepção se apresentar quantidade ou qualidade compatível com ele. Por exemplo, a delegação conduzida por Temístocles aos Jogos Olímpicos não foi considerada adequada com relação a ele devido à anterior condição social inferior de Temístocles; essa mesma delegação, porém, teria sido adequada no caso de Címon.[471] Mostrar-se indiferente, entretanto, quanto à questão do que é cabível indica não ser alguém pertencente a nenhuma dessas classes.
15 O mesmo se aplica à generosidade: de fato, uma pessoa pode não ser nem generosa nem mesquinha.

---

469. ...ἀπειροκάλους καὶ σαλάκωνας. ... (*apeirokálous kai salákonas*).

470. ...οἷον εἰ εἰς γάμον δαπανῶν τις τοῦ ἀγαπητοῦ, πλούσιος ὤν, δοκεῖ πρέπειν ἑαυτῷ τοιαύτην κατασκευὴν οἷον ἀγαθοδαιμονιστὰς ἑστιῶντι, οὗτος μὲν μικροπρεπής, ... (*hoîon ei eis gámon dapanôn tis toû agapetoû, ploúsios ón, dokeî prépein heautôi toiaúten kataskeuèn hoîon agathodaimonistàs hestiônti, hoûtos mèn mikroprepés*). A expressão ἀγαθοδαιμονιστὰς (*agathodaimonistàs*), literalmente *devotos do bom gênio* (*daímon*), designa os convivas que se limitam a beber apenas ao fazer o brinde formal no encerramento da refeição, ou seja, apenas bebem o vinho do brinde feito ao deus.

471. Temístocles e Címon foram ilustres atenienses.

7

EM GERAL, OS OUTROS CARACTERES louváveis ou repreensíveis também são excessos, deficiências ou medianias, mas envolvendo sentimentos; por exemplo, o invejoso e o malevolente. De fato, 20 com base nos estados segundo os quais recebem seus nomes, *inveja*[472] é o sentimento de dor relativamente a pessoas que são bem sucedidas por merecimento, *ao passo que o sentimento do malevolente não é ele mesmo nomeado*,[473] porém seu portador revela-se exibindo um sentimento de regozijo relativamente a pessoas que sofrem adversidades, embora não as mereçam; entre eles está *o indivíduo que se indigna justamente*,[474] que exibe o que os antigos chamavam 25 de *justa indignação*:[475] *sentir dor diante dos insucessos ou sucessos imerecidos, ou sentir regozijo diante daqueles merecidos*.[476] Daí resultou a noção de a justa indignação ser uma deusa.[477]

Recato[478] é mediania entre *impudência*[479] e *acanhamento*.[480] O indivíduo que não leva em conta a opinião de ninguém é impudente, enquanto aquele que leva em conta a de todos é acanhado; o indivíduo que leva em conta apenas as daqueles que se revelam boas pessoas é recatado.

---

472. ...φθόνος... (*phthónos*).

473. ...τὸ δὲ τοῦ ἐπιχαιρεκάκου πάθος ἐπὶ τὸ αὐτὸ ἀνώνυμον, ... (*tò dè toú epikhairekákou páthos epì tò autò anónymon*). Na *Ética a Nicômaco*, Livro II, 1107a10, Aristóteles o nomeia: ἐπιχαιρεκακία (*epikhairekakía*), malevolência, aliás em consonância com o adjetivo aqui utilizado e em 1233b19.

474. ...ὁ νεμεσητικός, ... (*ho nemesetikós*).

475. ...νέμεσιν... (*némesin*). Ver tabela, 1221a3.

476. ...τὸ λυπεῖσθαι μὲν ἐπὶ ταῖς παρὰ τὴν ἀξίαν κακοπραγίαις καὶ εὐπραγίαις, χαίρειν δ᾽ ἐπὶ ταῖς ἀξίαις... (*tò lypeîsthai mèn epì taîs parà tèn axían kakopragíais kaì eupragíais, khaírein d'epì taîs axiais*).

477. Nêmesis.

478. ...αἰδὼς... (*aidòs*).

479. ...ἀναισχυντίας... (*anaiskhyntías*).

480. ...καταπλήξεως... (*katapléxeos*). Ver tabela, 1221a1.

132 | ÉTICA A EUDEMO

30 *Amizade*[481] (amistosidade) é mediania entre *animosidade*[482] e *bajulação*.[483] Aquele que se ajusta em tudo facilmente aos desejos daqueles com quem convive é bajulador, aquele que se comporta contrariando a todos é *hostil*,[484] enquanto aquele que nem se ajusta nem resiste a todos os prazeres (desejos), mas apenas se ajusta ao que parece ser o melhor, é *amigo*.[485]

35 *Dignidade*[486] é mediania entre *arrogância*[487] e *servilismo*.[488] Com efeito, alguém que se comporta em sua vida não manifestando absolutamente nenhuma deferência às outras pessoas, num completo menosprezo, é arrogante; aquele que manifesta deferência aos outros em tudo, inferiorizando-se em relação a todos, é servil; aquele que mostra deferência a outros em certas circunstâncias, mas não em outras, e é de prestar deferência àqueles dignos de deferência, é augusto (digno).

O *sincero e simples*,[489] chamado de *direto*[490] está entre o *dissimulador*[491] e o *impostor ostentador*.[492] Aquele que cientemente declara

1234a1 algo falso de caráter autodepreciativo é um dissimulador, aquele que

---

481. ...φιλία... (*philía*).

482. ...ἔχθρας... (*ékhthras*). ἀπεχθεία (*apekhtheía*), hostilidade, na tabela em 1221a7, mas os termos são empregados como sinônimos.

483. ...κολακείας... (*kolakeías*). Ver tabela, 1221a7.

484. ...ἀπεχθητικός, ... (*apekhthetikós*), ou seja, manifesta animosidade.

485. ...φίλος... (*phílos*).

486. ...σεμνότης... (*semnótes*).

487. ...αὐθαδείας... (*authadeías*).

488. ...ἀρεσκείας... (*areskeías*).

489. ...ἀληθὴς καὶ ἁπλοῦς, ... (*alethès kaì haploús*).

490. ...αὐθέκαστον, ... (*authékaston*).

491. ...εἴρωνος... (*eíronos*). O dissimulador *deprecia a si mesmo* ao simular ou professar ignorância. É por isso que na tabela (1221a6) traduzimos εἰρωνεία por autodepreciação. A palavra *ironia*, embora morfologicamente derivada do próprio grego, não sugere esse resultado do simular ignorância, fingir, que são os significados originais do verbo εἰρωνεῦομαι (*eironeúomai*). Sócrates está inevitavelmente vinculado a essa postura (ἕξις [*héxis*]), mas é preciso compreender que em Sócrates ela integra o método socrático da maiêutica. Ver, especialmente, o diálogo de Platão *Eutidemo*, onde o Sócrates platônico parece levar a εἰρωνεία às suas últimas consequências.

492. ...ἀλαζόνος... (*alazónos*).

LIVRO III | 133

sobrestima seus méritos é um impostor ostentador, ao passo que aquele que se refere a si como realmente é, é sincero e, para usarmos a expressão de Homero, *sábio;*[493] *em termos gerais, um é amante da verdade e os outros, amantes da mentira.*[494]

A *espirituosidade*[495] também é mediania, e o espirituoso situa-se entre *o rústico ou rude*[496] e *o bufão.*[497] Tal como no que se refere à comida, o enjoado distingue-se do onívoro pelo fato de o primeiro nada aceitar, ou aceitar pouco e de maneira relutante, enquanto o segundo está pronto a aceitar tudo; quanto ao rude, distingui-se do indivíduo vulgar ou bufão: o rude não aceita nenhum *bom humor,*[498] ou o faz com dificuldade; o bufão aceita qualquer comicidade com facilidade e prazer. Nenhuma dessas condutas é correta: há o que é aceitável e o inaceitável, em conformidade com a razão, com o que se ajusta a conduta do espirituoso. A prova disso é a mesma de costume; a espirituosidade desse tipo, na hipótese de não empregarmos a palavra metaforicamente, constitui um estado muito apropriado, sua mediania sendo louvável, enquanto seus extremos são censuráveis. Como, contudo, há duas formas de espirituosidade (consistindo uma em comprazer-se com o bom humor, mesmo aquele dirigido a si mesmo, se realmente divertido, como por exemplo uma troça, e a outra na capacidade de produzir tais coisas), entendemos ser ambas medianias, embora mutuamente distintas; de fato, alguém capaz de criar comicidade de uma espécie que proporcione prazer para uma pessoa de bom discernimento, ainda que faça de si mesmo o objeto do riso, estará situado entre o indivíduo vulgar e *o indiferente.*[499] Essa definição é superior àquela que se restringe a exigir que o dito não seja penoso à pessoa que é objeto da troça, independentemente do tipo de pessoa de que se

---

493. ...πεπνυμένος·... (*pepnyménos*).

494. ...καὶ ὅλως ὃ μὲν φιλαλήθης, ὃ δὲ φιλοψευδής. ... (*kaì hólos hò mèn philaléthes, hò dè philopseudés.*).

495. ...εὐτραπελία... (*eutrapelía*).

496. ...τοῦ ἀγροίκου καὶ δυστραπέλου... (*toú agroíkou kaì dystrapélou*).

497. ...τοῦ βωμολόχου. ... (*toú bomolókhou*). Não consta na tabela.

498. ...γελοῖον... (*geloîon*), o risível, o ridículo, o cômico.

499. ...τοῦ ψυχροῦ. ... (*toú psykhroú*).

trata; antes, deve-se proporcionar prazer à pessoa que ocupa a mediania, uma vez que esta possui bom discernimento.

Todas essas medianias, embora sejam louváveis, não são virtudes,[500] tanto como seus opostos não são vícios, porquanto não envolvem prévia escolha; todas elas são classificadas como *emoções*,[501] pois cada uma delas é uma emoção. Como, entretanto, são naturais, concorrem para as virtudes naturais, pois, como será declarado posteriormente,[502] cada virtude é encontrada tanto naturalmente quanto de outro modo, isto é, abarcando o pensamento. Assim, a inveja concorre para a injustiça (visto que as ações que nascem dela atingem outrem), ao passo que a justa indignação concorre para a justiça e o recato para a moderação (o que explica porque as pessoas, inclusive, situam a moderação nesse gênero). Acrescente-se que o sincero e o falso são respectivamente sensato e insensato.

Todavia, a oposição da mediania em relação aos extremos é maior do que a oposição entre estes, pois a mediania não é encontrada em associação com um ou outro extremo, enquanto com frequência os extremos são encontrados em associação mútua; resulta que às vezes as mesmas pessoas são *temerárias e covardes*,[503] ou pródigas em certas situações e mesquinhas em outras, e em geral falta-lhes regularidade num sentido negativo; com efeito, quando falta às pessoas regularidade num sentido positivo, o resultado são tipos humanos medianos, uma vez que os extremos estão, de alguma maneira, na mediania.

A oposição entre mediania e extremos não parece ser idêntica com referência a ambos os extremos, ora a oposição maior sendo a do excesso, ora a da deficiência. As causas disso são as duas primeiras já indicadas,[504] *escassez*,[505] por exemplo: a de pessoas insensíveis

---

500. Ver 1220b34-36.

501. ...παθημάτον... (*pathématon*), ou melhor, estados passivos, os quais precisamente ocorrem na ausência da prévia escolha, que é ativa.

502. Ver *Ética a Nicômaco*, Livro VI, 13, 1144b1-35, Livro inserido neste mesmo volume como Livro V.

503. ...θρασύδειλοι, ... (*thrasýdeiloi*).

504. Ver 1222a22-1222b4.

505. ...ὀλιγότης... (*oligótes*).

LIVRO III | 135

10 ao que é prazeroso, e o fato de que o erro para o qual estamos mais expostos parece mais oposto à mediania; em terceiro lugar, o fato de que o que mais se assemelha a ela revela-se menos oposto a ela, do que constitui exemplo *a temeridade relativamente à autoconfiança*[506] e a prodigalidade relativamente à generosidade. Essa discussão basta quanto a outras virtudes louváveis, cabendo-nos agora nos ocupar da justiça.[507]

---

506. ...τὸ θράσος πρὸς τὸ θάρσος... (*tò thrásos pròs tò thársos*).

507. Os Livros IV, V e VI da *Ética a Eudemo* são idênticos aos Livros V, VI e VII da *Ética a Nicômaco*. Esses três Livros constam apenas na *Ética a Nicômaco*, e muitos editores, em consonância com essa ausência de tais livros na *Ética a Eudemo*, neste tratado passam diretamente do Livro III para o VII, o que condiz, inclusive, com os próprios manuscritos. Entretanto, visando a não prejudicar a continuidade da leitura e estudo da *Ética a Eudemo*, intercalamos aqui esses três Livros presentes somente na *Ética a Nicômaco*. Quanto à numeração de Bekker, é exclusiva da *Ética a Nicômaco* e a reproduzimos aqui tal como indicada nos três Livros em pauta na *E. N.* A sequência numérica de Bekker na *Ética a Eudemo* procede normalmente do final do Livro III para o início do Livro VII.

LIVRO IV

1

1129a1 *NO QUE TANGE À JUSTIÇA E À INJUSTIÇA*[508] cabe-nos indagar precisamente a que tipos de ações dizem respeito, qual mediania é a justiça e entre quais extremos *o ato justo*[509] é mediano. O mesmo método de nossas investigações anteriores nos servirá nesta.

Notamos que todos entendem por justiça aquele estado que torna os indivíduos predispostos a realizar atos justos e que os faz agir justamente e desejar aqueles atos; e, analogamente, por injustiça o que torna os indivíduos predispostos a agir injustamente e desejar *os atos injustos*.[510] Comecemos por estabelecer isso como fundamento de nossa discussão.

De fato, o que se aplica a estados não é o mesmo se comparado a *ciências e faculdades*.[511] Parece, com efeito, que a mesma faculdade ou ciência se ocupa de opostos. Um estado, entretanto, que constitui um entre dois opostos, não produz os resultados opostos – por exemplo, a saúde não gera o oposto do saudável, mas somente o saudável; o caminhar saudável, com efeito, significa caminhar como alguém saudável caminharia.[512]

Consequentemente, muitas vezes a natureza de um de dois estados opostos é distinguida em função da outra, muitas vezes os estados são distinguidos a partir das coisas nos quais são encontrados; por exemplo, se sabemos o que é a boa condição corpórea, a

---

508. Περὶ δὲ δικαιοσύνης καὶ ἀδικίας... (*Perì dè dikaiosýnes kaì adikías*).

509. ...τὸ δίκαιον... (*tò díkaion*).

510. ...τὰ δίκαια. ... (*tà díkaia*).

511. ...ἐπιστημῶν καὶ δυνάμεων... (*epistemôn kaì dynámenon*).

512. Quer dizer, não significa concorrentemente andar tropegamente ou à maneira, por exemplo, de uma pessoa coxa.

140 | ÉTICA A EUDEMO

20 partir disso saberemos também qual é a má; mas saberemos, inclusive, o que é a boa condição com base em coisas em boa condição, e saberemos quais coisas estão em boa condição se soubermos o que é a boa condição. Assim, supondo que a boa condição seja a *firmeza da carne*[513], a má terá que ser a *flacidez da carne*[514], e uma dieta [alimentar] geradora de boa condição precisará ser uma dieta geradora de firmeza da carne.

Igualmente, se uma de duas palavras é utilizada em múltiplos 25 sentidos, segue-se, em termos gerais, que a outra é utilizada também em múltiplos sentidos – por exemplo, se *justo* tiver mais de um sentido, o mesmo ocorrerá com *injusto* e *injustiça*. Parece que os termos justiça e injustiça são empregados em múltiplos sentidos, mas como sua homonímia apresenta estreita conexão, o homônimo não é percebido; diferentemente, no caso se coisas largamente distintas designadas por um nome idêntico, o homônimo relativamente se destaca, por exemplo (sendo a diferença considerável 30 do ponto de vista da forma externa), o uso homônimo da palavra *kleis*[515] para indicar tanto o osso na base do pescoço do animal quanto aquilo com o que trancamos as portas.

Vamos apurar em quantos sentidos diz-se de um indivíduo ser ele *injusto*.[516] Ora, o termo *injusto* é tido como indicativo tanto do *transgressor da lei*[517] quanto do *indivíduo que quer mais do que aquilo que lhe é devido*[518] e o indivíduo não equitativo. Diante disso é evidente que o indivíduo que obedece a lei e o indivíduo equi1129b1 tativo serão ambos justos. O *justo*, portanto, significa o legal e o igual ou equitativo, e o *injusto* significa o ilegal e o desigual ou não equitativo.[519]

---

513. ...πυκνότης σαρκός, ... (*pyknótes sarkós*).

514. ...μανότητα σαρκὸς... (*manóteta sarkòs*).

515. O grego κλεὶς (*kleis*), como o inglês *key*, significa tanto clavícula quanto chave.

516. ...ἄδικος... (*ádikos*).

517. ...παράνομος... (*paránomos*).

518. ...πλεονέκτης... (*pleonéktes*), ou seja, a pessoa cúpida.

519. Ou seja, o justo e o injusto estão na esfera do legal e na do moral, isto para nos expressarmos em termos modernos, pois a rigor e na prática não havia uma nítida separação, para os antigos gregos, entre o direito e a ética.

LIVRO IV | 141

Ademais, uma vez que o indivíduo injusto é aquele que quer e toma mais do que lhe é devido, ele será injusto no que toca às coisas boas, não todas ela, mas aquelas das quais dependem *a boa e a má sorte*.[520] Essas, ainda que sempre boas no sentido absoluto, nem sempre o são, para certa pessoa em particular. Contudo, esses 5 são os mesmos bens pelos quais os seres humanos oram e que perseguem, embora não devessem fazê-lo; deveriam, ao mesmo tempo que escolhem as coisas que são boas para si, dirigir suas orações à possibilidade de que aquilo que é bom absolutamente também o seja para eles [particularmente].

O indivíduo injusto, porém, nem sempre escolhe a maior porção; pelo contrário, das coisas que, exprimindo-nos em termos absolutos, são más, escolhe a menor porção; mas, não obstante isso, sua ação é tida como cúpida, porque o menor entre dois males parece, num certo sentido, ser um bem e agir com cupidez (tomar mais do que lhe é devido) significa tomar mais do que é devido do bem. 10 Adicione-se ser ele *não equitativo*,[521] termo que é tanto inclusivo quanto comum a ambas essas coisas.

Por outro lado, a julgarmos que o transgressor da lei é injusto e aquele que a obedece, justo, evidencia-se que todas as coisas lícitas são coisas justas, pois aquilo que é legal é decidido pela legislação e consideramos justas as várias decisões desta. Ora, todas as promul- 15 gações da lei objetivam ou o interesse comum de todos, ou *o dos mais excelentes*,[522] ou *o dos que detêm o poder*,[523] seja devido à sua virtude ou algo do gênero, de sorte que, em um de seus sentidos, *justo* significa *aquilo que produz e preserva a felicidade e as partes componentes desta da comunidade política*.[524]

---

520. ...εὐτυχία καὶ ἀτυχία... (*eutykhía kaì atykhía*).

521. ...ἄνισος... (*ánisos*), literalmente *desigual*, mas a expressão *não equitativo*, como a *equitativo* (ἴσος [*ísos*]), exprime melhor o sentido moral.

522. ...ἢ τοῖς ἀρίστοις... (*è toîs arístois*).

523. ...ἢ τοῖς κυρίοις... (*è toîs kyríois*).

524. ...τὰ ποιητικὰ καὶ φυλακτικὰ εὐδαιμονίας καὶ τῶν μορίων αὐτῆς τῇ πολιτικῇ κοινωνίᾳ. ... (*tà poietikà kaì phylaktikà eudaimonías kaì tôn moríon autês têi politikêi koinoníai*).

142 | ÉTICA A EUDEMO

A conduta de um homem corajoso é ordenada pela lei, por exem-
20 plo: não abandonar seu posto, não fugir, não jogar de lado suas armas; a conduta de um homem moderado, por exemplo, *não cometer
adultério nem ultraje,*[525] de alguém brando, por exemplo, *não ferir
nem praticar maledicência;*[526] e igualmente com as ações que servem
de exemplo às outras virtudes e vícios, proibindo estes e ordenando
25 aquelas – corretamente se a lei houver sido corretamente [produzi-
da e] promulgada, e não tanto assim se foi produzida a esmo.

A justiça, então, com esse feitio, é virtude *perfeita,*[527] ainda que
com relação aos outros [e não no absoluto]. Eis porque a justiça
é considerada frequentemente *a melhor das virtudes,*[528] não sendo
nem a estrela vespertina nem a matutina tão admiráveis, de modo
que dispomos do provérbio...
30 *Na justiça está toda a virtude somada.*[529]

E é a virtude perfeita por ser ela a prática efetiva da virtude perfeita, sendo também sua perfeição explicada pelo fato de seu possuidor poder praticá-la dirigindo-se aos outros e não apenas praticá-la
isoladamente; com efeito, há muitos que são capazes de praticar
a virtude nos seus próprios assuntos privados, mas são incapazes
de fazê-lo em suas relações com outrem. É por causa disso que se
1130a1 considera bastante satisfatório o dito de Bias[530] segundo o qual "a
autoridade mostrará o homem",[531] pois é no exercício da autoridade
que alguém é levado necessariamente à relação com os outros e se
torna um membro da comunidade.

Pela mesma razão de significar a relação com alguém, pensa-se
que a justiça, exclusivamente entre as virtudes, é o bem alheio porque
5 concretiza o que constitui a vantagem do outro, seja este o detentor

---

525. ...μὴ μοιχεύειν μηδ᾽ ὑβρίζειν, ... (*mè moikheúein med'hybrízein*).

526. ...μὴ τύπτειν μηδὲ κακηγορεῖν, ... (*mè týptein medè kakegorein*).

527. ...τελεία... (*teleía*).

528. ...κρατίστη τῶν ἀρετῶν... (*kratíste tôn aretôn*).

529. ...ἐν δὲ δικαιοσύνῃ συλλήβδην πᾶσ᾽ ἀρετὴ ἔνι. ... (*em dè dikaiosýne syllébden pâs'aretè éni*). Atribuído a Teógnis.

530. Bias de Priene (*circa* meados do século VI a.C.), político incluído entre os Sete Sábios da antiga Grécia.

531. ...ἀρχὴ ἄνδρα δείξει ... (*arkhè ándra deixei*).

LIVRO IV | 143

da autoridade, seja ele um parceiro na comunidade. Como então *o pior [dos homens]*[532] é o que pratica o vício consigo mesmo e na relação com seus amigos, *o melhor*[533] não é o que pratica a virtude em relação a si mesmo, mas aquele que o faz em relação aos outros. Trata-se, com efeito, de uma tarefa difícil. E a justiça, nesse sentido,
10 por conseguinte, *não é uma parte da virtude, mas a virtude total,*[534] e o seu oposto, a injustiça, não é uma *parte do vício, mas a totalidade do vício*[535] (a distinção entre virtude e justiça emergindo clara do que foi dito. *São, com efeito, idênticas, mas sua essência não é idêntica;*[536] aquilo que é manifestado na relação com os outros é justiça – no ser simplesmente um estado de certo tipo é virtude).

2

Nosso objeto de investigação, contudo, é a justiça que é par-
15 te da virtude, tendo nós sustentado a existência da justiça nesse sentido. Analogamente, estamos investigando a injustiça como parte [do vício]. A existência dessa última é indicada [em primeiro lugar] quando alguém manifesta os demais vícios – digamos depõe seu escudo acossado pela covardia ou se expressa abusivamente por mau gênio, ou se recusa a ajudar um amigo mediante dinheiro, por mesquinhez. Embora esteja agindo injustamente, sua ação não é cúpida; em contrapartida, quando alguém age com cupidez, frequente-
20 mente não é devido a nenhum desses vícios, e certamente isso não se deve, tampouco, à totalidade deles, ainda que a ação efetivamente exiba algum vício (de fato, censuramo-la); a rigor, o que exibe é o vício da injustiça. Por conseguinte, notamos que há outra espécie de injustiça que constitui parte da injustiça total e há alguma coisa injusta que constitui parte do injusto total [no sentido mais abrangente] do que se opõe à lei. [Em segundo lugar], imaginemos que

---

532. ...κάκιστος... (*kákistos*).

533. ...ἄριστος... (*áristos*).

534. ...οὐ μέρος ἀρετῆς ἀλλ᾽ ὅλη ἀρετή ἐστιν, ... (*ou méros aretês all'hóle areté estin*).

535. ...μέρος κακίας ἀλλ᾽ ὅλη κακία ... (*meros kakías all'hóle kakía*).

536. ...ἔστι μὲν γὰρ ἡ αὐτή, τὸ δ᾽ εἶναι οὐ τὸ αὐτό, ... (*ésti mèn gàr he auté, tò d'eînai ou tò autó*).

144 | ÉTICA A EUDEMO

25 dois indivíduos cometam adultério, um deles visando ao lucro, que é por ele obtido mediante o ato, enquanto o outro o faz por desejo, mas acaba por ter que pagar por isso, com o que amarga uma perda. Seria o caso de considerar este ultimo um desregrado e não alguém que age com cupidez, enquanto o primeiro seria classificado de injusto, mas não desregrado, já que é claramente o fato de cometer o adultério visando ao lucro que o torna injusto. [Em terceiro lugar], enquanto todos os outros atos injustos são sempre atribuídos a al-
30 gum vício particular – por exemplo, o adultério ao desregramento, o abandono de um companheiro de batalha à covardia, a agressão à ira – um ato que resultou em lucro não é atribuído a qualquer outro vício senão à injustiça.

É de se concluir que evidentemente existe um outro tipo de in-
1130b1 justiça, esta parcial, *além da total* [537] A designação é a mesma porque sua definição se enquadra no mesmo gênero. Com efeito, ambos os tipos de injustiça são expostos na relação que um indivíduo tem com os outros. Entretanto, enquanto a parcial *diz respeito à honra, ao dinheiro ou à segurança*,[538] não importa qual o nome que pudéssemos utilizar para englobar todas essas coisas, seu motivo sendo o prazer extraído do ganho, o outro tipo diz respeito a tudo
5 aquilo que toca ao indivíduo bom.

Assim, a existência de mais de um tipo de justiça é patente, existindo um que difere daquele da virtude como um todo. Teremos, então, que averiguar a natureza e os atributos desse tipo.

Distinguimos significados do *injusto*, especificamente o ilegal e o desigual ou não equitativo, e significados do *justo*, especificamen-
10 te o legal e o igual ou equitativo. A injustiça, portanto, entendida como o que foi previamente mencionado, corresponde ao *ilegal*, mas visto que o não equitativo não é idêntico ao ilegal, sendo distintos como a parte o é do todo (pois enquanto tudo que é não equitativo é ilegal, nem tudo que é ilegal é não equitativo), assim também o injusto e a injustiça no sentido parcial não coincidem com o injusto e a injustiça no sentido total, sendo destes distin-
15 tos, como a parte em relação ao todo; com efeito, a injustiça nes-

---

537. ...παρὰ τὴν ὅλην... (*parà tèn hólen*).

538. ...περὶ τιμὴν ἢ χρήματα ἢ σωτηρίαν, ... (*perì timèn è khrémata è soterían*).

LIVRO IV | 145

se sentido é uma parte da injustiça total e, analogamente, a justiça que submetemos agora a exame é uma parte da justiça total. A nós compete presentemente tratar da justiça particular (parcial) e da injustiça particular (parcial) e, analogamente, do justo e do injusto entendidos como partes.

Dessa feita, podemos colocar de lado aquela justiça correspondente à virtude total, sendo em relação ao outro tanto a prática da
20 virtude total quanto a injustiça que é a prática do vício total. Não há também dúvida quanto a como distinguirmos o que é justo e injusto nos sentidos correspondentes. Com efeito, as ações que nascem da virtude total são, fundamentalmente, idênticas às ações que se harmonizam com a lei; de fato, a lei ordena a prática das várias virtudes particulares e proíbe a prática dos vários vícios par-
25 ticulares. Igualmente, as regras estabelecidas para a educação que tornam um indivíduo apto à vida em comunidade são as geradoras da virtude total. Quanto à educação do indivíduo, a responsável por tornar alguém simplesmente um *bom homem,*[539] apurar se isso cabe à ciência política ou a alguma outra, é algo a ser determinado mais tarde. *Com efeito, talvez não seja o mesmo em todos os casos ser bom homem e bom cidadão.*[540]

30 Quanto à justiça particular (parcial) e o justo no sentido que lhe é correspondente, um dos seus tipos é exercido na distribuição de honra, riqueza e demais bens compartilháveis na *comunidade política*[541]

---

539. ...ἀνὴρ ἀγαθός... (*anèr agathós*): explicitação do ser humano do sexo masculino.

540. ...οὐ γὰρ ἴσως ταὐτὸν ἀνδρί τ' ἀγαθῷ εἶναι καὶ πολίτῃ παντί. ... (*ou gàr ísos tautòn andrí t'agathôi eînai kaì polítei pantí.*). Questão nevrálgica para Aristóteles, mas ele entenderá que o ético (esfera do indivíduo enquanto tal) caminha fiel e metodicamente rumo ao político (esfera do animal político, o ser humano – onde este atualiza sua potência ao existir como cidadão, já que o indivíduo isolado *não é*, não existe). Embora antecipemos isso ao leitor, pedimos encarecidamente a ele que não adiante o estudo da *Política*, o que seria um crasso erro de método: esse último tratado é *organicamente* a sequência e complementamento da *Ética a Nicômaco*. Também a *E.E.* deve ser lida e estudada antes da *Política*.

541. ...πολιτείας... (*politeías*). Aristóteles emprega aqui esta palavra importantíssima e de difícil tradução num sentido que não são os genéricos e amplos (Constituição ou forma de governo) e também não é o sentido específico e restrito de República. Refere-se a uma comunidade política qualquer, porém na qual o membro da comunidade é um cidadão (πολίτες [*polítes*]), o que parece excluir, portanto, as monarquias e, sobretudo, as monarquias despóticas e tiranias.

146 | ÉTICA A EUDEMO

(com efeito, o que é possível aquinhoar aos seus membros em porções
1131a1 desiguais ou iguais). O outro tipo é aquele dotado de um elemento
corretivo *nos contratos entre particulares*.[542] Esse tipo, por sua vez,
divide-se em dois subtipos, que dizem respeito às duas classes de
contratos entre particulares, as voluntárias e as involuntárias. Transações contratuais entre particulares voluntárias são, por exemplo,
a venda, a compra, o *empréstimo a juros*,[543] a caução, o emprego de
5 serviços, a garantia de pagamento, o *assalariamento*[544] (estas transações
sendo qualificadas de voluntárias devido ao caráter voluntário de
seu princípio). Das transações contratuais involuntárias algumas
são *furtivas*[545], *a título de exemplo, o furto, o adultério, o envenena-
mento, a prostituição, a corrupção de escravos, o assassinato à traição, o
falso testemunho*;[546] outras são violentas, *a título de exemplo o assalto,
o aprisionamento, o crime de morte, o roubo mediante violência, a
mutilação, a difamação, o insulto*.[547]

3

10 VISTO QUE O INDIVÍDUO INJUSTO é não equitativo, além de ser
o [ato] injusto não equitativo, está claro que existe para esse último
uma mediania, ou seja, o equitativo (o igual), pois em qualquer tipo
de ação na qual um mais e um menos estão envolvidos, o igual tam-

---

542. ...ἐν τοῖς συναλλάγμασι... (*en toîs sunallágmasi*).

543. ...δανεισμὸς... (*daneismòs*), usura.

544. ...μίσθωσις... (*místhosis*): a referência é ao trabalho contratado e *remunerado*. Grande
parte do trabalho na Grécia antiga não era remunerado, a começar obviamente pelo dos
escravos, que constituíam expressivo contingente populacional nas cidades-Estados. Era,
por outro lado, comum generais financiarem expedições militares com seu próprio dinheiro, não recebendo sequer uma dracma por sua atividade na guerra. Entretanto, o termo *mercenário* (significando *assalariado* simplesmente) não tinha nesse contexto social
nenhuma conotação pejorativa.

545. ...λαθραῖα... (*lathraîa*), clandestinas.

546. ...οἷον κλοπὴ μοιχεία φαρμακεία προαγωγεία δουλαπατία δολοφονία
ψευδομαρτυρία, ... (*hoîon klopè moikheía pharmakeía proagogeía doulapatía dolophonía
pseudomartyría,*).

547. ...οἷον αἰκία δεσμὸς θάνατος ἁρπαγὴ πήρωσις κακηγορία προπηλακισμός... (*hoîon
aikía desmòs thánatos harpagè pérosis kakegoría propelakísmós.*).

LIVRO IV | 147

bém é admissível. Se, então, o injusto é o não equitativo (desigual), o justo é o equitativo (igual) – uma posição aceita por todos sem necessidade de argumentação; e uma vez que o igual é uma media-
15 nia, o justo será uma mediania também. *A igualdade é, no mínimo, dupla.*[548] É forçoso, em conformidade com isso, não só que o justo seja uma mediania e igual, além de relativo a algo para determinados indivíduos, como também que na qualidade de mediania esteja entre o mais e o menos; que, na qualidade de igual, implique duas porções e que, na qualidade de justo, envolva determinados indivíduos. *O justo, portanto, necessariamente, é, no mínimo, quádruplo.*[549] Com
20 efeito, envolve dois indivíduos para os quais existe justiça e duas coisas que são justas. E a mesma igualdade estará presente entre uns e outras; de fato, a proporção entre as coisas será igual à proporção entre os indivíduos, pois não sendo as pessoas iguais, não terão coisas em porções iguais, entendendo-se que na medida em que não são iguais, não receberão em pé de igualdade,[550] o que, porém, não impede o surgimento de conflitos e queixas, seja quando iguais têm ou recebem coisas em porções desiguais, seja quando desiguais têm ou recebem coisas em porções iguais.

Isso também ressalta como evidente à luz do princípio da atri-
25 buição *a partir do mérito.*[551] Todos, de fato, estão concordes de que a justiça distributiva tem que ser a partir de um certo mérito, embora nem todos entendam o mesmo tipo de mérito; para os adeptos da democracia trata-se da *liberdade,*[552] para os adeptos da oligarquia trata-se da *riqueza*[553] ou *bom nascimento,*[554] enquanto para aqueles da aristocracia trata-se da *virtude.*[555] *O justo é, portanto, cer-*

---

548. ...ἔστι δὲ τὸ ἴσον ἐν ἐλαχίστοις δυσίν. ... (*ésti dè tò íson en elakhístois dysín*).

549. ...ἀνάγκη ἄρα τὸ δίκαιον ἐν ἐλαχίστοις εἶναι τέτταρσιν... (*anánke ára tò díkaion en elakhístois eînai téttarsin*).

550. Implícitos os princípios basilares de que *só pode haver igualdade entre iguais* (a igualdade não pode ser indiscriminada e geral) e de que *estabelecer a igualdade entre iguais e desiguais indiscriminadamente é injusto.*

551. ...ἐκ τοῦ κατ᾽ ἀξίαν ... (*ek toû kat᾽ axían*).

552. ...ἐλευθερίαν, ... (*eleutherían*).

553. ...πλοῦτον, ... (*ploûton*).

554. ...εὐγένειαν, ... (*eugéneian*).

555. ...ἀρετήν. ... (*aretén*).

148 | ÉTICA A EUDEMO

to tipo de proporcional.[556] Atente-se, com efeito, que proporção não
30 é meramente uma propriedade numérica relativa a unidades, mas
uma propriedade numérica geral. A proporção é uma igualdade de
relações de caráter no mínimo quádruplo.

(Que a proporção discreta encerra quatro termos está claro, porém o mesmo ocorre com a proporção contínua na medida em que
1131b1 utiliza um termo como dois e o exprime duas vezes; por exemplo,
como a linha que representa o termo a está para a linha que representa o termo b, esta está para a linha que representa o termo c; a
linha neste caso que representa o termo b é exprimida duas vezes,
resultando que na hipótese de ser computada duas vezes, existirão
quatro proporcionais.)

O justo também é, no mínimo, quádruplo (envolve quatro termos), e a *relação*[557] a mesma, pois a divisão a partir do primeiro
5 termo é semelhante; assim, como o primeiro termo está para o segundo, o terceiro está para o quarto e, consequentemente, por alternância, como o primeiro está para o terceiro, o segundo está para
o quarto. Resulta, inclusive, que o todo se encontra em idêntica relação com o todo. Eis a combinação realizada por uma distribuição
10 de porções – *justa* se indivíduos e porções de coisas forem assim
combinados. O que determina a justiça distributiva, portanto, é a
conjunção do primeiro termo com o terceiro e do segundo com o
quarto; e o justo é mediania entre desproporcionais. Com efeito,
o proporcional é mediano e o justo é proporcional.

(Esse tipo de proporção é chamado de *proporção geométrica*[558]
pelos matemáticos. Com efeito, nesta proporção o primeiro todo
está para o segundo todo como cada parte está para cada parte. Mas
15 não se trata de uma proporção contínua, pois do ponto de vista do

---

556. ...ἔστιν ἄρα τὸ δίκαιον ἀνάλογόν τι . ... (*éstin ára tò díkaion análogón ti*).

557. ...λόγος... (*lógos*).

558. ...ἀναλογίαν γεωμετρικὴν... (*analogían geometrokèn*). É oportuno lembrar que as matemáticas para Aristóteles (e para os gregos antigos) eram a aritmética, a geometria, a
harmonia (música) e a astronomia, o que vale dizer que a álgebra estava ausente, simplesmente porque os gregos não a conheciam. A *álgebra*, como o próprio nome indica, é uma
invenção árabe; a propósito, os gregos, como os romanos, representavam a progressão
numérica por letras.

LIVRO IV | 149

número, não se registra a presença de um termo singular para o indivíduo e a coisa.)
O justo é, portanto, o proporcional e o injusto aquilo que transgride a proporção. Pode-se, assim, incorrer no excesso ou na deficiência (no "demasiado muito" ou no "demasiado pouco"), o que é realmente o que ocorre na prática. Com efeito, quando a injustiça é cometida, aquele que a comete está de posse do bem em excesso, enquanto 20 a vítima da injustiça está de posse desse bem de modo deficiente ou insuficiente; no caso de um mal sucede o inverso, porque o mal menor comparado ao maior é estimado como um bem, porquanto o menor de dois males é preferível ao maior; entretanto, o que é [efetivamente] preferível é o bem, e quanto mais o for, maior bem será.

É essa, portanto, uma das formas do justo.

4

25 A OUTRA FORMA QUE RESTA é *a corretiva*,[559] que ocorre nas transações contratuais (entre particulares) tanto voluntárias quanto involuntárias. Trata-se de uma forma de justiça que difere da anterior, *pois a justiça na distribuição dos bens comuns sempre se conforma à proporção que descrevemos*[560] (com efeito, quando a distribuição é feita dos *recursos comuns*[561] será conforme a mesma proporção empregada 30 nas transações de uns e outros entre si); e a injustiça que se opõe a essa justiça é uma transgressão dessa proporção. O justo, porém, nas transações contratuais entre particulares, embora estabeleça uma certa igualdade, e o injusto certa desigualdade, não é o igual 1132a1 de acordo com a proporção geométrica, mas de acordo com a proporção aritmética. Com efeito, não faz qualquer diferença se alguém bom trapaceou alguém mau ou se este trapaceou aquele, nem se foi um homem bom ou mau que cometeu adultério; a lei apenas con-

---

559. ...τὸ διορθωτικόν... (*tò diorthotikón*).

560. ...τὸ μὲν γὰρ διανεμητικὸν δίκαιον τῶν κοινῶν ἀεὶ κατὰ τὴν ἀναλογίαν ἐστὶ τὴν εἰρημένην... (*tò mèn gàr dianemetikòn díkaion tôn koinôn aeì katà tàn analogían estì tèn eireménen*).

561. ...χρημάτων κοινῶν... (*khemáton koinôn*), literalmente o dinheiro público, riqueza em recursos pecuniários do Estado.

150 | ÉTICA A EUDEMO

5 templa a natureza característica do dano, tratando as partes como iguais, apurando simplesmente se alguém praticou injustiça enquanto o outro indivíduo a sofreu, e se alguém produziu o dano enquanto alguém foi por ele atingido. Por conseguinte, *como o injusto aqui é o desigual, o juiz se empenha em torná-lo igual*,[562] porquanto alguém foi ferido, tendo o outro o ferido, ou alguém matou e o outro foi morto, sendo neste caso a distribuição *do sofrer e do fazer*[563] desigual; nesta conjuntura o juiz se empenha em torná-los 10 iguais mediante *a punição*[564] por ele imposta, retirando o ganho. (A palavra *ganho*[565] é empregada numa acepção simples e genérica, de modo a ter aqui aplicação, ainda que não seja, a rigor, apropriada a alguns desses casos, por exemplo relativamente a um indivíduo agressor, nem é a palavra *perda*[566] apropriada aqui ao indivíduo agredido; mas, para todos os efeitos, fala-se em perda e ganho quando a quantidade de *sofrimento*[567] recebido foi estimada.) Assim, enquan-15 to o igual é uma mediania entre mais e menos, ganho e perda são respectivamente o mais e o menos contrariamente, mais bem e menos mal sendo o ganho, e o contrário a perda; e como o igual, que declaramos ser o justo, constitui mediania entre eles, conclui-se que *a justiça corretiva*[568] será a mediania entre perda e ganho.

Eis a razão porque em caso de disputas, recorre-se ao juiz. Dirigir-20 -se a um juiz é dirigir-se à justiça. De fato, o juiz é como se fosse a

---

562. ...ὥστε τὸ ἄδικον τοῦτο ἄνισον ὂν ἰσάζειν πειρᾶται ὁ δικαστής... (*hoste tò ádikon toûto ánison òn isázein peirâtai ho dikastés*). Daí ser essa justiça, concebida e aplicada pelos juízes entre os particulares, corretiva ou corretora, vale dizer, equalizadora. Embora para Aristóteles não haja teórica e explicitamente uma distinção entre o ético e o jurídico (o legal está encerrado no ético ou, em outras palavras, não há uma ciência autônoma do direito, a qual os romanos chamarão de *jurisprudentia*), ele estabelece implicitamente nesse ponto a clara fronteira (que existe na prática) entre o moral e o legal, visto que a justiça corretiva é para ele precisamente a justiça dos tribunais, a justiça pertinente ao domínio do que denominaremos posteriormente *direito*, e mais particularmente direito civil e direito penal.

563. ...τὸ πάθος καὶ ἡ πρᾶξις... (*tò páthos kaì he prâxis*). Literalmente: da paixão e da ação.

564. ...τῇ ζημίᾳ... (*têi zemíai*): outro sentido dessa palavra cabível neste contexto, além de punição, castigo, é *perda*.

565. ...κέρδος... (*kérdos*).

566. ...ζημία... (*zemía*).

567. ...πάθος... (*páthos*).

568. ...τὸ ἐπανορθωτικὸν δίκαιον... (*tò epanortotikòn díkaion*).

LIVRO IV | 151

justiça dotada de alma. Outro motivo para buscarmos o juiz é para que ele estabeleça a mediania, pelo que, efetivamente, em alguns lugares, chamam-se os juízes de *mediadores*,[569] pois se eles atingem a mediania, segundo lhes parece, atingem o justo. É de se concluir, portanto, que o justo é uma espécie de mediania na medida em que o juiz encarna essa mediania.

25 O juiz restaura a igualdade, como se de uma linha dividida em duas partes desiguais, ele subtraísse do segmento maior a porção pela qual é excedida uma metade da linha inteira e a somasse ao segmento menor. Tendo sido o todo dividido em duas metades, as pessoas costumam dizer que assim "têm o que lhes cabe",[570] ou seja, quando obtiveram o que é igual. Essa é, de fato, a razão de dizer-

30 -se δίκαιον [*díkaion* (justo)], cujo significado é δίχα [*díkha* (em dois)], como se alguém devesse chamá-lo [e pronunciá-lo] δίχαιον (*díkhaion*) e um δικαστὴς [*dikastès* (juiz)] fosse um διχαστής [*dikhastés* (aquele que separa em duas metades)]. {O igual é mediania de acordo com a proporção aritmética entre o maior e o menor.}[571] De fato, sempre que de dois iguais uma quantidade é subtraída de um e adicionada ao outro, este excederá o primeiro duas vezes a quantidade adicionada, ao passo que se houvesse sido subtraí-da de um, porém sem a adição ao outro, este último excederia o

1132b1 primeiro uma vez somente tal quantidade. Portanto, excederá a mediania *uma vez* a quantidade e a mediania excederá o primei-ro do qual a quantidade foi subtraída *uma vez* aquela quantidade. Isso nos capacitará a apurar o que subtrair da parte que tem muito

5 e o que adicionar àquela de tem pouco: teremos que adicionar a esta última a quantidade por meio da qual a mediania entre elas a excede e subtrair da primeira a quantidade pela qual a mediania é por ela excedida. Suponhamos as linhas AA, BB, CC iguais entre si; que o segmento AE seja subtraído de AA e que o segmento CD

---

569. ...μεσιδίους, ... (*mesidíous*).

570. ...ἔχειν τὸ αὑτοῦ, ... (*ékhein tò hautoû*).

571. ...τὸ δ' ἴσον μέσον ἐστὶ τῆς μείζονος καὶ ἐλάττονος κατὰ τὴν ἀριθμητικὴν ἀναλογίαν. ... (*tò d'íson méson estì tês meízonos kai eláttonos katà tèn arithmetikèn analogían*). { } Sentença deslocada algumas linhas visando a concatenação conjectural do contexto, embora no manuscrito ela apareça em 1132a29-30 segundo a numeração de Bekker.

seja adicionado a CC, de maneira que toda a linha DCC exceda a
linha EA pelo segmento CD e o segmento CF; resulta que DCC
10 excederá BB por meio de CD.[572]

As palavras perda e ganho originam-se da permuta voluntária. Nesse contexto, ter mais do que o que lhe cabe é chamado de
15 ganho e ter menos do que aquilo que se tinha originalmente, de perda, como ocorre no comprar e vender e em todas as demais transações em que a lei libera os indivíduos para agirem segundo seu
próprio critério. Quando a transação não resulta nem em aumento
nem em diminuição, mas apenas no mesmo que as próprias partes possuíam, as pessoas dizem que "têm o que lhes cabe" e nem
perderam, nem ganharam. Isso nos autoriza a concluir que a justiça nas transações *involuntárias*[573] é uma mediania entre um certo
20 ganho e uma certa perda: é ter uma quantidade igual anterior e
posteriormente à transação.

5

HÁ OS QUE OPINAM QUE A SIMPLES *RECIPROCIDADE*[574] é o justo,
como os pitagóricos, que, com efeito, definiam o justo simplesmente como a reciprocidade entre uns e outros.[575]
25   A reciprocidade, entretanto, não se enquadra nem na justiça
distributiva nem na corretiva (ainda que as pessoas queiram que
seja este o significado da justiça de Radamanto,[576] isto é:

Sofresse alguém o que fez e a reta justiça passaria a existir).[577]

---

572. Devido à abstração, convém que o leitor trace num papel as linhas e segmentos indicados
pelo autor para facilitar a compreensão.

573. ...παρὰ τὸ ἑκούσιον... (*parà tò hekoúsion*), literalmente: contrárias ao voluntário.

574. ...ἀντιπεπονθός... (*antipeponthòs*).

575. O que implica no plano prático e moral a vingança (τιμωρία [*timoría*]) e naquele espiri-
tual a metempsicose (μετεμψύχωσις [*metempsýkhosis*]) e o carma. É também o princípio
por trás da lei de talião.

576. Um dos juízes das almas (espectros) no Hades (mundo subterrâneo dos mortos), filho de
Zeus e irmão de Minos.

577. ...εἴ κε πάθοι τά τ᾽ ἔρεξε, δίκη κ᾽ ἰθεῖα γένοιτο... (*eí ke páthoi tá t'érexe, díke k'itheîa
génoito*).

LIVRO IV | 153

Com efeito, muitas vezes uma diverge da outra.[578] Por exemplo, supondo que alguém investido de autoridade agrida uma pessoa, não é certo que esta revide; e se uma pessoa agride alguém investido
30 de autoridade, o revide deste último não bastará, cabendo também uma punição ao agressor. Por outro lado, faz uma grande diferença o fato de um ato ser realizado voluntária ou involuntariamente. No intercâmbio de favores, a justiça entendida como reciprocidade é o vínculo que mantém a associação – *reciprocidade de acordo com a proporção e não com a igualdade.*[579] A própria integridade do Estado depende da reciprocidade fundada na proporção. De fato, os
1133a1 indivíduos procuram retribuir o mal com o mal – a incapacidade de fazê-lo os leva a se julgarem na condição de escravos; ou o bem com o bem, na falta do que nenhum intercâmbio ocorre, quando sua associação é constituída pelo intercâmbio. É por isso que construímos um *santuário das Graças*[580] num lugar de fácil acesso a todos para lembrar às pessoas que retribuam a amabilidade. *Com efeito, isso é característica da graça.*[581] De fato, constitui um dever não só
5 retribuir um favor quando se foi o favorecido, como também num próximo ensejo tomar a iniciativa de prestarmos nós mesmos o favor.

A retribuição conforme a proporção é produzida numa conjunção em diagonal. Por exemplo, suponhamos que A seja um *construtor,*[582] B um *sapateiro,*[583] C uma *casa*[584] e D um *calçado;*[585] o cons-
10 trutor deve receber do sapateiro o produto do trabalho deste e a ele entregar o produto do seu. Se a igualdade baseada na proporção entre os produtos for instaurada numa primeira instância, e ocorrer a reciprocidade, o resultado que indicamos terá sido alcança-

---

578. Ou seja, a reciprocidade e a justiça.

579. ...ἀντιπεπονθὸς κατ' ἀναλογίαν καὶ μὴ κατ' ἰσότητα. ... (*antipeponthòs kat'ananlogían kai mè kat'isóteta*).

580. ...Χαρίτων ἱερὸν... (*Kharíton hieròn*). Graças (Aglaê, Eufrosine e Tália, aqui divindades que personificam a atribuição das graças e favorecimentos.

581. ...τοῦτο γὰρ ἴδιον χάριτος... (*toúto gàr ídion kháristos*).

582. ...οἰκοδόμος... (*oikodómos*).

583. ...σκυτοτόμος... (*skytotómos*).

584. ...οἰκία... (*oikía*).

585. ...ὑπόδημα... (*hypódema*).

154 | ÉTICA A EUDEMO

do; mas se não for esse o caso, o acordo comercial não apresentará igualdade, o intercâmbio não procedendo, pois pode acontecer de o produto de um dos artesãos ter mais valor do aquele do outro, caso em que terão que ser tornados iguais. {Algo idêntico vale no
15 que se refere às demais artes; com efeito, deixariam de existir se seu agente não produzisse e não recebesse o mesmo quantitativa e qualitativamente que o paciente recebe.}[586] De fato, não são dois médicos que se associam para uma permuta, mas *médico e agricultor*[587] e geralmente pessoas que são diferentes e possivelmente desiguais; ora, nesse caso têm que ser tornadas iguais. A consequência é todas as coisas permutadas necessitarem ser, de alguma forma, comensuráveis. A introdução do dinheiro ocorreu com o objetivo de atender
20 a essa exigência; sendo uma medida de todas as coisas, de certa forma o dinheiro se converteu num elemento intermediário, que é, inclusive medida o excesso e da deficiência das coisas, o que vale dizer quantos calçados são *iguais*[588] a uma casa ou a uma determinada quantidade de alimento. A quantidade de calçados que serve de permuta por uma casa {ou alimento}[589] tem, portanto, que apresentar uma relação proporcional entre construtor e sapateiro; com efeito, na ausência desta não haverá qualquer comércio ou as-
25 sociação e tal relação proporcional não poderá ser realizada a menos que aqueles produtos guardem alguma equivalência.

É forçoso, portanto, que todos os produtos comerciais possuam um padrão de medida, como foi dito anteriormente. E esse padrão é, na realidade, *a necessidade,*[590] aquilo que mantém a coesão de

---

586. ...ἔστι δὲ τοῦτο καὶ ἐπὶ τῶν ἄλλων τεχνῶν. ἀνῃροῦντο γὰρ ἄν, εἰ μὴ ἐποίει τὸ ποιοῦν καὶ ὅσον καὶ οἷον, καὶ τὸ πάσχον ἔπασχε τοῦτο καὶ τοσοῦτον καὶ τοιοῦτον. ... (*ésti dè toûto kaì epì tôn állon tekhnôn. Aneiroûnto gàr án, ei mè epoíei tò poioûn kaì hóson kaì hoîon, kaì tò páskhon épaskhe toûto kaì tosoûton kaì toioûton*). Todo este período entre chaves (com ligeira diferença formal) foi deslocado para cá de 1132b9-10 (numeração de Bekker) por força da coerência contextual, ainda que em todos os manuscritos sua posição seja aquela.

587. ...ἰατροῦ καὶ γεωργοῦ, ... (*iatroû kaì georgoú*).

588. ...ἴσον... (*íson*), ou seja, equivalentes.

589. ...ἢ τροφῇ... (*è trophêi*), entre chaves: interpolação que parece simplesmente visar ao completamento da ideia.

590. ...ἡ χρεία, ... (*he khreía*), comercialmente falando, a demanda.

LIVRO IV | 155

tudo; de fato, se as pessoas deixassem completamente de ter necessidades, ou se não as experimentassem entre si em pé de igualdade, o intercâmbio não perduraria ou não seria o mesmo que é. Mas, segundo uma convenção, a necessidade passou a ser representada pelo
30 *dinheiro*,[591] daí o nome νόμισμα (*nómisma*) para o dinheiro, porque *não existe por natureza, porém por convenção*,[592] e está em nosso poder alterá-lo ou inutilizá-lo. Existirá, por conseguinte, reciprocidade toda vez que os produtos forem tornados iguais, de maneira a estabelecer-se para o intercâmbio uma equivalência entre o produ-
1133b1 to do agricultor e aquele do sapateiro. Mas por ocasião da troca os seus produtos têm que ser reduzidos à forma de uma proporção; de fato, se isso não for feito, um dos extremos encerrará ambos os excessos; quando, entretanto, cada um tem o que lhe cabe, são, então, igualados e capazes de se associarem, pois no caso deles a igualdade
5 pode ser estabelecida (agricultor A, alimento C, sapateiro B, o produto deste equalizado D); na impossibilidade de realizar a reciprocidade desse modo, a associação entre eles não seria possível. Que é a necessidade, ao atuar como uma unidade, que mantém essa coesão, fica claro pelo fato de que, na ausência de necessidade mútua quanto a ambas as partes, ou, ao menos, quanto a uma delas, não se instaura nenhum intercâmbio entre elas {como quando alguém necessita de algo que alguém já possui, é concedida a permissão, por exemplo,
10 de exportação de trigo em troca de vinho}.[593] Neste caso, portanto, é necessária uma equalização. E o dinheiro atua como uma garantia de comércio para o futuro; na hipótese de não precisarmos de nada no presente, ele assegura a possibilidade da permuta quando houver uma necessidade. Nossa disponibilidade de dinheiro nos possibilita obter aquilo de que precisamos. Ele é tão suscetível à flutuação da necessidade quanto os produtos comercializados (mercadorias), porquanto seu valor varia sempre, embora tenda a uma certa estabilidade. Consequentemente, convém que todos os produtos co-

---

591. ...νόμισμα... (*nómisma*).

592. ...οὐ φύσει ἀλλὰ νόμῳ ἐστί, ... (*ou phýsei allà nómoi estí*).

593. ...ὥσπερ ὅταν οὐ ἔχει αὐτὸς δέηταί τις, οἷον οἴνου, διδόντες σίτου ἐξαγωγήν. ... (*hósper hótan hoû ékhei autòs déetaí tis, hoîon oínou, didóntes sítou exagogés*.). Há helenistas que consideram este período entre chaves uma interpolação, que, concordamos, inclusive, é aqui pouco esclarecedora e até desconexa do assunto.

156 | ÉTICA A EUDEMO

mercializados tenham seus preços estabelecidos, o que assegurará
15 a existência do comércio e, como resultado, aquela da associação.
O dinheiro, então, atua como uma medida que transmite comensurabilidade aos produtos comercializados, igualando-os. De fato a
inexistência do comércio determinaria aquela da associação, enquanto o primeiro não existiria na ausência de igualdade e esta
igualdade sem comensurabilidade. Embora, na verdade, seja im-
20 possível para coisas tão diferentes se tornarem comensuráveis, a necessidade (demanda) possibilita uma medida comum suficiente. É
forçoso haver algum padrão que seja estabelecido consensualmente
(razão pela qual é chamado de dinheiro).[594] Com efeito, é ele que
transmite comensurabilidade a todas as coisas, na medida em que
todas são mensuráveis pelo dinheiro. Suponhamos que A seja uma
casa, B *dez minas*,[595] e C uma cama. Nesse caso, A é a metade de B
25 (se a casa valer cinco minas, ou igual a isso); a cama, C, é a décima
parte de B; disto se conclui claramente *quantas camas são iguais a
uma casa, ou seja, cinco.*[596] Está claro que a operação comercial (permuta) foi feita dessa forma devido à existência do dinheiro, porém é
indiferente, com efeito, se são cinco camas que são permutáveis por
uma casa, ou se o valor de cinco camas.

Acabamos de mencionar o que são a injustiça e a justiça.[597] Com
30 base nessa sua distinção, fica evidente que *a ação justa*[598] é mediania
entre infligir e sofrer injustiça, pois infligi-la é dispor de excesso e
sofrê-la é dispor de deficiência ou insuficiência. E a justiça é uma
modalidade de mediania, ainda que não nos mesmos moldes das
outras virtudes, mas por associação a uma mediania; a injustiça,
de sua parte, está associada aos extremos. Além disso, a justiça é

---

594. ...διὸ νόμισμα καλεῖται ... (*diò nómisma kaleîtai*): o significado específico de νόμισμα (*nómisma*) é *moeda corrente*, mas o genérico é *qualquer coisa estabelecida por força do costume ou convenção.*

595. ...μναῖ δέκα... (*mnaî déka*). Mina: moeda de cem dracmas.

596. ...πόσαι κλῖναι ἴσον οἰκίᾳ, ὅτι πέντε... (*pósai klînai íson oikíai, hóti pénte*). Dada a presença aqui do dinheiro como padrão comum no intercâmbio, o conceito de *ser igual* (*igualar*) já incorpora o de *equivaler* (ou seja, ter o mesmo valor), a despeito de se tratar ainda de uma proporção aritmética.

597. Τί μὲν οὖν τὸ ἄδικον καὶ τί τὸ δίκαιόν ἐστιν, εἴρηται. ... (*Tí mèn oún tò ádikon kaì tí tò díkaión estin, eiretai.*).

598. ...ἡ δικαιοπραγία ... (*he dikaiopragía*).

LIVRO IV | 157

1134a1 aquilo em função do que se diz de um indivíduo que é praticante por prévia escolha do justo, posto que sempre que está distribuindo coisas para si e outrem, ou entre duas outras pessoas, não concede demasiado a si mesmo e demasiado pouco ao seu semelhante do que é desejável e o inverso no tocante ao que é prejudicial. Sua
5 distribuição é proporcionalmente igual, inclusive no que respeita a distribuir entre duas pessoas. A injustiça, ao contrário, estando semelhantemente associada ao injusto, constitui excesso ou deficiência de alguma coisa benéfica ou nociva, ferindo a proporção. Resulta que a injustiça é excesso ou deficiência enquanto produ-
10 tora de excesso ou deficiência que afeta o próprio perpetrador da injustiça – excesso de qualquer coisa que é absolutamente benéfica e deficiência de qualquer coisa nociva; e na medida que afeta os outros, ainda que a consequência como um todo seja idêntica, é a transgressão do proporcional, a qual pode ocorrer em qualquer direção. No ato injusto, ter demasiado pouco é ser vítima de injustiça, ao passo que ter demasiado é infligir injustiça.
15 Sobre a justiça e a injustiça, a natureza de cada uma delas, e igualmente sobre o justo e o injusto, é o que em termos gerais tínhamos a dizer.

6

COMO, PORÉM, ALGUÉM PODE infligir injustiça sem realmente ser injusto, nos cabe indagar: que espécie de atos injustos determinam que aquele que os cometeu seja injusto no tocante a cada tipo de injustiça – *por exemplo, o ladrão, ou o adúltero, ou o assaltante?*[599] Ou seria o caso de afirmarmos que a diferença reside nos tipos? *Com efeito, alguém pode manter relações sexuais com uma mulher*
20 *ciente de quem ela é,*[600] o ponto de partida desse ato não sendo uma

---

599. ...οἷον κλέπτης ἢ μοιχὸς ἢ λῃστής;... (*hoîon kléptes è moikhòs è leistés;*).

600. ...καὶ γὰρ ἂν **συγγένοιτο** γυναικὶ εἰδὼς τὸ ἦ, ... (*kaì gàr àn **syngénoito** gynaiki eidos tò hêi*): o verbo que assinalamos em negrito e traduzimos por *manter relações sexuais* na verdade tem aqui um sentido mais específico, ou seja, *compartilhar sexualmente*, que é precisamente o que ocorre no adultério, no qual alguém (homem ou mulher), na condição de adúltero ou adúltera, compartilha de maneira sexual respectivamente da esposa de outro homem ou do esposo de outra mulher.

158 | ÉTICA A EUDEMO

prévia escolha, mas motivado por paixão. E nesse caso, embora tenha ele cometido injustiça, não é um homem injusto; por exemplo, alguém não é um ladrão ainda que tenha executado um furto; não é um adúltero ainda que haja cometido um adultério; o mesmo se aplica aos demais casos.

Foi mencionado anteriormente de que modo a reciprocidade se relaciona com a justiça.

25 Não devemos nos esquecer, porém, que o que investigamos é tanto *a justiça pura e simplesmente quanto a justiça política*.[601] Esta existe entre pessoas livres e iguais do prisma da proporção, ou aritmeticamente iguais, pessoas que vivem uma vida em comum com a finalidade da autossuficiência. Por conseguinte, entre indivíduos que não atendem a esses requisitos, a justiça política não existe,[602]
30 tão somente uma espécie de justiça por similitude. O fato é que somente entre indivíduos cujas relações mútuas são reguladas pela lei há possibilidade de existir justiça, e esta existe no seio daqueles entre os quais também pode ocorrer injustiça. Com efeito, a administração da justiça implica a distinção entre o justo e o injusto. Pessoas, portanto, entre as quais a injustiça é possível, podem agir mutuamente de maneira injusta (ainda que na ação injusta nem

---

601. ...τὸ ἁπλῶς δίκαιον καὶ τὸ πολιτικὸν δίκαιον. ... (*tò haplôs díkaion kai tò politikòn díkaion*). Por trás disso está para o Estagirita a distinção fundamental entre a esfera da ação do indivíduo nos atos privados de sua vida e a esfera de seus atos como cidadão na comunidade política ou social, o que implica em Aristóteles tanto um princípio axiológico quanto um teleológico, quer dizer, a *vida do cidadão* [mais exatamente, segundo o Estagirita, do animal político: o ser humano, diferentemente dos deuses e dos outros animais, caracteriza-se necessariamente como ser social, ou seja, que vive em comunidade na πόλις (*pólis*)] não só é mais digna do que *a vida privada do indivíduo*, como constitui o fim (meta) de sua existência, vale dizer, da existência humana. Ora, a *justiça entre cidadãos* (indivíduos na sua ação [πράχις] política), embora, obviamente, não exclua a *justiça entre particulares*, mas a esta se some, possui dimensão muito maior do que essa última. Ademais, não se trata apenas de conceituar a justiça em abstrato ou em termos universais, mas também de indicar como praticá-la na *pólis* entre cidadãos.

602. O *escravo* (δοῦλος [*doûlos*]) é uma propriedade. Perante a lei não é sequer uma pessoa e, muito menos, um cidadão. A capacidade de agir justa ou injustamente está restrita à pessoa e ao cidadão. Assim, qualquer ação legal, que envolve justiça e injustiça, tem sempre o escravo como objeto e nunca como agente ou sujeito; somente seu senhor (que é livre) pode tanto agir justa ou injustamente quanto dirigir-se ao juiz, representar o escravo que lhe pertence, reivindicar seus direitos em relação a ele e responder pelas ações dele perante a lei e perante outros proprietários de escravos.

LIVRO IV | 159

sempre haja injustiça), significando isso atribuir-se uma quantidade excessivamente grande do que é simplesmente bom e uma exces-
1134b1 sivamente pequena do que é simplesmente mau. *Eis a razão porque
não admitimos que um ser humano governe, mas a lei,*[603] porque ele
o faz em seu próprio interesse e se converte num tirano; o governante atua como o guardião da justiça, e se o é da justiça, também
o é da igualdade. Sendo ele justo, parece não locupletar-se (com
efeito, não direciona a si próprio uma porção maior daquilo que é
simplesmente bom, a não ser que seus méritos assim o determinem;
pelo contrário, ele se empenha a favor dos outros, *razão pela qual*
5 *dizem que a justiça é o bem alheio, como foi mencionado anteriormente*[604]). Daí a razão de lhe proporcionarem alguma recompensa,
isto é, honra e privilégio. Àqueles para os quais isso não basta se
tornam tiranos.

Entre a justiça do senhor e a do pai não há identidade, mas só
semelhança. Com efeito, não existe injustiça no sentido absoluto
10 quanto ao que nos pertence, e uma *propriedade*[605] ou o filho, até
alcançar certa idade e adquirir independência, é como se fosse
uma parte de nós mesmos e ninguém deliberadamente opta por
prejudicar a si mesmo; a razão é não existir uma injustiça que se
dirige contra a própria pessoa, e, portanto, nada injusto ou justo
no sentido político; com efeito, estes, como vimos, estão incorpo-
15 rados na lei e vigoram entre pessoas naturalmente submetidas à lei,
isto é, pessoas que participam igualmente *do mando e da obediên-*

---

603. ...διὸ οὐκ ἐῶμεν ἄρχειν ἄνθρωπον, ἀλλὰ τὸν νόμον, ... (*diò ouk eômen árkhein ánthropon, allà tòn nómon*). Um dos manuscritos indica λόγον (*lógon*), razão, em lugar de
νόμον (*nómon*), lei. Não vimos porque não seguirmos Bekker, porquanto nos parece que
neste contexto o conceito de razão mostra-se demasiado amplo e genérico e, talvez, até
não pertinente, pois Aristóteles está às voltas com a justiça, a qual implica necessariamente a lei, mas não a lei necessariamente racional ou a razão. Como Aristóteles, ao tocar na
justiça política, já antecipa seu desagrado pela monarquia, sobretudo a despótica, o leitor
encontrará a resposta mais satisfatória a essa questão no devido tempo quando estudar a
Política.

604. ...καὶ διὰ τοῦτο ἀλλότριον εἶναί φασιν ἀγαθὸν τὴν δικαιοσύνην, καθάπερ ἐλέχθη
καὶ πρότερον, ... (*kaì dià toûto allótrion eînaí phasin agathòn tèn dikaiosýnen, Katháper
elékhthe kaì próteron*).

605. ...κτῆμα... (*ktêma*), bens em geral, especialmente bens móveis; mas aqui Aristóteles se
refere a um bem móvel específico: o escravo.

160 | ÉTICA A EUDEMO

cia.[606] Por conseguinte, a justiça é mais efetivamente praticável em relação à mulher do que em relação aos filhos e às propriedades;[607] com efeito, essa justiça entre homem e mulher (esposo e esposa) é *justiça doméstica.*[608] Todavia, a justiça doméstica também se distingue da justiça política.

7

A JUSTIÇA POLÍTICA É EM PARTE NATURAL, em parte convencional: natural a que vigora do mesmo modo em todos os lugares
20 e não depende da aceitação ou não aceitação; convencional aquela que originalmente é possível ser estabelecida deste ou daquele modo indiferentemente, mas que uma vez estabelecida, deixa de ser indiferente. Por exemplo, ser o resgate de um prisioneiro no valor de uma mina, constituir o sacrifício de uma cabra e não de duas ovelhas, e quaisquer leis promulgadas para aplicação a casos particulares, como o sacrifício em honra de Brasidas[609] e *as ordenações*

---

606. ...τοῦ ἄρχειν καὶ ἄρχεσθαι. ... (*toû árkhein kaì árkhesthai*), literalmente *do mandar e ser mandado*, que é a acepção ampla e genérica alusiva, por exemplo, ao pai e o filho ou ao senhor e o escravo. Mas Aristóteles insinua, ainda que contrastivamente, também o conceito mais restrito da relação entre governante(s) e governados na comunidade política que, inclusive, na Atenas democrática, ocorria pela alternância entre uns e outros.

607. Entenda-se o mando do *senhor* (δεσπότης [*despótes*]), que é *homem e esposo* (ἀνήρ [*anér*]) e a sujeição (obediência) da *mulher e esposa* (γυνή [*gyné*]), dos *filhos* (τέκνα [*tékna*]) e dos escravos, aqui distinguidos como *propriedades* (κτέματα [*ktémata*]), pois estão nelas compreendidos. Ver nota 602.

608. ...οἰκονομικὸν δίκαιον... (*oikonomikòn díkaion*). Na sociedade helênica antiga, a *esfera da* οἶκος (*oíkos*), que significa casa/família num sentido tão lato que não admite a tradução por um ou outro desses vocábulos isoladamente (a *oíkos* é o domínio do *despotes*, pai e senhor absoluto de filhos, esposa, escravos, animais, habitações, implementos agrícolas, terras e bens imóveis em geral) se distingue claramente da *esfera da* πόλις (*pólis*), a saber, aquela do Estado e do cidadão. É por isso que Aristóteles afirma que a justiça entre esposo e esposa é diferente da justiça política. Todavia, embora o filósofo tenha sempre nítida a distinção entre o privado, o doméstico e o público, como o ser humano é o "animal político" (entendamos modernamente animal social), as esferas do privado e do doméstico, na prática, incorporam-se na esfera do público (político).

609. Espartano que em 424 a.C. livrou Anfípolis do jugo de Atenas. Morreu em 422 a.C. lutando em defesa de Anfípolis, que desde então passou a honrá-lo com a celebração de jogos e sacrifícios.

LIVRO IV | 161

sob forma de decretos.[610] Algumas pessoas pensam que toda justiça
é desse tipo,[611] porque enquanto uma lei da natureza é imutável e
25 tem vigência igualmente em todos os lugares, *como o fogo que quei-*
ma tanto aqui quanto na Pérsia,[612] observa-se que as coisas tidas
como justas variam. Mas isso não é verdadeiro em termos absolutos, mas apenas em certas situações. Com efeito, no que toca aos
deuses talvez não seja verdadeiro de modo algum. No tocante a
30 nós, embora haja essa justiça natural, tudo está sujeito à mudança.
De qualquer modo, há nesse domínio o natural bem como o que
não é determinado pela natureza, e percebemos com clareza quais
regras da justiça, ainda que não absolutas, são naturais e quais não
são, mas *legais e convencionais,*[613] ambas sendo igualmente mutáveis. Acusamos idêntica distinção em todas as demais coisas; por
exemplo, é fato ser a mão direita mais forte [do que a esquerda], o
35 que não impede, entretanto, que qualquer indivíduo torne-se am-
1135a1 bidestro. As coisas consideradas justas com base na convenção e na
conveniência são como medidas. *Com efeito, as medidas de vinho e*
trigo não são iguais em todos os lugares,[614] mas são maiores no atacado e menores no varejo. De maneira semelhante, as coisas tidas
como justas ordenadas não com base na natureza, mas no humano
não são as mesmas em todos os lugares, visto que tampouco o são
5 as *formas de governo,*[615] ainda que em todos haja apenas uma que
do ponto de vista da natureza é a melhor. Cada uma das coisas
justas e legais está vinculada à ação que lhe é pertinente, como *os*
universais relativamente aos particulares,[616] pois as ações praticadas
são muitas, sendo, porém, cada uma delas una; *com efeito, é univer-*

---

610. ...τὰ ψηφισματώδη. ... (*tà psephismatóde*).

611. Ou seja, toda justiça é produto da convenção – opinião, por exemplo, sustentada pelos
sofistas.

612. ...ὥσπερ τὸ πῦρ καὶ ἐνθάδε καὶ ἐν Πέρσαις καίει, ... (*hósper tò pûr kaì entháde kai en*
Pérsais kaíei).

613. ...νομικὸν καὶ συνθήκῃ, ... (*nomikòn kaì synthékei*).

614. ...οὐ γὰρ πανταχοῦ ἴσα τὰ οἰνηρὰ καὶ σιτηρὰ μέτρα, ... (*ou gàr pantakhoû ísa tà oinerà*
kai siterà métra).

615. ...πολιτεῖαι, ... (*politeîai*).

616. ...τὰ καθόλου πρὸς τὰ καθ' ἕκαστα... (*tà kathólou pròs tà kath'hékasta*).

162 | ÉTICA A EUDEMO

sal.[617] *Existe uma diferença entre a conduta injusta e o injusto e entre a conduta justa e o justo.*[618] Algo é declarado como injusto pela natureza ou mediante uma disposição legal. Quando essa mesma
10 coisa é realizada, estamos ciente de uma conduta injusta; enquanto não é realizada, é apenas injusta. Sucede semelhantemente com a conduta justa (chamada mais comumente de *ação justa,*[619] que é o termo geral, *conduta justa*[620] indicando a retificação de uma conduta injusta. Teremos posteriormente que examinar cada uma des-
15 sas coisas no tocante à sua qualidade, à quantidade de suas formas e à natureza daquilo a que dizem respeito.

8

SENDO AS AÇÕES JUSTAS E INJUSTAS tal como as descrevemos, será a sua realização voluntária que determinará ser a conduta justa ou injusta. Se alguém as realiza involuntariamente, não age injusta ou justamente, salvo *incidentalmente*[621] no sentido de que realiza atos eventualmente justos ou injustos. Portanto, uma ação ser ou não
20 um ato de injustiça, ou de justiça, é determinado por seu cunho voluntário ou involuntário. Quando é voluntária, é censurável e nesse caso um ato de injustiça; disso decorre a possibilidade de um ato ser injusto sem ser um ato de injustiça se a voluntariedade estiver

---

617. ...καθόλου γάρ... (*kathólou gár*). Esta frase sumária dá a entender que cada ação una é universal, quando o que é universal é cada uma das coisas justas e legais que se vinculam às ações.

618. ...διαφέρει δὲ τὸ ἀδίκημα καὶ τὸ ἄδικον καὶ τὸ δικαίωμα καὶ τὸ δίκαιον... (*diaphérei dè tò adíkema kaì tò ádikon kaì tò dikaíoma kaì tò díkaion*). Aristóteles distingue tecnicamente a prática da injustiça (ou seja, os atos injustos, do conceito de injustiça, isto é, da injustiça absoluta, sem qualificação (ἁπλόος [*haplóos*]), ou, como diríamos na linguagem filosófica moderna, da injustiça abstrata. Faz o mesmo com a conduta justa e o justo. Deixa clara a distinção entre as esferas da teoria do conhecimento e da ética, vale dizer, entre o conceito e a ação.

619. ...δικαιοπράγημα... (*dikaioprágema*).

620. ...δικαίωμα... (*dikaíoma*).

621. ...κατὰ συμβεβηκός... (*katà symbebekós*).

LIVRO IV | 163

ausente.[622] Por voluntário, como foi expresso antes, entendo aquilo que está na esfera do próprio controle e que é manifestado cientemente, isto é, sem desconhecer a pessoa que sofre a ação, o instrumento empregado na ação e o resultado a ser atingido (por exem-
25 plo, é imperioso saber quem agride, com qual instrumento e qual o propósito), sem que cada uma dessas circunstâncias ocorra incidentalmente ou mediante força. Exemplo: se alguém se apoderou da mão de outra pessoa e com ela golpeou uma terceira pessoa, a segunda pessoa não foi um agente voluntário; de fato, essa ação não esteve sob seu controle. Outro caso: um agressor, embora ciente de
30 que está agredindo alguém e que se trate, talvez, de uma das pessoas ao seu redor, desconhece que o agredido é seu pai. Ademais, de modo semelhante pode ser estabelecida essa distinção tomando-se como referência o propósito e as circunstâncias da ação como um todo. O ato involuntário é, portanto, aquele realizado na ignorância ou, ainda que não realizado nessa condição, aquele que ocorre na falta do controle do agente ou que é realizado sob coação. *Com efei-*
1135b1 *to, existem muitos processos da natureza que são executados ou sofridos cientemente e, no entanto, nenhum deles é voluntário ou involuntário, a exemplo o envelhecer ou o morrer.*[623] Um ato pode igualmente ser ou injusto ou justo incidentalmente. Com efeito, um indivíduo
5 pode restituir um depósito involuntariamente e por receio de deixar de fazê-lo e, no entanto, não diremos que realizou o justo, ou que agiu justamente, mas que o fez de maneira meramente incidental. Do mesmo modo, nos limitaremos a dizer da pessoa que deixou de restituir um depósito devido à coação e contra sua vontade que agiu injustamente ou que cometeu o injusto de modo incidental. Entre os atos voluntários há os realizados por prévia escolha e os reali-
10 zados na ausência desta, aqueles por prévia escolha realizados após deliberação e os segundos realizados sem prévia deliberação.

---

622. A sutileza é inevitável. Entretanto, a ideia é simplíssima. Atendo-se ao que o Estagirita entende por *voluntário*, o que determina necessariamente a existência de ações justas ou injustas é a presença da *vontade* no agente. Aquele que não tem vontade própria e que não sabe o que faz, como faz e para quem faz é inqualificável de ação justa ou injusta.

623. ...πολλὰ γὰρ καὶ τῶν φύσει ὑπαρχόντων εἰδότες καὶ πράττομεν καὶ πάσχομεν, ὧν οὐθὲν οὔθ᾽ ἑκούσιον οὔτ᾽ ἀκούσιόν ἐστιν, οἷον τὸ γηρᾶν ἢ ἀποθνήσκειν. ... (*pollà gàr kaì tôn phýsei hyparkhónton eidótes kaì práttomen kaì páskhomen, hôn oudèn outh'hekoúsion out'akoúsión estin, hoîon tò gerân è apothnéskein.*).

164 | ÉTICA A EUDEMO

Três formas de *ofensas*,[624] portanto, estão presentes nas transações. Quando as ofensas são cometidas na ignorância são *erros*,[625] a pessoa ofendida, o ato, o instrumento ou o propósito revelando-se distintos daquilo que o agente (ofensor) supôs – alguém não julgou

15 estaf ferindo, ou não com aquele projétil, ou não aquela pessoa, ou não visando àquele resultado, mas sucedeu que esse resultado foi diferente do esperado (exemplo, com o arremesso não pretendia causar um ferimento, mas apenas uma punctura), ou se enganou quanto à pessoa, ou quanto ao projétil. Quando a ofensa acontece contrariamente a uma expectativa plausível, estamos diante da *falha involuntária*.[626] Quando a ofensa, embora sem chocar-se com uma expectativa plausível, é cometida sem maldade, temos um *erro*[627] (com efeito, trata-se de erro quando a origem da ignorância de alguém reside na própria pessoa, enquanto trata-se somente de uma falha involuntária quando a origem é a ela externa). No caso

20 do ofensor agir cientemente, mas não deliberadamente, trata-se de um *ato de injustiça*,[628] tais como os atos motivados pela ira ou qualquer outra paixão da qual o ser humano é necessária ou naturalmente suscetível; ao cometer essa forma de ofensa o indivíduo comete um erro e sua ação é um ato de injustiça, mas ainda assim isso não constitui razão para classificá-lo como injusto nem mau,

25 pois a ofensa não foi realizada por maldade. Se, contudo, alguém age mediante prévia escolha, trata-se de um ofensor injusto e mau. Isso nos leva a não crer acertadamente que atos motivados pela ira repentina sejam realizados com *premeditação*.[629] Com efeito, foi a pessoa que provocou a ira que desencadeou o ato e não a pessoa que agiu num acesso passional. Ademais, a questão em pauta não é algo ter acontecido ou não, mas a justiça que lhe diz respeito (*pois é*

30 *a injustiça manifestada que enseja a ira*[630]); realmente, não se ques-

---

624. ...βλαβῶν... (*blabôn*).

625. ...ἁμαρτήματά... (*hamartématá*).

626. ...ἀτύχημα... (*atýkhema*).

627. ...ἁμάρτημα... (*hamártema*).

628. ...ἀδίκημα, ... (*adíkema*).

629. ...προνοίας... (*pronoías*).

630. ...ἐπὶ φαινομένῃ γὰρ ἀδικίᾳ ἡ ὀργή ἐστιν... (*epì phainoménei gàr adikíai he orgé estin*).

LIVRO IV | 165

tiona o fato [do ato de ofender], como nas transações contratuais entre particulares, no caso de uma das partes ser necessariamente desonesta – a não ser que seja um caso *devido ao esquecimento*;[631] há concordância quanto à coisa, mas discordância quanto ao lado em que se encontra a justiça, *enquanto quem deliberadamente [ofen-*
1136a1 *deu], não deixa de sabê-lo.*[632] Resulta que uma das partes julga que foi objeto de tratamento injusto, ao passo que a outra não. Entretanto, a situação em que alguém comete uma ofensa contra outra pessoa mediante prévia escolha revela uma ação injusta. Essa ação injusta, por sua vez, revela alguém culpado de injustiça do tipo que torna seu agente um indivíduo injusto *quando contraria a proporção ou contraria a igualdade.*[633] Do mesmo modo, alguém que se conduz justamente segundo prévia escolha é um indivíduo justo. Mas sua conduta será justa somente se agir voluntariamente.[634]

5   Entre as ações involuntárias algumas são perdoáveis e outras não perdoáveis. *Com efeito, erros não só perpetrados na ignorância, mas gerados pela ignorância, são perdoáveis,*[635] enquanto os erros cometidos *na* ignorância, mas não gerados por ela, porém por paixões não naturais ou de caráter inumano, são *imperdoáveis.*[636]

---

631. ...διὰ λήθην... (*dià léthen*).

632. ...ὁ δ᾽ ἐπιβουλεύσας οὐκ ἀγνοεῖ (*ho d' epibouleúsas ouk agnoeî*).

633. ...ὅταν παρὰ τὸ ἀνάλογον ᾖ ἢ παρὰ τὸ ἴσον. ... (*hótan parà tò análogon ei è parà tò íson*).

634. Todo este parágrafo é tanto de suma importância quanto ligeiramente intricado. As ...Τρίων δὴ οὐσῶν βλάβων... (*Tríon dè oúson blábon*), ou seja, as *três* formas de ofensas parecem ser *cinco*. Mas são realmente três. Expliquemos. As três formas são: ἀτύχημα (*atýkhema*), falha involuntária, ἁμάρτημα (*hamártema*), erro puro e simples, e ἀδίκημα (*adíkema*), ato de injustiça. Ora, *atýkhema* engloba o engano (o qual é também um erro involuntário e desculpável) e *adíkema* subdivide-se no ato de injustiça cometido passionalmente (1), que não expressa maldade, e no ato de injustiça cometido propositalmente (com prévia escolha) (2), que manifesta maldade – ou seja, o primeiro (1) é praticado com ciência, mas sem propósito deliberado, ao passo que o segundo (2) é praticado com ciência e com propósito deliberado (com base na prévia escolha) no sentido de ofender.

635. ...ὅσα μὲν γὰρ μὴ μόνον ἀγνοοῦντες ἀλλὰ καὶ δι᾽ ἄγνοιαν ἁμαρτάνουσι, συγγνωμονικά, ... (*hósa mèn gàr mè mónon agnooûntes allà kai di' ágnoian hamartánousi, syngnomoniká*).

636. ...οὐ συγγνωμονικά... (*ou syngnomoniká*), isto é, não são perdoáveis.

9

10 Mas é possível ser questionado se definimos suficientemente nossa abordagem do sofrer e cometer injustiça, começando nós por indagar se é de fato como Eurípides[637] formulou no estranho discurso abaixo:

Matei minha mãe: eis o resumo da história.

Foram ambos nisso espontâneos, ou ambos não espontâneos?[638]

15 É, pois, verdadeiramente possível ser vítima de injustiça voluntariamente ou sofrê-la é invariavelmente involuntário, como agir injustamente é em todos os casos voluntário? E ser vítima de injustiça é invariavelmente voluntário, ou em todos os casos é involuntário, ou às vezes é uma coisa, às vezes outra? Outro tanto ocorre no que diz respeito a ser tratado justamente (com efeito, toda ação justa é voluntária[639]). Assim seria razoável supor uma oposição 20 semelhante numa situação ou outra, isto é, ser tratado injusta ou justamente seria ou igualmente voluntário ou involuntário. Mas parece absurdo que mesmo ser tratado justamente seja invariavelmente voluntário, *uma vez que alguns são tratados justamente contra sua vontade.*[640] Seria o caso de levantarmos uma questão suplementar, a saber, se todo aquele que foi vitimado por algo injusto foi tratado injustamente, ou se será a mesma coisa aplicável no que respeita ao 25 sofrer e fazer algo injusto. Constatamos ser possível em ambos os casos partilhar incidentalmente os atos justos. Está claro que igualmente os injustos. *Fazer o que é injusto, com efeito, não é idêntico a agir injustamente, e tampouco é sofrer o que é injusto idêntico a ser tratado injustamente,*[641] o mesmo se revelando quanto a agir e ser

---

637. Eurípides de Salamina (480-406 a.C.), poeta trágico.

638. A ideia é se o cometimento da injustiça (neste exemplo, o matricídio) prevê ou não a vontade não só do criminoso como também aquela, quer dizer, o consentimento, da vítima.

639. ...τὸ γὰρ δικαιοπραγεῖν πᾶν ἑκούσιον... (*tò gàr dikaiopragheîn pân hekoúsion*).

640. ...ἔνιοι γὰρ δικαιοῦνται οὐχ ἑκόντες. ... (*énioi gàr dikaioûntai oukh hekóntes*).

641. ...οὐ γὰρ ταὐτὸν τὸ τἄδικα πράττειν τῷ ἀδικεῖν οὐδὲ τὸ ἄδικα πάσχειν τῷ ἀδικεῖσθαι, ... (*ou gàr tautòn tò tádika práttein tôi adikeîn oudè tò ádika páskhein tôi adikeîsthai*).

LIVRO IV | 167

30 tratado justamente. De fato, é impossível ser tratado injustamente
sem a ação injusta alheia, ou ser tratado justamente sem a ação justa
alheia. Se, contudo, agir injustamente é simplesmente prejudicar
o outro voluntariamente, e voluntariamente pressupõe conhecer a
pessoa prejudicada, o instrumento e a forma da ofensa, o indivíduo
sem autocontrole, na medida em que voluntariamente prejudica a
si mesmo, sofre injustiça voluntariamente (como é também possí-
1136b1 vel que aja injustamente consigo mesmo, algo cuja possibilidade
também é questionável). Ademais, alguém descontrolado pode se
tornar voluntariamente sujeito a ser prejudicado por outra pessoa,
o que apontaria para a possibilidade de sofrer injustiça voluntariamente. Ou há incorreção nessa definição e devêssemos acrescentar
às palavras *prejudicar conhecendo a pessoa prejudicada, o instrumento e a forma da ofensa* as palavras *contra a vontade da pessoa prejudi-
5 cada?* Se fosse assim, seria o caso de alguém poder ser prejudicado
e poder ter sido vítima de algo injusto perpetrado contra ele voluntariamente. Mas hão há possibilidade de alguém sofrer injustiça voluntariamente. Com efeito, ninguém deseja sofrer injustiça,
inclusive o descontrolado, cuja manifestação contraria seu desejo; de fato, ninguém deseja algo que não julgue ser bom, embora
10 o descontrolado realmente faça coisas que não julga que deve fazer.
[A propósito,] de alguém que dá o que é seu, como Homero[642] diz
que Gláucon deu a Diomedes...

*(...) objetos de ouro por bronze, o valor de cem bois por aquele de
nove, (...)[643]*

...não se diz que é vítima de injustiça; com efeito, o dar se encontra
sob o controle de cada um, enquanto o sofrer injustiça, não. Todavia, é imperioso haver um agente da injustiça em relação a cada
pessoa. Disso se conclui claramente que sofrer injustiça não é algo
voluntário.

15 Duas questões que nos propusemos a abordar permanecem sem
ser abordadas, a saber, se é aquele que atribui a porção que ultrapassa
o merecimento que comete a injustiça ou aquele que a recebe, e se é

---

642. Poeta épico que floresceu em torno de 850 a.C., autor da *Ilíada* e da *Odisseia*.

643. ...χρύσεα χαλκείων, ἑκατόμβοι᾽ ἐννεαβοίων, ... (*khrýsea khalkeíon, hekatómboi᾽ ennea-
boíon*), *Ilíada*, vi, 236.

168 | ÉTICA A EUDEMO

possível alguém infligir injustiça a si mesmo. Com efeito, na hipótese da possibilidade da primeira alternativa, ou seja, aquele que atribui e não aquele que recebe uma porção além do merecimento que é o perpetrador da injustiça, então quando um indivíduo *ciente e voluntariamente*[644] atribuir uma porção maior a outra pessoa do que
20 a si mesmo – como os indivíduos moderados parecem fazer, pois alguém virtuoso tende a tomar menos do aquilo que lhe é devido – teremos diante de nós alguém agindo injustamente consigo mesmo. Ou essa enunciação é destituída de qualificação, embora a requeira? Com efeito, aquele que destinou a si a porção menor possivelmente obteve uma porção maior de algum outro bem, *por exemplo, glória ou a simples nobreza moral.*[645] Ademais, essa questão pode ser afastada se nos nortearmos por nossa definição do infligir (fazer) injustiça. De fato, ele não foi afetado por nada que contrariasse sua vontade, e assim não é alvo de injustiça porque toma a porção menor – no
25 máximo, tem apenas um prejuízo. É evidente que aquele que atribui uma porção indevida está agindo injustamente e nem sempre o recebedor ao receber uma porção excessiva. É de se constatar que a acusação de injustiça pode ser feita não a alguém de que se possa dizer que realiza o que é injusto, mas de quem se pode dizer que o realiza voluntariamente, ou seja, a pessoa na qual reside *o princípio da ação*[646] e este nesse caso está naquele que atribui e não naquele que recebe. Que se acrescente que é em múltiplos sentidos que dizemos que um objeto realiza coisas. Num certo sentido *as coisas*
30 *inanimadas, ou a mão ou o servo ordenado, matam,*[647] mas embora façam coisas injustas, não agem injustamente. Ademais, ainda que um juiz tenha, na ignorância, proferido uma sentença injusta, não dizemos que cometeu injustiça, nem que a *sentença*[648] é, tampouco,

---

644. ...εἰδὼς καὶ ἑκών, ... (*eidos kaì hekón*).

645. ...οἷον δόξης ἢ τοῦ ἁπλῶς καλοῦ. ... (*hoîon dóxes è toû haplôs kaloú*).

646. ...ἡ ἀρχὴ τῆς πράξεως, ... (*he arkhè tês práxeos*).

647. ...τὰ ἄψυχα κτείνει καὶ ἡ χεὶρ καὶ ὁ οἰκέτης ἐπιτάξαντος, ... (*tà ápsykha kteínei kaì he kheir kaì ho oikétes epitáxantos*). Coisas inanimadas: por exemplo, um punhal; a mão e o servo ou escravo são coisas animadas (ἔμψυχα [*émpsykha*]), objetos e instrumentos, mas não pessoas agentes.

648. ...κρίσις... (*krísis*), decisão judicial.

LIVRO IV | 169

injusta segundo a *justiça legal*[649] (embora a sentença seja injusta no sentido primordial, do qual difere a justiça legal). Quando pronun-1137a1 cia cientemente uma sentença injusta, o que ele próprio faz é tomar mais do que a porção que lhe cabe de *condescendência ou de vingança*.[650] Resulta que alguém que julga injustamente nesses termos toma mais do que lhe cabe exatamente como se tivesse partilhado da injustiça. E, com efeito, aquele que julga atribuindo *terra*[651] sob essa condição, não recebe terra, mas *dinheiro*.[652]

5   Pensam os seres humanos que agir injustamente está sob seu poder, daí concluindo pela facilidade de ser justo. Mas não é assim. De fato, é fácil manter relações íntimas com a esposa de um vizinho, agredir outro vizinho ou subornar alguém. Não há dúvida que está em nosso poder executar ou não essas ações. Contudo, executá-las como fruto de uma disposição não é nem fácil nem está em nosso 10   poder. De maneira semelhante, pensam que é dispensável ser especialmente *sábio*[653] para saber o que é justo e o que é injusto, porque não é difícil atinar com as coisas com as quais as leis têm a ver. Mas essas coisas são apenas incidentalmente justas. Entretanto, saber como uma ação deve ser executada e como proceder a uma distribuição de modo a serem justas é mais difícil do que saber o que

---

649. ...νομικὸν δίκαιον... (*nomikòn díkaion*). Aristóteles acena para um sentido *jurídico* da justiça, que difere daquele sentido original (moral, ἠθικος [*éthikos*] – ético). O problema, do qual ele se dá conta na imediata sequência, é que embora essa acepção seja diferente, não pode se contrapor ao sentido primordial moral, pois a lei (representada pelo juiz – que é o mediador) está inserida, também ela, na esfera da justiça corretiva. Na verdade, esse magno problema, a nosso ver formulado *negativamente* por Aristóteles, persiste até os dias de hoje sem solução satisfatória: a relação entre o direito (lei) e a justiça. Sendo a lei, a regra legal, uma mera convenção, decerto pode ser *injusta* (na *Apologia de Sócrates* escrita por Platão, aquele se curva à *lei injusta* que o leva à morte, entendendo que se não deve se retratar de seu pensamento filosófico e de sua conduta coerente com esse pensamento, por outro lado, a lei é soberana, aiñda que injusta). Ora, será uma questão de lei injusta ou de justiça legal? Este último conceito nos parece tanto artificioso, dúbio e cômodo quanto um instrumento pragmático para desarticular ou descompatibilizar o jurídico do moral.

650. ...χάριτος ἢ τιμωρίας... (*kháritos è timorías*).

651. ...ἀγρὸν... (*agròn*), um terreno, um pedaço de terra (propriedade rural) ou qualquer produto resultante do campo.

652. ...ἀργύριον... (*argýrion*).

653. ...σοφὸν... (*sophòn*).

170 | ÉTICA A EUDEMO

beneficia a saúde. Mesmo nesse caso, a despeito de ser fácil estar
15 ciente de que são bons para a saúde *o mel, o vinho, o heléboro, a cau-
terização e a incisão*,[654] saber *como, para quem e quando* os utilizar
visando a gerar saúde é tarefa exclusiva de um *médico*.[655] E por isso
mesmo se pensa ser possível ao indivíduo justo agir injustamente
não menos do que justamente porque ele não é menos, mas, pelo
contrário, mais capaz de realizar cada uma dessas ações; é capaz de
20 manter relações íntimas com uma mulher [casada] ou assestar um
golpe [num vizinho], e *o homem corajoso arrojar de lado seu escudo*[656] e pôr-se em fuga em qualquer direção. Mas agir covardemente
ou cometer injustiça não consiste na realização dessas coisas (salvo
incidentalmente), porém na sua realização com base numa certa
disposição, tal como *o exercer medicina e o curar*[657] não consistem
25 em utilizar ou não utilizar instrumentos cirúrgicos ou medicamentos, mas em fazê-lo de um determinado modo.

Reivindicações no que se refere à justiça[658] são entre indivíduos
que compartilham de coisas simplesmente boas e que podem obter
porções excessivas ou deficientes dessas coisas boas. Com efeito,
há quem não pode ter uma porção excessiva delas –, que é o que
se presume, por exemplo, no tocante aos deuses. Para outros, nenhuma porção delas revela-se proveitosa: é o caso dos *maus incuráveis*,[659] para os quais todas essas coisas são danosas. Para outros,
30 ainda, são proveitosas numa certa medida. Aqui se inserem os seres humanos.

---

654. ...μέλι καὶ οἶνον καὶ ἐλλέβορον καὶ καῦσιν καὶ τομὴν... (*méli kaì oînon kaì elléboron
kaì kaûsin kaì tomèn*). O significado genérico e amplo de τομή (*tomé*) é corte, abrangendo especificamente a incisão, a amputação e mesmo o instrumento cirúrgico empregado
para essas operações.

655. ...ἰατρὸν... (*iatròn*).

656. ...ὁ ἀνδρεῖος τὴν ἀσπίδα ἀφεῖναι... (*ho andreîos tèn aspída apheînai*).

657. ...τὸ ἰατρεύειν καὶ τὸ ὑγιάζειν... (*tò iatreúein kaì tò hygiázein*).

658. ...τὰ δίκαια... (*tà díkaia*): literalmente os atos justos, mas Aristóteles alude à aplicação
diferenciada da justiça entre os indivíduos.

659. ...ἀνιάτως κακοῖς, ... (*aniátos kakoîs*).

10

CABE-NOS TRATAR, A SEGUIR, da *equidade e do equitativo*[660] e da relação da equidade com a justiça e do equitativo com o justo. Com efeito, quando examinados, revela-se que não são nem simplesmente idênticos, nem genericamente diferentes. E, por vezes, louvamos o *homem*[661] equitativo a ponto de chegarmos a empregar essa palavra como um termo de aprovação no que toca a outras virtudes, e a empregamos na sua equivalência com *bom*,[662] querendo dizer 1137b1 com *mais equitativo*[663] que algo é melhor. Em outras oportunidades, todavia, quando submetemos a palavra efetivamente ao crivo da razão, a nós parece estranho ser o equitativo louvável no caso de ser ele distinto do justo. Com efeito, se são distintos, [um deles]: o 5 justo ou o equitativo, não é bom; *se ambos são bons, são idênticos.*[664]

Eis aí os pontos, em caráter aproximativo, que ensejam a dificuldade no que tange ao equitativo, mas que são, de certa forma, corretos e não geram contradição entre si; com efeito, o equitativo, embora superior a uma certa espécie de justo é, ele mesmo, justo: não é superior ao justo ao ser genericamente distinto dele. *Justo* 10 *e equitativo são, portanto, o mesmo, sendo ambos bons, ainda que o equitativo seja o melhor.*[665] O que gera a dificuldade é o equitativo, embora justo, não constituir justiça legal, porém correção desta.

---

660. ...ἐπιεικείας καὶ τοῦ ἐπιεικοῦς, ... (*epieikeías kaì toû epieikoûs*). Especialmente para os estudantes de direito, esses conceitos de Aristóteles são extraordinariamente importantes, pois é baseado neles que os grandes juristas romanos (particularmente a partir do eclético Marco Túlio Cícero) aportarão ao conceito de *aequitas*, que é o fundamento de todo o direito romano como expressão pragmática do *ius dicere*, ou seja, da prática forense e judicial, na qual o juiz utiliza para proferir suas sentenças mais propriamente um lato *senso de justiça*, aplicável flexivelmente à especificidade dos casos (no qual a consciência moral capitaneada pela clemência está necessariamente presente além da interpretação do espírito da lei), do que a mera aplicação mecânica, seca e acadêmica da letra da lei e da jurisprudência. Toda a ciência jurídica ocidental deve ao Estagirita esse fulcro indispensável.

661. ...ἄνδρα... (*ándra*), ser humano do sexo masculino.

662. ...ἀγαθοῦ, ... (*agathoû*).

663. ...ἐπιεικέστερον... (*epieikésteron*).

664. ...ἢ εἰ ἄμφω σπουδαῖα, ταὐτόν ἐστιν. ... (*è ei ámpho spoudaîa, tautón estin*).

665. ...ταὐτὸν ἄρα δίκαιον καὶ ἐπιεικές, καὶ ἀμφοῖν σπουδαίοιν ὄντοιν κρεῖττον τὸ ἐπιεικές. ... (*tautón ára díkaion kaì epieikés, kaì amphoîn spoudaíoin óntoin kreîtton tò epieikés*).

172 | ÉTICA A EUDEMO

A razão para isso reside no caráter geral de toda lei. O problema são alguns casos que não se enquadram nessa generalidade corretamente. Em casos, portanto, nos quais não é possível discursar em caráter

15 geral, embora fosse necessário fazê-lo, a lei toma em consideração os casos mais típicos, [666] ainda que não desconheça o erro que tal coisa pode acarretar. E nem por isso se torna uma lei incorreta, *pois o erro não está nem na lei nem no legislador, mas na natureza da coisa.* [667] Com efeito, a matéria das questões práticas está de imediato nessa

20 natureza. Quando, portanto, a lei se expressa em termos gerais e surge um caso que não se enquadra na regra, será, então, correto – onde a expressão do legislador, por ser *absoluta,* [668] é lacunar e errônea – corrigir a deficiência (preencher a lacuna), pronunciando como o próprio legislador teria pronunciado se estivesse presente oportunamente e teria legislado se tivesse conhecimento do caso em parti-

25 cular. Por conseguinte, o equitativo é justo e superior a certa espécie de justiça, porém não superior àquela absoluta, mas apenas ao erro gerado pela sua expressão absoluta. Tal é a natureza própria do equitativo, ou seja, ele constitui uma correção da lei onde esta é lacunar por força de sua generalidade. A propósito, aí reside a razão de nem todas as coisas serem determinadas pela lei, a saber, em alguns casos [e situações] é impossível estabelecer uma lei necessária e *decreto;* [669]

30 com efeito, aquilo que é indefinido, como a *régua plúmbea* [670] usada na *construção de Lesbos;* [671] tal como essa régua não é rígida, podendo ser flexibilizada de modo a se ajustar ao formato da pedra, é um de-

---

666. No sentido moderno de precedentes arquivados pela Justiça, ou seja, "jurisprudência".

667. ...τὸ γὰρ ἁμάρτημα οὐκ ἐν τῷ νόμῳ οὐδ' ἐν τῷ νομοθέτῃ ἀλλ' ἐν τῇ φύσει τοῦ πράγματός ἐστιν... (*tò gàr hamártema ouk en tôi nómoi oud'en tôi nomothétei all'en têi phýsei toû prágmatós estin*).

668. ...ἁπλῶς... (*haplôs*), isto é, em linguagem moderna, inteiramente abstrata, que não é capaz de abranger o caso concreto.

669. ...ψηφίσματος... (*psephísmatos*): o sentido literal e original é de uma decisão tomada mediante o uso de seixos – seixo: ψῆφος [*psêphos*].

670. ...μολίβδινος κανών... (*molíbdinos kanón*). Κανών significa primariamente caule de caniço ou de algum outro vegetal semelhante. Os sentidos empregados neste contexto são de régua (o instrumento físico de medida) e os correlatos de regra, cânone, padrão. A analogia com a *flexibilidade* do caule do caniço é evidente.

671. ...Λεσβίας οἰκοδομίας... (*Lesbías oikodomías*). Lesbos: ilha situada no Mar Egeu cuja cidade principal era Mitilene.

LIVRO IV | 173

creto produzido para se ajustar aos fatos circunstanciais. Está claro, portanto, o que é o equitativo, que é justo e superior a certa espécie de justiça. A partir disso se evidencia, igualmente, quem é o indivíduo equitativo, nomeadamente alguém que por prévia escolha e hábito pratica o que é equitativo, e que não é inflexível quanto aos seus direitos, exibindo o pendor de receber uma porção menor mesmo que tenha a lei a seu favor. E o *estado*[672] que se identifica com isso é
1138a1 a equidade, a qual é uma espécie de justiça e não um estado distinto.

11

A DISCUSSÃO PRECEDENTE LANÇOU LUZ à questão de ser pos-
5 sível ou não para alguém cometer injustiça contra si mesmo. Com efeito, uma classe de atos justos é constituída por aqueles atos, em harmonia com qualquer virtude, que são determinados pela lei, *Por exemplo, a lei não ordena o suicídio*[673] (e o que não ordena, ela proscreve). Ademais, quando um indivíduo, ao violar a lei, prejudica outro indivíduo (não no caso de devolver uma ofensa[674]) voluntariamente (ou seja, com conhecimento da pessoa prejudicada e do instrumento utilizado), está cometendo injustiça. Aquele *que comete suicídio*[675] num acesso de descontrole emocional voluntaria-
10 mente comete uma ofensa (em oposição à justa razão) que a lei não admite. Conclusão: o suicida pratica injustiça. Mas contra quem? Contra o *Estado*[676] e não contra si mesmo? Decerto que contra o Estado, pois ele sofre voluntariamente e ninguém sofre injustiça voluntariamente. Essa é a razão porque o suicídio é punido pelo Estado via *ignomínia*,[677] sendo considerado uma injustiça cometi-

---

672. ...ἕξις... (*héxis*), no mesmo sentido de disposição.

673. ...οἷον οὐ κελεύει ἀποκτιννύναι ἑαυτὸν ὁ νόμος... (*hoîon ou keleúei apoktinnýnai heautòn ho nómos*).

674. ...μὴ ἀντιβλάπτων... (*mè antiblápton*), quer dizer, não a título de retaliação, vingança.

675. ...ἑαυτὸν σφάττων... (*heautòn sphátton*): o sentido literal e mais preciso é: *se mata com uma faca ou espada*.

676. ...πόλιν, ... (*pólin*).

677. ...ἀτιμία... (*atimía*). Genericamente ignomínia, estigma de desonra. Embora particularmente em Atenas essa palavra designe também especificamente a perda dos direitos civis,

174 | ÉTICA A EUDEMO

da contra o Estado. Que se acresça a impossibilidade de agir injus-
15 tamente contra si mesmo naquele sentido no qual o perpetrador
da injustiça o é apenas enquanto tal e *não mau em termos gerais*.[678]
(Com efeito, essa última situação distingue-se da primeira porque
o indivíduo injusto, num certo sentido, é um tipo particular de pessoa má, como o covarde, não envolvendo maldade em termos gerais; impõe-se, portanto, a necessidade de demonstrar que um indivíduo está impossibilitado de cometer injustiça contra si mesmo
também nesse sentido.) De fato, tal possibilidade seria aquela de
20 uma mesma coisa ser subtraída e adicionada à mesma coisa simultaneamente. Isso é impossível, visto que o justo e o injusto envolvem
invariável e necessariamente a pluralidade de pessoas.[679] Por outro
lado, o ato injusto é tanto voluntário quanto praticado por prévia
escolha, além de ter anterioridade (não se considera, com efeito,
que um indivíduo age injustamente pelo fato de que, tendo sofrido
injustiça, ele se desforra devolvendo o que recebeu). Entretanto,
quando alguém comete uma ofensa contra si mesmo, ele a sofre e a
produz concomitantemente. Ademais, isso representaria a possibilidade de sofrer pessoalmente a injustiça de modo voluntário. Que
se acresça que ninguém age injustamente sem haver perpetrado al-
25 gum ato injusto particular: não é possível que um homem pratique
adultério com a própria esposa, arrombe sua própria habitação ou
furte seus próprios bens. E, em termos gerais, a questão de ser possível alguém agir injustamente contra si mesmo é respondida pelo
que definimos quanto à outra questão, a saber, se é possível alguém
sofrer injustiça voluntariamente.

(Além disso, revela-se que ainda que sejam ambos males, isto é,
30 sofrer e cometer injustiça – posto que um é ter menos e o outro
é ter mais do que a mediania, e esta é *como a obtenção da saúde na
medicina e a da boa forma física na ginástica*[680] – cometer injustiça é

Aristóteles parece se referir aqui a certas restrições que atingiam o suicida no tocante aos
rituais funerários e ao próprio sepultamento.

678. ...μὴ ὅλως φαῦλος, ... (*mè hólos phaûlos*).

679. Ou seja, no mínimo duas.

680. ...ὥσπερ ὑγιεινὸν μὲν ἐν ἰατρικῇ, εὐεκτικὸν δὲ ἐν γυμναστικῇ... (*hósper hygieinón
mèn en eatrikêi, euektikòn dè en gynastikêi*).

LIVRO IV | 175

o pior, pois acarreta vício e reprovação, *e vício completo e absoluto ou aproximadamente isso;*[681] com efeito, nem todo ato injusto voluntário acarreta *vício;*[682] por outro lado, sofrer injustiça pode ocorrer sem a presença do vício ou da injustiça. Portanto, em si mesmo sofrer injustiça é o menor dos males, embora acidentalmente não haja como impedirmos que se converta no maior. *A ciência,*[683] contudo, 1138b1 nada tem a ver com isso. Considera a pleurite um mal mais grave do que uma torcedura, quando esta, de fato, conforme as circunstâncias, pode se revelar acidentalmente pior – por exemplo, se uma 5 torcedura fosse a causa de um tombo, que, por sua vez, possibilitasse ao inimigo surpreender alguém e matá-lo.)

Entretanto, *num sentido metafórico e por analogia*[684] há uma justiça não de alguém relativamente a si mesmo, mas entre certas partes próprias de alguém, não justiça em todos os sentidos, mas justiça no sentido daquela entre o que diz respeito *ao senhor e à comunidade doméstica.*[685] *Com efeito, nos discursos sobre isso, dissocia-se a parte da alma que possui razão relativamente à parte irracional,*[686] o que leva 10 as pessoas, inclusive, a supor que exista a injustiça contra si mesmo, uma vez que essas [partes] podem sofrer contrariedade nos seus próprios desejos. Considera-se, assim, que existe uma justiça mútua quanto a elas, tal como aquela entre quem manda e quem obedece.[687]

Sobre a justiça e as outras *virtudes morais*[688] foi essa nossa maneira de discuti-las.

---

681. ...καὶ κακίας ἢ τῆς τελείας καὶ ἁπλῶς ἢ ἐγγύς... (*kaì kakías è tês teleías kaì haplôs è engýs*).

682. ...κακίας... (*kakías*), mas outros helenistas, inclusive Bywater, preferem ...ἀδικίας... (*adikías*), injustiça. Nossa opção apoia-se na coerência contextual.

683. ...τῇ τέχνῃ... (*têi tékhnei*): literalmente *a arte*. Aristóteles refere-se à arte médica. Para ele a medicina está classificada entre as ciências produtivas ou *poiéticas*.

684. ...κατὰ μεταφορὰν δὲ καὶ ὁμοιότητα... (*katà metaphoràn dè kaì homoióteta*).

685. ...τὸ δεσποτικὸν ἢ τὸ οἰκονομικόν. ... (*tò despotikòn è tò oikonomikón*), ou seja, a justiça praticada entre o senhor e chefe da família (δεσπότης [*despótes*]) e a esposa, filhos e escravos.

686. ...ἐν τούτοις γὰρ τοῖς λόγοις διέστηκε τὸ λόγον ἔχον μέρος τῆς ψυχῆς πρὸς τὸ ἄλογον... (*en toútois gàr toîs lógois diésteke tò lógon ékhon meros tês psykhês pròs tò álogon*).

687. Ver nota 685.

688. ...ἠθικῶν ἀρετῶν... (*ethikôn aretôn*).

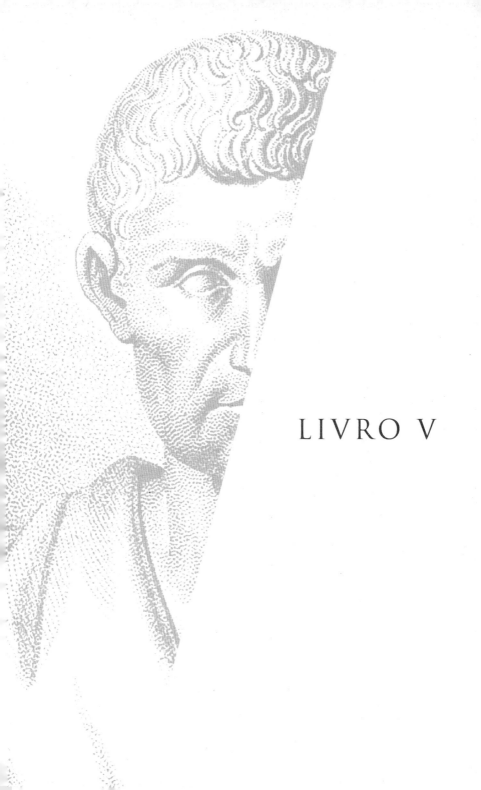

LIVRO V

1

Diante da afirmação anteriormente apresentada de que se deve escolher a mediania e não o excesso nem a deficiência, e que a me-
20 diania é determinada pela *reta razão*,[689] cabe-nos analisar tal coisa.

Com efeito, no caso de todos os estados que foram discutidos, assim como no tocante a todas as demais coisas, há certo alvo a ser visado no qual aquele que está de posse da razão pousa seu olhar, aumentando ou relaxando sua tensão em conformidade com ele,[690] e existe uma regra determinante dessas *medianias*[691] que dissemos ocuparem a posição intermediária entre o excesso e a deficiência,
25 em harmonia com a reta razão. Essa afirmação, porém, a despeito de sua verdade, está longe de ser esclarecedora. De fato, no tocante a todas as demais ocupações, entre as quais está a *ciência*,[692] pode-se dizer – com o que se diz a verdade – que o esforço deve ser feito e afrouxado nem demais nem de menos, mas a uma tensão média e de acordo com o orientado pela reta razão. Todavia, estando al-
30 guém de posse desse conhecimento, nem por isso se tornará mais sábio do que antes, exemplificando: tal pessoa desconhecerá quais medicamentos administrar ao seu corpo se contar com a mera informação de que deve ingerir tudo que é indicado pela medicina ou por alguém nela versado. Resulta que, *no que toca aos estados da*

---

689. ...λόγος ὁ ὀρθὸς... (*lógos ho orthòs*), ou *justa* razão. O que parece uma adjetivação redundante ficará esclarecido precisamente na imediata sequência, constituindo exatamente a base indispensável para o autor explicitar as virtudes intelectuais.

690. A analogia parece ser com a alternância de tensão e afrouxamento aplicados ao arco para a colocação e disparo da seta que deverá atingir o alvo.

691. ...μεσοτήτων, ... (*mesotéton*).

692. ...ἐπιστήμη, ... (*epistéme*).

180 | ÉTICA A EUDEMO

alma,[693] igualmente, não bastará estabelecer a verdade da afirmação acima, sendo necessário definir com exatidão o que é a reta razão e o que a determina.

Dividimos as virtudes da alma nomeadamente em virtudes *do caráter e virtudes do intelecto.*[694] As primeiras, as virtudes morais, já foram objeto de nosso exame. Nossa avaliação das segundas requer que tracemos algumas observações *de cunho psicológico.*[695] Foi dito antes que na alma existem duas partes: *a que possui razão e a irracional.*[696] Dividamos, agora, analogamente a parte racional e suponhamos a existência de duas partes racionais, uma pela qual especulamos *as coisas que são,*[697] cujos princípios *não podem ser diferentes*[698] e uma pela qual o fazemos com *as coisas que podem.*[699] Com efeito, na hipótese de o *conhecimento*[700] estar baseado numa certa semelhança ou afinidade, será imperativo que as próprias partes da alma aptas ao conhecimento dos objetos dotados de gêneros diferentes difiram enquanto gêneros. E podemos chamar essas partes de *científica*[701] e *calculadora;*[702] *uma vez que deliberar e calcular são o mesmo*[703] e não há deliberação sobre coisas imutáveis, [entendemos que] a parte calculadora constitui uma parte da parte (faculdade) racional da alma. Determinar, portanto, qual é o estado de cada uma dessas partes que é o melhor é aqui nossa tarefa, pois esse estado será a virtude de cada uma delas.

1139a1

5

10

15

---

693. ...περὶ τὰς τῆς ψυχῆς ἕξεις... (*perì tàs tês psykhês héxeis*).

694. ...τοῦ ἤθους τὰς δὲ τῆς διανοίας. ... (*toû éthous tàs dè tês dianoías*), ou seja, virtudes morais e virtudes intelectuais.

695. ...περὶ ψυχῆς... (*perì psykhês*), ou literalmente: *acerca da alma.*

696. ...τό τε λόγον ἔχον καὶ τὸ ἄλογον... (*tò te lógon ékhon kai tò álogon*).

697. ...τῶν ὄντων... (*tôn ónton*), os seres.

698. ...μὴ ἐνδέχονται ἄλλως ἔχειν, ... (*mè endékhontai állos ékhein*), ou seja, cujos princípios são imutáveis.

699. ...τὰ ἐνδεχόμενα... (*tà endekhómena*), ou seja, as coisas mutáveis.

700. ...γνῶσις... (*gnôsis*).

701. ... ἐπιστημονικὸν... (*epistemonikòn*).

702. ...λογιστικόν... (*logistikón*).

703. ...τὸ γὰρ βουλεύεσθαι καὶ λογίζεσθαι ταὐτόν, ... (*tò gàr bouleúesthai kai logíszesthai tautón*).

2

A VIRTUDE DE UMA COISA ESTÁ VINCULADA à função que lhe é própria. *Há três coisas na alma que têm o controle da ação e da verdade: percepção sensorial, intelecto, desejo.*[704] Desses três elementos, a
20 percepção sensorial não gera ação, como é evidenciado pelo fato de *os animais*[705] serem dotados de percepção sensorial, mas *não agirem.*[706] O buscar e o evitar no desejo são o que a afirmação e a negação são no intelecto. Por conseguinte, na medida em que a virtude moral é um estado que diz respeito à prévia escolha, e esta é *desejo deliberado,*[707] conclui-se que se ela deve ser boa, a razão precisa ser ver-
25 dadeira e o desejo correto, ficando este último obrigado a buscar as mesmas coisas afirmadas pela primeira. Nossa alusão aqui é ao intelecto e à verdade relativamente à ação, isto é, práticos; no que tange ao *pensamento especulativo,*[708] que não diz respeito à ação nem à produção, *bem e mal*[709] são verdade e falsidade; com efeito, o atin-
30 gir da verdade é a função do intelectual na sua totalidade,[710] ao passo que a função do intelecto relativamente à ação é o atingir da verdade compatível com o desejo correto. O princípio da ação (ou seja, o seu movimento, não o seu fim)[711] é a prévia escolha e o princípio desta é o desejo e a razão visando a um certo fim. Disso resulta que a prévia escolha não prescinde do *pensamento e do intelecto,*[712]

---

704. ...Τρία δή ἐστιν ἐν τῇ ψυχῇ τὰ κύρια πράξεως καὶ ἀληθείας, αἴσθησις νοῦς ὄρεξις. ... (*Tría dé estin en têi psykhêi tà kýria práxeos kaì aletheías, aisthesis noûs órexis*).

705. ...τὰ θηρία... (*tà thería*), cujo significado mais usual e mais restrito é animais selvagens, feras. Mas Aristóteles refere-se aos animais irracionais em geral, o que exclui o ser humano.

706. ...πράξεως δὲ μὴ κοινωνεῖν ... (*práxeos dè mè koinoneîn*), literalmente: não participarem da ação.

707. ...ὄρεξις βουλευτική, ... (*órexis bouleutiké*).

708. ...θεωρητικῆς διανοίας... (*theoretikês dianoías*).

709. ...εὖ καὶ κακῶς... (*eû kai kakôs*), não os nossos substantivos bem e mal, mas nossos advérbios de modo *bem* e *mal*.

710. Ou seja, do pensamento especulativo.

711. Vale dizer, a causa eficiente, não a causa final. Ver *Metafísica*, Livro V, 2.

712. ...νοῦ καὶ διανοίας... (*noû kai dianoías*): o primeiro desses conceitos, que traduzimos por pensamento, é mais amplo que o segundo, intelecto, que denota neste contexto basicamente a parte racional da alma.

182 | ÉTICA A EUDEMO

bem como não prescinde de um estado moral. {com efeito, a boa
35 ação e seu contrário não prescindem, na prática, do intelecto e do
caráter}.[713] O intelecto, entretanto, nada move por si mesmo, mas
somente o intelecto que visa a um fim e vinculado à ação. Este é,
1139b1 com efeito, *o princípio produtivo*,[714] inclusive, posto que todo aquele que *produz*[715] algo tem algum fim em vista: o produzido não é
um fim absoluto, mas apenas relativo e diz respeito a algo mais,
enquanto o agido (realizado) é um fim em si mesmo, uma vez que o
agir bem (a *boa ação*[716]) é o fim e isso é o visado pelo desejo. A con-
5 clusão é que a prévia escolha é qualificável ou como o pensamento
vinculado ao desejo ou o desejo vinculado ao intelecto, e esse princípio ativo é o ser humano.

(A prévia escolha nada tem a ver com o que já tenha acontecido. Exemplifiquemos: ninguém escolhe previamente *ter saqueado
Troia*.[717] Com efeito, não se delibera quanto ao passado, mas somente quanto ao *futuro e contingente*[718]; *o que aconteceu não pode ser (des)
acontecido*,[719] pelo que Agaton[720] expressa-se corretamente ao dizer:

10   *Disso apenas é privada mesmo a Divindade.*

Tornar desfeito o que foi feito.[721])

713. ...εὐπραξία γὰρ καὶ τὸ ἐναντίον ἐν πράξει ἄνευ διανοίας καὶ ἤθους οὐκ ἔστιν...
(*eupraxía gàr kaì tò enantíon en práxei áneu dianoías kaì éthous ouk éstin*). Esta sentença
entre chaves é registrada com reservas por Bekker e mesmo outros helenistas. De fato,
parece-nos uma inserção inconveniente, se não incoerente decerto de teor repetitivo.
Bywater a registra normalmente.

714. ...τῆς ποιητικῆς ἄρχει... (*tês poietikês árkhei*).

715. ...ποιεῖ... (*poieî*), produz, cria, fabrica. Aristóteles frisará a distinção e contraposição entre
ποιέω (*poiéo*) e πράσσω, πράττω (*prásso, prátto*), fazer no sentido de agir, realizar, que
envolvem conduta, ou seja, o aspecto ético.

716. ...εὐπραξία... (*eupraxía*).

717. ...Ἴλιον πεπορθηκέναι... (*Ílion peporthekénai*).

718. ...ἐσομένου καὶ ἐνδεχομένου, ... (*esoménou kaì endekhoménou*), o que será e é possível.

719. ...τὸ δὲ γεγονὸς οὐκ ἐνδέχεται μὴ γενέσθαι· ... (*tò dè gegonòs ouk endékhetai mè
genésthai*).

720. Agaton de Atenas (em torno de 448-401 a.C.), poeta trágico. Agaton figura como um
dos personagens de *O Banquete* de Platão, também sendo mencionado por Platão no
Protágoras, 315e.

721. ...μόνου γὰρ αὐτοῦ καὶ θεὸς στερίσκεται, ἀγένητα ποιεῖν ἅσσ᾽ ἂν ᾖ πεπραγμένα. ...
(*mónou gàr autoû kaì theòs sterísketai Agéneta poieîn háss'àn êi pepragména*).

LIVRO V | 183

Portanto, ambas as partes intelectuais têm como função alcançar a verdade, o que nos leva a concluir que as virtudes de cada uma são aqueles estados que melhor as sustentarão para alcançar a verdade.

3

PASSEMOS, ENTÃO, A ABORDAR essas coisas do começo, retoman-
15 do o assunto. Suponhamos que os meios através dos quais a alma alcança a verdade por afirmação ou negação sejam cinco. São eles: *arte, conhecimento, prudência (sabedoria prática), sabedoria, enten-dimento.*[722] *Com efeito, conjectura e opinião*[723] são passíveis de erro. É possível esclarecer o que é conhecimento conferindo ao termo o
20 seu exato sentido e deixando as semelhanças de lado, tal como se se-gue. Todos nós admitimos que aquilo que conhecemos *não pode ser diferentemente*;[724] quando uma coisa que pode ser diferentemente se acha fora de nossa observação, não sabemos se ela existe ou não. *O objeto do conhecimento, portanto, existe necessariamente.*[725] Disso resulta que é eterno, pois tudo que existe com base na necessidade
25 pura e simples é eterno. E aquilo que é eterno é não gerado e impere-cível. Ademais, parece que todo conhecimento pode ser transmitido por ensinamento e que aquilo que é objeto do conhecimento pode ser aprendido. E o ponto de partida de todo ensino é o previamente conhecido, como estabelecemos nos *Analíticos*,[726] uma vez que pro-cede por *indução*[727] ou por *dedução*.[728] A indução é dos princípios e do universal, ao passo que a dedução parte dos universais. Existem,
30 assim, princípios dos quais a dedução parte, mas que ela não atinge. Compete, então, à indução atingi-los. O conhecimento, portanto,

---

722. ...τέχνη ἐπιστήμη φρόνησις σοφία νοῦς... (*tékhne epistéme phrónesis sophía noûs*).

723. ...ὑπολήψει γὰρ καὶ δόξῃ... (*hypolépsei gàr kaì dóxei*).

724. ...μηδ᾽ ἐνδέχεσθαι ἄλλως ἔχειν... (*med'endékhesthai állos ékhein*), ou seja, é imutável.

725. ...ἐξ ἀνάγκης ἄρα ἐστὶ τὸ ἐπιστητόν. ... (*ex anánkes ára estì tò epistetón*).

726. *Analíticos Posteriores*, um dos tratados do *Órganon*.

727. ...ἐπαγωγῆς... (*epagogês*), o método de raciocinar partindo do particular para o universal.

728. ...συλλογισμῷ. ... (*syllogismôi*), o método de raciocinar partindo do universal para o particular.

184 | ÉTICA A EUDEMO

é o estado mediante o qual demonstramos agregando-se a isso as características que definimos nos *Analíticos*. Com efeito, uma pessoa conhece quando de algum modo confia em algo e quando os princípios em que se apoia essa confiança lhe são conhecidos com certeza. De fato, a menos que ela esteja mais segura dos princípios 35 do que daquilo que deles concluiu, seu conhecimento será apenas acidental. Que o conhecimento fique por nós assim definido.

4

1140a1 O QUE PODE SER DIFERENTEMENTE (que é mutável) abarca *tanto o criado (produzido) quanto o realizado*.[729] *Criação (fabricação, produção) é diferente de ação (realização)*[730] (algo que abordamos e admitimos, inclusive, a partir dos *discursos externos*[731]). Assim, a 5 *capacidade racional*[732] que diz respeito ao fazer (realizar) é distinta daquela que diz respeito ao criar (produzir, fabricar); tampouco estão mutuamente incorporadas, pois ação (realização) não é criação (produção) e nem esta é aquela. A construção de casas é uma arte e também uma capacidade racional que tem a ver com o criar (fabricar); tampouco qualquer arte deixa de ser uma capacidade racional

---

729. ...τι καὶ ποιητὸν καὶ πρακτόν... (*ti kaì poietòn kaì praktón*). *Criar (produzir, fabricar)* implica necessariamente a coisa criada (isto é, algo que é distinto e transcendente da ação de criar), enquanto *fazer (realizar, agir)* é a ação mesma e pura, nada mais, bastando a si mesma, sem qualquer produto que seja dela distinto e a transcenda. Dizemos "eu *faço* o que quero"; "isto deve ser *feito* porque é correto". Mas não dizemos "eu *fiz* uma pintura" ou "os automóveis são *feitos*" e sim "eu *criei* uma pintura" ou "os automóveis são *fabricados*". Os conceitos expressos por esses verbos – ποιέω (*poiéo*) e πράσσω, πράττω (*prásso, prátto*) e substantivos correspondentes (ver nota 730 a seguir) – delimitam respectivamente, entre outras coisas, a esfera da arte e aquela da conduta humana (moral, ética). Paralelamente delimitam, em Aristóteles, a fronteira e os domínios distintos das ciências produtivas (*poiéticas*, da criação) e ciências práticas (da ação).

730. ...ἕτερον δ' ἐστὶ ποίησις καὶ πρᾶξις... (*héteron d'estì poiesis kaì práxis*).

731. ...ἐξωτερικοῖς λόγοις... (*exoterikoîs lógois*). Não sabemos precisamente ao que o Estagirita alude. É provável que se refira simplesmente a tratados ou doutrinas distintos daqueles de sua escola, o Liceu, incluindo, é claro, a Academia de Platão. Mas é possível também que esteja se referindo aos seus próprios escritos *exotéricos* (ver *Aristóteles: sua obra*, neste mesmo volume), cuja grande maioria não chegou a nós.

732. ...λόγου ἕξις... (*lógou héxis*).

LIVRO V | 185

que diz respeito ao criar (fabricar) e nem uma capacidade tal que lhe
10 obste ser uma arte. Conclui-se disso que arte é o mesmo que capacidade racional no tocante a criar (produzir, fabricar) e que envolve
um genuíno processo racional. *Toda arte é do vir a ser,*[733] e dedicar-se
a uma arte pressupõe estudar como fazer vir a ser uma coisa que é
possível *ser ou não ser,*[734] cujo princípio está no criador e não na coisa criada. Com efeito, a arte não se ocupa de coisas que são ou vêm
15 a ser necessariamente ou segundo a natureza, uma vez que essas coisas possuem seus *princípios*[735] em si mesmas. Sendo, porém, criação
(produção) e ação (realização) diferentes, a arte tendo a ver com a
criação, fica patente sua desconexão com a ação. E num certo sentido, os objetos da sorte e da arte são idênticos, como diz Agaton:
20   *A arte ama a sorte e a sorte, a arte.*[736]

Portanto, a arte, como dissemos, é uma disposição que tem a ver
com o criar segundo um genuíno processo racional, ao passo que a
falta de arte,[737] seu oposto, é uma disposição relativa ao criar que envolve um falso processo racional. As duas têm a ver com aquilo que
comporta a possibilidade de ser diferente (o mutável).

5

NO QUE TOCA À PRUDÊNCIA (sabedoria prática), é possível sua
25 definição por meio do exame daqueles ditos prudentes. Tem-se
como característica do indivíduo prudente ser ele capaz de *deliberar bem sobre o que é bom e proveitoso para si mesmo, não num aspecto parcial e particular,*[738] – por exemplo, o que concorre para sua

---

733. ...ἔστι δὲ τέχνη πᾶσα περὶ γένεσιν... (*ésti dè tékhne pása perì génesin*), ou seja, toda arte
é necessariamente produtiva, criativa: resulta num produto (obra).

734. ...εἶναι καὶ μὴ εἶναι... (*einai kai mè einai*).

735. ...ἀρχήν. ... (*arkhén*).

736. ...τέχνη τύχην ἔστερξε καὶ τύχη τέχνην. ... (*tékhne týkhen ésterxe kaì týkhe tékhnen*).

737. ...ἀτεχνία... (*atekhnía*), inabilidade.

738. ...καλῶς βουλεύσασθαι περὶ τὰ αὑτῷ ἀγαθὰ καὶ συμφέροντα, οὐ κατὰ μέρος, ...
(*kalôs bouleúsasthai perì tà hautôi agathà kaì symphéronta, ou katà méros*).

186 | ÉTICA A EUDEMO

saúde ou vigor – mas o que contribui, na sua vida, para o bem-estar geral. É indicativo disso o fato de também nos referirmos às pessoas como prudentes em algo particular quando são capazes de *calcular*
30 *bem*[739] objetivando algum fim bom (que não sejam aqueles da arte). A conclusão é que o indivíduo prudente em geral é aquele que revela eficiência no deliberar. Mas ninguém delibera com respeito a coisas que não podem ser diferentemente (coisas imutáveis), ou quanto a coisas cuja realização lhe é impossível. Por conseguinte, uma vez que o conhecimento envolve *demonstração*,[740] enquanto coisas cujos princípios são mutáveis (ou seja, podem ser diferentemente), são indemonstráveis (é possível, com efeito, que todas
1140b1 sejam mutáveis), e uma vez que não se pode deliberar sobre seres que estão no âmbito da *necessidade*,[741] conclui-se que a prudência (sabedoria prática) não é conhecimento, como tampouco é arte. Impossível ser conhecimento porque coisas realizáveis são mutáveis; não pode ser arte porque ação (realização) e criação (produção, fabricação), enquanto gêneros, são diferentes. A criação visa
5 a um fim distinto do ato de criar; na ação o fim é tão só o próprio ato de agir – *com efeito, a boa ação é ela mesma o fim.*[742] Resta dizer, portanto, que a prudência é uma capacidade racional genuína que diz respeito à ação relativamente às coisas que são boas e más para os seres humanos. Eis porque Péricles[743] e outros semelhantes

---

739. ...εὖ λογίσωνται ... (*eû logísontai*).

740. ...ἀποδείξεως, ... (*apodeíxeos*).

741. ...ἀνάγκης... (*anánkes*). A ἀνάγκη (*anánke*) se contrapõe a tudo que é simplesmente possível e contingente; é o independente de nossa ação, criação, escolha e deliberação, o que é à nossa revelia, a despeito de nós, por nós e contra nós; aquilo de que não podemos nos safar, diante do que não podemos recuar e de que não podemos nos desviar. Qualquer tradução que apresentarmos no português será incompleta, insuficiente ou mesmo inconveniente (necessidade, inexorabilidade, fatalidade, inevitabilidade, destino). A trajetória regular dos astros, o nascimento, desenvolvimento e perecimento dos seres vivos, a condição existencial humana a um tempo terrível e sublime, aquilo a que todos nós (seja quem for) estamos condenados e para o que caminhamos inscientes do que seja, não importa qual seja a senda, se demoramos em mil pontos na estrada ou se encetamos contornos sinuosos – tudo isso e muito mais, é *anánke*.

742. ...ἔστι γὰρ αὐτὴ ἡ εὐπραξία τέλος. ... (*ésti gàr autè he eupraxía télos*).

743. Péricles (495?-429 a.C.), homem de Estado ateniense, promotor e instaurador da democracia.

LIVRO V | 187

a ele são tidos como prudentes na medida em que são capazes de
10   *discernir*[744] que coisas são boas para eles mesmos e para os seres
humanos. É isso que coincide com nosso entendimento do que seja
alguém conhecedor *da administração doméstica ou da administração política.*[745] (Daí explica-se, inclusive, o nome *moderação,*[746] ou
seja, *preservadora da prudência.*[747] E ela preserva uma conjectura,
tal como o indicamos. Com efeito, o prazer e a dor não destroem
todas as conjecturas,[748] por exemplo, a de que o triângulo possui ou
15   não possui ângulos iguais a dois ângulos retos, mas apenas aquelas
relativas ao que é realizado. De fato, os princípios do que é realizado constituem o fim para o qual nossos atos servem de meios;
alguém, contudo, corrompido diretamente pelo prazer ou pela dor
não consegue, de modo algum, ver claramente qualquer princípio e
perceber que deve escolher e realizar tudo a título de um meio para
esse fim e que sirva a esse fim; com efeito, o vício aniquila o prin-
20   cípio.) *A prudência é, portanto, necessariamente, uma capacidade
racional genuína que diz respeito à ação relativamente aos bens humanos.*[749] Ademais, enquanto a virtude está presente na arte, está
ausente na prudência. Igualmente, na arte o erro voluntário é mais
sustentável, ao passo que no domínio da prudência é pior, como o
25   é [de resto] naquele das virtudes. Fica claro, portanto, ser ela uma
virtude e não uma arte. Sendo duas as partes da alma detentoras

---

744. ...θεωρεῖν... (*theoreîn*), literalmente observar, contemplar, mas aqui perceber pela inteligência.

745. ...τοὺς οἰκονομικοὺς καὶ τοὺς πολιτικούς... (*toùs oikonomikoùs kaì toùs politikoús*).

746. ...σωφροσύνην... (*sophrosýnen*), ampla e genericamente a qualidade e estado daquele que
é sadio de espírito e de coração. Aristóteles sugere uma ponte ou conexão linguística e
efetiva entre uma virtude moral (a moderação ou temperança, como foi visto na primeira
parte) e uma virtude intelectual (a prudência ou sabedora prática) – a noção é no sentido
de a moderação conviver com a prudência e preservá-la. Ver próxima nota.

747. ...σῴζουσαν τὴν φρόνησιν... (*sóizousan tèn phrónesin*). Aristóteles indica o sentido
da palavra (semântica) com base na sua suposta formação (morfologia): σωφροσύνη
(*sophrosýnen*) seria uma derivação (espécie de aglutinação) de σῴζειν (*sóizein*) e
φρόνησις (*phrónesis*).

748. ...ἅπασαν ὑπόληψιν... (*hápasan hypólepsin*).

749. ...ὥστ' ἀνάγκη τὴν φρόνησιν ἕξιν εἶναι μετὰ λόγου ἀληθῆ περὶ τὰ ἀνθρώπινα
ἀγαθὰ πρακτικήν... (*hóst' anánke tèn phrónesin héxin eînai metà lógou alethê perì tà anthrópina agathà praktikén*). Cf. 1140b5.

188 | ÉTICA A EUDEMO

de razão, é forçoso ser a prudência a virtude de uma delas, a saber, *da que forma opiniões,*[750] pois cabe à opinião aquilo que pode ser diferentemente (o mutável), o que cabe igualmente à prudência. Entretanto, esta última não se limita a ser uma capacidade racional.

30 Disso é indicativo uma capacidade racional poder ser esquecida, não sendo o que ocorre com a prudência.

6

O conhecimento é conjectura em torno dos universais e dos seres necessários, além do que dispomos de princípios para tudo que é demonstrado (o conhecimento, com efeito, envolve razão). A conclusão é não ser possível que o princípio do cognoscível, ele próprio, seja objeto do conhecimento,[751] como tampouco da

1141a1 arte ou da prudência. Para que seja objeto do conhecimento, uma coisa tem que ser demonstrada, ao passo que a arte e a prudência referem-se exclusivamente ao que encerra a possibilidade de ser diferentemente (o mutável). Tampouco tem a *sabedoria*[752] a ver com esses [princípios], visto que o sábio não prescinde da demonstração no que se refere a certas coisas. Se, então, atingimos a verdade, e jamais somos conduzidos à falsidade, quer no que se trata daquilo que não pode ser diferentemente (as coisas imutáveis), quer no que

5 se trata daquilo que o pode ser (as coisas mutáveis), isto através do conhecimento, da prudência, da sabedoria e do entendimento, e se não é possível que o que nos faculte o acesso aos princípios seja nenhum dos três primeiros (quero dizer, prudência, conhecimento, sabedoria), só nos resta admitir que o que apreende *os princípios*[753] é o entendimento.

---

750. ...τοῦ δοξαστικοῦ... (*toú doxastikoú*).

751. Isto é, embora esse princípio possibilite a cognoscibilidade, ele mesmo não é cognoscível.

752. ...σοφία... (*sophía*), sabedoria pura e simples, distinta da prudência (sabedoria prática) – φρόνησις (*phrónesis*). A acepção de *sofia* aqui empregada é a de um saber profundo e geral, mais amplo e mais elevado do que todas as demais virtudes intelectuais. Como o leitor perceberá pelas próximas linhas, Aristóteles não a distingue essencialmente do conhecimento e do entendimento, vendo nela uma mescla harmoniosa destes últimos. Todavia, distingue-a marcantemente da prudência.

753. ...τῶν ἀρχῶν. ... (*tôn arkhôn*).

LIVRO V | 189

7

SABEDORIA[754] ESTÁ PRESENTE NAS ARTES referindo-se àqueles homens que são os mais consumados mestres em suas artes, por exemplo
10 a Fídias como escultor e a Policleito como confeccionador de estátuas humanas.[755] Nesse sentido, portanto, *sofia* significa simplesmente ser excelente na arte. Pensamos, porém, que alguns são sábios em geral e não num domínio particular e parcial; nem sábios em algo adicional diferente, como diz Homero no *Margites*:[756]
15 *Dele não fizeram os deuses nem um cavador nem um lavrador,*
Nem sábio em algo diferente.[757]
Conclui-se, diante disso, que a sabedoria (*sofia*) é claramente a forma mais consumada de conhecimento. O sábio, portanto, não se limita a conhecer as conclusões resultantes dos princípios, mas em verdade tem a compreensão dos próprios princípios. Daí ser a sabedoria entendimento e conhecimento combinados: imperioso ser ela um conhecimento pleno das coisas mais excelsas.[758] Seria in-
20 sólito, com efeito, pensar que a ciência política ou a prudência é *a mais importante*[759] forma de conhecimento *quando o ser humano não é a coisa mais excelente no mundo.*[760] E visto que saudável e bom

---

754. ...σοφίαν... (*sophían*).

755. Fídias de Atenas (*circa* 490-430 a.C.), o mais ilustre dos escultores gregos (provavelmente falecido em Olímpia), autor da estátua de Zeus em Olímpia e daquela de Atena no Partenon (todas destruídas). Era um λιθουργός (*lithourgós*), isto é, escultor que se servia de pedra para criar suas obras. Policleito de Argos floresceu em meados do século V a.C. e trabalhava a forma humana, especialmente com o bronze. Era um estatuário (ἀνδριαντοποιὸς [*andriantopoîos*]).

756. ...Μαργίτη... (*Margítei*), poema cômico atribuído na antiguidade a Homero.

757. ...τὸν δ᾽ οὔτ᾽ ἄρ σκαπτῆρα θεοὶ θέσαν οὔτ᾽ ἀροτῆρα οὔτ᾽ ἄλλως τι σοφόν. ... (*tòn d'oút'ar skaptêra theoì thésan oút' arotêra oút' állos ti sophón*).

758. Aristóteles apoia-se numa figura de linguagem de Platão no *Górgias*, 505d: ...ὥσπερ κεφαλὴν ἔχουσα ἐπιστήμη τῶν τιμιωτάτων ... (*hósper kephalèn ékhousa epistéme tôn timotáton*), literalmente: conhecimento das coisas mais excelsas que, por assim dizer, tivesse uma cabeça.

759. ...σπουδαιοτάτην... (*spoudaiotáten*).

760. ...εἰ μὴ τὸ ἄριστον τῶν ἐν τῷ κόσμῳ ἄνθρωπός ἐστιν ... (*ei mè tò áriston tôn en tôi kósmoi ánthropós estin*). O Estagirita parece identificar a prudência (sabedoria prática) com a ciência política, porque o ser humano é o animal político (animal da *pólis*). Na sequên-

190 | ÉTICA A EUDEMO

são diferentes para seres humanos e peixes, ao passo que branco
e reto são invariavelmente o mesmo, todos indicariam o mesmo
25 por *sábio*, sendo diferente, todavia, quanto à *prudente*; com efeito,
cada espécie classificará como prudente e se porá na tutela daquele
que for capaz de discernir o bem-estar próprio dessa espécie, razão
pela qual nos referimos mesmo *aos animais inferiores*[761] como prudentes, a saber, os que revelam uma *capacidade de antevisão*[762] em
suas próprias vidas.[763] Também fica patente que sabedoria e ciên-
30 cia política não podem ser idênticas. Se, com efeito, a percepção
de nossos próprios interesses for qualificada de sabedoria por nós,
concluiremos pela presença de muitos tipos de sabedoria. Não será
possível, com efeito, que haja uma única sabedoria relativa ao bem
de todos *os seres vivos*,[764] mas uma diferente relativa [ao bem] de
cada [espécie], tanto quanto não será possível uma só medicina relativa a todos os seres. O argumento segundo o qual o ser humano
supera os outros animais em nada altera isso. *Com efeito, existem
outras coisas de natureza muito mais divina do que o ser humano, do*
1141b1 *que o mais visível exemplo é aquilo de que é composto o universo.*[765]
O que foi dito deixa claro, portanto, que a sabedoria é tanto conhecimento quanto entendimento no tocante às coisas da mais excel-
sa natureza. Eis porque se diz que Anaxágoras, Tales[766] e homens
5 de idêntico perfil podem ser *sábios*, mas não *prudentes* quando se

---

cia veremos, entretanto, que a embora a relação entre elas seja estreitíssima e apresentem
idêntica disposição, são essencialmente diferentes. Quanto à avaliação aristotélica do ser
humano, sua filosofia não é, de modo algum, *humanista*, ao menos no sentido protagóri-
co, que lhe é contemporâneo, ou mesmo naquele moderno.

761. ...τῶν θηρίων... (*tôn theríon*): todos os animais terrestres distintos do ser humano, desde
os antropóides até as feras.

762. ...δύναμιν προνοητικήν. ... (*dýnamin pronoetikén*).

763. Ver os tratados de zoologia de Aristóteles.

764. ...τῶν ζῴων, ... (*tôn zóion*).

765. ...καὶ γὰρ ἀνθρώπου ἄλλα πολὺ θειότερα τὴν φύσιν, οἷον φανερώτατά γε ἐξ ὧν ὁ
κόσμος συνέστηκεν. ... (*kaì gàr anthrópou álla polù theiótera tèn phýsin, hoîon phaneró-
tatá ge ex hôn ho kósmos synésteken*). Ver o tratado *Do Céu*.

766. Filósofos da natureza pré-socráticos. Anaxágoras de Clazomena viveu aproximadamente
entre 500 e 428 a.C. e Tales de Mileto entre 639 e 546 a.C. Seu objeto filosófico era a
natureza (φύσις [*phýsis*]), na qual buscavam o princípio/origem (ἀρχή [*arkhé*]) de tudo.
Tales foi considerado pelos antigos gregos precisamente um dos *Sete Sábios*.

observa que exibem ignorância quanto aos seus próprios interesses; *e embora se diga possuírem eles um conhecimento extraordinário, admirável, difícil e divino,*[767] esse conhecimento é considerado inútil, porque as coisas por eles buscadas não são os bens humanos.[768] A prudência, ao contrário, *é relativa aos assuntos humanos*[769] e àquilo quanto ao que se pode deliberar. De fato, dizemos que a função mais importante que cabe ao indivíduo prudente é o deliberar bem. Mas ninguém delibera sobre coisas que são imutáveis e sobre as mutáveis que não visam a um fim, sendo este um bem realizável. E aquele que pura e simplesmente delibera bem é o indivíduo que, com base no cálculo, é capaz de visar aos bens mais excelentes que são humanamente realizáveis. Mas a prudência não se restringe ao universal, devendo também levar em conta os particulares, uma vez que tem a ver com a ação, a qual diz respeito às coisas particulares. Essa é a razão porque alguns *ignorantes*[770] mostram-se mais aptos na ação do que outros indivíduos, estes possuidores de conhecimento. Com efeito, se alguém sabe que carnes leves são mais digestíveis e mais saudáveis, mas desconhece quais carnes são leves, não obterá saúde, o que provavelmente obterá um indivíduo cujo conhecimento se resume em saber que *frango*[771] é saudável [e leve].[772] E em outros aspectos, indivíduos experientes [levam a melhor]. Tendo a prudência a ver com a ação, resulta necessitarmos de ambas suas formas ou, de preferência, desta última, ainda mais do que da primeira.[773] Também aqui é preciso haver algum elemento superior controlador.

---

767. ...καὶ περιττὰ μὲν καὶ θαυμαστὰ καὶ χαλεπὰ καὶ δαιμόνια εἰδέναι αὐτούς φασιν, ... (*kai perittà mèn kai thaumastà kai khalepà kai daimónia eidénai autoús phasin*).

768. Somente com Sócrates (469-399 a.C.) que o ser humano passará a ser decididamente o centro da filosofia, dando-se destaque para a ética.

769. ...περὶ τὰ ἀνθρώπινα, ... (*perì tà anthrópina*).

770. ...οὐκ εἰδότες ... (*ouk eidótes*).

771. ...ὀρνίθεια... (*ornítheia*): o sentido menos restrito também cabe aqui, ou seja, carne de ave doméstica.

772. O primeiro desses conhecimentos é do *universal* (καθόλου [*kathólou*]), enquanto o segundo é do *particular* (τὸ κατὰ μέρος [*tò katà meros*], τὸ καθ'ἕκαστος [*tò kath'hékastos*]).

773. A última é vinculada ao conhecimento do particular; a primeira ao conhecimento do universal.

192 | ÉTICA A EUDEMO

8

A DISPOSIÇÃO DA CIÊNCIA POLÍTICA é idêntica à da prudência, porém suas essências diferem. No que se refere ao *Estado*,[774] a pru-
25 dência que exerce uma função controladora e diretiva é a *legislativa*,[775] enquanto a que se ocupa de particulares recebe comumente o nome de *política*.[776] Esta tange à ação e à deliberação (com efeito, um decreto é algo a ser realizado *por último*[777]), razão pela qual são apenas as pessoas que lidam com isso as consideradas participantes da política; de fato, são somente elas que realizam coisas, à semelhança
30 dos artesãos. Entende-se a essência da prudência também, sobretudo, naquela sua forma que toca ao próprio eu, ao individual. Isso é efetivamente conhecido pela designação comum *prudência (sabedoria prática)*; as outras modalidades são a chamada *administração doméstica*,[778] a *legislação*,[779] a política, esta última numa subdivisão entre deliberativa e judiciária. O conhecimento do que interessa a si mesmo decerto será uma forma de *prudência*,[780] embora muito diferente
1142a1 das outras formas; julga-se, ademais, que aquele que conhece e se ocupa de seus próprios negócios é prudente, ao passo que *os políticos se ocupam de diversas coisas*,[781] Daí [escrever] Eurípides:

> *Teria sido isso prudente quando eu poderia ter avançado despreocupadamente,*

---

774. ...πόλιν... (*pólin*).

775. ...νομοθετική, ... (*nomothetiké*).

776. ...πολιτική... (*politiké*).

777. ...τὸ ἔσχατον... (*tò éskhaton*), o último. Entretanto, alguns eminentes helenistas, como Tricot e Bywater, preferem ἔκαστον (*hékaston*) a ἔσχατον(*éskhaton*), com o que a tradução seria: ...é algo a ser realizado *particularmente...* . Ambos os conceitos são cabíveis.

778. ...οἰκονομία, ... (*oikonomía*).

779. ...νομοθεσία, ... (*nomothesía*).

780. ...φρονήσεως... (*phronéseos*). Bekker registra γνώσεως (*gnóseos*), conhecimento, com reservas, enquanto Bywater o faz explicitamente. Parece que a coerência interna do contexto exige ...φρονήσεως..., que é o sugerido por Spengel e acolhido por nós.

781. ...οἱ δὲ πολιτικοὶ πολυπράγμονες... (*hoi dè politikoi polyprágmones*). Mas essa última expressão pode abrigar um viés pejorativo, no sentido de que os políticos podem, nas suas múltiplas atividades, exercer ingerência inconveniente, ou seja, revelam-se intrometidos.

LIVRO V | 193

Na multidão do exército um número,
5 *Partícipe de um quinhão igual? (...)*
Com efeito, os desmedidos, e repletos de ação.[782]
De fato, busca-se desse modo o próprio bem e pensa-se agir
assim devidamente. É a partir dessa concepção que surgiu a opinião de que são eles os prudentes. *Entretanto, talvez o próprio bem pessoal não exista sem administração doméstica e sem uma forma de*
10 *governo político.*[783] Ademais, mesmo a administração dos assuntos pessoais não exibe transparência, exigindo exame.

O que foi dito recebe confirmação adicional ante o fato de que embora os jovens tenham a possibilidade de se tornarem geômetras, matemáticos e *sábios*[784] em domínios similares, inconcebível admitir que um jovem possa se tornar prudente. Eis a razão: a prudência tem a ver com fatos particulares, cujo conhecimento só pode surgir
15 *a partir da experiência,*[785] experiência cuja posse é impossível para um jovem, pois só o acúmulo dos anos pode produzi-la. (Seria cabível, inclusive, insistir na indagação do por que um rapaz tem a possibilidade de ser um matemático e não consegue ser *sábio ou filósofo da natureza.*[786] Uma resposta possivelmente satisfatória esclareceria que a matemática se ocupa de abstrações, enquanto os princípios daquelas matérias[787] são oriundos da experiência; e o jovem só pode
20 balbuciá-los sem ter deles convicção, ao passo que a essência da matemática se lhe afigura suficientemente clara.) Por outro lado, na deliberação pode-se cair em equívoco seja quanto ao universal, seja

---

782. ...πῶς δ' ἂν φρονοίην, ᾧ παρῆν ἀπραγμόνως / ἐν τοῖσι πολλοῖς ἠριθμημένον στρατοῦ / ἴσον μετασχεῖν· / τοὺς γὰρ περισσοὺς καί τι πράσσοντας πλέον. ... (*pôs d'àn phronoíen, hôi parên apragmónos / en toîsi polloîs erithmemónon stratoú / íson metaskheîn; / toùs gàr perissoùs kaí ti prássontas pléon*). Extraído do *Filoctetes*, obra perdida de Eurípides da qual restam apenas fragmentos.

783. ...καίτοι ἴσως οὐκ ἔστι τὸ αὑτοῦ εὖ ἄνευ οἰκονομίας οὐδ' ἄνευ πολιτείας. ... (*kaítoi ísos ouk ésti tò hautoû eû áneu oikonomías oud'áneu politeías*).

784. ...σοφοί... (*sophoí*), mas a ideia aqui parece ser puramente técnica no sentido de alguém versado numa ciência, não propriamente um sábio na acepção de um *filósofo.*

785. ...ἐξ ἐμπειρίας, ... (*ex empeirías*).

786. ...σοφὸς δ' ἢ φυσικὸς... (*sophòs d'è physikòs*).

787. Quer dizer, da metafísica e da física (filosofia da natureza), na terminologia aristotélica *filosofia primeira* e *filosofia segunda* respectivamente.

194 | ÉTICA A EUDEMO

quanto ao particular; vale dizer, ou na asserção de que toda água pesada é insalubre, ou naquela de que esta água é pesada.

É evidente que prudência não é conhecimento, pois, como foi 25 dito, ela se reporta à apreensão do que é *último;*[788] com efeito, a coisa a ser realizada tem esse caráter. Resulta que a prudência se opõe ao entendimento, pois este tem a ver com *definições*[789] indemonstráveis pela razão, ao passo que a prudência se ocupa do que é *o último,*[790] o que não é objeto do conhecimento, podendo ser captado somente pela *percepção*[791] – não a dos atributos peculiares de um certo sentido, mas aquela pela qual percebemos que a figura *última* da matemática é um triângulo,[792] onde é preciso se deter. 30 Isso, contudo, não é tanto prudência, porém mais propriamente percepção sensorial, ainda que uma forma diferente desta.

9

Temos também que averiguar o que é *boa deliberação*[793] e apurar se estamos diante de um gênero de conhecimento ou de opinião, ou uma *habilidade em conjecturar,*[794] ou algo distinto desses

---

788. ...ἐσχάτου... (*eskhátou*). Tricot e outros helenistas leem ...ἑκάστου... (*hekástou*), particular, de cada um, individual. W. D. Ross e H. Rackham (o primeiro traduzindo o texto de Bywater e o segundo baseando-se no texto de Bekker) sugerem respectivamente, de modo associativo, *ultimate particular fact* e *ultimate particular things*. Parece um típico problema de manuscrito, que permite uma leitura ou outra. De qualquer maneira, as sugestões em caráter conjectural não são, a rigor, desautorizadas pelo contexto.

789. ...ὅρων, ... (*hóron*).

790. ...τοῦ ἐσχάτου, ... (*toû eskhátou*). Ver nota 788.

791. ...αἴσθησις... (*aísthesis*).

792. *Última* porque é impossível encerrar um espaço em menos de três linhas, que são aquelas que formam uma figura de três lados, isto é, o triângulo. Mas aqui ocorre também a leitura divergente dos helenistas quanto aos morfologicamente semelhantes ἔσχατον (*eskhaton*), último, final e ἕκαστον (*hékaston*), particular, individual.

793. ...εὐβουλίας... (*euboulías*), literalmente bom conselho. Aristóteles refere-se à capacidade de deliberar bem.

794. ...εὐστοχία, ... (*eustokhía*). Genericamente a habilidade de visar, de modo a atingir o alvo, mas o sentido neste contexto é o específico registrado acima.

LIVRO V | 195

gêneros. Não é conhecimento. Com efeito, não se investiga acerca
1142b1 daquilo que se conhece, sendo a boa deliberação uma forma de deliberação e, de fato, quem delibera investiga e calcula. Contudo,
deliberar e investigar diferem. Realmente, deliberar envolve apenas
investigação parcial. Tampouco é [a boa deliberação] habilidade
em conjecturar, pois esta ocorre sem raciocínio e de maneira rápida, enquanto deliberar requer *muito tempo*[795] das pessoas e se diz
5 que a efetivação do que foi resolvido na deliberação deve ser célere
e a deliberação, lenta. Por outro lado, *rapidez intelectual*[796] e boa
deliberação tambémsão coisas diferentes. A primeira é uma forma de
habilidade em conjecturar. Boa deliberação não é, tampouco –
devemos acrescentá-lo – qualquer forma de opinião. Na medida,
porém, em que aquele que delibera mal incorre em erros, quando
quem delibera bem o faz com acerto, fica claro [ao menos] que a
boa deliberação constitui uma forma de acerto ou *exatidão,*[797] ain-
10 da que estranha ao conhecimento e à opinião. O acerto (e, tampouco, com efeito, o erro) não podem ser predicados do conhecimento
e *acerto (exatidão) de opinião é verdade.*[798] Ademais, tudo aquilo
em torno de que se opina já foi estabelecido {mas, decerto, boa deliberação não dispensa raciocínio. Resta, portanto, que seja acerto
no pensar; com efeito, este não é ainda afirmação}.[799] Temos que
reconhecer que a opinião já não é mais investigação, mas uma for-
15 ma de afirmação, ao passo que alguém que delibera, faça-o bem ou
mal, está investigando e calculando. A boa deliberação é uma forma
de acerto (exatidão) na deliberação {de modo que temos, primei-

---

795. ...πολὺν χρόνον, ... (*polùn khrónon*).

796. ...ἀγχίνοια... (*ankhínoia*), raciocínio rápido, agilidade mental.

797. ...ὀρθότης... (*orthótes*).

798. ...δόξης δ' ὀρθότης ἀλήθεια... (*dóxes d' orthótes alétheia*). O conhecimento é inqualificável quanto ao erro ou ao acerto, pois é necessariamente acertado (correto, exato). Em
outras palavras, dizer conhecimento *acertado* é uma impropriedade e redundância, ao
passo que dizer conhecimento *errado* é um absurdo. A opinião, todavia, é predicável do
acerto, podendo ser acertada (exata, correta) ou errônea, incorreta.

799. ...ἀλλὰ μὴν οὐδ' ἄνευ λόγου ἡ εὐβουλία. διανοίας ἄρα λείπεται. αὕτη γὰρ οὔπω
φάσις.... (*allà mèn oud'áneu lógou he euboulía. Dianoías ára leípetai. Haúte gàr oúpo phásis.*).
{ } Longa interpolação a nosso ver um tanto desconexa. W. D. Ross, contudo, traduzindo
o texto de Bywater, a faz constar normalmente.

196 | ÉTICA A EUDEMO

ramente, que investigar o que é deliberação e acerca do que é}.[800] Entretanto, o acerto (exatidão) neste contexto é múltiplo e, é óbvio que nem todo tipo de acerto na deliberação corresponde a boa deliberação. O indivíduo descontrolado ou o indivíduo perverso poderá, depois de exercer *o cálculo*,[801] atingir sua meta como algo acerta-
20 do, e com isso terá deliberado com acerto, embora haja obtido algo sumamente mau, quando é de se considerar ser a boa deliberação um bem. Eis o acerto na deliberação que é boa deliberação, a saber, ser acertado (exato, correto) visando a atingir, ao menos como tendência, alguma coisa boa. É possível, porém, atingir tanto algo bom quanto algo mau através de uma *falsa dedução*;[802] o acesso a coisa certa a ser feita é possível, mas não o seu acesso a ela por meios corretos. Esse acesso é conseguido graças a um termo médio falso. Essa disposição, portanto, que permite atingir a coisa acertada mediante
25 os meios incorretos não é, tampouco, a boa deliberação. É possível, a propósito, que alguém a atinja num processo prolongado de deliberação, enquanto outra pessoa o possa fazer rapidamente. O primeiro caso não resulta em boa deliberação, a qual se entende ser acerto deliberativo relativamente ao que é útil, atingindo-se a conclusão certa mediante meios corretos no tempo certo. Outro aspecto é podermos dizer que alguém deliberou bem quer em geral quer quanto a um fim particular. A boa deliberação em geral é a que
30 conduz aos resultados corretos e satisfatórios relativamente ao fim geral, ao passo que aquela com vista a algum fim particular é a que alcança resultados corretos e satisfatórios no tocante a algum fim particular. Se, assim, bem deliberar é característico dos indivíduos prudentes, a boa deliberação deve ser acerto relativamente ao que é expediente como algo que atinge o fim, genuína concepção do que é a prudência.

---

800. ...διὸ ἡ βουλὴ ζητητέα πρῶτον τί καὶ περὶ τί. ... (*diò he boulè zetetéa prôton tí kaì peri tí*). { } Interpolação nada útil que além de interromper o argumento anuncia algo que não ocorrerá na imediata sequência: Aristóteles não passa a se ocupar do que é a deliberação e de seu objeto. Spengel indica a interpolação. Ross, traduzindo Bywater, faz constar a sentença normalmente.

801. ...τοῦ λογισμοῦ... (*toú logismoú*).

802. ...ψευδεῖ συλλογισμῷ... (*pseudeî syllogismôi*).

10

O DISCERNIMENTO E O BOM DISCERNIMENTO,[803] em função do que
1143a1 dizemos dos indivíduos que são pessoas de discernimento ou pessoas de bom discernimento, não é o mesmo que o conhecimento
em geral (não sendo também opinião, pois se o fosse todos teriam
discernimento). Tampouco é ele uma ou outra das ciências particulares, tais como a medicina, que se ocupa daquilo que toca à saúde, e
a geometria, a qual se ocupa das grandezas. *Com efeito, tampouco se*
5 *ocupa dos seres eternos e imutáveis,*[804] e nem da totalidade das coisas
que passam a existir (vêm a ser), mas daquelas em relação às quais é
possível questionar e deliberar; podemos concluir que seus objetos
são os mesmos da prudência, o que não quer dizer que discernimento e prudência sejam idênticos, pois enquanto esta última emite comandos (já que seu fim é instruir sobre o que se deve fazer ou não
10 fazer), *o discernimento se limita a julgar.*[805] (Com efeito, discernimento e bom discernimento são idênticos, como o são a pessoa de
discernimento e a pessoa de bom discernimento.) Discernimento
não é nem a posse nem a aquisição de prudência. Mas se utilizamos
a opinião objetivando julgar o que é dito por outra pessoa sobre
15 aquilo que tem conexão com a prudência, dizem de nós que *discer-
nimos,* isto é, que julgamos corretamente (*com efeito, bem e corretamente são idênticos*),[806] do mesmo modo que *se aperceber* de algo se

---

803. ...καὶ ἡ σύνεσις καὶ ἡ εὐσυνεσία, ... (*kaì he sýnesis kaì he eusynesía*). Aristóteles toma a
palavra σύνεσις (*sýnesis*) do vocabulário corrente e nesse linguajar ela significa *junção ou
confluência entre dois rios.* Embora essa palavra no vernáculo grego seja, genericamente
e por extensão, intercambiável com νοῦς (*noús*) no sentido específico que lhe empresta
Aristóteles no contexto da *Ética a Nicômaco* e da *Ética a Eudemo* (ou seja, aquele de
compreensão, entendimento), não se deve, em hipótese alguma, confundir *entendimento*
com *discernimento,* ainda que, como dirá o Estagirita, sejam qualidades intelectuais que
se referem ao mesmo objeto.

804. ...οὔτε γὰρ περὶ τῶν ἀεὶ ὄντων καὶ ἀκινήτων... (*oúte gàr perì tôn aeì ónton kaì
akinéton*).

805. ...ἡ δὲ σύνεσις κριτικὴ μόνον. ... (*he dè sýnesis kritikè mónon*).

806. ...τὸ γὰρ εὖ τῷ καλῶς τὸ αὐτό ... (*tò gàr eu tôi kalôs tò autó*). A afirmação de Aristóteles
tem, obviamente, cunho contextual, visto que muitas vezes o advérbio καλῶς não significa o mesmo que o advérbio εὖ.

diz que é *discerni-lo* quando se trata do emprego do conhecimento. E o uso da palavra discernimento visando a indicar o atributo que faz dos indivíduos pessoas de bom discernimento tem como origem o discernimento presente no se aperceber; *de fato, dizemos frequentemente apreender (aperceber-se de) significando discernir.*[807]

11

AQUILO QUE DESIGNAMOS COMO *JULGAMENTO PONDERADO*,[808] em função do que se diz das pessoas que têm consideração ou ma-
20 nifestam *consideração*,[809] corresponde a julgar corretamente o que é equitativo. É indicativo disso o dizer que o indivíduo equitativo manifesta, sobretudo, consideração (indulgência, perdão) pelos outros e que é testemunho de equidade manifestá-la em certas situações. Contudo, *o julgamento ponderado como consideração*[810] é o que julga corretamente o que é equitativo, esse *corretamente*[811] significando julgar o que é verdadeiro.

25 É razoável declarar que todas essas disposições dizem respeito à mesma coisa. Com efeito, atribuímos julgamento ponderado, discernimento, prudência e entendimento às mesmas pessoas das quais dizemos que são detentoras de julgamento ponderado e entendimento, e que são capazes de prudência e discernimento, *pois todas essas faculdades se ocupam das coisas últimas e particulares,*[812]
30 e alguém tem discernimento, é detentor de um bom julgamento

---

807. ...λέγομεν γὰρ τὸ μανθάνειν συνιέναι πολλάκις. ... (*légomen gàr tò manthánein syniénai pollákis*).

808. ...γνώμη, ... (*gnóme*). Aristóteles utiliza nesse contexto essa palavra numa acepção muito restrita e sutil, que dificulta bastante a tradução para o nosso vernáculo. Mas a imediata explicação esclarece o sentido independentemente da tradução, vinculando γνώμη e συγγνώμη (*syngnóme*). Ver nota a seguir.

809. ...συγγνώμην, ... (*syngnómen*), termo composto derivado de γνώμη que abriga uma noção claramente filantrópica e que poderíamos traduzir genericamente também por *deferência* e mesmo, restritamente, por *indulgencia* ou *perdão*.

810. ...ἡ δὲ συγγνώμη γνώμη... (*he dè syngnóme gnóme*).

811. ...ὀρθή... (*orthé*).

812. ...πᾶσαι γὰρ αἱ δυνάμεις αὗται τῶν ἐσχάτων εἰσὶ καὶ τῶν καθ' ἕκαστον, ... (*pâsai gàr hai dynámeis haûtai tôn eskháton eisi kaì tôn kath'hékaston*).

LIVRO V | 199

ponderado ou exibe indulgência ou perdão quando é capaz de julgar aquilo com o que tem a ver a prudência. De fato, ações equitativas são comuns a todos os indivíduos bons em sua relação com os outros, ao mesmo tempo que todos os assuntos referentes às ações situam-se na esfera das coisas particulares e últimas (com efeito, o prudente tem que conhecê-las) e o discernimento e o julgamento
35 ponderado têm a ver com assuntos tocantes às ações (conduta), os quais são *finais*.[813] E o entendimento apreende os resultados finais em ambos os sentidos, pois tanto as definições primárias quanto
1143b1 esses resultados finais são apreendidos pelo entendimento, mas não alcançados pelo raciocínio. Nas demonstrações o entendimento apreende *as definições imutáveis e primárias*,[814] ao passo que *nas inferências da ação*[815] ele apreende o resultado final e contingente
5 *e a outra proposição.*[816] Com efeito, são estes os princípios a partir dos quais se conclui pelo fim, *pois os universais partem dos particulares.*[817] Por conseguinte, é necessário que tenhamos a percepção dos particulares, e esta é entendimento. Por essa razão, se pensa que essas disposições são naturais e que alguém é dotado de julgamento ponderado, de discernimento e de entendimento naturalmente, enquanto é de se pensar que ninguém é sábio naturalmente. Depreendemos que assim é ao pensarmos nessas disposições em função de certas idades e que nesta ou naquela idade alguém terá en-
10 tendimento e julgamento ponderado, isto devido a uma *causa natural*[818] {consequentemente, o entendimento é começo e fim; com efeito, as demonstrações são a partir deles e a respeito deles}.[819] Dis-

---

813. ...ἔσχατα. ... (*héskhata*), últimos.

814. ...τῶν ἀκινήτων ὅρων καὶ πρώτων , ... (*tôn akinéton hóron kaì próton*).

815. ...ἐν ταῖς πρακτικαῖς... (*en taîs praktikaîs*).

816. ...καὶ τῆς ἑτέρας προτάσεως ... (*kaì tês hetéras protáseos*). Aristóteles parece ter em mente aqui a segunda premissa da dedução (silogismo), ou seja, a premissa menor, a qual precede a conclusão. Entretanto, logo a seguir (em 1143b5), ele alude à indução e não à dedução. O entendimento é dos particulares e não dos universais.

817. ...ἐκ τῶν καθ' ἕκαστα γὰρ τὰ καθόλου... (*ek tôn kath'hékasta gàr tà kathólou*).

818. ...φύσεως αἰτίας... (*phýseos aitías*).

819. ...διὸ καὶ ἀρχὴ καὶ τέλος νοῦς. ἐκ τούτων γὰρ αἱ ἀποδείξεις καὶ περὶ τούτων. ... (*diò kaì arkhè kaì télos noûs. ek toúton gàr hai apodeíxeis kaì perì toúton*). Este período entre chaves é considerado deslocado por muitos helenistas, inclusive Bekker e Bywater. Inegável.

200 | ÉTICA A EUDEMO

so decorre que as asserções e opiniões não demonstradas de pessoas experientes e idosas ou prudentes devem ser objeto de nossa atenção tanto quanto aquelas por elas respaldadas por demonstrações. Com efeito, a experiência lhes transmitiu uma visão com a qual
15 enxergam as coisas com acerto. Discutimos, assim, o que são a prudência e a sabedoria, ao que dizem respeito e mostramos que cada uma delas é virtude de uma parte distinta da alma.

12

ENTRETANTO, A QUESTÃO DA UTILIDADE DESSAS [virtudes intelectuais] suscita uma dificuldade. A sabedoria, com efeito, não
20 especula em torno daquilo que determinará a felicidade humana (de fato, não se ocupa do vir a ser), mas embora tenha a prudência essa função, qual a necessidade dela? Se a prudência diz respeito ao justo, ao nobre e ao bom para o ser humano, isto já é o que caracte-
25 riza a ação de um *homem*[820] bom; conhecer essas virtudes não nos torna mais capazes de praticá-las, porquanto as virtudes são *estados de caráter*,[821] tal como o conhecer do que é saudável e vigoroso, entendendo estes não como aquilo que produz saúde e vigor, mas aquilo que deles resulta não nos tornará mais saudáveis e vigorosos; não nos tornaremos nem um pouco mais aptos à ação pelo fato de conhecer a medicina ou a ginástica. Se, por outro lado, afirmamos que a prudência é útil não para fomentar em nós a boa ação, mas
30 para nos ajudar a nos tornar bons, a conclusão é a sua inutilidade no caso daqueles que já são bons. Tampouco terá qualquer utilidade para aqueles que não o são, diante da irrelevância de serem eles próprios prudentes ou acatarem outras pessoas que o sejam. Bastará agir como agimos relativamente à saúde. É do mesmo modo que querer ter saúde sem aprender medicina. Ademais, pareceria estranho que ela,[822] a qual é inferior à sabedoria, fosse mais soberana do

---

820. ...ἀνδρὸς... (*andròs*), ser humano do sexo masculino.

821. ...ἕξεις... (*héxeis*).

822. Ou seja, a prudência.

LIVRO V | 201

35 que esta última, uma vez que aquela que *produz*[823] algo o governa e
emite comandos para ele. Passemos agora a analisar essas questões,
que até aqui foram apenas enunciadas.

1144a1 Comecemos por afirmar que essas virtudes, sendo elas as virtudes [intelectuais] das duas partes [da alma] respectivamente, são
necessariamente desejáveis em si mesmas, ainda que nenhuma delas seja produtora ou criadora. Em segundo lugar, afirmamos que
efetivamente produzem algo, não como a medicina produz saúde,
5 mas como esta produz saúde [enquanto causa formal], tal como a
sabedoria produz felicidade. *Ela*[824] *é uma parte da virtude como um
todo e, portanto, mediante sua posse e se convertendo em ato, torna
[o ser humano] feliz.*[825] E é somente graças à prudência e à virtude
moral que a *função*[826] própria [do ser humano] é plenamente realizada. A virtude [moral] assegura a retidão da meta a que visamos,
ao passo que a prudência garante a retidão daquilo que conduz a
essa meta. (Por outro lado, *a quarta parte da alma*,[827] *a nutritiva*,[828]
10 não dispõe de uma virtude semelhante, visto que carece de um poder para a ação ou inação.)

A consideração a seguir instaura o exame da questão de se a prudência não torna os indivíduos mais capazes de praticar ações nobres e justas. Como algumas pessoas, segundo o que sustentamos,
realizam atos justos e, no entanto, isso não faz delas pessoas justas
15 (por exemplo, aquelas que agem conforme o que é determinado
pela lei, mas involuntariamente ou na ignorância, ou em função
de qualquer outro motivo, e não pelos atos em si, embora estejam
agindo devidamente e fazendo tudo aquilo que uma boa pessoa
deve fazer), parece que quando a meta é ser bom, há uma certa dis-

---

823. ...ποιοῦσα... (*poioûsa*). Aristóteles prossegue com a noção da analogia com a medicina e
a saúde, a primeira *produzindo* a segunda. A medicina é uma arte ou ciência produtiva
(*poietiké*).

824. Ou seja, a sabedoria.

825. ...μέρος γὰρ οὖσα τῆς ὅλης ἀρετῆς τῷ ἔχεσθαι ποιεῖ καὶ τῷ ἐνεργεῖν εὐδαίμονα. ...
(*méros gàr oûsa tês hóles aretês tôi ékhasthai poieî kaì tôi energeîn eudaímona*).

826. ...ἔργον... (*érgon*).

827. ...τοῦ δὲ τετάρτου μορίου τῆς ψυχῆς... (*toû dè tetártou moríou tês psykhês*).

828. ...τοῦ θρεπτικοῦ... (*toû threptikoú*).

202 | ÉTICA A EUDEMO

posição que faculta, da parte de alguém, a realização desses vários
atos alcançando essa meta, quero dizer como resultado de uma
prévia escolha e por eles mesmos. O acerto da prévia escolha de
20 uma meta é assegurado pela virtude, porém realizar as coisas que
devem ser realizadas naturalmente em função da meta previamente
escolhida *não é algo que diz respeito à virtude, mas a uma faculdade distinta.*[829] Precisamos nos ater a isso, esclarecendo-o melhor.
25 Existe uma faculdade que denominamos *engenhosidade,*[830] que é a
capacidade de execução das coisas conduzindo-as à meta que estabelecemos, e atingindo-a. Se a meta for nobre, a engenhosidade
revelar-se-á uma faculdade louvável; se for vil, revelar-se-á mera *patifaria,*[831] razão pela qual classificamos pessoas prudentes e biltres
igualmente como engenhosos. Mas ainda que essa faculdade não
30 seja a prudência, esta não prescinde dela. E aquela visão da alma já
mencionada por nós é incapaz de adquirir o estado [de caráter] da
prudência sem o concurso da virtude, o que afirmamos anteriormente e é evidente; com efeito, os silogismos sobre ações realizáveis
sempre apresentam um *princípio*[832] sob a forma *visto que o fim, ou o
mais excelente é este ou aquele* (qualquer que o seja, pois é possível
ser o quer for que nos agrade por conta do argumento); contudo,
35 esse bem somente se revela como tal para o indivíduo bom; *com
efeito, o vício nos perverte e nos faz falsear acerca dos princípios da
ação.*[833] A evidente conclusão disso é não ser possível sermos prudentes sem sermos bons.

---

829. ...οὐκ ἔστι τῆς ἀρετῆς ἀλλ᾽ ἑτέρας δυνάμεως. ... (*ouk ésti tês aretês all' hetéras dynámeos*).

830. ...δεινότητα... (*deinóteta*). Aristóteles emprega a acepção específica da palavra, a saber,
habilidade intelectual, engenhosidade. A nossa palavra *esperteza* é imprópria dada a sua
carga pejorativa – para o Estagirita a δεινότης (*deinótes*) é em si mesma moralmente neu-
tra, sua qualidade moral só podendo ser detectada pelo fim que possibilita ser atingido
enquanto meio, ou seja, será boa se o fim efetivamente alcançado for nobre, ou má se o
fim atingido for vil. O termo *astúcia* é igualmente inconveniente pelas mesmas razões.

831. ...πανουργία... (*panourgía*).

832. ...ἀρχὴν... (*arkhèn*), isto é, no caso do silogismo (dedução), a premissa maior.

833. ...διαστρέφει γὰρ ἡ μοχθηρία καὶ διαψεύδεσθαι ποιεῖ περὶ τὰς πρακτικὰς ἀρχάς. ...
(*diastréphei gàr he mokhthería kai diapseúdesthai poieî perì tàs praktikàs arkhás*).

13

1144b1 É NECESSÁRIO, PORTANTO, REEXAMINARMOS a *virtude*.[834] E, de fato, a questão da virtude é análoga àquela da prudência em sua conexão com a engenhosidade. Ora, ainda que estas não sejam idênticas, são semelhantes; e *a virtude natural*[835] mantém uma conexão idêntica com a virtude no seu sentido estrito e autêntico. Todos são do parecer que *cada uma das qualidades morais*[836] é, de alguma 5 forma, conferida pela natureza; com efeito, somos justos e moderados, corajosos e detentores das demais virtudes [morais] a partir de nosso nascimento. Mas, não obstante isso, nossa expectativa é descobrir que *o bem estrito e autêntico*[837] seja diferente e que as virtudes venham a nos dizer respeito de um modo distinto. Afinal, mesmo crianças e animais selvagens são detentores de estados na-10 turais e, entretanto, na ausência do entendimento, tais estados podem evidentemente se revelar danosos. Tudo que se pode observar é que tal como um corpo vigoroso, mas *cego,*[838] sofre graves quedas quando se põe a andar porque está incapacitado de ver, tais estados podem nos desencaminhar, ao passo que se alguém conquistar o entendimento, sua conduta será diferente, e o estado que anteriormente apenas se assemelhava à virtude, será agora *virtude estrita e autêntica.*[839] Consequentemente, tal como no *departamento for-*15 *mador de opiniões*[840] existem duas formas, a saber, a engenhosidade e a prudência, no *moral*[841] também existem duas, nomeadamente a virtude natural e a virtude estrita e autêntica, esta não podendo existir sem a prudência. Daí alguns dizerem que todas as virtudes

---

834. ...ἀρετῆς... (*aretês*), mas o Estagirita parece ter em mente *o todo da virtude* como conceito estrito e autêntico buscado, e não a mera somatória das virtudes morais e intelectuais efetivas observáveis.

835. ...καὶ ἡ φυσικὴ ἀρετὴ ... (*kaì he physikè aretè*).

836. ...ἔκαστα τῶν ἠθῶν... (*hékasta tôn ethôn*).

837. ...τὸ κυρίως ἀγαθὸν... (*tò kyríos agathòn*).

838. ...ἄνευ ὄψεως... (*áneu ópseos*), literalmente: destituído de visão.

839. ...κυρίως ἀρετή. ... (*kyríos aretè*).

840. ...δοξαστικοῦ... (*doxastikoú*).

841. ...ἠθικοῦ... (*ethikoú*).

204 | ÉTICA A EUDEMO

são tipos de prudência, estando Sócrates certo por um lado, mas errado por outro; com efeito, equivocou-se ao pensar que todas as
20 virtudes são tipos de prudência, mas acertou ao afirmar que elas não podem existir sem a prudência.[842] É indicativo disso que todos, mesmo atualmente, ao definirem a virtude, depois de dizerem que estado ela é, e especificarem os objetos que a concernem, acrescentam que se trata de um estado conforme a reta razão, sendo esta jus-
25 ta em conformidade com a prudência. Parece, portanto, que todos em algum sentido *conjecturam*[843] que a virtude seja um estado desse feitio, a saber, em conformidade com a prudência. Essa definição, porém, deve ser ampliada mediante uma ligeira alteração. Com efeito, a virtude não é apenas um estado que se conforma à reta razão, mas o estado que opera com o concurso dela, e a prudência é a reta razão no tocante a esses assuntos. Sócrates pensava, portanto, que as virtudes são *princípios racionais*[844] (com efeito, para ele são todas formas de conhecimento).[845] Afirmamos, de nossa parte, que
30 as virtudes operam com o concurso da razão. Tudo isso, por conseguinte, deixa clara a impossibilidade de ser bom no sentido estrito e autêntico sem prudência, bem como a impossibilidade de ser prudente sem a virtude moral. (Poder-se-ia também refutar o argumento dialético suscetível de ser formulado visando a demonstrar que as virtudes podem existir isoladas entre si; estaríamos autorizados a dizer que o mesmo indivíduo não está natural e maximamente
35 capacitado para todas elas. Resultado: terá conquistado uma delas quando ainda não conquistou uma outra. Embora possível no que respeita às virtudes naturais, não o é no tocante àquelas virtudes

---

842. Embora claro formalmente, este trecho exibe um teor um tanto problemático porque se ressente de séria ambiguidade em função do seu eixo, que é o conceito de prudência (sabedoria prática). Ao se reportar ao que Sócrates entende pelas virtudes (na sua relação com a prudência), parece que Aristóteles (do nosso prisma não grego que se empenha em *compreender* o grego) joga com a variação e flutuação semânticas da palavra-chave *fronesis* (φρόνησις [*phrónesis*]), que embora signifique específica e secundariamente *prudência*, apresenta a acepção original e genérica de *ação de pensar*, de *razão* e a de *perceber através da razão*. Ora, acreditamos que, ao se referir às virtudes, Sócrates se prende aos sentidos primordiais da palavra e não à acepção restrita de *prudência*.

843. ...μαντεύεσθαί... (*manteúesthaí*).

844. ...λόγους... (*lógous*).

845. Daí a constante investigação de Sócrates dos conceitos das virtudes.

LIVRO V | 205

1145a1 que capacitam alguém a ser chamado de bom absolutamente, isso
porque se alguém possuir unicamente a prudência, esta terá junto
a si todas as virtudes.) Evidencia-se, portanto, que mesmo que ela
fosse destituída de valor prático [ou seja, no que toca à conduta
humana], ainda assim seria necessária na medida em que é virtude
da parte prática à qual a conduta [humana] é pertinente; acresça-
5 -se que nossa prévia escolha não será correta sem prudência, tanto
quanto sem virtude [moral]. Com efeito, enquanto esta última nos
capacita a atingir a meta, a primeira nos permite empregar aquilo
que nos conduz a ela.

Disso tudo, porém, não devemos concluir nem que seja soberana sobre a sabedoria (*sofia*) nem que o seja sobre *a parte superior*,[846]
não mais do que a medicina é soberana sobre a saúde. Com efeito, a
saúde não é manipulada pela medicina, a qual apenas promove sua
produção, de modo a emitir ordens no interesse da saúde, mas não
as dirigindo a esta.[847] *Ademais, [conferir tal soberania à prudência]*
10 *seria semelhante a dizer que a ciência política governa os deuses por-*
que emite ordens acerca de tudo no Estado.[848]

---

846. ...τοῦ βελτίονος μορίου, ... (*toû beltíonos moríou*).

847. A analogia (sempre no binômio mandar/obedecer) é com a relação senhor/escravo, ou
mais exatamente aquela que o δεσπότης (*despótes*) – chefe de família – tem com os demais membros da comunidade doméstica.

848. ...ἔτι ὅμοιον κἂν εἴ τις τὴν πολιτικὴν φαίη ἄρχειν τῶν θεῶν, ὅτι ἐπιτάττει περὶ
πάντα τὰ ἐν τῇ πόλει. ... (*éti homoion kàn eí tis tèn politikèn phaíe árkhein tôn theôn, hóti*
epitáttei perì pánta tà en têi pólei).

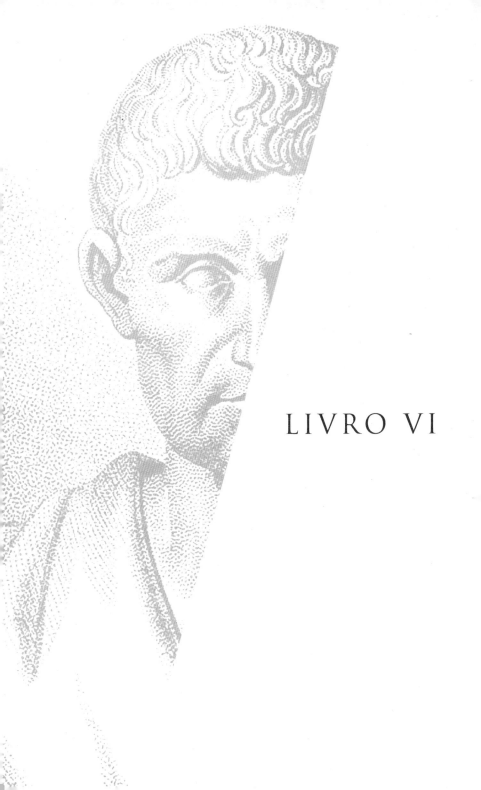

LIVRO VI

1

15 INSTAUREMOS NA SEQUÊNCIA UM RECOMEÇO estabelecendo que *os estados morais*[849] a serem evitados são de três formas: *vício, descontrole e bestialidade.*[850] Os opostos no tocante a dois desses três estados são evidentes, pois chamamos um deles de virtude e o outro de *autocontrole.*[851] Quanto à bestialidade, como seu oposto seria mais
20 adequado empregar a expressão *virtude sobre-humana, algo heroico ou divino*[852] – como Homero representou Príamo referindo-se a Heitor, em vista de ser ele excepcionalmente valoroso, a saber:

(...) Nem parecia ele
O filho de um homem mortal, mas de um deus.[853]

Por conseguinte, se é como se diz que a virtude excepcional
25 transforma seres humanos em deuses, o estado oposto à bestialidade será obviamente desse mesmo gênero, posto que não existe vício ou virtude no que se refere a uma fera e, tampouco, no que se refere a um deus; de fato, o estado deste é mais excelso do que a virtude, enquanto o estado bestial é de um gênero distinto do vício. *E uma vez que é raro ser um homem divino,*[854] como o exprimem com essa

---

849. ...τὰ ἤθη... (*tà éthe*).

850. ...κακία ἀκρασία θηριότης. ... (*kakía akrasía theriótes*). Esta última palavra inclui também, entre outras, a ideia de ferocidade e não deve, de modo algum, ser confundida com *animalidade*.

851. ...ἐγκράτειαν... (*enkráteian*).

852. ...ὑπὲρ ἡμᾶς ἀρετήν, ἡρωικήν τινα καὶ θείαν, ... (*hypèr hemâs aretén, heroikén tina kai theían*).

853. ...οὐδὲ ἐῴκει ἀνδρός γε θνητοῦ πάις ἔμμεναι ἀλλὰ θεοῖο. ... (*oudè eóikei andrós ge thnetoû páis émmenai allà theoîo*). *Ilíada*, xxiv, 258-9.

854. ...ἐπεὶ δὲ σπάνιον καὶ τὸ θεῖον ἄνδρα εἶναι, ... (*epei dè spánion kai tò theîon ándra eînai*).

210 | ÉTICA A EUDEMO

palavra *os lacedemônios*[855] a título de suma admiração por alguém
(é um homem divino, dizem), também é raro encontrar uma qua-
30 lidade bestial entre os seres humanos, a qual é encontrada, sobretudo, entre os bárbaros; [a propósito, deve-se acrescentar] que há
algumas ocorrências causadas por doença ou atrofia no processo de
desenvolvimento. Também usamos a palavra bestial para designar
aqueles entre os seres humanos que, em matéria de vício, sobrepu-
jam os indivíduos comuns. Essa *disposição*[856] terá que ser abordada
de algum modo mais tarde, e já tratamos anteriormente do vício.
35 Cabe-nos, nesta oportunidade, abordar o descontrole e a *indolência ou efeminamento*,[857] e o autocontrole e a *firmeza*.[858] Nenhum
1145a1 desses estados deve ser abordado como idêntico à virtude ou ao vício e, tampouco, como diferente deles quanto ao gênero. Devemos,
tal como no tratamento dos demais assuntos, apresentar as diversas
opiniões a respeito *do que se mostra*[859] e, em seguida, após primei-
5 ramente examinar as dificuldades, demonstrar, se possível, o verdadeiro em todas as opiniões pertinentes a essas *paixões*[860] e, diante
da impossibilidade, fazê-lo em relação ao maior número delas no
tocante às mais expressivas. Se, com efeito, pudermos resolver as
dificuldades e manter incólume uma parte dessas opiniões, teremos
demonstrado o bastante.

[Opiniões:] o autocontrole e a firmeza são considerados bons
10 e louváveis e o descontrole e a indolência maus e censuráveis; o indivíduo é autocontrolado quando se conforma ao produto de seus
raciocínios ou descontrolado quando não hesita em afastar-se dos
resultados desses raciocínios; o indivíduo descontrolado realiza

---

855. ...οἱ Λάκωνες... (*hoi Lákones*), ou seja, os espartanos.

856. ...διαθέσεως... (*diathéseos*).

857. ...μαλακίας καὶ τρυφῆς... (*malakías kaì tryphês*). Aristóteles e, de resto, os antigos gregos
em geral associavam a preguiça e a constituição física franzina à sensualidade feminina.
Na tabela (*Ética a Eudemo*), 1221a9, coluna da esquerda, lemos τρυφερότης (*trypherótes*),
que traduzimos por moleza, mas a noção é a mesma.

858. ...καρτερίας... (*karterías*), tabela da *Ética a Eudemo*, 1221a9, coluna da direita.

859. ...τὰ φαινόμενα ... (*tà phainómena*), ou seja, o que se revela e se observa desses estados.

860. ...πάθη... (*páthe*), estados passivos; πάθος (*páthos*) genericamente é tudo aquilo que é
experimentado pelo corpo ou pela alma, tudo a que estamos submetidos ou que sofremos.
Evidentemente, πάθος se contrapõe diretamente a πρᾶξις (*práxis*), ação.

LIVRO VI | 211

aquilo que sabe ser mau, *devido à paixão*,[861] ao passo que o autocontrolado, ciente de que seus apetites são maus, não se deixa conduzir
15 por eles, *devido à razão*;[862] o indivíduo moderado é constantemente autocontrolado e firme, mas alguns negam que o autocontrolado seja constantemente moderado, enquanto outros o afirmam,
identificando o desregrado com o descontrolado e este com aquele
indiscriminadamente; os primeiros, porém, os distinguem; ora é
declarado que o indivíduo prudente é incapaz de ser descontrolado, ora que alguns indivíduos prudentes e engenhosos são descon-
20 trolados; ademais, indivíduos são tidos como descontrolados com
referência à ira e à busca da honra e do ganho. Eis aí, portanto, o
que é dito.

2

As dificuldades [começando pela terceira opinião]:
é questionável que um indivíduo seja incapaz de manter o autocontrole se acredita acertadamente que está errado. Alguns dizem
que essa sua conduta é impossível estando ele ciente de que o ato
é errado. Com efeito, como sustentava Sócrates, seria estranho se,
estando presente numa pessoa o conhecimento, alguma outra coisa
25 o sobrepujasse e o arrastasse *como um escravo*.[863] Sócrates, de fato,
combatia absolutamente tal opinião,[864] afirmando que, a rigor,
não existe descontrole. Segundo ele, ninguém *age contra o que é o
melhor*,[865] compreendendo o que faz, a não ser impulsionado pela
ignorância. Bem, é evidente estar essa teoria em desacordo com os
próprios fenômenos, de modo que devemos investigar esse estado
passivo. Se aquilo que o gera é a ignorância, deve-se investigar de que

---

861. ...διὰ πάθος, ... (*dià páthos*).

862. ...διὰ τὸν λόγον . ... (*dià tòn lógon*).

863. ...ὥσπερ ἀνδράποδον . ... (*hósper andrápodon*). Ver Platão, *Protágoras*, 352c.

864. Isto é, a de que estando alguém ciente do que é certo, faz o errado. Entretanto, convém
entender precisamente o que Sócrates quer dizer com *conhecimento* (ἐπιστήμη [*epistéme*]).
Ver, entre outros, os diálogos *Protágoras* e *Teeteto*, de Platão.

865. ...πράττειν παρὰ τὸ βέλτιστον, ... (*práttein parà tò béltiston*).

212 | ÉTICA A EUDEMO

30 tipo de ignorância se trata. Com efeito, é óbvio que aquele que não consegue ter autocontrole não considera que deve assim agir antes de se tornar presa da paixão. Mas há alguns que acolhem essa doutrina com algumas restrições, ao passo que outros não. Admitem o poder inigualável do conhecimento, porém não que ninguém aja opondo-se ao que lhe pareceu ser o melhor procedi-
35 mento; daí decorre sustentarem que o descontrolado, sob o jugo dos prazeres, não está de posse de conhecimento, mas apenas de opinião. Mas se apenas de opinião e não de conhecimento, sendo
1146a1 a crença a opor resistência débil e não vigorosa – como aquela das pessoas na incerteza – seria o caso de perdoarmos o indivíduo por não manter fidelidade às suas crenças quando assaltado por *apetites intensos*,[866] mas não perdoarmos o vício, nem os demais [estados] censuráveis. [Quinta opinião:] é então a resistência da prudência
5 que é sobrepujada? De fato, esta é a mais vigorosa. Isso, contudo, não faz sentido, pois nesse caso a mesma pessoa será a uma vez prudente e descontrolada, e ninguém admitirá que o indivíduo pruden-te dispõe-se a realizar voluntariamente *as ações mais vis*.[867] Foi de-monstrado, anteriormente, inclusive, que o prudente é o agente (visto referir-se ele aos fatos *últimos*[868]), ao que se deve acrescer que
10 ele possui as demais virtudes. [Quarta opinião:] por outro lado, se o autocontrole faz experimentar apetites intensos e maus, *o mo-derado*[869] não será autocontrolado, nem o indivíduo autocontrola-do, moderado, já que este último (o moderado) não experimenta apetites excessivos nem maus. O autocontrolado, porém, tem que experimentá-los, uma vez que se os apetites são bons, o estado que nos
15 impede de atendê-los será mau, de modo que nem todo autocon-trole será bom; por outro lado, se os apetites forem *débeis e não*

---

866. ...ἐπιθυμίας ἰσχυράς... (*epithymías iskhyrás*).

867. ...τὰ φαυλότατα.... . (*tà phaulótata*).

868. ...ἐσχάτων... (*eskháton*): mais uma vez o problema envolvendo a semelhança morfológica de ἐσχάτων (*eskháton*) e ἕκαστων (*hékaston*). Bekker registra o primeiro termo e Bywa-ter o segundo. Embora tenhamos traduzido segundo Bekker, muitos tradutores optam não pela tradução alternativa, mas pela inclusiva, isto é, ...*fatos últimos (finais) e particu-lares*..., no que não incorrem em nenhuma incoerência ou impropriedade.

869. ...ὁ σώφρων... (*ho sóphron*).

LIVRO VI | 213

maus,[870] nada há de extraordinário em resistir a eles e, se forem *maus*
e débeis,[871] tampouco haverá qualquer coisa de admirável nisso.
Ademais, [primeira e segunda opiniões] se o autocontrole leva
um indivíduo a ser firme em todas as suas opiniões, isso é noci-
vo, no caso, por exemplo, de ser firme numa opinião falsa. E se o
descontrole o capacita a afastar-se de qualquer opinião, existirá um
bom descontrole,[872] o que é exemplificado por Neoptolemo no *Fi-*
20 *loctetes* de Sófocles. Com efeito, ele não mostra firmeza quanto ao
que Odisseu o persuadira a fazer devido à dor que causa dizer uma
mentira – caso em que sua falta de firmeza é louvável.[873] Por outro
lado [primeira e terceira opiniões], defrontamo-nos com a dificuldade suscitada pelo *argumento sofístico*[874] (com efeito, os sofistas,
no desejo de mostrar que são engenhosos, põem-se a demonstrar
a opinião incomum,[875] mas quando eles obtêm êxito é gerada uma
dificuldade no raciocínio. O pensamento se vê sob grilhões, não
25 querendo imobilizar-se porque não aprova a conclusão e [simul-
taneamente] incapaz de avançar porque não consegue contestar o
argumento). Um dos argumentos deles demonstra que *a loucura*[876]
associada ao descontrole é uma virtude. De fato, se alguém é louco
e também descontrolado, guiado por seu descontrole ele faz o contrário do que lhe orienta a crença da correta ação moral; mas ele
crê que o que é bom é mau e que não deve fazê-lo. Daí fará o bem
30 e não o mal. Por outro lado [segunda e quarta opiniões], alguém que
realiza, busca e faz a prévia escolha do que é prazeroso com base em

---

870. ...ἀσθενεῖς καὶ μὴ φαῦλαι, ... (*astheneîs kaì mè phaûlai*).

871. ...φαῦλαι καὶ ἀσθενεῖς, ... (*phaûlai kaì astheneîs*).

872. ...σπουδαία ἀκρασία, ... (*spoudaía akrasía*).

873. Tanto Filoctetes quanto Neoptolemo são heróis gregos que participaram do cerco de
Troia, relatado por Homero no seu poema *Ilíada*. O segundo é filho do prestigioso e temido Aquiles. Odisseu (denominado Ulisses pelos latinos), filho de Laertes e rei de Ítaca,
é um dos mais renomados heróis gregos, sendo o personagem central da *Odisseia* de Homero. O *Filoctetes* de Sófocles é um drama perdido.

874. ...σοφιστικὸς λόγος... (*sophistikòs lógos*).

875. ...τὸ παράδοξα... (*tò parádoxa*): o paradoxo não é um raciocínio ou opinião necessariamente falsos, mas simplesmente aquele ou aquela que vai além do comum e aceito correntemente.

876. ...ἡ ἀφροσύνη... (*he aphrosýne*).

214 | ÉTICA A EUDEMO

convicção poderia ser considerado um indivíduo melhor do que alguém que assim age, mas não devido ao cálculo, mas devido ao descontrole. Com efeito, a recuperação do primeiro é mais fácil, visto que sua convicção pode ser modificada por persuasão. Quanto ao descontrolado, enquadra-se [na pergunta] do provérbio: *quando é a água que sufoca, o que beber depois?*[877] Se convencido de que o que faz é certo, poderia ter desistido por força de uma alteração de convicção; agora, todavia, está convencido de que deve fazer uma coisa e, não obstante, é outra que ele faz. Ademais, se o descontrole e o autocontrole podem ocorrer em relação a qualquer coisa, o que é o descontrolado absolutamente? Ninguém, com efeito, possui todo tipo de descontrole e, ainda assim, dizemos de alguns indivíduos que são absolutamente descontrolados.

Esse é aproximadamente o caráter das dificuldades surgidas. Algumas dessas questões terão que ser refutadas e eliminadas, ao passo que outras terão que ser deixadas de lado; com efeito, a solução de uma dificuldade está na descoberta [da resposta ao problema por ela suscitado].[878]

3

TEMOS QUE COMEÇAR POR CONSIDERAR se os indivíduos [agem com descontrole] *cientes [disso] ou não*,[879] e se cientes, em que sentido; depois, quais são os objetos aos quais o descontrole e o autocontrole concernem – quero dizer, se eles têm a ver com o prazer e a dor de todos os tipos, ou apenas com determinados prazeres e dores. E se o indivíduo autocontrolado é idêntico ao indivíduo dotado de firmeza ou dele distinto. E igualmente as outras questões que se coadunam com esta especulação deverão ser examinadas. Serviria de ponto de partida para nossa investigação indagar se *a diferença*[880] entre o indivíduo autocontrolado e o descontrolado

---

877. ...ὅταν τὸ ὕδωρ πνίγῃ, τί δεῖ ἐπιπίνειν;... (*hótan tò hýdor pnígei, tí deî epipínein;*).

878. Bywater e Ross iniciam o capítulo 3 com este parágrafo.

879. ...εἰδότες ἢ οὔ, ... (*eidótes è oú*).

880. ...τὴν διαφοράν, ... (*tèn diaphorán*).

LIVRO VI | 215

é constituída por seus objetos ou suas posturas – quero dizer, se alguém é descontrolado exclusivamente por ser incapaz de conter-se com referência a certas coisas, ou antes, porque revela uma certa postura, ou devido a ambos esses fatores. Um segundo ponto questionável é se descontrole e autocontrole ocorrem afetando todas as coisas ou não. De fato, ao se dizer de um indivíduo que é descontrolado pura e simplesmente, não significa que o seja em rela-

20 ção a tudo, mas somente em relação àquilo em que alguém pode ser desregrado (licencioso); e também não indica simplesmente o seu envolvimento com essas coisas (pois, neste caso, se identificaria com o *desregramento*[881]), mas que a elas está associado de um modo particular. Com efeito, o desregrado (licencioso) cede por prévia escolha, no pensamento de que deve sempre buscar o prazer disponível, enquanto o descontrolado não alimenta esse pensamento, embora igualmente busque o prazer.

A sugestão de que é contra *a opinião verdadeira*[882] e não contra o

25 conhecimento que os indivíduos descontrolados agem é indiferente para o nosso argumento. Alguns indivíduos, com efeito, sustentam suas opiniões considerando-as como se fossem conhecimento exato. Diante disso, se a convicção debilitada for o que nos conduz a decidir que os indivíduos que se insurgem, na sua ação, contra sua [própria] compreensão do que é certo opinam sobre o certo em lugar de conhecê-lo, não haverá nenhuma diferença entre conheci-

30 mento e opinião. É o que ocorre uma vez que certas pessoas estão tão firmemente convictas daquilo que opinam quanto outras estão daquilo que conhecem. Isso se mostra claro em Heráclito.[883] Mas se dizemos *conhecer*[884] em duas acepções (com efeito, diz-se tanto

---

881. ...ἀκολασία... (*akolasía*). Aristóteles distingue ἀκρασία (*akrasía*), descontrole, de ἀκολασία (*akolasía*), desregramento, indisciplina em geral, e a acepção mais restrita de licenciosidade, especialmente sensual. Na verdade, o conceito de descontrole (mais amplo) inclui e abrange o de desregramento (menos amplo) e o de licenciosidade (restrito). No elenco (tabela) da *Ética a Eudemo* (1221a2), coluna da esquerda, Aristóteles faz constar ἀκολασία (*akolasía*), excesso que se opõe à deficiência ἀναισθησία (*anaisthesía*), insensibilidade. Na sequência, o Estagirita voltará a comparar esses dois conceitos.

882. ...τοῦ δόξαν ἀληθῆ... (*toû dóxan alethê*).

883. Heráclito de Éfeso (entre séculos VI e V a.C.), filósofo da natureza pré-socrático.

884. ...ἐπίστασθαι ... (*epístasthai*).

216 | ÉTICA A EUDEMO

de alguém detentor de conhecimento que não o emprega quanto daquele conhecedor que o emprega, que conhece), fará diferença se um indivíduo procede como não deve contemplando intelectualmente o erro, mas sem cogitar conscientemente de seu conhecimento, ou com o conhecimento conscientemente presente em seu intelecto. Este ultimo caso pareceria surpreendente, mas não aquele da contemplação intelectual. Por outro lado, visto que há duas formas de *proposições*,[885] inexiste qualquer obstáculo quanto a alguém agir contra seu conhecimento estando de posse de ambas as proposições, no sentido de recorrer apenas ao seu conhecimento da proposição universal e não àquele da particular. *Com efeito, coisas praticáveis têm a ver com particulares.*[886] E há duas formas diversas de *universal.*[887] De fato, um universal é predicado do *próprio*[888] [agente], enquanto o outro o é *da coisa;*[889] por exemplo: os alimentos secos são bons para todos os seres humanos; ora, ele próprio (o indivíduo) é um ser humano, ou este ou aquele alimento é seco. Entretanto, pode ocorrer ou que ele não possui ou que não está efetivando (atualizando) o conhecimento de se o alimento em particular é este ou aquele. Essas duas formas de conhecer serão sumamente diferentes. Não pareceria *estranho*[890] de modo algum que o indivíduo devesse conhecer de uma forma, mas *espantoso*[891] se a conhecesse da outra forma. Por outro lado, é possível os seres humanos possuírem conhecimento de mais uma forma além das que acabamos de indicar, pois mesmo na situação de posse do conhecimento não empregado podemos assistir a um estado diferenciado, ou seja, é possível e facultado, num certo sentido, tanto possuir conhecimento quanto não o possuir; por exemplo, quando alguém

1147a1

5

10

---

885. ...προτάσεων, ... (*protáseos*). Aristóteles refere-se à premissa maior e à premissa menor do silogismo (dedução), a primeira sendo um juízo universal, a segunda um juízo particular. A concatenação lógica delas gera uma conclusão particular.

886. ...πρακτὰ γὰρ τὰ καθ᾽ ἕκαστα. ... (*praktà gàr tà kath'hékasta*).

887. ...καθόλου... (*kathólou*).

888. ...ἑαυτοῦ... (*heautoû*), de si próprio, daquele que realiza a ação, ou seja, o ser humano.

889. ...τοῦ πράγματός ... (*toû prágmatós*).

890. ...ἄτοπον, ... (*átopon*).

891. ...θαυμαστόν. ... (*thaumastón*).

LIVRO VI | 217

se acha *adormecido, insano ou embriagado.*[892] É a condição, a propósito, de pessoas que se encontram sob a influência de paixões.
15 *Com efeito, salta aos olhos que a ira, os apetites sexuais e certas outras [paixões] alteram efetivamente o corpóreo e, em certos casos, inclusive, causam insanidade.*[893] Portanto, é evidente ser essa a condição do descontrolado. O fato de utilizarem a linguagem [ou jargão] do conhecimento não indica que [efetivamente] o possuem. Indiví-
20 duos submetidos a esses estados passivos proferem enunciados demonstrativos silogísticos e versos de Empédocles;[894] indivíduos que simplesmente principiaram um aprendizado enfileiram palavras e conceitos, mas o sentido destes ainda lhes escapa, pois é necessária a integração [do conhecimento no intelecto desses estudantes] e isso requer tempo. Assim, somos obrigados a supor que indivíduos descontrolados falam como atores que interpretam um papel. Ade-
25 mais, é possível também sondar a causa [do descontrole] do ponto de vista dos traços de sua natureza. Com efeito, a proposição universal é uma opinião, enquanto a outra (a particular) refere-se às coisas particulares, cujo domínio é o da percepção. Quando as duas proposições são combinadas, necessariamente a alma afirma a conclusão resultante,[895] sendo que no caso do plano prático impõe-se a realização imediata dela; por exemplo, se *todas as coisas doces devem ser experimentadas* e *isto é doce enquanto uma coisa particular*
30 *entre essas coisas doces,* se impõe a necessidade, se houver capacidade para tanto e não houver impedimento, de uma ação imediata que obedeça a isso. Quando, portanto, estiver presente [na parte intelectiva da alma] um juízo universal que obsta o experimentar e, por outro lado, um juízo de que *todas as coisas doces são agradáveis,* a se

---

892. ...καθεύδοντα καὶ μαινόμενον καὶ οἰνωμένον. ... (*katheúdonta kaì mainómenon kaì oinoménon.*).

893. ...θυμοὶ γὰρ καὶ ἐπιθυμίαι ἀφροδισίων καὶ ἔνια τῶν τοιούτων ἐπιδήλως καὶ τὸ σῶμα μεθιστᾶσιν, ἐνίοις δὲ καὶ μανίας ποιοῦσιν ... (*thymoì gàr kaì epithymíai aphrodisíon kaì énia tôn toioúton epidélos kaì tò sôma methistâsin, eníois dè kaì manías poioûsin*).

894. Poeta e filósofo da natureza pré-socrático. Viveu no século V a.C. e era natural de Agrigento.

895. Mais uma vez, Aristóteles tem em mente o silogismo (raciocínio dedutivo): a premissa maior é universal, a menor e a conclusão são particulares.

218 | ÉTICA A EUDEMO

somar a uma proposição de que *isto é doce* (sendo esta proposição a conversora em ato), estando o apetite eventualmente presente, se concluirá que ainda que o primeiro juízo seja para evitar *aquele isto*, o apetite levará [a pessoa] a ele (ele é capaz, com efeito, de pôr em movimento cada uma das partes [do corpo]). Assim, acontece que

1147b1 quando o indivíduo incorre no descontrole, age, de algum modo, sob o império de uma razão ou opinião; esta, contudo, não se opõe, em si mesma, à reta razão, a não ser acidentalmente (a rigor, é o apetite que se opõe, e não a opinião). Por conseguinte, não podemos classificar os animais inferiores de descontrolados porque eles não

5 têm a capacidade de formar *as concepções universais, mas somente as imagens mentais e lembranças de coisas particulares.*[896] Como a ignorância do descontrolado é dissipada, retornando ele ao conhecimento, é explicada em paridade com os casos de embriaguez e adormecimento, e não caracteriza esses estados passivos. Teremos que procurar a explicação para isso com *os filósofos da natureza.*[897] Sendo a última proposição uma opinião em torno de um objeto dos sentidos e determinante das ações, é ela que o indivíduo, sob

10 o império das paixões, não possui ou somente possui de uma maneira que não significa que realmente a conhece, mas que somente o faz proferi-la como o ébrio profere os versos de Empédocles. Por outro lado, como o último termo não é o universal, nem igualmente objeto do conhecimento como o é o universal, vemo-nos, pelo que parece, conduzidos àquilo que Sócrates procurou estabelecer. Com efeito, o conhecimento presente quando a paixão está no

15 controle não é o que se sustenta ser conhecimento estrito e autêntico, como não o é, tampouco, aquele que é arrastado por força da paixão, mas sim o conhecimento proveniente da percepção sensorial. E é quanto basta no que respeita à questão de se o descontrolado pode agir com conhecimento ou não, e se no primeiro caso, em que sentido ele conhece.

---

896. ...ἔχει καθόλου ὑπόληψιν ἀλλὰ τῶν καθ᾽ ἕκαστα φαντασίαν καὶ μνήμην ... (*ékhei kathólou hypólepsin allà tôn kath'hékasta phantasían kai mnémen*).

897. ...τῶν φυσιολόγων... (*tôn physiológon*).

LIVRO VI | 219

4

20 CABE-NOS, EM SEGUIDA, discutir se qualquer indivíduo pode ser qualificado de descontrolado *pura e simplesmente*,[898] ou se tem que ser em função de coisas parciais e particulares e se for este o caso, qual tipo de coisas. É evidente ser com respeito a dores e prazeres que os indivíduos são autocontrolados e dotados de firmeza ("duros"), ou descontrolados e indolentes ("moles"). As coisas que produ-
25 zem prazer são as necessárias e as desejáveis em si, mas que comportam excesso, sendo suas fontes necessárias as vinculadas ao corpo (quero dizer aquelas ligadas à nutrição e ao sexo – funções estas que em termos de definição já situamos no âmbito do desregramento e da moderação);[899] as demais fontes do prazer não são necessárias,
30 porém *desejáveis em si mesmas*[900] (quero dizer, por exemplo, *vitória, honra, riqueza*[901] e as outras coisas boas e prazerosas da mesma espécie). Não chamamos pura e simplesmente de descontrolados aqueles que no interior de si mesmos, contrariando a reta razão, excedem-se relativamente a essa última categoria de coisas. Aplicamo-lhes uma qualificação, ou seja, os designamos como *descontrolados com referência ao dinheiro, ao ganho, às honras ou à ira*, e não pura e simplesmente descontrolados. Assim fazemos porque os distinguimos do descontrolado propriamente dito, essa sua designação sendo por analogia, como no caso de *Ântropos*,[902] o ven-
1148a1 cedor das Olimpíadas, cuja definição característica pouco difere da definição geral de *homem*,[903] não obstante fosse ela distinta. (Que é isso o que ocorre é indicado, com efeito, pelo fato de condenarmos o descontrole, quer o puro e simples, quer o particularmente qualificado, como um vício e não apenas como um erro, enquanto

---

898. ...ἁπλῶς... (*haplôs*), ou seja, em termos absolutos.

899. Ver elenco (tabela), *Ética a Eudemo*, 1221a2, respectivamente coluna da esquerda e coluna da direita.

900. ...αἱρετὰ δὲ καθ᾽ αὑτά... (*airetà dè kath'hautá*).

901. ...νίκην τιμὴν πλοῦτον... (*níken timèn poûton*).

902. Nome de um boxeador que se sagrou vitorioso nos Jogos Olímpicos em 456 a.C.

903. Ântropos (ἄνθρωπος [*ánthropos*]) significa homem, ser humano.

5 nenhuma das outras formas[904] é assim por nós condenada). Mas entre os que são descontrolados quanto aos prazeres do corpo, com respeito aos quais fizemos referência ao moderado e ao desregrado (licencioso), o indivíduo que busca prazer excessivo e que foge dos excessos de dor tais como *fome, sede, calor, frio e tudo aquilo que diz*
10 *respeito ao tato e ao paladar*[905] – assim agindo não por prévia escolha, mas contrariamente a esta e à sua inteligência – é classificado como descontrolado não qualificadamente, isto é, descontrolado no tocante a isto ou àquilo (como é alguém que cede à ira), mas como pura e simplesmente descontrolado. (É indicativa disso a classificação de indivíduos como indolentes quando se trata desses prazeres, porém não quando se trata de quaisquer outros). Isso explica porque agrupamos o descontrolado com o desregrado (licencioso)
15 e o autocontrolado com o moderado, mas nenhuma das outras formas, porque eles[906] estão associados aos mesmos prazeres e dores. Mas o fato de sua associação ser com as mesmas coisas, não significa que é idêntica. Uns agem por prévia escolha, enquanto outros não. Consequentemente, deveríamos considerar alguém que busca [prazeres] excessivos e foge de dores moderadas ao experimentar apetites débeis ou nenhum apetite, mais desregrado (licencioso) do que
20 alguém que o faz devido a apetites intensos. Com efeito, o que faria o primeiro se experimentasse os apetites ardentes da juventude e dor violenta na falta dos prazeres necessários?

Entre os apetites e os prazeres, alguns têm a ver com coisas nobres e boas do ponto de vista do gênero (com efeito, algumas coi-
25 sas prazerosas são naturalmente desejáveis, outras se opõem a isso, enquanto outras, ainda, são *intermediárias,*[907] a ficarmos com a classificação anterior); para essa classificação serviram de exemplos o dinheiro, o ganho, a vitória, as honras, sendo que relativamente a tudo isso, bem como relativamente às coisas intermediárias, as pessoas não são censuradas por estarem a mercê delas, por as de-

---

904. Ou seja, aquelas ligadas aos prazeres desejáveis por si mesmos.

905. ...πείνης καὶ δίψης καὶ ἀλέας καὶ ψύχους καὶ πάντων τῶν περὶ ἀφὴν καὶ γεῦσιν, ... (*peínes kai dípses kai aléas kai psýkhous kai pánton tôn perì haphès kai geûsin*).

906. Quer dizer, o descontrole e o desregramento.

907. ...μεταξὺ, ... (*metaxý*).

LIVRO VI | 221

sejarem ou lhes serem aficionadas, mas por se apegarem a elas de um certo modo, a saber, excessivamente (há, inclusive, em função disso, os que, se opondo à razão, são dominados por coisas naturalmente nobres e boas ou que as buscam, por exemplo aqueles que
30 dão excessiva atenção a honras, ocupando-se mais do que o devido com estas, ou assim agindo *no que toca a filhos e pais*.[908] Estes, com efeito, são coisas boas e as pessoas merecem louvor por deles cuidar, mas mesmo no que se refere a eles é possível incorrer no excesso, a
1148b1 ponto de rivalizar com os deuses como o fez Níobe e, por conta de sua devoção ao pai, como o fez Sátiro,[909] cognominado *o filial*,[910] que em virtude de uma devoção demasiada foi levado ao desvario).

Não há qualquer vício no tocante a essas coisas à luz do que foi dito, isto é, cada uma delas é naturalmente desejável em si mesma. A dedicação excessiva a elas, porém, é negativa e deve ser evitada. Do mesmo modo, tampouco o descontrole é admissível, pois este
5 não é apenas para ser evitado, sendo também algo censurável, ainda que as pessoas se expressem com a palavra descontrole indicando em cada caso uma qualificação; com efeito, a paixão se assemelha ao descontrole, tal como quando se referem a alguém como, *por exemplo, mau médico ou mau ator, a quem não deveriam chamar pura e simplesmente de maus*.[911] Como, portanto, não os chamamos
10 assim, uma vez que cada uma dessas qualificações negativas[912] não

---

908. ...περὶ τέκνα καὶ γονεῖς... (*perì tékna kai goneîs*).

909. Figura mitológica, Níobe, irmã de Pélops, neta de Atlas e de Zeus, rainha de Tebas, teve com o rei Ânfion sete filhos e sete filhas. Era tão orgulhosa de sua prole que ousou um dia menosprezar Leto por ter apenas dois filhos: Ártemis e Apolo. Mante, o profeta, advertiu as mulheres tebanas para que imediatamente aplacassem a ira de Leto prestando honras a esta. Mas Níobe interrompeu os próprios sacrifícios e voltou a insultar Leto. Apolo matou seis dos filhos de Níobe, enquanto sua irmã, Ártemis, seis de suas filhas. O casal de filhos fora poupado porque se apressara em prestar, por conta própria, honras a furiosa Leto. Quanto a Sátiro, não se sabe com exatidão a quem Aristóteles se refere. Possivelmente a um certo Sátiro (objeto de menção de alguns autores gregos) que, diante da morte do pai, foi tomado de tal tristeza que se matou em seguida.

910. ...ὁ φιλοπάτωρ... (*ho philopátor*).

911. ...οἷον κακὸν ἰατρὸν καὶ κακὸν ὑποκριτήν, ὃν ἁπλῶς οὐκ ἂν εἴποιεν κακόν... (*hoîon kakòn iatròn kaì kakòn hypokritén, hòn haplôs ouk àn eípoien kakón*). As adjetivações são impróprias porque um médico e um ator não são pessoas más por desempenharem mal as suas artes.

912. Ou seja, o fato de ser um mau médico ou um mau ator.

222 | ÉTICA A EUDEMO

representa propriamente um vício, mas apenas se assemelha a este por analogia, do mesmo modo no outro caso fica claro que somente descontrole e autocontrole relativamente às mesmas coisas – na qualidade de objetos da moderação e do desregramento – devem ser considerados descontrole e autocontrole propriamente ditos. Acresça-se a isso que é somente por analogia que tais termos são empregados para designar a ira. Eis a razão de empregarmos uma qualificação, a saber, *descontrolado na ira,*[913] tal como dizemos que o é na honra ou no ganho.

5

15 HÁ ALGUMAS COISAS QUE SÃO naturalmente prazerosas, subdividindo-se estas entre as prazerosas pura e simplesmente (absolutamente) e as que o são *relativamente a certas raças de animais e de seres humanos,*[914] ao passo que outras coisas não são prazerosas por natureza, tornando-se prazerosas ou devido à *atrofia no desenvolvimento*[915] ou em função da formação de hábitos, ou devido a *naturezas perversas,*[916] sendo possível observar em relação a cada uma 20 dessas formas um estado que lhe é correlato. Refiro-me às naturezas animalescas ou bestiais, como a da criatura humana que, segundo dizem, rasgava os ventres das mulheres grávidas e devorava seus filhos, ou a de certas tribos *nas costas do Mar Negro,*[917] das quais se afirma que apreciam carne crua ou carne humana, e de outras entre as quais eram permutadas crianças para o festim comum, *ou*

---

913. ...ἀκρατῇ θυμοῦ... (*akratê thymoú*).

914. ...τὰ δὲ κατὰ γένη καὶ ζῴων καὶ ἀνθρώπων, ... (*tà dè katà gene kaì zóion kaì anthrópon*).

915. ...πηρώσεις... (*peróseis*), literalmente: deficiências físicas ou sensoriais.

916. ...μοχθηρὰς φύσεις , ... (*mokhtheràs phýseis*). Aristóteles refere-se à perversão dos pendores naturais (quer nas espécies animais inferiores, quer na espécie humana), resultando em aberrações.

917. ...περὶ τὸν Πόντον, ... (*perì tòn Pónton*), literalmente: em torno do Ponto, ou seja, do Ponto Euxino (Εὐξείνος πόντος [*Euxeínos póntos*]), que significa *mar hospitaleiro*, por contraposição a Ἀξείνος πόντος (*Axeínos póntos*), *mar inospitaleiro*, o mesmo que Mar Negro, mas por alusão precisamente a esses povos selvagens mencionados por Aristóteles, que habitavam o litoral do Mar Negro.

LIVRO VI | 223

25 *o que se diz de Faláris.*[918] Essas são naturezas bestiais. Outras são
devidas a doenças (e, às vezes, à insanidade, como no caso do indivíduo que ofereceu sua mãe em sacrifício e compartilhou deste, ou
aquele do escravo que devorou *o fígado*[919] de outro escravo). Outras
disposições mórbidas provêm do hábito, por exemplo, arrancar os
próprios cabelos, roer as unhas, comer carvões e terra e, ainda, *a
perversão sexual.*[920] Essas disposições, com efeito, surgem em certos casos naturalmente, enquanto em outros *a partir do hábito,*[921]
30 como com *aqueles que foram objeto de abuso a partir da infância.*[922]
Sendo natural a causa, ninguém diria serem essas pessoas descontroladas, como não o diriam das mulheres pelo fato de serem elas
passivas e não ativas no ato sexual; igualmente não deveríamos classificar nessa categoria um estado mórbido gerado pelo hábito. Essas
1149a1 várias formas oriundas do hábito não se enquadram nos limites do
vício, inclusive a bestialidade. E dominá-las ou ser por elas dominado não constitui puro e simples [autocontrole ou] descontrole,
mas apenas o estado assim chamado por analogia – tal como alguém que não consegue controlar sua ira deve ser designado como
descontrolado naquele estado passivo e não pura e simplesmen-
5 te descontrolado. (Com efeito, toda loucura, covardia, licenciosidade e hostilidade, se excessivas, são bestiais ou mórbidas. Alguém,

---

918. ...ἢ τὸ περὶ Φάλαριν λεγόμενον. ... (*è tò peri Phálarin legómenon*). Não sabemos exatamente ao que Aristóteles se refere ao citar Faláris, tirano de Agrigento, que realmente era
conhecido por seus atos de extrema crueldade e sadismo, mas não propriamente por bestialidade. Contudo, segundo uma outra tradição, Faláris efetivamente chegou a praticar
o canibalismo (antropofagia).

919. ...τὸ ἧπαρ... (*tò hêpar*).

920. ...τῶν ἀφροδισίων... (*tôn aphrodisíon*) significa simplesmente prazeres sexuais. Richards
propõe a substituição dessa expressão por συνουσία (*synousía*), que é um termo conceitualmente mais rico que soma à ideia de relação sexual aquela de encontro ou reunião
íntima. Como a tradução literal é descabida e Afrodite representa a completa liberdade
sexual, optamos, na linha de muitos tradutores, pela expressão acima, mas com a ligeira
insinuação da bacanal, sugerida por Richards. É muito difícil estar seguro a respeito. O
eminente W. D. Ross, por exemplo, na sua célebre tradução (revisada por J. O. Urmson)
optou por *paederasty* (pederastia), palavra que designa, ainda que mais para nós do que
para os gregos antigos, uma forma restrita de perversão sexual. Impossível saber se o Estagirita estava pensando no genérico ou no específico.

921. ...ἐξ ἔθους... (*ex éthous*).

922. ...τοῖς ὑβριζομένοις ἐκ παίδων. ... (*toîs hybrizoménois ek paídon*).

224 | ÉTICA A EUDEMO

com efeito, que, por natureza, tenha medo de tudo, *até do ruído de um camundongo*[923] é covarde de uma covardia de caráter bestial; aquele que se amedrontava com uma doninha era alguém doentio.
O mesmo vale para *os loucos*,[924] pois indivíduos naturalmente des-
10 tituídos de senso e que vivem exclusivamente com base em sensações, como os pertencentes a certas raças remotas de bárbaros, são bestiais; aqueles que perdem o juízo devido a alguma enfermidade, como a epilepsia, ou em função de um processo demencial, pertencem à classe dos mórbidos.) Com relação a essas coisas,[925] é possível, por vezes, experimentar alguma delas, sem, contudo, ser dominado; quero dizer, é possível que Faláris tenha experimentado o desejo de devorar uma criança, ou o de um *prazer sexual extravagante*,[926]
15 e se conteve. É possível, porém, não se limitar a experimentar essas coisas, mas chegar a ser por elas dominado. Assim, como ocorre com o vício, que se pura e simplesmente humano é chamado simplesmente de vício, enquanto a outra espécie não é designada simplesmente como vício, mas como vício bestial ou mórbido, fica claro
20 que a bestialidade e a morbidez são distintas do descontrole propriamente dito, e que a denominação destituída de qualificação diz respeito exclusivamente ao descontrole que corresponde ao desregramento humano.

Evidencia-se, então, que o descontrole e o autocontrole dizem respeito somente aos objetos que, por sua vez, dizem respeito ao des-

---

923. ...κᾰν ψοφήσῃ μῦς, ... (*kàn psophése mûs*).

924. ...τῶν ἀφρόνων... (*tôn aphrónon*). A referência é àqueles cuja condição é a de completa incapacidade de pensar (ausência natural de racionalidade) – e, portanto, condição inata, crônica e não adquirida. Diferentemente, μανία (*manía*), que traduzimos logo adiante no fim deste período por *processo demencial*, é a causa da aquisição acidental de condição idêntica através da insanidade. Sugerimos que o leitor entenda o primeiro conceito como o estado de total estupidez natural e crônica de selvagens obtusos, que vivem semelhantemente a animais inferiores, em função dos instintos e sensações; e o segundo como o processo fortuito de degeneração mental que leva à demência, na acepção estrita e técnica que a psicopatologia empresta a esta última palavra. Ocioso lembrar que tanto a estupidez quanto a loucura são caracterizadas essencialmente pela ausência da razão, pela falta de senso.

925. Ou seja, essas aberrações.

926. ...ἀφροδισίων ἄτοπον ἡδονήν... (*aphrodisíon átopon hedonén*). Essa expressão de Aristóteles aqui é clara e não ambígua. Ver também notas 918 e 920.

LIVRO VI | 225

regramento e à moderação. Ademais, que aquilo que diz respeito a objetos distintos constitui uma forma diferente do descontrole, sendo designado por esse termo apenas *metafórica e qualificadamente*.[927]

6

INVESTIGUEMOS COMO O DESCONTROLE na ira é menos infa-
25 me do que o é nos apetites. Parece, com efeito, que a ira, numa certa medida, dá ouvidos à razão, mas a ouve mal tal como servos apressados que saem precipitadamente antes de ouvirem a totalidade das ordens dadas, o que resulta no seu mau cumprimento; ou como cães que latem ao escutarem um mero ruído, sem obser-
30 varem se quem se aproxima é um amigo. *Assim, a ira, devido ao ardor e à agilidade de sua natureza, ouve, mas não ouve a ordem e se precipita para a vingança.*[928] Com efeito, a razão ou a imaginação[929] instrui que um insulto ou menoscabo foi feito e a ira se inflama imediatamente, como a cogitar a favor de uma guerra contra o hostilizador. O apetite, por outro lado, basta uma simples insinuação da razão ou da percepção sensorial de que algo é prazeroso, e
1149b1 ele se precipita para o seu gozo. A conclusão é que a ira de algum modo acata os ditames da razão, mas não o apetite. Ceder, portanto, a este último é mais infamante do que fazê-lo em relação à ira, porquanto aquele que não consegue conter sua ira está de alguma maneira sob o controle da razão, enquanto o outro, sob o império do apetite, não está. Ademais, quando os desejos são naturais,
5 as pessoas são mais escusáveis por obedecê-los, até porque quanto aos apetites, elas são mais escusáveis ao obedecerem aos que são comuns a todas as pessoas e na medida em que são comuns. *A ira e o mau gênio são mais naturais do que os apetites excessivos e desnecessá-*

---

927. ...κατὰ μεταφορὰν καὶ οὐχ ἁπλῶς, ... (*katà metaphoràn oukh haplôs*).

928. ...οὕτως ὁ θυμὸς διὰ θερμότητα καὶ ταχυτῆτα τῆς φύσεως ἀκούσας μέν, οὐκ ἐπίταγμα δ' ἀκούσας, ὁρμᾷ πρὸς τὴν τιμωρίαν. ... (*hoútos ho thymòs dià thermóteta kaì takhytêta tês phýseos akoúsas mén, ouk epítagma d' akoúsas, hormâi pròs tèn timorían.*).

929. ...ὁ μὲν γὰρ λόγος ἢ ἡ φαντασία... (*ho mèn gàr lógos è he phantasía*).

226 | ÉTICA A EUDEMO

rios,[930] do que é exemplo aquele indivíduo que se defendeu da acusação de ter agredido seu pai dizendo: "Ora, ele espancava seu pai
10 que, por seu turno, espancava o seu, e (...)", apontando o filho, "(...)
este menino me espancará (...)", disse, "(...) *quando ficar adulto*[931] –
isto é natural em nossa família". E daquele que, quando seu filho o
estava pondo fora de sua casa, implorava-lhe para parar ao chegar à
porta porque ele mesmo arrastava seu pai somente até ali. Devemos
acrescentar que *os mais ladinos e intrigantes*[932] são mais injustos.

Ora, o indivíduo irascível não é ladino e intrigante, bem como não
15 o é a ira, a qual é *franca,*[933] ao passo que o apetite é como dizem de
Afrodite,[934] a saber: *Tecedora de intrigas [é] a nascida em Chipre.*[935]

E Homero sobre *o cinto enfeitado*[936] dela:

*(...) estímulo sedutor (...) que perturbava o senso mesmo dos mais
prudentes. (...)*[937]

---

930. ...ὁ δὲ θυμὸς φυσικώτερον καὶ ἡ χαλεπότης τῶν ἐπιθυμιῶν τῶν τῆς ὑπερβολῆς καὶ
τῶν μὴ ἀναγκαίων, ... (*ho dè thymòs physikóteron kaì he khalepótes tôn epithymiôn tôn
tês hyperbolês kaì tôn mè anankaíon*). ...ἡ χαλεπότης... (*he khalepótes*), o temperamento
difícil, o mau humor, a hostilidade.

931. ...ὅταν ἀνὴρ γένηται... (*hótan anèr génetai*), literalmente: quando se tornar homem.

932. ...οἱ ἐπιβουλότεροι. ... (*hoi epiboulóteroi*), ou ainda, os mais insidiosos, os mais aptos em
armar ciladas ou construir conspirações.

933. ...φανερός... (*phanerós*), declarada, patente.

934. Uma das seis deusas olímpicas. Afrodite personifica principalmente a beleza feminina e o
amor sexual. Esposa do deus coxo e artesão Hefaístos, amante de Ares (o deus da guerra) e
mãe de Eros, é protagonista ou coadjuvante de vários episódios e incidentes mitológicos.
Ganhou, graças ao mortal Alexandre (mais conhecido por Páris), o concurso de beleza
disputado com Atena e Hera, acontecimento que contribuiu para a ida de Páris a Esparta,
resultando na fuga deste e da rainha Helena para Troia, na longa e cruenta Guerra de
Troia entre gregos e troianos e, finalmente, na destruição dessa próspera e exuberante
cidade-Estado. Afrodite, tal como Hera e, particularmente, Atena, em relação aos gregos,
apoiou os troianos durante todo o assédio de sua cidade, o que, de qualquer modo, não
impediu sua completa ruína, sobretudo graças ao ardiloso expediente do Cavalo de Madeira, aplicado sob a liderança de Odisseu (Ulisses) e inspirado por Atena.

935. ...δολοπλόκου γὰρ Κυπρογενοῦς... (*doloplókou gàr Kyprogenoûs*).

936. ...τὸν κεστὸν ἱμάντα... (*tòn kestòn imánta*). Embora traduzamos tradicional e correntemente por "cinto", o κεστός (*kestós*) era, na verdade, uma peça íntima feminina ornamentada
(um tanto semelhante ao sutiã), usada envolvendo os seios e não circundando a cintura.

937. ...πάρφασις, ἥ τ᾽ ἔκλεψε νόον πύκα περ φρονέοντος. ... (*párphasis, hé t'éklepse nóon
pýka per phronéontos*). *Ilíada*, xiv, 214-7, mas, ao menos, conforme a *Ilíada* que chegou a
nós, citação incompleta.

LIVRO VI | 227

Considerando, portanto, que esse descontrole é tanto mais injusto quanto mais desonroso do que o presente na ira, pode-se concluir que o primeiro é descontrole puro e simples, além de ser, inclusive, 20 num certo sentido, vício. Por outro lado, ninguém *comete um ultraje*,[938] algo atrevido e malicioso, experimentando dor com isso, mas sim prazer; o ato realizado em estado de ira pelo contrário revela-se doloroso para seu agente. Se, então, as coisas que com mais justiça despertam nossa ira são as mais injustas, o descontrole produzido pelo apetite é mais injusto do que aquele produzido pela ira. Com efeito, a ira nada encerra do ultraje. Está claro, portanto, que o des-25 controle nos próprios apetites é mais ignominioso do que aquele presente na ira e que é *no que diz respeito aos apetites e prazeres do corpo*[939] que ocorrem o autocontrole e o descontrole. Devemos, contudo, estabelecer distinções entre uns e outros. Realmente, como foi dito no início, alguns deles são humanos e naturais, tanto em seu gênero quanto em sua intensidade, ao passo que outros são bestiais, havendo 30 ainda aqueles que são resultantes de *atrofia no desenvolvimento*[940] ou de doenças. Ora, a moderação e o desregramento só dizem respeito aos primeiros, de modo que não dizemos dos animais inferiores que são moderados ou desregrados, salvo como metáfora na referência a certas espécies animais que se distinguem das outras pelo fato de serem excessivamente lascivas, destrutivas ou onívoras.[941] *Com efeito, estas carecem tanto da prévia escolha quanto do raciocínio*,[942]

---

938. ...ὑβρίζει... (*hybrózei*). ὕβρις (*hýbris*) é genericamente o excesso, a desmedida. Especificamente, no âmbito do comportamento e relacionamento humanos (ligado à ética), é a insolência e, ainda mais restritamente, o tratamento insolente, o ultraje, principalmente feito a mulheres e crianças.

939. ...περὶ ἐπιθυμίας καὶ ἡδονὰς σωματικάς, ... (*perì epithymías kaì hedonàs somatikás*).

940. ...πηρώσεις... (*peróseis*): ver nota 915.

941. O princípio geral que subjaz aqui é que a ética em sentido restrito (uma vez que Aristóteles deixou de tratar das virtudes intelectuais e voltou às virtudes e disposições ou estados morais) é, evidentemente, exclusivamente humana, não se aplicando nem aos animais inferiores e nem aos seres humanos animalescos (bestiais). Os gregos costumavam associar a lascívia aos asnos e a destrutividade aos javalis; os onívoros são obviamente os porcos. Ver os tratados de zoologia do Estagirita.

942. ...οὐ γὰρ ἔχει προαίρεσιν οὐδὲ λογισμόν, ... (*ou gàr ékhei proaíresin oudè logismón*). Traduzimos λογισμός (*logismós*) por raciocínio, conceito mais amplo do que cálculo, mas que o engloba.

228 | ÉTICA A EUDEMO

1150a1 constituindo desvios da natureza, como os loucos entre os seres humanos. A bestialidade é menos [má] do que o vício, porém mais terrível. De fato, não se trata da perversão da melhor parte, como no ser humano – essas espécies simplesmente não possuem tal parte. É como se comparássemos uma coisa inanimada com uma animada
5 do prisma do vício. Realmente, a qualidade de má daquilo que carece de princípio, sendo este princípio a inteligência, é sempre menos danosa. (É como comparar a injustiça com um indivíduo injusto: cada uma dessas coisas é pior ao seu modo.) Com efeito, um mau ser humano realiza dez mil vezes mais mal do que uma fera.

7

No tocante aos prazeres e dores do tato e do paladar e aos apetites e *ações do evitar*,[943] uma vez que já foram vinculados
10 ao desregramento dos sentidos mencionados e à moderação, constatamos ser possível experimentar o estado a ponto de ser dominado por ele, o que não impede que muitos indivíduos resistam e o dominem, dominando mesmo aqueles pelos quais a maioria é dominada. Tais estados, quando em conexão com o prazer, constituem descontrole e autocontrole; quando em conexão com a dor,
15 indolência (moleza) e firmeza. *O estado da grande maioria é o intermediário, embora ocorra um pendor mais para os estados piores.*[944] E visto que alguns prazeres são necessários, enquanto outros não, e que os primeiros são necessários apenas numa certa medida, seus excessos sendo desnecessários bem como suas deficiências – e considerando que é igualmente o que ocorre no que respeita a apetites e dores, conclui-se que o indivíduo que busca prazeres excessivos,
20 ou o necessário incorrendo no excesso e assim age por prévia escolha, por essas coisas mesmas, e não por alguma coisa distinta, é um desregrado; com efeito, uma pessoa dotada desse caráter necessa-

---

943. ...φυγάς... (*phygás*), ou seja, aversões: aquilo, em contraposição aos apetites, de que nos esquivamos, que evitamos, de que fugimos; os objetos dos apetites nos atraem e seduzem, enquanto os do evitar nos repugnam.

944. ...μεταξὺ δ᾽ ἡ τῶν πλείστων ἕξις, κἂν εἰ ῥέπουσι μᾶλλον πρὸς τὰς χείρους. ... (*metaxỳ d'he tôn pleíston héxis, kàn ei rhépousi mâllon pròs tàs kheírous*).

LIVRO VI | 229

riamente não lamenta seus atos excessivos após praticá-los e, assim sendo, é *irrecuperável*,[945] porquanto inexiste recuperação para alguém que não se arrepende. O indivíduo que é deficiente [quanto ao gozo dos prazeres] é o oposto, enquanto aquele mediano é o *moderado*.[946] Igualmente, existe aquele que foge *das dores físicas*[947]
25 não porque elas o dominam, mas por prévia escolha. (Aqueles, por outro lado, que não agem por prévia escolha, são induzidos ou pelo próprio prazer ou pelo impulso de escapar à dor produzida pelo apetite insatisfeito. Decorre disso haver uma diferença mútua entre ambos. Todos julgariam pior alguém que realizasse algo desonroso movido somente por um leve apetite, ou nenhum apetite, em lugar de fazê-lo em função de um apetite intenso, ou
30 que ferisse um outro indivíduo sem ira, ao invés de o fazer tomado por esta. Com efeito, como teria agido se tomado pela paixão? Por conseguinte, o desregrado é pior do que o descontrolado.) Das disposições que acabamos de indicar, a última[948] é, antes, uma forma de indolência, ao passo que a primeira[949] é desregramento. O autocontrolado é o oposto do descontrolado, tal como o firme é o oposto do destituído de firmeza (indolente, mole). Com efeito,
35 firmeza significa apenas resistência, enquanto autocontrole envolve o domínio, resistir e dominar sendo distintos, como o é *o não ser*
1150b1 *derrotado da vitória*.[950] Assim, o autocontrole é *mais desejável*[951] do que a firmeza. O deficiente em matéria da resistência que a maioria dos indivíduos exibe com sucesso é *indolente (lânguido) ou efeminado*[952] (o efeminamento, de fato, é uma forma de languidez); é o caso de quem arrasta seu manto pelo chão a fim de se poupar do esforço de erguê-lo [e carregá-lo], ou de quem simula sofri-

---

945. ...ἀνίατος... (*aníatos*), incurável.

946. ...σώφρων. ... (*sóphron*). Ver tabela da *Ética a Eudemo*, 1221a2.

947. ...τὰς σωματικὰς λύπας ... (*tàs somatikàs lýpas*).

948. Isto é, a fuga da dor por prévia escolha.

949. Isto é, a busca do prazer por prévia escolha.

950. ...τὸ μὴ ἡττᾶσθαι τοῦ νικᾶν... (*tò mè hettâsthai toú nikân*).

951. ...αἱρετώτερον... (*airetóteron*), ou: mais elegível; mais digno de escolha.

952. ...μαλακὸς καὶ τρυφῶν... (*malakòs kaì tryphôn*). Ver tabela da *Ética a Eudemo*, 1221a9, coluna da esquerda.

230 | ÉTICA A EUDEMO

5 mento causado por enfermidade, não se julgando infeliz, mas não percebendo que aquele que finge ser infeliz não passa igualmente de um infeliz. O mesmo ocorre com respeito ao autocontrole e o descontrole. Com efeito, não é de surpreender-se que alguém fosse vencido por prazeres ou dores violentos e excessivos; de fato, seria o caso de escusá-lo se resistisse a eles, como o *Filoctetes*[953] de Teodectes quando foi picado por uma cobra, ou o Cércion na *Alope*
10 de Carcinos,[954] ou como indivíduos que, na tentativa de conter o riso, explodem numa gargalhada, como sucedeu com Xenofanto. Surpreendemo-nos, porém, quando alguém é subjugado por prazeres e dores aos que a maioria das pessoas é capaz de resistir, exceto quando a incapacidade de resistir é causada por alguma tendência
15 natural genética, ou por uma doença, do que é exemplo (no primeiro caso) o efeminamento hereditário *nos reis da Cítia*,[955] ou a diferença entre o sexo feminino e o masculino.[956] O indivíduo aficionado ao divertimento é tido como desregrado, mas na verdade-

---

953. Tragédia de Teodectes (poeta trágico contemporâneo de Aristóteles). Filoctetes é o arqueiro e detentor do arco e flechas envenenadas de Héracles, que acabou participando do cerco de Troia devido à posse dessas armas. A mitografia apresenta várias versões das circunstâncias em que foi ele mordido por uma serpente. O fato é que Filoctetes foi picado no pé e, a despeito dos cuidados de seus companheiros, o ferimento não sarou e se tornou horrível, causando dores tão intensas que o herói, embora tenha resistido bravamente no início, finalmente cedeu e se pôs a emitir gemidos constantes, que acabaram se tornando insuportáveis para os outros. Entretanto, posteriormente Macaonte, o cirurgião, curaria Filoctetes, que num confronto de arco e flecha com Páris feriria de morte este último.

954. O rei Cércion, da Arcádia, por duas vezes ordenou que seu neto fosse abandonado porque sua filha Alope, seduzida e engravidada por Poseidon, dera à luz o filho sem comunicar o que acontecera ao pai. Quanto ao autor dessa tragédia, floresceu no século IV a.C.

955. ...ἐν τοῖς Σκυθῶν βασιλεῦσιν... (*en toîs Skythôn basileûsin*). Hipócrates refere-se e descreve sintomas que classifica como efeminamento detectados em indivíduos pertencentes à nobreza cítia. Heródoto, por outro lado, declara que um certo episódio foi a origem do efeminamento de toda uma dinastia de cítios: no passado, alguns cítios haviam roubado o templo da Afrodite uraniana e foram atingidos pela punição da mais feminina das deusas do Olimpo.

956. Apesar da relevância da mulher na comunidade doméstica da sociedade grega antiga e dos papeis importantes que, por exemplo, Platão lhe confere em *A República,* a ideia da inferioridade do sexo feminino, inclusive do ponto de vista das virtudes, é uma tônica no pensamento helênico antigo.

LIVRO VI | 231

é indolente. *Com efeito, o entretenimento é repouso*[957] após o relaxamento das tensões; o apego ao divertimento é uma forma de relaxamento excessivo. A *impetuosidade*[958] constitui uma forma de descontrole, enquanto a *fraqueza*[959] constitui outra. Há, com efeito, os fracos, que deliberam, mas em seguida são incapazes, devido às suas paixões, de se aterem à resolução que foi produto de sua deliberação; quanto aos outros (os impetuosos), são levados pela paixão porque não se detêm para deliberar. De fato, nota-se a presença de alguns indivíduos – tais como as pessoas que se dispõem a titilar outras e não são titiladas elas mesmas – que, caso hajam primeiramente sentido e visto aquilo que se avizinha e começado por incitar a si mesmos e ao seu raciocínio, não são dobrados por sua paixão, seja esta prazerosa ou dolorosa. São *os ansiosos e os melancólicos*[960] os mais suscetíveis da forma impetuosa do descontrole, os primeiros por conta de sua precipitação, enquanto os segundos por conta de sua veemência quanto a aguardar os ditames da razão, propensos que são a acolher sua imaginação.

8

O DESREGRADO, COMO FOI DITO, não se arrepende (pois se conforma à sua prévia escolha). O descontrolado, ao contrário, está inteiramente sujeito ao arrependimentos. Por conseguinte, a objeção tal como a formulamos não é aplicável; pelo contrário, é o desregrado que é *irrecuperável*,[961] ao passo que o descontrolado é *recuperável*;[962] com efeito, o vício se assemelha a doenças como *hidropsia e consunção*,[963] ao passo que o descontrole assemelha-se

---

957. ...ἡ γὰρ παιδιὰ ἄνεσίς ἐστιν, ... (*he gàr paidià ánesís estin*).

958. ...προπέτεια... (*propéteia*).

959. ...ἀσθένεια... (*asthéneia*).

960. ...οἱ ὀξεῖς καὶ μελαγχολικοὶ... (*hoi exeís kaì melankholikoí*).

961. ...ἀνίατος, ... (*aníatos*), incurável: Aristóteles retoma a analogia com o tratamento médico.

962. ...ἰατός... (*iatós*), curável.

963. ...ὑδέρῳ καὶ φθίσει, ... (*hydéro kaì phthísei*).

232 | ÉTICA A EUDEMO

35 a epilepsia, sendo o vício contínuo e o descontrole intermitente.
O descontrole e o vício são de gêneros completamente distintos;
1151a1 o vício é insciente, o que não podemos dizer do descontrole. Entre
os próprios descontrolados, *os desnorteados*[964] são melhores do que
aqueles que estão com a razão, mas não se orientam por ela, pois
estes capitulam ante as menores paixões e não cedem sem deliberação, como fazem os outros; o descontrolado é semelhante a um indivíduo que se embriaga rapidamente e com pouco vinho, ou com
5 menos do que a maioria das pessoas. Está claro que o descontrole
não é estritamente um vício (embora o seja, talvez, de uma certa
maneira). A razão é atuar opondo-se à prévia escolha, enquanto
o vício compactua com ela. Contudo, a despeito disso, nas ações
por ele produzidas o descontrole assemelha-se ao vício, tal como
Demódoco[965] disse sobre os milesianos, a saber:

Os milesianos não são insensatos,
10 *Mas agem como insensatos agiriam (...)*[966]

E os descontrolados não são injustos, embora cometam coisas
injustas. É de se juntar que o descontrolado, de acordo com sua
constituição, busca prazeres físicos excessivos e que afrontam a
reta razão, ainda que não esteje imbuído de nenhuma convicção de
que deve agir assim, ao passo que o desregrado, cuja constituição o
impele a buscá-los, está convicto de que deve assim agir. Disso se
conclui que o primeiro pode ser facilmente persuadido a mudar
15 [de opinião e de conduta], enquanto o segundo não pode, pois a
virtude preserva o princípio [moral], enquanto o vício o destrói, e
o princípio no tocante às ações é o fim estabelecido, *como as hipóteses nas matemáticas.*[967] Consequentemente, nem neste caso nem
no nosso aqui são os princípios ensinados pela razão, mas sim pela
virtude, *ou natural ou adquirida pelo costume*[968] na opinião corre-

---

964. ...οἱ ἐκστατικοὶ... (*hoi ekstatikoi*), literal e analiticamente *aqueles que saem de si; que ficam
fora de si*, mas o Estagirita parece estar se referindo simplesmente aos impetuosos.

965. Poeta proveniente de Leros.

966. ...Μιλήσιοι ἀξύνετοι μὲν οὐκ εἰσίν, δρῶσιν δ᾽ οἷάπερ ἀξύνετοι... (*Milésioi axýnetoi
mèn ouk eisín, drôsin d᾽ hoîáper axýnetoi*).

967. ...ὥσπερ ἐν τοῖς μαθηματικοῖς αἱ ὑποθέσεις... (*hósper en toîs mathematikoîs hai
hypothéseis*).

968. ...ἢ φυσικὴ ἢ ἐθιστὴ... (*è physikè è ethistè*).

ta no que respeita ao princípio. O indivíduo que se pauta por isso
20 é o moderado; o desregrado é o seu oposto. Mas há um tipo humano que é o *desnorteado*,[969] o qual, sob a influência da paixão, é subjugado o suficiente para não agir em conformidade com a justa (reta) razão, mas não a ponto de predispô-lo a crer que sua busca do prazer deve ser incansável. Trata-se [precisamente] de um tipo de indivíduo descontrolado, que é melhor do que o desregrado
25 e não *absolutamente mau*,[970] pois nele a melhor parte de si, o princípio original, está ainda preservada. Em oposição ao descontrolado existe o outro indivíduo que persevera e não se desnorteia movido pela paixão. A julgar por tudo isso, fica evidente que esse último estado[971] é bom e o descontrole mau.

9

É ENTÃO AUTOCONTROLADO ALGUÉM que persevera graças a
30 qualquer princípio racional ou prévia escolha, ou é indispensável que seja a correta prévia escolha?... e descontrolado alguém que não consegue perseverar com base em qualquer prévia escolha ou em qualquer princípio racional, ou somente se não conseguir perseverar por meio do *princípio racional verdadeiro*[972] e a correta prévia escolha, como foi levantado o problema anteriormente? Ou pode ser acidentalmente qualquer princípio racional ou prévia escolha, porém essencialmente é *o princípio racional verdadeiro e a prévia escolha correta*[973] em que um persevera e o outro não? Com efei-
1151b1 to, supondo que alguém escolha ou busque uma coisa que sirva para atingir uma outra, essencialmente busca e escolhe a segunda, ainda que acidentalmente busque e escolha a primeira.[974] E por es-

---

969. ...ἐκστατικὸς... (*ekstatikòs*). Ver nota 964.

970. ...φαῦλος ἁπλῶς... (*phaûlos haplôs*).

971. Ou seja, o do indivíduo autocontrolado.

972. ...μὴ ψευδεῖ λόγῳ... (*mè pseudeî lógoi*), literalmente: princípio racional *não falso*.

973. ...τῷ ἀληθεῖ λόγῳ καὶ τῇ ὀρθῇ προαιρέσει... (*tôi aletheî lógoi kaì têi orthêi proairései*).

974. Aristóteles contrapõe ...καθ᾽ αὐτὸ ... (*kath'hautò*), essencialmente, a ...κατὰ συμβεβηκὸς ... (*katà symbebekòs*), acidentalmente.

234 | ÉTICA A EUDEMO

sencialmente entendemos *absolutamente*,[975] de modo que embora
num certo sentido seja qualquer opinião em termos absolutos, é a
opinião verdadeira na qual um persevera e que o outro desiste. Há
5 algumas pessoas que perseveram em suas opiniões e a que chamamos de *obstinadas*,[976] como indivíduos que são difíceis de serem
convencidos e que não é fácil persuadir a alterar [o que pensam].
Ocorre aqui alguma semelhança em relação ao autocontrolado,
como o pródigo assemelha-se, de alguma maneira, ao generoso e o
temerário ao autoconfiante.[977] Entretanto, diferem em muitos aspectos. O indivíduo autocontrolado mantém-se inabalável contra
10 a paixão e o apetite, estando oportunamente aberto à persuasão;
o outro,[978] ao contrário, opõe-se à razão, não resiste ao apetite, e
é muitas vezes conduzido por este aos prazeres. *Os obstinados são
os teimosos, os estúpidos e os rudes*.[979] Os teimosos são movidos pelo
prazer e a dor, quer dizer, pelo sentimento agradável da vitória
conquistada em não terem suas opiniões alteradas pela persuasão
15 e por aquele desagradável de terem os decretos de suas vontades
revogados. Assim, assemelham-se mais aos descontrolados do que
aos autocontrolados. Alguns deles não conseguem se conformar às
suas resoluções em decorrência de algo distinto do descontrole, do
que constitui exemplo Neoptolemo no *Filoctetes* de Sófocles.[980] Foi
efetivamente o prazer a causa para ele não manter a determinação,
ainda que um prazer nobre. Com efeito, era *prazeroso*[981] para ele
dizer a verdade, tendo apenas dito uma mentira por ter sido persua-
20 dido por Odisseu a fazê-lo. É de se observar que, nem todos que

---

975. ...ἁπλῶς... (*haplôs*), ou seja, desqualificadamente.

976. ...ἰσχυρογνώμονας, ... (*iskhyrognómonas*).

977. Ver tabela (elenco) da *Ética a Eudemo*, respectivamente 1221a5 e 1220b39, colunas da
esquerda e da direita. Aristóteles diz na *Ética a Nicômaco* ...θαρράλεω, ... (*tharráleo*),
autoconfiante, mas está pensando mais precisamente em ἀνδρεῖος (*andreîos*), corajoso,
a acatarmos o rigor terminológico em consonância com sua tabela.

978. Ou seja, o obstinado.

979. ...εἰσὶ δὲ ἰσχυρογνώμονες οἱ ἰδιογνώμονες καὶ οἱ ἀμαθεῖς καὶ οἱ ἄγροικοι, ... (*eisì dè
iskhyrognómones hoi idiognómones kaì hoi amatheîs kaì hoi ágroikoi*).

980. Sófocles de Colona (495-405 a.C.), poeta trágico.

981. ...ἡδύ... (*hedý*). Nossa opção, seguindo Bekker, é ditada pela coerência interna do contexto.
Ross, traduzindo Bywater, entende *nobre*.

LIVRO VI | 235

agem norteados pelo prazer são desregrados, nem vis, nem descontrolados, mas somente aqueles que assim se conduzem em função de prazeres desonrosos.

Há também um tipo humano que toma menos do que a porção devida dos prazeres do corpo, e não acata a razão no que toca a isso. O indivíduo autocontrolado constitui o intermediário en-
25 tre o descontrolado e esse tipo. O descontrolado, com efeito, não acata a razão porque frui excessivamente dos prazeres físicos, ao passo que o indivíduo do tipo mencionado não a acata por fruí-los demasiadamente pouco. O autocontrolado, de sua parte, se mantém fiel à razão e não muda em função de coisa alguma. Ora, se o
30 autocontrole é bom, conclui-se que ambos os estados que lhe são contrários são maus, que é o que parece. Mas porque um deles é exibido em *poucos e esporadicamente*,[982] considera-se o descontrole o único oposto do autocontrole, tal como se considera o desregramento o exclusivo oposto da moderação. Como muitas expressões são empregadas por analogia, é o caso de falarmos por analogia do
35 autocontrole do moderado. Com efeito, este – tal como o auto-
1152a1 controlado – é constituído de tal modo a jamais contrariar a razão em virtude dos prazeres do corpo. Mas enquanto o autocontrolado experimenta apetites maus, o moderado não experimenta nenhum; de fato, sua constituição não lhe permite experimentar prazer algum cuja origem contraria a razão, ao passo que o autocontrola-
5 do realmente extrai prazer dessas coisas, embora não ceda a elas. Constata-se também uma semelhança entre o descontrolado e o desregrado a despeito de sua diferença, a saber, ambos buscam *os prazeres do corpo*,[983] a diferença estando em que para o segundo trata-se de uma busca correta, enquanto para o primeiro não.

10

QUE SE ACRESÇA QUE TAMPOUCO é possível um mesmo indivíduo ser prudente e descontrolado. Com efeito, foi demonstrado

---

982. ...ὀλίγοις καὶ ὀλιγάκις... (*alígois kai oligákis*).

983. ...τὰ σωματικὰ ἡδέα... (*tà somatikà hedéa*), as coisas agradáveis ao corpo.

236 | ÉTICA A EUDEMO

ser a prudência inseparável *do caráter e dos costumes.*[984] *Além disso,*
o prudente não é apenas aquele que sabe, mas também aquele que
10 *age.*[985] O descontrolado não age. (O engenhoso, por outro lado,
nada tem que o impeça de ser descontrolado – razão pela qual se
pensa às vezes que embora algumas pessoas sejam prudentes, isto
não exclui o fato de serem descontroladas – porque a engenhosidade difere da prudência da maneira que explicamos anteriormente
em nossos primeiros discursos;[986] estando ambas vinculadas à razão,
são aparentadas, porém diferem pelo fato de a prudência exigir a
prévia escolha.) Tampouco o descontrolado assemelha-se a alguém
15 que tem conhecimento e é capaz de especulação, mas somente ao
indivíduo adormecido ou embriagado. Que se acrescente que, embora ele aja voluntariamente (pois num certo sentido está ciente
tanto do que faz quanto em função do que o faz), não é *mau.*[987]
Com efeito, a sua prévia escolha é íntegra, de sorte que ele é apenas
meio mau.[988] E não é injusto porque não premedita a execução do
mal, visto que dos tipos de descontrolados um[989] não se conserva
fiel ao que deliberou, ao passo que o outro, o melancólico, absolu-
20 tamente não delibera. E, assim, o descontrolado parece um Estado
que sanciona todos os decretos corretos e conta com boas leis, porém nunca as aplica, como satirizado por Anaxandrides,[990] a saber:

O Estado o quis, aquele que não se importa com as leis.[991]

(...) ao passo que o indivíduo mau se parece com o Estado que
25 aplica as leis, mas estas são más. O descontrole e o autocontrole

---

984. ...τὸ ἦθος... (*tò éthos*), isto é, do moral.

985. ...ἔτι οὐ τῷ εἰδέναι μόνον φρόνιμος ἀλλὰ καὶ τῷ πρακτικός... (*éti ou tôi eidénai mónon phrónimos allà kai tôi praktikós*).

986. ...ἐν τοῖς πρώτοις λόγοις, ... (*en toîs prótois lógois*). Ver Livro V, 12, 1144a25 e ss.

987. ...πονηρὸς... (*ponerós*).

988. ...ἡμιπόνηρος. ... (*hemipóneros*).

989. Isto é, o ansioso.

990. Poeta contemporâneo de Aristóteles.

991. ...ἡ πόλις ἐβούλεθ᾽, ᾗ νόμων οὐδὲν μέλει... (*he pólis eboúleth᾽, hê nómon oudèn mélei*). O verbo μελετάω (*meletáo*) significa, também, *exercer, praticar, aplicar*, com o que a tra- dução (ajustando-se mais explicitamente ao pensamento de Aristóteles) seria: ...o Estado o quis, aquele que não exerce as leis... .

têm a ver com os excessos dos *estados*[992] da maioria [dos seres humanos]. O indivíduo autocontrolado persevera mais e o descontrolado menos do que está capacitada a maioria das pessoas. Os descontrolados do tipo melancólico são de recuperação (cura) mais fácil do que os descontrolados que deliberam o que devem fazer, mas não perseveram na resolução tomada. E aqueles descontrolados por força do hábito [são mais facilmente recuperados do que] os descontrolados por natureza, *uma vez que é mais fácil mudar o*
30 *hábito do que a natureza,*[993] ainda que o próprio hábito seja de difícil mudança precisamente porque se assemelha à natureza, como diz Eveno:[994]

> *Digo, amigo, que [o hábito] é uma prática longa e assídua, e que esta*
> *Passa a ser, afinal, natureza humana.*[995]

Com isso discutimos o que são o autocontrole, o descontrole, a firmeza e a indolência, e indicamos como esses estados estão relacionados entre si.

11

1152b1 *CABE AO FILÓSOFO POLÍTICO investigar o prazer e a dor.*[996] De fato, é ele o *construtor*[997] do fim que nos serve de padrão para declararmos serem cada uma das coisas má ou boa absolutamente. Ademais, essa investi-
5 gação está entre as necessárias para nós, visto que estabelecemos que a virtude moral e o vício dizem respeito às dores e aos prazeres. Além disso, a maioria das pessoas sustenta que o prazer faz parte da felicidade, razão pela qual a palavra que significa bem-aventurado é derivada

---

992. ...ἕξεως... (*héxeos*).

993. ...ῥᾷον γὰρ ἔθος μετακινῆσαι φύσεως... (*rhâion gàr éthos metakinêsai phýseos*).

994. Eveno de Paros, sofista do século V a.C.

995. ...φημὶ πολυχρόνιον μελέτην ἔμεναι, φίλε, καὶ δή ταύτην ἀνθρώποισι τελευτῶσαν φύσιν εἶναι. ... (*phemì polykhrónion meléten émenai, phíle, kaì dé taúten anthrópoisi teleutôsan phýsin eînai.*).

996. ...Περὶ δὲ ἡδονῆς καὶ λύπης θεωρῆσαι τοῦ τὴν πολιτικὴν φιλοσοφοῦντος... (*Peri dè hedonês kaì lúpes theorêsai toû tèn politikèn philosophoûntos*).

997. ...ἀρχιτέκτων... (*arkhitékton*).

238 | ÉTICA A EUDEMO

de regozijar-se.[998] Algumas pessoas são da opinião de que prazer algum
é um bem, quer em si mesmo (essencialmente), quer acidentalmente.
10 Para elas bem e prazer não são idênticos. Outras sustentam que alguns
prazeres são bens, porém a maioria deles são males. Uma terceira posição é a de que mesmo que todos os prazeres fossem bens, não é possível
ser o prazer *o [bem] mais excelente*.[999] Com o objetivo de fundamentar
que o prazer não é bem algum, argumenta-se [em primeiro lugar] que
todo prazer é um *processo*[1000] perceptível a um estado natural, quando
um processo e seu fim não podem pertencer a um gênero idêntico, do
15 que é exemplo o processo de construção, que não é do mesmo gênero da casa que foi construída; [em segundo lugar] o individuo moderado esquiva-se aos prazeres; [em terceiro lugar] o indivíduo prudente visa o que é isento de dor, não o prazeroso; [em quarto lugar]
os prazeres constituem um obstáculo ao pensamento prudente e
quanto mais o barram, mais gozo proporcionam, do que são exemplo os prazeres sexuais: com efeito, ninguém seria capaz de pensar
em outra coisa enquanto os está gozando; [em quinto lugar] não
há *nenhuma arte do prazer,*[1001] quando todo bem é produzido por
20 uma arte; [em sexto lugar] crianças e animais inferiores buscam
os prazeres. Visando a fundamentar que nem todos os prazeres são
bens, argumenta-se [em primeiro lugar] que alguns prazeres são efetivamente ignominiosos e reprováveis; [em segundo lugar] que alguns
deles são nocivos, a considerar que certas coisas prazerosas provocam
enfermidades. Com o propósito de fundamentar que o prazer não é o
[bem] mais excelente argumenta-se *não ser fim, mas processo.*[1002] Eis aí
aproximadamente o que se diz correntemente.[1003]

---

998. O substantivo é μακάρια (*makária*), nominativo singular – felicidade, bem-
-aventurança; o adjetivo é μακάριος (*makários*), masculino; μακάρια (*makária*), feminino; μακάριον (*makárion*), neutro; ou μάκαρ (*mákar*), μακαῖρα (*makaíra*), μάκαρ
(*mákar*) – respectivamente masculino, feminino, neutro (referindo-se aos deuses), feliz, bem-aventurado e o verbo é χαίρω (*khaíro*), regozijar-se, desfrutar, estar feliz. Do
verbo derivam o substantivo e o adjetivo.

999. ...τὸ ἄριστον... (*tò áriston*).

1000. ...γένεσίς... (*génesís*), vir a ser.

1001. ...τέχνη οὐδεμία ἡδονῆς... (*tékhne oudemía hedonês*).

1002. ...οὐ τέλος ἀλλὰ γένεσις. ... (*ou télos allà génesis*).

1003. Bywater e Ross iniciam aqui o capítulo 12. Não vimos razão para não seguir Bekker.

LIVRO VI | 239

12

O QUE SERÁ DITO NA SEQUÊNCIA deixará claro que esses argu-
25 mentos não são conclusivos quanto a mostrar que o prazer não é
bem algum, nem que não é o [bem] mais excelente.[1004] Em primeiro lugar, como o bem se diz em dois sentidos (*com efeito, absoluta-*
mente e relativamente a alguém),[1005] resulta que no que diz respeito *às naturezas e aos estados*[1006] e, inclusive, *aos movimentos e aos*
processos[1007] [esse sentido duplo] é acompanhado. Dos movimentos
e processos tidos como maus, alguns não o serão relativamente a
alguém, mas absolutamente, ainda que de fato desejáveis para um
30 indivíduo em particular; ou em outros casos, embora nem sequer
possuindo essa qualificação geralmente para o indivíduo em particular, ainda assim a possuem para ele em situações particulares e
por pouco tempo, mas não [absolutamente]; e outros[1008] não são
nem prazeres, apenas o aparentando, como os processos dolorosos
que visam à cura, do que constitui exemplo o tratamento das pessoas enfermas. Por outro lado, sendo o bem ou uma *atividade*[1009]
ou um estado, os processos que nos fazem retornar ao nosso estado
natural encerram apenas prazer acidental, enquanto a atividade nos
35 apetites é a que em nós permaneceu incólume quanto à natureza e
estado, existindo efetivamente alguns prazeres destituídos de dor
1153a1 ou apetite (*por exemplo, o da especulação*),[1010] sendo experimentados sem qualquer deficiência que os afaste do natural. É indicativo

---

1004. O leitor não deve inferir que Aristóteles está admitindo *a priori* as recíprocas desses
argumentos. Sua referência é explicitamente a primeira e a terceira opiniões.

1005. ...τὸ μὲν γὰρ ἁπλῶς τὸ δὲ τινί... (*tò mèn gàr haplôs tò dè tiní*). O grego é linguisticamente compacto e o sentido técnico do tão empregado ἁπλῶς (*haplôs*) obviamente
não é unívoco. Nesse contexto, o "bem absoluto" é o bem universal, o bem para todas
as pessoas, enquanto o "bem relativo" é o bem de cada um, o bem particular, o bem
referente a certa pessoa.

1006. ...αἱ φύσεις καὶ αἱ ἕξεις... (*hai phýseis kai hai héxeis*).

1007. ...αἱ κινήσεις καὶ αἱ γενέσεις... (*hai kinéseis kai hai genéseis*).

1008. Isto é, outros movimentos e processos.

1009. ...ἐνέργεια... (*enérgeia*).

1010. ...οἷον αἱ τοῦ θεωρεῖν... (*hoîon hai toû theoreîn*).

240 | ÉTICA A EUDEMO

de serem os demais prazeres somente acidentais o fato de que não gozamos o mesmo enquanto ocorre o reabastecimento do estado natural, como gozamos uma vez completada a restauração; nesta última situação desfrutamos do absolutamente prazeroso, ao passo que enquanto ocorre o reabastecimento desfrutamos inclusive dos
5 opostos das coisas prazerosas. Com efeito, nesse caso se experimenta coisas azedas e amargas, nenhuma delas sendo natural ou absolutamente prazerosa e, tampouco, os prazeres que delas extraímos, uma vez que a mesma distinção existente entre vários prazeres está presente entre as coisas prazerosas que constituem a origem deles. Por outro lado, não se conclui necessariamente, conforme argumentam alguns, que como o fim é melhor do que o processo que a ele conduz, impõe-se a existência de algo melhor do que o prazer.
10 Com efeito, [prazeres] não são processos, nem todos eles acarretam processos; são atividades e fins. Tampouco resultam de nosso vir a ser, mas do exercício de nossas faculdades. Acresça-se que nem todos eles possuem um fim distinto deles mesmos, *mas somente os que conduzem ao completamento de nossa natureza.*[1011] Daí não ser correto dizer que o prazer é um *processo perceptivo,*[1012] mas ser clas-
15 sificado, de preferência, de *atividade segundo o estado natural,*[1013] além de substituirmos perceptivo por *desimpedido.*[1014] Alguns asseveram que é um processo pela razão de ser um bem genuíno e estrito. São do parecer, com efeito, de que uma atividade é um processo. Mas são diferentes. Sustentar que os prazeres são maus com base no fato de que algumas coisas prazerosas são prejudiciais à saúde equivale a sustentar que coisas saudáveis são más porque algumas destas são más para negociar visando a ganhar dinheiro. É possível
20 que ambas essas coisas sejam más num certo sentido, mas isso não as torna realmente más; pode ser que até mesmo a especulação seja por vezes prejudicial à saúde. Nem a prudência nem qualquer outro estado sofrem obstrução por parte de seu próprio prazer, mas

---

1011. ...ἀλλὰ τῶν εἰς τὴν τελέωσιν ἀγομένων τῆς φύσεως. ... (*allà tôn eis tèn teléosin agoménon tês phýseos*).

1012. ...αἰσθητὴν γένεσιν... (*aisthetèn génesin*).

1013. ...ἐνέργειαν τῆς κατὰ φύσιν ἕξεως, ... (*enérgeian tês katà phýsin héxeos*).

1014. ...ἀνεμπόδιστον. ... (*anempódiston*), livre, desembaraçado.

LIVRO VI | 241

somente a obstrução de prazeres que lhes são estranhos; aqueles provenientes da especulação e do estudo nos farão avançar ainda mais neles. O fato da inexistência de uma arte na qual produzimos qualquer forma de prazer ocorre tão só *naturalmente*;[1015] não exis-
25 te, tampouco, arte que produz atividade, mas sim a capacidade para a atividade,[1016] ainda que se considere as artes da perfumaria e da culinária artes relativas ao prazer. Quanto aos argumentos de que o indivíduo moderado esquiva-se ao prazer, de que o prudente visa *a vida isenta de dor*[1017] e de que existe busca de prazer por parte das crianças e dos animais inferiores são todos contestados mediante essas mesmas considerações e contam com a mesma solução. Foi
30 explicado, com efeito, como alguns prazeres são absolutamente bons, e em que sentido nem todos os prazeres são bons. Ora, os prazeres que constituem objeto de busca de animais inferiores e crianças pertencem a esse último tipo, enquanto o objeto de busca do indivíduo prudente é a isenção de dor oriunda desse tipo de prazeres, isto é, [mais exatamente] aqueles que acarretam apetite e dor, nomeadamente *os corpóreos*[1018] (pois essa [é a natureza] destes) ou seus próprios excessos, *em relação aos quais se manifesta o desregra-*
35 *mento.*[1019] Eis a razão porque o moderado esquiva-se a tais prazeres. Afinal, mesmo ele experimenta prazeres.

13

1153b1 HÁ UNANIMIDADE, ADEMAIS, quanto a admitir que a dor, por sua vez, é um mal e que devemos evitá-la. Com efeito, ela é ou pura e simplesmente má ou é má por constituir, de algum modo, um obstáculo para nós. Ora, aquilo que é o oposto de alguma coisa a ser evitada enquanto tal e enquanto má, é bom. *O prazer é, portanto,*

1015. ...εὐλόγως... (*eulógos*), ou, em outros termos: está simplesmente dentro do razoável.

1016. Aristóteles contrapõe δύναμις (*dýnamis*), capacidade, potência, a ἐνέργεια (*enérgeia*), atividade, ato.

1017. ...τὸν ἄλυπον βίον, ... (*tòn álypon bíon*).

1018. ...σωματικάς... (*somatikás*).

1019. ...καθ᾽ ἃς ὁ ἀκόλαστος ἀκόλαστος. ... (*kath'hàs ho akólastos akólastos*), ou, mais próximo à literalidade: ...em função dos quais o desregrado é desregrado... .

242 | ÉTICA A EUDEMO

5 *necessariamente um bem.*[1020] A solução de Espeusipo,[1021] afirmando
que como o maior se opõe tanto ao menor quanto ao igual, [do
mesmo modo o prazer tem dois opostos: um a um estado passivo
neutro e um outro à dor] não se mostra eficiente aqui, pois para ele
seria inadmissível ser o prazer essencialmente mau. Entretanto, a
admissão de que alguns prazeres são males não determina, por via
de consequência, a impossibilidade de um certo prazer ser *o [bem]
mais excelente,*[1022] como sucede no caso do conhecimento a despei-
10 to de algumas formas dele serem más. Pelo contrário, visto que cada
um dos estados tem sua atividade livre, a atividade de todos eles,
ou de algum deles – a que é felicidade – quando livre talvez tenha
mesmo que ser a mais desejável das coisas existentes. E essa atividade livre é prazer. Assim, o [bem] mais excelente será algum prazer,
ainda que muitos prazeres sejam maus e, talvez, de modo absoluto.
15 Daí todos julgarem ser a vida feliz a prazerosa, entrelaçando prazer e felicidade, e o fazem razoavelmente, uma vez que nenhuma
atividade que sofre obstrução é *perfeita,*[1023] quando a felicidade o
é. *Eis porque o indivíduo feliz requer também os bens do corpo, os
externos e aqueles da sorte,*[1024] de modo que sua atividade não sofra
obstrução devido à falta deles. (Os que dizem que uma pessoa, se
for boa, será feliz mesmo sendo *torturada na roda*[1025] ou atingida
20 por grandes infortúnios, estão propositalmente ou não dizendo
um absurdo.) Mas porque a felicidade requer adicionalmente os
dons da sorte, alguns pensam que *a boa sorte e a felicidade são a
mesma coisa,*[1026] o que não são, posto que até a própria boa sorte,
quando excessiva, obstrui e, talvez, com efeito, nesse caso nem fizesse jus mais a ser denominada boa sorte, porquanto seu próprio

---

1020. ...ἀνάγκη οὖν τὴν ἡδονὴν ἀγαθόν τι εἶναι. ... (*anánke oún tèn hedonèn agathón ti eînai.*).

1021. Espeusipo de Atenas, filósofo contemporâneo de Aristóteles, seu colega na Academia e sobrinho de Platão. Após a morte do mestre, Espeusipo assumiu a direção da Academia.

1022. ...τἄριστόν... (*táristón*).

1023. ...τέλειος... (*téleios*), completa, consumada.

1024. ...διὸ προσδεῖται ὁ εὐδαίμων τῶν ἐν σώματι ἀγαθῶν καὶ τῶν ἐκτὸς καὶ τῆς τύχης, ... (*diò prosdeîtai ho eudaímon tôn en sómati agathôn kaì tôn ektòs kaì tês týkhes*).

1025. ...τροχιζόμενον... (*trokhizómenon*).

1026. ...ταὐτὸν εἶναι ἡ εὐτυχία τῇ εὐδαιμονίᾳ, ... (*tautòn eînai he eutykhía têi eudaimoníai*).

LIVRO VI | 243

limite[1027] tem a felicidade como referencial. E o fato de todos os
25 animais inferiores e seres humanos terem o prazer como seu objeto
de busca mostra ser ele, de alguma maneira, o [bem] mais excelente.

Nenhuma revelação feita por muitos povos
Perde-se inteiramente (...)[1028]

Considerando-se, contudo, que o estado natural ou o melhor
estado não é nem parece ser o mesmo para todos, nem todos têm
30 como objeto de busca o mesmo prazer, ainda que todos busquem
prazer. Com efeito, talvez, na realidade, não busquem o prazer segundo pensam que buscam e que alegam buscar, mas todos realmente o mesmo, *pois todas as coisas encerram naturalmente algo
divino.*[1029] E, todavia, visto que os prazeres do corpo são os mais
35 frequentemente perseguidos, e visto que todos os seres humanos
deles participam, tais prazeres se apropriaram do nome, de sorte a
1154a1 se pensar que não existem outros, pois esses são os únicos conhecidos. Ademais, é evidente que na hipótese de o prazer e a atividade
não serem um bem, a vida do indivíduo feliz não será prazerosa.
Afinal, em função de que deveria precisar de prazer se este não é
um bem? Pelo contrário, é possível que sua vida seja até dolorosa;
com efeito, se o prazer não é nem um mal nem um bem, tampouco
5 o será a dor e, nesse caso, por que evitá-la? E se as atividades do
indivíduo bom não encerrarem mais prazer do que as dos outros,
tampouco o encerrará sua vida.

14

QUANTO AOS PRAZERES DO CORPO, temos que examinar o que
dizem aqueles que afirmam que, embora alguns prazeres nobres

1027. ...ὄρος... (*hóros*), mas o sentido desta palavra aqui é abstrato e não concreto, pelo que
também poderíamos traduzir da seguinte maneira: ...porquanto sua própria *definição*
tem a felicidade como referencial.

1028. ...φήμη δ᾽ οὔτις πάμπαν ἀπόλλυται, ἥν τινα λαοί πολλοί... (*phéme d'oútis pámpan
apóllytai, hén tina laoí polloí*). Ou, numa tradução alternativa: ...Nenhuma revelação
anunciada por muitos povos está inteiramente condenada ao desaparecimento... . Hesíodo, *Os Trabalhos e os Dias*, 763.

1029. ...πάντα γὰρ φύσει ἔχει τι θεῖον. ... (*pánta gàr phýsei ékhei ti theîon*).

244 | ÉTICA A EUDEMO

sejam *sumamente desejáveis*,[1030] os corpóreos e aqueles que consti-
10 tuem o objeto do desregrado são indesejáveis. Nesse caso, por que
são as dores que lhes são opostas más? Afinal, o oposto do mal é o
bem. Serão bens os prazeres necessários entendendo-se que mesmo
o que não é mau é bom ou são bens até uma certa medida? Com
efeito, embora não se possa fruir prazer excessivo a partir de *estados*
e movimentos[1031] que por si mesmos não excedem o melhor, é possível fruí-lo a partir daqueles que por si mesmos admitem excesso.
15 Ora, é possível que haja um excesso de *bens do corpo*,[1032] e é a busca
desse excesso que determina a maldade de um indivíduo, *mas não*
a dos necessários.[1033] De fato, todos apreciam, de certo modo, alimentos saborosos, vinho e prazer sexual, mas nem todos na medida
devida. No que toca à dor, ocorre o oposto: não se evita apenas o
20 excesso de dor, mas toda a dor, pois o oposto do [prazer] excessivo
não é a dor, salvo para o indivíduo que o tem como meta.

Como devemos, porém, não nos limitar a indicar a verdade, *mas*
também a causa do erro,[1034] uma vez que isso promove convicção,
pois ao se contar com uma explicação razoável do porque o falso
25 parece verdadeiro isso produz maior convicção no verdadeiro, somos obrigados a explicar porque os prazeres do corpo revelam-se
mais desejáveis. Em primeiro lugar, é porque afastam a dor e porque a dor excessiva faz os indivíduos buscar o prazer excessivo, e geralmente prazer corpóreo, *a título de um elemento restaurador*.[1035] E
30 esses elementos restauradores produzem uma intensidade que mo-

---

1030. ...αἱρεταὶ σφόδρα, ... (*hairetaì sphódra*).

1031. ...ἕξεων καὶ κινήσεων... (*héxeon kaì kinéseos*).

1032. ...σωματικῶν ἀγαθῶν... (*somatikón agathôn*).

1033. ...ἀλλ᾽ οὐ τὰς ἀναγκαίας... (*all'ou tàs anankaías*). Entenda-se rigorosamente dos *bens*
corpóreos necessários, mas o contexto parece intercambiar, alternar ou mesmo identificar
as noções de prazer e bem, de modo que sugerimos uma tradução alternativa: *...mas não*
a dos [prazeres] necessários... . A ideia inclusiva e completa de *bens corpóreos prazerosos*
necessários é tentadora, mas embora se coadune com a ideia contrária de prazeres desnecessários (ou seja, os simplesmente desejáveis por si mesmos), esbarra naquela de bens
dolorosos.

1034. ...ἀλλὰ καὶ τὸ αἴτιον τοῦ ψεύδους... (*allà kaì tò aítion toú pseúdous*).

1035. ...ὡς οὔσης ἰατρείας... (*hos oúses iatreías*), literalmente: ...como sendo uma terapia;
como sendo um instrumento de cura...: o processo constituído pela supressão total da
dor excessiva e a reabertura do espaço para o retorno do prazer pleno é uma restauração.

LIVRO VI | 245

tiva a sua busca porque se revelam em contraste com seu oposto. (E pensa-se que o prazer não é um bem determinado por essas duas causas, tal como foi dito, porque alguns prazeres são ações de uma natureza má, quer degenerada congenitamente, como a bestial, quer corrompida pelo hábito, como no caso das *pessoas perversas*,[1036] e porque outros prazeres são elementos restauradores; pois bem: estar no estado pós-restauração é melhor do que estar no caminho

1154b1 de volta para ele.[1037] Isso, entretanto, ocorre durante um processo de completamento, de sorte que é apenas acidentalmente que esses prazeres constituem um bem.) Outra razão é serem eles[1038] buscados unicamente em função de sua intensidade por aqueles que são incapazes de fruir outros prazeres (entre estes alguns tomam medidas, eles próprios, para ficarem com sede). Nenhuma censura é dirigida a essa prática se os prazeres forem inócuos, mas ela é censurável

5 se produzirem resultados danosos. Há quem não dispõe de outras fontes de gozo e também há muitos cuja natureza é incompatível com um estado neutro, o qual lhes causa dor (*com efeito, os seres vivos estão sempre suportando fadigas ou tensões, como atestam os filósofos da natureza,*[1039] a declararem que a visão e a audição são penosas, mas que nos acostumamos a elas com o decorrer do tempo.)

10 De modo análogo, os jovens experimentam uma condição *como a dos embriagados*,[1040] num período de crescimento em que a própria juventude é prazerosa. Os naturalmente melancólicos, porém, necessitam sempre de um elemento restaurador. De fato, o temperamento deles mantém seus corpos continuamente irritáveis e seus *desejos*[1041] constantemente ativos, condição em que qualquer prazer intenso afasta a dor, isto não sendo exclusividade do prazer oposto.

15 Eis como se explica o fato de melancólicos tornarem-se desregrados e viciosos. Prazeres que não acarretam dor não admitem excesso.

1036. ...φαύλων ἀνθρώπων, ... (*phaúlon anthrópon*).

1037. Aristóteles retoma a analogia com o tratamento médico. Ver nota 1035.

1038. Isto é, os prazeres do corpo, os prazeres físicos.

1039. ...ἀεὶ γὰρ πονεῖ τὸ ζῷον, ὥσπερ καὶ οἱ φυσιολόγοι μαρτυροῦσι, ... (*aeì gàr poneî tò zóion, hósper kaì hoi physiológoi martyroûsi*).

1040. ...ὥσπερ οἱ οἰνωμένοι... (*hósper hoi oinoménoi*).

1041. ...ὀρέξει... (*oréxei*). Neste contexto, o mesmo que apetites.

246 | ÉTICA A EUDEMO

Estes são aqueles naturalmente provenientes de coisas prazerosas, e não acidentalmente. *Por coisas acidentalmente prazerosas entendo os elementos restauradores.*[1042] Realmente o efeito restaurador é produzido pela parte do sistema que preservou a saúde, razão pela qual se considera que o próprio processo seja prazeroso. As coisas 20 naturalmente prazerosas são aquelas que promovem a ação de uma determinada natureza.

É, entretanto, impossível contarmos com uma fonte perene de prazer porque nossa natureza não é simples, contendo ela outro elemento (o que nos torna perecíveis). Assim, sempre que um desses dois elementos está ativo, sua atividade revela-se não natural contrariando a natureza do outro, enquanto quando os dois elementos estão equilibrados, sua ação não parece ser nem dolorosa nem prazerosa. Se algum ser tivesse uma natureza simples, uma mesma 25 atividade lhe proporcionaria sempre máximo prazer. *É por isso que Deus frui sempre um prazer único e simples.*[1043] *Com efeito, não existe apenas uma atividade cinética, mas também uma não cinética e o prazer está mais no repouso do que no movimento.*[1044] Mas, segundo 30 o poeta,[1045] *é encantadora a mudança em todas as coisas,*[1046] devido a algum vício dentro de nós; e tal como o ser humano é mutável, inclusive o vicioso, assim também é viciosa a natureza que necessita mudança, pois não é simples nem boa.

Com isso encerramos a discussão a respeito do autocontrole, do descontrole, e do prazer e da dor e mostramos, em relação a cada um, em que sentido uns são bens e outros, males. Resta-nos abordar a amizade.

1042. ...λέγω δὲ κατὰ συμβεβηκὸς ἡδέα τὰ ἰατρεύοντα... (*légo dè katà symbebekòs hedéa tà iatreúonta*). Ver nota 1035.

1043. ...διὸ ὁ θεὸς ἀεὶ μίαν καὶ ἁπλῆν χαίρει ἡδονήν... (*diò ho theòs aeì mían kaì haplên khaírei hedonén*).

1044. ...οὐ γὰρ μόνον κινήσεώς ἐστιν ἐνέργεια ἀλλὰ καὶ ἀκινησίας, καὶ ἡδονὴ μᾶλλον ἐν ἠρεμίᾳ ἐστὶν ἢ ἐν κινήσει. ... (*ou gàr mónon kinéseós estin enérgeia allà kaì akinesías, kaì hedonè mâllon en eremíai estín è en kinései.*). Ver a *Metafísica*, Livro XII.

1045. Ou seja, o poeta trágico Eurípides de Salamina (480-406 a.C.) no *Orestes*, 234.

1046. ...μεταβολὴ δὲ πάντων γλυκύ, ... (*metabolè dè pánton glyký*). Ou literalmente: ...*é doce a mudança em todas as coisas...* .

LIVRO VII

1

SOBRE A *AMIZADE*,[1047] o que é e suas qualidades, *o que é o amigo*,[1048] se a amizade[1049] apresenta um único sentido ou muitos e, se muitos,
20 quantos são, e qual o tratamento que devemos dispensar ao amigo e o que é o justo na amizade, tudo isso reclama exame, não menos do que quaisquer das coisas, no tocante ao caráter, que são nobres e desejáveis. De fato, considera-se que produzir amizade constitui, acima de tudo, tarefa da arte política, e se diz que é a isso que se deve a utilidade da virtude; com efeito, não é possível que aqueles
25 que se tratam injustamente sejam entre si amigos. Além disso, há unanimidade em dizer que justiça e injustiça são, sobretudo, manifestadas no que respeita a amigos e julga-se que o *homem*[1050] bom é amigo, *e que a amizade é um certo estado moral.*[1051] E se alguém quiser fazer com que as pessoas não cometam injustiça, bastará fazer delas amigos, *pois os amigos autênticos* não cometem injustiça.[1052]
30 Mas tampouco as pessoas cometerão injustiça se forem justas. É de se concluir, portanto, que ou justiça e amizade são idênticas ou muito pouco diferentes. Que se acrescente que classificamos o amigo entre os bens mais elevados *e a falta de amizade e a solidão como sumamente terríveis,*[1053] uma vez que toda a vida e a associação

---

1047. ...φιλίας... (*philías*).

1048. ...τίς ὁ φίλος, ... (*tís ho phílos*), ou: ...quem é o amigo... .

1049. Ou seja, a palavra amizade.

1050. ...ἀνὴρ... (*anèr*), referência ao ser humano do sexo masculino.

1051. ...καὶ φιλία ἠθική τις εἶναι ἕξις... (*kai philía ethiké tis eínai héxis*), ou seja, uma virtude. Ver tabela (elenco), 1221a7, coluna da direita.

1052. ...οἱ γὰρ ἀληθινοὶ φίλοι οὐκ ἀδικοῦσιν. ... (*hoi gàr alethinoì phíloi ouk akidoûsin*).

1053. ...τὴν δὲ ἀφιλίαν καὶ τὴν ἐρημίαν δεινότατον, ... (*tèn dè aphilían kaì tèn eremían deinótaton*).

250 | ÉTICA A EUDEMO

1235a1 voluntária que estabelecemos é com amigos. De fato, o nosso dia a dia é com familiares, parentes ou *companheiros*,[1054] filhos, pais ou esposa. *E os atos de justiça privada relativamente aos amigos estão sob nossa exclusiva dependência*,[1055] ao passo que aqueles relativamente aos outros são da alçada da lei e não dependem de nós.

5 Não são poucas as questões suscitadas acerca da amizade, começando pela concepção daqueles que abrangem o que há de externo e atribuem à palavra um sentido mais amplo. Alguns julgam, com efeito, que o semelhante é amigo do semelhante, daí se dizer:

Pois um deus sempre conduz o semelhante ao semelhante.[1056]

Com efeito, gaio acompanha gaio...[1057]

O ladrão reconhece o ladrão e o lobo, o lobo.[1058]

10 Os filósofos da natureza chegam, inclusive, a organizar a natureza inteira com base no princípio de que o semelhante caminha rumo ao semelhante, tendo sido por causa disso que Empédocles[1059] declarou que o cão senta-se sobre a telha porque esta guarda extrema semelhança com ele.

Assim se expressam alguns sobre o amigo. Entretanto, há aqueles que dizem que é o oposto que é amigo do oposto; com efeito, é
15 o amado e desejado o amigo de todos, do que resulta que o seco não deseja o seco, mas o molhado (e daí se dizer...

A terra ama a chuva,[1060]

e

1054. ...ἑταίρων... (*hetaíron*).

1055. ...καὶ τὰ ἴδια δίκαια τὰ πρὸς τοὺς φίλους ἐστὶν ἐφ' ἡμῖν μόνον, ... (*kaì tà ídia díkaia tà pròs toùs phílous estín eph'hemîn mónon*).

1056. ...ὡς αἰεὶ τὸν ὅμοιον ἄγει θεὸς ὡς τὸν ὅμοιον... (*hos aieì tòn homoion ágei theòs hos tòn hómoion*). Homero, *Odisseia*, xvii, 218.

1057. ...καὶ γὰρ κολοιὸς παρὰ κολοιόν... (*kaì gàr koloiòs parà koloión*). Autor desconhecido. Corresponde ao nosso provérbio: Aves de mesma plumagem voam em bando.

1058. ...ἔγνω δὲ φώρ τε φῶρα, καὶ λύκος λύκον. ... (*égno dè phór te phôra, kaì lýkos lýkon*). Autor desconhecido.

1059. Empédocles de Agrigento floresceu por volta de 490 a.C.

1060. ...ἐρᾷ μὲν ὄμβρου γαῖα, ... (*erâo mèn ómbrou kaîa*): verso de uma peça desconhecida de Eurípides. Ver citação mais extensa em *Ética a Nicômaco*, Livro VIII, 1155b1.

LIVRO VII | 251

É encantadora a mudança em todas as coisas.[1061]
A mudança, porém, é para o oposto). *O semelhante odeia o semelhante,*[1062] pois...
O oleiro se irrita com o oleiro,[1063]

...e animais que têm idêntica fonte de alimento são mutuamen-
20 te inimigos. São, assim, concepções decididamente diversas. Com efeito, alguns consideram o semelhante amigo, enquanto o grupo oposto o considera inimigo...

O menos sempre se dispõe como inimigo
Do mais, com o que inicia o dia de ódio,[1064]

...e, além disso, os lugares dos *opostos*[1065] são separados, enquan-
25 to a amizade parece promover a reunião. Os outros são da opinião de que opostos são amigos, sendo que Heráclito[1066] reprova o poeta que escreveu:

Que se extinguisse entre deuses e seres humanos a discórdia,[1067]

...pois, segundo ele,[1068] não existiria *harmonia*[1069] se não existissem notas altas e baixas, e tampouco animais sem macho e fêmea, que são opostos.

Aí temos, portanto, duas opiniões acerca da amizade e, na medi-
30 da em que estão grandemente distanciadas, são demasiado univer-

---

1061. ...μεταβολὴ πάντων γλυκύ... (*metábole pánton glyký*). Eurípides, *Orestes*, 234. Ver nota 1046 e texto pertinente.

1062. ...τὸ δ' ὅμοιον ἐχθρὸν τῷ ὁμοίῳ, ... (*tò d'homoion ekhthròn tôi homoíoi*). Ou, mais propriamente: ... o semelhante é inimigo do semelhante.

1063. ...κεραμεὺς κεραμεῖ κοτέει, ... (*kerameùs kerameî kotéei*). Hesíodo, *Os Trabalhos e os Dias*.

1064. ...τῷ πλέονι δ' αἰεὶ πολέμιον καθίσταται τοὔλασσον, ἐχθρᾶς θ' ἡμέρας κατάρχεται, ... (*tôi pléonti d'aieì polémion kathístatai toúlasson, ekhthrâs th'heméras katárkhetai*). Eurípides, *As Fenícias*.

1065. ...ἐναντίων, ... (*enantíon*), mas a ideia aqui é bastante específica, ou seja, *aqueles que se opõem, que se defrontam*, vale dizer, os oponentes, os inimigos.

1066. Heráclito de Éfeso, filósofo da natureza pré-socrático (*circa* 500 a.C.).

1067. ...ὡς ἔρις ἔκ τε θεῶν καὶ ἀνθρώπων ἀπόλοιτο, ... (*hos éris ék te theôn kai anthrópon apóloito*). Homero, *Ilíada*, xviii, 107.

1068. Ou seja, Heráclito.

1069. ...ἁρμονίαν... (*harmonían*), aqui no sentido restrito de música.

252 | ÉTICA A EUDEMO

sais; há, entretanto, outras que, menos distanciadas entre si, se coadunam mais com os fenômenos. Existe quem pense que a amizade não é possível entre pessoas más, mas somente entre pessoas boas; por outro lado, existe quem julga absurdo o fato de mães não serem amigas dos próprios filhos (quando mesmo entre animais inferiores essa amizade é evidenciada: ao menos, preferem morrer por seus fi-

35 lhotes). Outros identificam a amizade com a utilidade, sustentando que somente o que é útil é amigável; indicam, a favor disso, que todos realmente buscam o útil, descartando o inútil, inclusive em si próprios (como declarava *o velho Sócrates*,[1070] mencionando a saliva, os cabelos e as unhas), e que rejeitamos até as partes que não

1235b1 têm utilidade *e, por fim, o corpo, quando morremos, porquanto o cadáver é inútil.*[1071] A despeito disso, aqueles que têm uma utilidade para ele o preservam, *como no Egito.*[1072] Todas essas coisas, contudo, parecem ser mutuamente opostas, já que o semelhante é inútil para o semelhante, a oposição extremamente distanciada da semelhança,

5 além de o oposto ser sumamente inútil para o oposto, uma vez que os opostos de destroem. Por outro lado, alguns são da opinião de que é fácil conquistar um amigo; outros pensam que reconhecê-lo constitui o mais raro dos acontecimentos, sendo isso impossível sem *adversidade,*[1073] *pois todos querem ser considerados amigos dos bem-sucedidos*;[1074] outros, ainda, são do parecer de que nem aqueles que

10 permanecem conosco nas adversidades merecem confiança, porque agem de maneira enganosa e fingida, considerando que se mantendo ao nosso lado nos nossos momentos de adversidade, estarão capacitados a conquistar nossa amizade quando recuperarmos o sucesso.

1070. ...Σωκράτης ὁ γέρων... (*Sokrátes ho géron*), ou seja, Sócrates de Atenas, o filósofo. Aristóteles faz questão de distingui-lo do *jovem* Sócrates, discípulo de Platão e um dos interlocutores no diálogo *Político*. Cf. Livro I, 1216b3.

1071. ...καὶ τέλος τὸ σῶμα, ὅταν ἀποθάνῃ, ἄχρηστος γὰρ ὁ νεκρός... (*kaì télos tò soma, hótan apothánei, ákhrestos gàr ho nekrós*).

1072. ...ὥσπερ ἐν Αἰγύπτῳ. ... (*hósper en Aigýptoi*). Devido aos princípios de sua religião, os antigos egípcios embalsamavam os cadáveres, o que significa que ainda que destituídos de vida, os corpos permaneciam úteis.

1073. ...ἀτυχίας, ... (*atykhías*), incorporando as ideias de fracasso e de má sorte.

1074. ...τοῖς γὰρ εὖ πράττουσι βούλονται πάντες δοκεῖν φίλοι εἶναι... (*toîs gàr eû práttousi boúlontai pántes dokeîn phíloi eînai*).

2

DIANTE DISSO, PRECISAMOS de uma explicação que nos elucide do melhor modo as opiniões sustentadas em torno desses tópicos *e*
15 *solucione as dificuldades e as contradições.*[1075] Isso será obtido se mostrarmos que as opiniões contrárias se mantêm exibindo alguma razoabilidade. Com efeito, uma tal explicação estará maximamente de acordo com *os fenômenos.*[1076] E acontecerá de ambas as contradições serem, no fim, sustentáveis se o discurso for verdadeiro num sentido, mas não verdadeiro num outro.

Outra dificuldade com que nos defrontamos é saber se o que nos é amigável é o prazeroso ou o bom. Se experimentamos ami-
20 zade pelo que nos apetece (sendo isso, sobretudo, característico do amor,[1077] pois ninguém...

...*é amante senão aquele que sempre tem amizade),*...[1078]

...e se o apetite é pelo que é prazeroso, é este o objeto da amizade, ao passo que *se é aquilo de que temos vontade,*[1079] é o bom. Prazeroso e bom, todavia, são distintos.

Com respeito a esses tópicos e outros que lhes são afins, precisa-
25 mos, portanto, tentar estabelecer distinções partindo do princípio que se segue. *A coisa desejada e de que temos vontade é ou o bom ou o aparentemente bom.*[1080] Disso decorre que visto que o prazeroso é o

---

1075. ...καὶ τὰς ἀπορίας λύσει καὶ τὰς ἐναντιώσεις. ... (*kai tàs aporias lúsei kai tàs enantióseis*).

1076. ...τοῖς φαινομένοις... (*toîs phainoménois*), quer dizer, os fatos que observamos mediante nossa percepção sensorial, fatos que *se mostram* a nós.

1077. ...ἔρως... (*éros*). Ver nota seguinte.

1078. ...ἐραστὴς ὅστις οὐκ ἀεὶ φιλεῖ, ... (*erastès hóstis ouk aeì phileî*). Verso de Eurípides em *As Troianas*, que também poderia ser traduzido, neste exato contexto, sem qualquer problema por: ...é amante senão aquele que sempre ama), ... Embora os substantivos ἔρως (*éros*) e φιλία (*philía*) e seus verbos correspondentes sejam conceitualmente distintos (ainda que não mutuamente excludentes, pois o segundo, mais amplo, inclui o primeiro), Eurípides e Aristóteles os utilizam aqui como sinônimos.

1079. ...εἰ δὲ ὃ βουλόμεθα, ... (*ei dè hò boulómetha*). Frisada a distinção entre apetite (ἐπιθυμία [*epithimía*]) e vontade (βούλησις [*boúlesis*]).

1080. ...τὸ γὰρ ὀρεκτὸν καὶ βουλητὸν ἢ τὸ ἀγαθὸν ἢ τὸ φαινόμενον ἀγαθόν. ... (*tò gàr orektòn kaì bouletòn è tò agathòn è tò phainómenon agathón*). Também se distingue desejo (ὄρεξις [*oréxis*]) de vontade.

254 | ÉTICA A EUDEMO

aparentemente bom, também ele é desejado. Com efeito, há alguns que o julgam bom, enquanto outros julgam que parece bom, embora não julguem que o seja (*pois a aparência e a opinião não estão na mesma parte da alma*).[1081] Está claro, contudo, que tanto o bom
30 quanto o prazeroso são objetos de amizade.

Uma vez isso estabelecido, cabe-nos levantar outra hipótese. Entre as coisas boas, algumas são *pura e simplesmente*[1082] boas, algumas para certa pessoa, ou seja, não pura e simplesmente. E as mesmas coisas são simplesmente boas e simplesmente prazerosas. De fato, classificamos coisas proveitosas para um corpo sadio como simplesmente boas para o corpo, mas não coisas boas para um cor-
35 po doente, *por exemplo, medicamentos e intervenções cirúrgicas.*[1083] Do mesmo modo, as coisas prazerosas para um corpo sadio e íntegro o são simplesmente para o corpo, *por exemplo, viver na luz e não na escuridão,*[1084] embora fosse o contrário para alguém com oftalmia. E o vinho que produz mais prazer não é o prazeroso ao indivíduo cuja *língua*[1085] foi arruinada pela embriaguez, pois às vezes adicionam *vinagre*[1086] ao vinho, mas para quem tem o órgão
1236a1 sensorial do paladar intacto. Igualmente, no que se refere à alma, o prazeroso não é aquilo que o é para as crianças e os animais inferiores, mas o que o é para seres humanos adultos; ao menos, quando nos lembramos de ambos, nossa preferência é dada aos últimos. E tal como é a criança e o animal inferior para o ser humano adulto,
5 é o indivíduo mau e o insensato para o bom e o sensato. E estes

---

1081. ...οὐ γὰρ ἐν ταὐτῷ τῆς ψυχῆς ἡ φαντασία καὶ ἡ δόξα.... (*ou gàr en tautôi tês psykhês he phantasía kaì he dóxa*).

1082. ...ἁπλῶς... (*haplôs*), absolutamente.

1083. ...οἷον φαρμακείας καὶ τομάς... (*hoîon pharmakeías kaì tomás*). τομή (*tomé*) significa genericamente *corte*. Entre muitos outros sentidos que a palavra comporta, mais restritamente apresenta o de corte por instrumento cirúrgico, incisão e, daí, por extensão, a própria operação cirúrgica.

1084. ...οἷον τὸ ἐν τῷ φωτὶ ὁρᾶν καὶ οὐ τὸ ἐν τῷ σκότει... (*hoîon tò en tôi photì horân kaì ou tò en tôi skótei*). Susemihl prefere ὁρᾶν (*horân*), ver, a ζῆν (*zên*), viver. Apesar da grande diversidade conceitual, como se trata de exemplificação, não há qualquer prejuízo para o sentido do texto, ambas as noções sendo perfeitamente cabíveis.

1085. ...γλῶτταν... (*glôttan*). Intempestivamente, diríamos papilas gustativas.

1086. ...ὄξος... (*óxos*).

últimos extraem prazer daquilo que se ajusta aos seus *estados*,[1087] os quais são bons e nobres.

Considerando-se, então, que *bom*[1088] é uma palavra que não tem um único significado (com efeito, chamamos uma coisa de *boa* por ser essa sua natureza, enquanto recorremos a essa designação para outra por ser *benéfica e útil*[1089]) e, ademais, que o prazeroso abrange tanto o que é simplesmente prazeroso e simplesmente bom quanto
10 o que o é para certa pessoa, *e que se revela bom*,[1090] como no tocante *às coisas inanimadas*[1091] é possível para nós escolher uma coisa e por ela nos afeiçoarmos por conta de cada uma dessas razões, também no tocante ao ser humano, somos amigos de um indivíduo devido ao seu caráter e à sua virtude, de outro por se mostrar benéfico e útil, e, ainda, de um terceiro por ser ele agradável e nos proporcionar prazer. Uma pessoa torna-se amiga quando recebe afeição e a retribui à pessoa que a concedeu, e quando isso é, de algum modo,
15 reconhecido por ambas.

Há necessariamente, por conseguinte, três formas de amizade, e nem todas são assim nomeadas relativamente a uma coisa, ou *como espécies num gênero*,[1092] como tampouco ostentam idêntico nome completamente por acidente. De fato, todos esses sentidos estão associados a algum tipo único que é primário, tal como ocorre com a palavra *médico*,[1093] porquanto falamos de um caráter médico, de
20 um corpo médico, de um instrumento médico e de uma operação médica, mas aplicamos a palavra predominantemente àquilo que primariamente recebe esse nome. O primário é aquilo cuja *definição*[1094] está encerrada [na definição] de tudo; por exemplo, um instrumento médico é aquele para o uso de um médico, embora a defi-

---

1087. ...ἕξεις, ... (*héxeis*). Aristóteles se refere às disposições de caráter.

1088. ...ἀγαθόν... (*agathón*).

1089. ...ὠφέλιμον καὶ χρήσιμον ... (*ophélimon kaì khrésimon*).

1090. ...καὶ φαινόμενον ἀγαθόν, ... (*kaì phainómenon agathón*), o aparentemente bom.

1091. ...τῶν ἀψύχων... (*tôn apsýkhon*), analiticamente *as coisas sem alma*.

1092. ...ὡς εἴδη ἑνὸς γένους... (*hos eíde henòs génous*).

1093. ...ἰατρικόν, ... (*iatrikón*), o adjetivo, não o substantivo.

1094. ...λόγος... (*lógos*).

256 | ÉTICA A EUDEMO

nição de instrumento não esteja encerrada na de *médico*.[1095] Assim, empreende-se em todos os lugares a busca do primário, e visto que o universal é primário, supõe-se também ser o primário universal, o que é falso. No que diz respeito à amizade, a consequência disso é não se poder levar em consideração todos os fenômenos a ela vinculados. Quando uma definição não se enquadra, concebe-se que as outras formas de amizade não existem. E existem, ainda que não do mesmo modo. Quando se julga que a amizade primária não se enquadra – na suposição de que seria universal se fosse efetivamente primária – diz-se que as demais formas de amizade não existem como tais. *Existem muitas formas de amizade*.[1096] De fato, isso já foi dito antes[1097] quando distinguimos três sentidos para a amizade, *o distinguido, com efeito, em função da virtude, àquele em função da utilidade e aquele em função do prazer*.[1098]

Decerto, por Zeus,[1099] dessas a amizade em função da utilidade é a da maioria das pessoas. A amizade mútua, com efeito, é devida à utilidade, e na medida desta, conforme o provérbio:

*Glauco, o homem que presta socorro é amigo somente enquanto
Trava a luta, ...*[1100]

e...

Atenienses não reconhecem mais megarianos.[1101]

A amizade em função do prazer é a dos jovens, dada a sensibilidade deles ao prazeroso. Daí a amizade dos jovens mudar facilmente, pois a mudança que ocorre no seu caráter com o aumento da idade determina igualmente a mudança de seu gosto em matéria de prazer. A [amizade] baseada na virtude é a das melhores pessoas.

1095. ...ἰατροῦ... (*iatroú*), o substantivo, não o adjetivo.

1096. ...ἔστι δὲ πολλὰ εἴδη φιλίας... (*ésti dè pollà eíde philías*).

1097. Em 1236a12-14 e 1236a16.

1098. ...ἣ μὲν γὰρ διώρισται δι' ἀρετήν, ἣ δὲ διὰ τὸ χρήσιμον, ἣ δὲ διὰ τὸ ἡδύ. ... (*hè mèn gàr dióristai di'aretén, hè dè dià tò khrésimon, hè dè dià tò hedý*).

1099. ...νὴ Δία... (*nè Día*).

1100. ...Γλαῦκ' ἐπίκουρος ἀνὴρ τὸν σοφὸν φίλον ἔσκε μάχηται, ... (*Glaûk' epíkouros anèr tòn sophòn phílon éske mákhetai*).

1101. ...οὐκέτι γιγνώσκουσιν Ἀθηναῖοι Μεγαρῆας. ... (*oukéti gignóskousin Athenaîon Megarêas*).

LIVRO VII | 257

Revela-se com isso que *a amizade primária*,[1102] a das pessoas boas, é permuta de afeição e de prévia escolha. De fato, quem é objeto da afeição é caro a quem a concede, porém quem a concede também é caro àquele que é objeto da afeição. Essa amizade, por-
5 tanto, é exclusiva do ser humano, pois só este é consciente da prévia escolha. As demais formas de amizade, entretanto, podem também ser encontradas entre *os animais selvagens*[1103]. Com efeito, a utilidade em caráter recíproco ocorre evidentemente numa modesta medida entre *os animais domésticos*[1104] e o ser humano, e entre os próprios animais, *como diz Heródoto [da amizade] entre o maçarico*
10 *e o crocodilo*[1105] e a reunião e separação daquelas aves de que falam *os videntes.*[1106] As pessoas más podem ser mutuamente amigas em função da utilidade e do prazer; entretanto, segundo declaram alguns, não são amigas, porquanto a amizade primária está ausente entre elas. De fato, uma pessoa má causará dano a outra má; ora, aqueles que se causam dano não experimentam amor mútuo em sua amizade. Admitamos que, até experimentam, mas não aquele
15 segundo a amizade primária, posto que nada os impede de praticar as outras formas de amizade. Com efeito, estando o prazer presente, praticam recíproca tolerância a despeito do dano que se causam, por tanto tempo quanto durar seu descontrole. Ao examinar o assunto com rigor, há quem pense também que os amigos em função do prazer que se proporcionam mutuamente não são realmente amigos, porque não sendo a amizade primária, que é *estável*,[1107]
20 falta estabilidade a essa sua amizade. Trata-se, contudo, como foi dito, efetivamente de amizade, embora não da primária, mas de uma derivada. É de se concluir que restringir, desse modo, o emprego da palavra *amigo* significa violentar os fenômenos *e obrigar*

1102. ...ἡ πρώτη φιλία, ... (*he próte philía*).

1103. ...τοῖς θηρίοις. ... (*toîs theríois*).

1104. ...τοῖς ἡμέροις... (*toîs hemérois*).

1105. ...οἷον τὸν τροχίλον φησὶν Ἡρόδοτος τῷ κροκοδείλῳ, ... (*hoîon tòn prokhílon phesin Heródotos tôi krokodeíloi*). Heródoto (?484-?425 a.C.), historiador grego.

1106. ...οἱ μάντεις... (*hoi mánteis*).

1107. ...βέβαιος, ... (*bébaios*).

258 | ÉTICA A EUDEMO

a dizer paradoxos.[1108] Não é possível enquadrar todas as formas de amizade numa única definição. O que nos resta é considerar num certo sentido que somente a forma primária é amizade, mas num outro que todas as formas são, não por ostentarem casualmente um
25 nome comum e se situarem numa relação recíproca fortuita, nem tampouco por estarem compreendidas *numa espécie,*[1109] mas antes por estarem relacionadas a uma única coisa.

Como, entretanto, se não ocorre interferência, a mesma coisa é, de modo concomitante, simplesmente boa e simplesmente prazerosa, e o amigo autêntico e pura e simplesmente amigo é *o primário,*[1110]
30 e esse é um indivíduo desejável por si mesmo (e necessariamente deve sê-lo, pois aquele para o qual se quer o bem em função de si mesmo tem que ser desejável por si mesmo), – *o amigo autêntico é também simplesmente prazeroso.*[1111] Daí qualquer tipo de amigo ser classificado como prazeroso. Isso, no entanto, requer que estabeleçamos mais distinções, pois é discutível se o que é bom para nós mesmos[1112] é objeto de amor ou o que é simplesmente bom, e se a
35 prática efetiva do amor conta com a presença do prazer, resultando que um objeto de amor seja também prazeroso ou não. Com efeito, para essas duas questões é preciso encontrar um consenso, pois coisas que não são simplesmente boas, porém possivelmente más, devem ser evitadas, além do fato de que algo que não é bom para nós mesmos não apresenta interesse para nós, quando o que se busca é que coisas simplesmente boas venham a ser boas para nós mesmos.
1237a1 O simplesmente bom é simplesmente desejável, mas o que é bom para nós mesmos é desejável para nós mesmos. Impõe-se aqui a presença de um consenso. *Este é produzido pela virtude.*[1113] E a ciência

---

1108. ...καὶ παράδοξα λέγειν ἀναγκαῖον... (*kai parádoxa légein anankaíon*). O paradoxo é uma opinião extravagante, ou seja, que contraria ou vai além das opiniões correntes e aceitas, não necessariamente uma opinião falsa ou incorreta.

1109. ...ἓν εἶδος, ... (*hèn eîdos*).

1110. ...ὁ πρῶτος... (*ho prôtos*), ou seja, o amigo da amizade primária, a amizade com base na virtude.

1111. ...ὁ δ᾽ ἀληθινὸς φίλος καὶ ἡδύς ἐστιν ἁπλῶς... (*ho d' alethinòs phílos kai hedýs estin haplôs*).

1112. Isto é, do ponto de vista de cada pessoa; em termos particulares e relativos, e não em termos absolutos (pura e simplesmente).

1113. ...καὶ τοῦτο ἡ ἀρετὴ ποιεῖ ... (*kai toúto he aretè poieî*).

LIVRO VII | 259

política existe para gerar esse consenso onde este ainda {está ausen-te}.[1114] E aquele que é humano ajusta-se bem a isso e está no seu ca-minho (com efeito, naturalmente aquilo que é simplesmente bom é bom para ele) e, *analogamente, um homem de preferência a uma*
5 *mulher e o bem dotado de preferência ao mal dotado.*[1115] O caminho, porém, é através do prazer. *É necessário que as coisas nobres sejam prazerosas.*[1116] Quando ocorre divergência entre eles,[1117] a pessoa fica impossibilitada de ser definitivamente boa, sendo possível nela ser gerado o descontrole, visto que o descontrole tem como causa a di-vergência entre o bom e o prazeroso *nas emoções.*[1118]
10 Portanto, na medida em que a amizade primária conforma-se à virtude, amigos segundo essa forma de amizade serão simplesmen-te bons também em si mesmos, não se devendo isso ao fato de se-rem úteis, mas a uma causa distinta. De fato, o bom para um deter-minado indivíduo e o simplesmente bom são duas coisas distintas. Analogamente, tal como ocorre com o proveitoso, ocorre com *os estados de caráter:*[1119] o que é simplesmente proveitoso e o que o é para determinados indivíduos são distintos (tal como exercitar-se
15 é algo distinto de tomar medicamentos). Assim é com respeito ao es-

---

1114. {...} Susemihl indica uma lacuna aqui.

1115. ...ὁμοίως δὲ καὶ ἀνὴρ ἀντὶ γυναικὸς καὶ εὐφυὴς ἀφυοῦς... (*homoíos dè kaì anèr anti gynaikòs kaì euphyès aphyoûs*). A ideia de inferioridade da mulher é uma tônica no pen-samento aristotélico e, na verdade, essa "inferioridade", ou melhor, inferiorização do feminino está institucionalmente entranhada na sociedade helênica antiga, indepen-dentemente deste ou daquele sistema político estabelecido. A Grécia antiga foi ine-gavelmente o berço da cultura ocidental (nascedouro do melhor de nossa civilização: artes, filosofia, esportes, ciências, instituições políticas etc.), mas foi marcantemente patriarcal e marcada pela misoginia, o que, certamente também herdamos dela. Na de-mocrática e exuberante Atenas do período áureo de Péricles (séculos IV a III a.C.) a mulher não era cidadã, sua posição social estando mais próxima daquela do escravo do que daquela do homem. Registremos aqui, a propósito, que na democracia moderna, nos EUA, a mulher só passa a ser sufragista próximo a meados do século XX. Aristóte-les, a despeito de seu gênio e muito compreensivelmente, reflete seu tempo e seu mun-do. Platão, sobretudo em *A República*, onde expõe sua concepção de uma sociedade ideal, reavalia e reabilita o papel da mulher na sociedade.

1116. ...ἀνάγκη εἶναι τὰ καλὰ ἡδέα. ... (*anánke eînai tà kalà hedéa*).

1117. Ou seja, entre o nobre e o prazeroso.

1118. ...ἐν τοῖς πάθεσιν... (*en toís páthesin*).

1119. ...τῶν ἕξεων... (*tôn héxeon*).

260 | ÉTICA A EUDEMO

tado que designamos como *a excelência do ser humano*[1120] (pois supomos que o ser humano esteja entre as coisas naturalmente boas). A excelência de algo naturalmente excelente, por conseguinte, é pura e simplesmente boa, enquanto a de algo naturalmente não excelente limita-se a ser boa para esse algo.

Ocorre, assim, algo semelhante com o prazeroso. Devemos, com efeito, nos deter aqui e examinar se há amizade sem a presen-
20 ça do prazer, [e se há,] no que difere de outra amizade; e do que depende a afeição, [se da virtude ou do prazer]: temos afeição por uma pessoa por conta de sua virtude mesmo que não proporcione prazer, mas não por proporcionar prazer? Desse modo, tendo a afeição duplo sentido, será o caso de revelar-se envolvendo prazer por ser a atividade boa? Está claro que tal como ocorre no *conhecimento*,[1121] no qual o que especulamos e aprendemos recentemente
25 é maximamente apreensível por conta do prazer que proporciona, ocorre com o reconhecimento de coisas familiares, cabendo idêntica explicação a ambos. Ao menos naturalmente, o simplesmente bom é simplesmente prazeroso, o sendo para quem é bom, do que decorre diretamente que o semelhante extrai prazer do semelhante *e o ser humano é o mais prazeroso ao ser humano*.[1122] E visto ser assim até com coisas imperfeitas, também o é com coisas que ha-
30 jam atingido a perfeição. E a boa pessoa é perfeita. *E se a atividade de amar é a prévia escolha mútua associada ao prazer no mútuo relacionamento*,[1123] patenteia-se que a amizade primária constitui geralmente a prévia escolha mútua de coisas simplesmente boas e prazerosas, pelo fato de serem boas e prazerosas; a própria amiza-
35 de é um estado do qual surge essa prévia escolha. Sua função, com efeito, é uma atividade, e não exterior, mas já encerrada naquele que

---

1120. ...ἡ ἀνθρώπου ἀρετή... (*he anthrópou areté*), ou seja, a virtude, mas Aristóteles imerge aqui a virtude (excelência no âmbito do costume [habituação] e do caráter, que é caracteristicamente humana) no bojo comum e sumamente amplo das excelências naturais dos mais diversos seres.

1121. ...ἐπιστήμης... (*epistémes*).

1122. ...καὶ ἀνθρώπῳ ἥδιστον ἄνθρωπος... (*kaì anthrópoi hédiston ánthropos*).

1123. ...εἰ δὲ τὸ κατ᾽ ἐνέργειαν φιλεῖν μεθ᾽ ἡδονῆς ἀντιπροαίρεσις τῆς ἀλλήλων γνωρίσεως, ... (*ei dè tò kat᾽ enérgeian philein meth᾽ hedonês antiproaíresis tês allélon gnoríseos*).

LIVRO VII | 261

ama. Quanto a toda potência, contudo, sua função é exterior, *pois é ou num outro ou [em si mesma] enquanto outro.*[1124] Daí o *amar*[1125] é experimentar prazer, mas o *ser amado*[1126] não, pois não é uma atividade do amado, ao passo que amar é uma atividade, ou seja, aquela da amizade; e amar acontece tão só *na coisa animada,*[1127] ao passo que ser amado acontece também na coisa inanimada; *com efeito,*
40 *mesmo as coisas inanimadas são amadas.*[1128] E como a atividade de
1237b1 amar é tratar o amado *enquanto* amado, e o amigo é um objeto de amor para o amigo *enquanto* caro a ele, mas não *enquanto* músico ou médico, o prazer da amizade é aquele extraído do próprio indivíduo enquanto ele mesmo.[1129] Notamos que ele ama o objeto
5 amado como ele próprio, e não por ser outro. Portanto, não se trata de amizade primária se ele não goza de prazer em si mesmo por ser bom. Tampouco deve qualquer qualidade acidental produzir uma obstrução maior do que o prazer produzido pela qualidade de bom do amigo; decerto, se alguém cheira muito mal causa o afastamento das pessoas. De fato, terá que se contentar com nossa benevolência, sem contar com nossa companhia.

Eis aí, portanto, a amizade primária, unanimemente reconhecida como amizade. É em função dela que as demais formas são
10 consideradas amizades por alguns, embora postas em dúvida por

---

1124. ...ἢ γὰρ ἐν ἑτέρῳ ἢ ᾗ ἕτερον. ... (*è gàr en hetéroi è hêi héteron*).

1125. ...φιλεῖν... (*phileín*), sentir amizade, experimentar afeição, verbo φιλέω (*philéo*).

1126. ...φιλεῖσθαι... (*phileísthai*).

1127. ...ἐν ἐμψύχῳ, ... (*en empsqykhoi*).

1128. ...φιλεῖται γὰρ καὶ τὰ ἄψυχα. ... (*phileîtai gàr kaì tà ápsykha*).

1129. Todo este contexto tem como pano de fundo dois conceitos basilares em Aristóteles, que são para ele largamente instrumentais, quais sejam, ἐνέργεια (*enérgeia*), que significa basicamente a realização de um potencial (aptidão) para vir a ser e/ou ser, que traduzimos aqui por *atividade*, embora tecnicamente fosse melhor traduzi-lo por *ato*, e δύναμις (*dýnamis*), que significa basicamente esse potencial ou aptidão, que traduzimos por *potência*, evitando os termos genéricos capacidade e faculdade. Esses conceitos são necessariamente contrapostos. Aristóteles também aplica neste contexto, em paralelo, as Categorias da *ação* (πρᾶξις [*práxis*]) e da *paixão* (πάθος [*páthos*]), que são igualmente contrapostas. Finalmente, utiliza a dicotomia ἐμψύχος (*empsýkhos*), dotado de alma (ou seja, do *princípio vital*) e ἄψυχος (*épsykhos*), destituído de alma (ou seja, do *princípio vital*). Esses conceitos perpassam toda a obra de Aristóteles, mas estão, sobretudo, presentes na *Física, Metafísica, Categorias, Da Alma* e *Parva Naturalia*.

262 | ÉTICA A EUDEMO

outros, porquanto se julga que a amizade seja algo estável e somente essa[1130] o é; de fato, um juízo com conhecimento de causa é estável é o juízo ganha acerto mediante a não execução de coisas de maneira rápida ou fácil. *Não existe amizade estável sem confiança, e confiança sem tempo.*[1131] Deve-se, com efeito, experimentar, como diz Teógnis:[1132]

15 *Não podes conhecer a mente do homem nem da mulher*
Até que os tenhas experimentado como experimentas o animal de carga.[1133]

Aqueles que se convertem em amigos sem que o tempo os prove como tais, expressam apenas a vontade de serem amigos, sem que o sejam realmente. E esse estado não demora a passar por amizade, pois as pessoas, quando ansiosas por serem amigas, pelo fato de 20 prestarem mutuamente favores amigáveis julgam não se limitar a esse querer, mas creem ser amigas efetivamente. Na realidade, porém, sucede com a amizade o que sucede com o restante; com efeito, para ser sadio não basta a vontade de o ser, do que resulta que mesmo que os indivíduos queiram ser amigos, a vontade de sê-lo não faz deles amigos. Isso é indicado pelo fato de indivíduos que conquistaram essa condição, mas sem a mútua experimentação, facilmente se desentenderem. E embora não se desentendam com 25 facilidade naquilo em que se permitiram essa mútua experimentação, em situações em que a vetaram são passíveis de ser convencidos a favor do desentendimento sempre que aqueles que tentam lançá-los a este apresentam evidências. Ao mesmo tempo, evidencia-se que essa amizade não existe entre pessoas más; *com efeito, o indivíduo mau e de má índole desconfia de todos,*[1134] pois avalia os outros tomando a si mesmo como ponto de referência. A consequência é

1130. Ou seja, a amizade primária, a amizade que tem como base a virtude.

1131. ...οὐκ ἔστι δ' ἄνευ πίστεως φιλία βέβαιος, ἡ δὲ πίστις οὐκ ἄνευ χρόνου. ... (*ouk ésti d' áneu písteos philía bébaios, he dè pístis ouk áneu khrónou*).

1132. Teógnis de Atenas (entre séculos V e IV a.C.), poeta trágico.

1133. ...οὐ γὰρ ἂν εἰδείης ἀνδρὸς νόον οὐδὲ γυναικός, πρὶν πειραθείης ὥσπερ ὑποζυγίου. ... (*ou gàr àn eudeíes andròs nóon oudè gynaikós, prín peiratheíes hósper hypozygíou.*).

1134. ...ἄπιστος γὰρ ὁ φαῦλος καὶ κακοήθης πρὸς πάντας. ... (*ápistos gàr ho phaûlos kaì kaoéthes pròs pántas.*).

LIVRO VII | 263

30 pessoas boas serem mais suscetíveis de ser enganadas, a menos que a experiência as haja tornado desconfiadas. *As pessoas más, porém, preferem os bens naturais ao amigo, e nenhuma delas ama mais os seres humanos do que as coisas, de modo que não são amigas.*[1135] O proverbial *entre amigos [tudo] em comum*[1136] não é aplicável entre elas, o amigo sendo transformado numa parte das coisas, e não as coisas consideradas partes do amigo.

35 Resulta que a amizade primária não está presente entre muitas pessoas, até porque é difícil submeter muitas pessoas à experimentação, o que exigiria a convivência com cada uma delas. Nem tampouco seria o caso de se escolher um amigo como se escolhe uma *roupa*.[1137] Na verdade, no que respeita a tudo parece ser distintivo do indivíduo sensato escolher a melhor entre duas coisas, e se houvesse vestido sua pior roupa por muito tempo e não houvesse ainda vestido a sua melhor, é esta que deveria ser escolhida; não é o caso,

40 porém, de substituir um velho amigo escolhendo alguém que igno-
1238a1 ras se é uma pessoa melhor. Não se deve construir uma amizade dispensando a ação de experimentar o amigo e, tampouco, é isso tarefa para um único dia, mas requer tempo, com o que se tornou proverbial *o medimno de sal*.[1138] Paralelamente, não basta que teu amigo seja pura e simplesmente bom, mas é necessário também ser bom para ti; alguém, com efeito, é simplesmente bom sendo bom,

5 mas é um amigo ao ser bom para outra pessoa; e é paralelamente simplesmente bom e amigo quando ambos esses predicados são harmoniosamente associados, resultando que o que é simplesmente bom também o é para outra pessoa; ou, ainda, é possível que ele não seja simplesmente bom e, no entanto, bom para outra pessoa

---

1135. ...οἱ δὲ φαῦλοι αἱροῦνται τὰ φύσει ἀγαθὰ ἀντὶ τοῦ φίλου, καὶ οὐθεὶς φιλεῖ μᾶλλον ἄνθρωπον ἢ πράγματα. ὥστ᾽ οὐ φίλοι. ... (*hoi dè phaúloi haipoûntai tà phýsei agathà antì toû phílou, kaì outheìs phileî mâllon ánthropon è prágmata. Hóst'ou phíloi.*).

1136. ...κοινὰ τὰ φίλων, ... (*koinà tà phílon*). Cf. 1238a15.

1137. ...ἱματίου... (*imatíou*), mas o sentido restrito e específico de *manto* também é perfeitamente cabível aqui.

1138. ...ὁ μέδιμνος τῶν ἁλῶν. ... (*ho médimnos tôn halón*). O *medimno* era uma medida de capacidade para sólidos. Poderíamos entender o provérbio como: *Não é possível um conhecimento mútuo sem ter comido o sal juntos.* Ver *Ética a Nicômaco*, Livro VIII, 1156b25-30.

264 | ÉTICA A EUDEMO

em função de sua utilidade. Contudo, ser simultaneamente amigo de muitas pessoas é barrado, inclusive, pela própria afeição; com efeito, esta se vê impossibilitada de ser ativa relativamente a muitas
10 pessoas de modo simultâneo.

É com base nessas coisas que se evidencia o acerto da afirmação de que a amizade é algo *estável*,[1139] tal como a felicidade é algo autossuficiente. E foi dito acertadamente que...

> *Com efeito, a natureza é estável, não as riquezas...*[1140]

...embora fosse muito melhor dizer virtude do que natureza. *E*
15 *se diz que o tempo revela o amigo e mais os fracassos do que os sucessos.*[1141] Isso deixa patente o *entre os amigos [tudo] em comum*,[1142] pois somente amigos, e não bens naturais e males naturais – com o que têm a ver os sucessos e os fracassos – preferem um ser humano à existência dos bens naturais ou à inexistência dos males
20 naturais; e o fracasso revela os que não são realmente amigos, mas que o são apenas em função de alguma utilidade fortuita. O tempo revela ambos; com efeito, nem mesmo a revelação do amigo útil ocorre rapidamente, embora seja o que ocorra com o amigo prazeroso, ainda que o indivíduo que é pura e simplesmente prazeroso também demore a revelar-se. *Os seres humanos, com efeito, são semelhantes aos vinhos e alimentos;*[1143] O gosto *agradável*[1144] destes logo
25 se revela, mas depois de muito tempo o gosto torna-se *desagradável e ácido*,[1145] algo semelhante ocorrendo aos seres humanos. De

---

1139. ...βεβαίων, ... (*bebaíon*), não só no sentido de ser constante e não estar sujeita a turbulências, perturbações e volubilidade, como também naquele de ser sólida e confiável.

1140. ...ἡ γὰρ φύσις βέβαιον, οὐ τὰ χρήματα. ... (*he gàr phýsis bébaion, ou tà khrémata*). Eurípides.

1141. ...καὶ ὅτι χρόνος λέγεται δεικνύναι τὸν φιλούμενον, καὶ αἱ ἀτυχίαι μᾶλλον τῶν εὐτυχιῶν. ... (*kai hóti khrónos légetai deiknýnai tòn philoúmenon, kai hai atykhíai mâllon tôn eutykhión*).

1142. ...κοινὰ τὰ τῶν φίλων, ... (*koinà tà tôn phílon*). Cf. 1237b30.

1143. ...ὅμοιοι γὰρ οἱ ἄνθρωποι τοῖς οἴνοις καὶ ἐδέσμασιν... (*hómoioi gàr hoi ánthropoi toîs oínois kai edésmason*).

1144. ...γλυκύ... (*glyký*). Há quem prefira ἡδύ (*hedý*), mas o sentido aqui é, do prisma genérico, precisamente o mesmo, embora possamos aplicar o conceito de *doce* exclusivamente aos vinhos e aos alimentos doces.

1145. ...ἀηδὲς καὶ οὐ γλυκύ, ... (*aedès kai ou glyký*). O primeiro adjetivo refere-se ao sabor dos alimentos, enquanto a segunda qualificação é a dos vinhos.

LIVRO VII | 265

fato, o pura e simplesmente prazeroso deve ser definido como tal pelo fim que realiza e por quanto dura. Mesmo o vulgo o admitiria, não só com base em resultados, mas quando, ao referir-se a uma *bebida*[1146] classifica-a de mais agradável; com efeito, ela deixa de ser agradável não devido ao resultado que atinge, mas por não perma-
30 necer agradável, ainda que inicialmente nos conduza a enganos.

Portanto, a amizade primária, a qual determina como as demais são chamadas, é baseada na virtude e se deve ao *prazer da virtude*,[1147] como foi declarado anteriormente. As outras amizades estão presentes até mesmo entre crianças, animais distintos do ser humano e pessoas más. Daí se dizer: *dois da mesma idade satisfazem-se*[1148]
35 e *o prazer funde o mau com o mau*.[1149] Ademais, é possível que os maus permutem prazer não enquanto maus ou enquanto *nem uma coisa nem outra*,[1150] mas, por exemplo, se ambos são cantores, ou um deles *aficionado ao canto*[1151] e o outro, cantor, e na medida em que todos encerram algum bem em si mesmos, com o que se harmonizam. Adicionalmente poderiam ser mutuamente úteis e benéficos
1238b1 (não em termos absolutos, mas relativamente à sua própria prévia escolha); e poderiam sê-lo não enquanto maus ou *nem uma coisa nem outra*.[1152] Está também facultado a uma pessoa má ser amiga de uma boa, porquanto a primeira pode ser útil à segunda do prisma da prévia escolha desta última na ocasião; a boa a quem não tem autocontrole relativamente à sua prévia escolha na ocasião; e à
5 pessoa má, do prisma da prévia escolha que lhe é natural; e quererá o bem para seu amigo, as coisas pura e simplesmente boas, e *condicionalmente*[1153] o bom em particular para ele, na medida em que

---

1146. ...πόματος... (*pómatos*), particularmente água potável, mas genericamente bebidas em geral, inclusive o vinho.

1147. ...ἡδονὴν τὴν ἀρετῆς, ... (*hedonèn tèn aretês*), ou melhor, o prazer de praticar a virtude.

1148. ...ἧλιξ ἥλικα τέρπει ... (*hélix hélika térpei*). Eurípides.

1149. ...κακὸς κακῷ δὲ συντέτηκεν ἡδονῇ. ... (*kakòs kakôi dè syntéteken hedonêi*). Eurípides.

1150. ...μηδέτεροι, ... (*medéteroi*), ou seja, como neutros, não manifestando nem vício nem virtude.

1151. ...φιλῳδός... (*philoidòs*).

1152. ...οὐδέτεροι. ... (*oudéteroi*). Cf. nota 1150.

1153. ...ἐξ ὑποθέσεως , ... (*ex hypothéseos*).

pobreza ou doença lhe possam ser proveitosas – coisas que ele quererá em função dos bens absolutos, como querer que o amigo tome um remédio; com efeito, ninguém o quer, a não ser em função de algo particular. Acrescente-se a possibilidade de uma pessoa má ser
10 amiga de uma boa tal como é possível pessoas que não são boas serem amigas entre si; pode, com efeito, para ela ser agradável não enquanto má, mas compartilhando algo comum, por exemplo, se possuidora de dotes musicais. Por outro lado, há possibilidade de serem amigas devido à presença de algo bom em todas as pessoas (razão pela qual há algumas *sociáveis*[1154] mesmo com as boas pessoas), ou na medida de sua adaptabilidade a cada indivíduo, pois todos encerram algo de bom.

3

15 SÃO ESSAS, PORTANTO, três formas de amizade;[1155] em todas elas, a palavra amizade sugere *igualdade*,[1156] pois mesmo no tocante aos amigos em função da virtude, eles o são entre si com base na igualdade quanto à virtude.

Todavia, entre essas formas há uma outra variedade, que é a amizade *com base na superioridade, como a de um deus relativamente a*
20 *um ser humano,*[1157] pois trata-se de uma forma distinta de amizade, geralmente como a presente entre *governante e governado*;[1158] tal como a justiça é aqui também distinta, tratando-se, com efeito, de igualdade proporcional, não de igualdade numérica. A amizade do pai em relação ao filho pertence a esse gênero, bem como a do benfeitor em relação ao beneficiado. E essas formas de amizade subdividem-se em outras variedades; *a do pai pelo filho é diferente*

1154. ...ὁμιλητικοί... (*homiletikoi*).

1155. A saber, a amizade primária (aquela em função da virtude), a amizade em função do prazer e aquela em função da utilidade.

1156. ...ἰσότητά... (*isótetá*).

1157. ...καθ' ὑπερβολήν, ὥσπερ θεοῦ ἀρετὴ πρὸς ἄνθρωπον, ... (*kath' hyperbolén, hósper theoû aretè pròs ánthropon*).

1158. ...ἄρχοντος καὶ ἀρχομένου... (*árkhontos kaì arkhoménou*).

25 *daquela do marido pela esposa,*[1159] porquanto esta última é amizade como a do governante pelo governado, ao passo que a primeira
é como a do benfeitor pelo beneficiado. Nestas não está presente de
modo algum, ou do mesmo modo, a reciprocidade de afeição. Seria
ridículo acusar o deus por ele não retribuir o amor que lhe dedica-
mos do mesmo modo, ou um governado realizar idêntica acusação
a um governante, pois cabe ao governante ser amado, não amar,
30 ou então amar de uma maneira diversa. Também difere o prazer.
O prazer que sente alguém independente, quanto a suas posses ou
ao filho, e aquele sentido por alguém que não os possui em relação
a posses ou a uma criança que dele se aproxima não são idênticos.
Algo semelhante ocorre no que diz respeito aos que são amigos em
função da utilidade ou do prazer: alguns estão em pé de igualdade,
outros se encontram numa relação de *superioridade*[1160] [e inferio-
ridade]. Em razão disso, os que julgam se encontrar na primeira
dessas condições queixam-se se os outros não são igualmente úteis
35 e benfeitores; a situação é análoga no que tange ao prazer. *Isso fica
claro nos casos amorosos;*[1161] com efeito, estes geram frequentemente
uma causa para mútuo conflito, o amante ignorando que ele [e o
amado] não têm a mesma razão para seu ardor. Daí ter Enico[1162]
declarado:

Assim diria um amado, não um amante.[1163]
Julgam que a razão é a mesma.

1159. ...ἄλλη πατρὸς πρὸς υἱὸν καὶ ἀνδρὸς πρὸς γυναῖκα, ... (*álle patròs pròs hyiòn kaì andròs pròs gynaîka*), embora todas essas amizades pressuponham a mesma relação com base em igualdade proporcional entre quem comanda (exerce autoridade) e quem obedece (está submetido à autoridade).

1160. ...ὑπεροχήν. ... (*hyperokhén*).

1161. ...δῆλον δ᾽ ἐν τοῖς ἐρωτικοῖς... (*dêlon d'em toîs erotikoîs*). Aristóteles exemplifica aqui com o amor sexual (ἔρως [*éros*]), restringindo o conceito de amizade à relação de amante e amado.

1162. Possível alusão a um antigo comediógrafo. Susemihl acusa uma falha neste ponto.

1163. ...ἐρώμενος τοιαῦτ᾽ ἂν οὐκ ἐρῶν λέγοι. ... (*erómenos toiaût᾽ àn ouk erôn légoi*).

268 | ÉTICA A EUDEMO

4

1239a1 EXISTEM, CONFORME FOI DITO, três formas de amizade, a sa-ber, segundo a virtude, segundo a utilidade e segundo o prazer, subdividindo-se estas em duas, uma segundo a igualdade, outra segundo a superioridade. Ambas essas formas são de amizade, mas somente quando há entre elas uma base de igualdade as partes são efetiva-

5 mente amigas; *seria, com efeito, absurdo que um homem fosse amigo de uma criança, ainda que decerto a ame e seja amado por ela.*[1164] Há algumas situações em que embora a parte superior deva ser amada, se ama converte-se em alvo de censura por amar alguém indigno; de fato, o amor é estimado pelo valor dos amigos *e por uma espécie de igualdade.*[1165] Daí decorre que alguns, devido à insuficiência da

10 idade, são *indignos*[1166] de serem amados semelhantemente, ao passo que outros não o são devido à virtude, ao nascimento ou a qualquer outra superioridade similar da outra pessoa; é de se esperar que o superior, quer na amizade de utilidade, quer naquela do prazer, quer naquela segundo a virtude, deva sentir menos amor ou nenhum amor. Nas situações em que a superioridade é pequena ocorrem naturalmente disputas (isto porque o quantitativamente pequeno em alguns casos não importa, *como na pesagem da madeira, mas*

15 *sim na do ouro;*[1167] mas julga-se mal a pequenez quantitativa, uma vez que o próprio bem – devido à sua proximidade – mostra-se grande, enquanto o alheio, por estar distante, mostra-se pequeno); quando, todavia, se trata de uma diferença excessiva de quantidade, as próprias partes nem mesmo reclamam a reciprocidade do amor ou uma igual retribuição, como no caso de alguém que o reivindicasse de um deus. Revela-se, portanto, que as pessoas são amigas

20 quando na igualdade, mas que a retribuição de amor pode existir sem haver amizade entre elas. E fica claro porque os seres humanos

---

1164. ...ἄτοπον γὰρ ἂν εἴη εἰ ἀνὴρ παιδίῳ φίλος, φιλεῖ δέ γε καὶ φιλεῖται. ... (*átopon gàr àn eíe ei anèr paidíoi phílos, phileî dé ge kaì phileîtai*).

1165. ...καί τινι ἴσῳ. ... (*kaì tini ésoi*), ou seja, a igualdade proporcional.

1166. ...ἀνάξια... (*anáxia*).

1167. ...ὥσπερ ἐν ξύλου σταθμῷ, ἀλλ᾽ ἐν χρυσίῳ... (*hósper en xýlou stathmôi, all'en khrysíoi*).

LIVRO VII | 269

buscam a amizade segundo a superioridade de preferência àquela segundo a igualdade; com efeito, no primeiro caso ganham simultaneamente amor e sentimento de superioridade. Assim, para algumas pessoas, *o bajulador*[1168] recebe maior apreço do que o amigo,
25 pois ele produz a impressão de que o bajulado obtém *ambos*.[1169] Isso caracteriza, sobretudo, o indivíduo ambicioso por honras, porquanto ser alvo de admiração envolve superioridade. Algumas pessoas tornam-se naturalmente *amorosas*[1170] e outras, *ambiciosas por honras*;[1171] aquele que encontra no amar uma fonte maior de prazer do que no ser amado é amoroso, ao passo que o outro encontra mais prazer no ser *amado*.[1172] Conclui-se que o indivíduo que ex-
30 trai prazer de ser admirado e amado é aficionado da superioridade, enquanto o amoroso é aficionado do prazer de amar, do que está ele necessariamente de posse [pela mera atividade de amar]; *com efeito, ser amado é acidental, pois alguém pode ser amado o ignorando, mas não amar*[1173] [sem o saber]. Amar, mais do que ser amado,
35 depende do sentimento de amizade, ao passo que ser amado está na dependência da natureza do objeto do amor. É indicativo disso o fato de que um amigo, ante a impossibilidade de ambas as coisas, preferiria conhecer o outro do que ser por ele conhecido, do que constituem exemplo as mulheres ao admitirem a adoção de seus filhos por outras pessoas, como a Andrômaca[1174] de Antífon.[1175]

1168. ...ὁ κόλαξ... (*ho kólax*).

1169. ...ἄμφω... (*ámpho*), isto é, amor e sentimento de superioridade.

1170. ...φιλητικοὶ... (*philetikoi*).

1171. ...φιλότιμοι... (*philótimoi*).

1172. ...φιλούμενος... (*philoúmenos*), ou seja, o ambicioso por honras. Susemihl prefere φιλότιμος (*philótimos*), com o que a tradução (embora resultando na mesma ideia) ficaria formalmente diferente: ...ao passo que o outro encontra mais prazer em ser ambicioso por honras... .

1173. ...τὸ μὲν γὰρ φιλεῖσθαι συμβεβηκός, ἔστι γὰρ λανθάνειν φιλούμενον, φιλοῦντα δ' οὔ. ... (*tò mèn gàr phileîsthai symbebekós, ésti gàr lanthánein philoúmenon, philoûnta d' oú.*).

1174. Esposa de Heitor, príncipe e herói troiano morto por Aquiles durante a Guerra de Troia.

1175. Poeta contemporâneo de Sócrates que viveu em Siracusa, na Sicília, durante o reinado do tirano Dionísio, o Velho. Teria composto tragédias em parceria com ele. Segundo Aristóteles (*Retórica*, Livro II, 1385a9-10) foi condenado pelo tirano a ser açoitado até a morte.

270 | ÉTICA A EUDEMO

O querer ser conhecido parece ser *em função de si próprio*,[1176] vi-
40 sando a constituir-se o beneficiário de um bem e não o benfeitor,
enquanto querer conhecer alguém visa a constituir-se em quem faz
1239b1 o bem e em quem ama. Daí serem dignos de louvor aqueles que
mantêm seu amor pelos mortos, pois conhecem, porém não são
conhecidos.

Ficou estabelecido, portanto, que há diversos tipos de amizade,
sua quantidade, isto é, três, e que ser amado e ter o amor retribuído,
5 assim como ter amigos segundo a igualdade ou segundo a superioridade, são coisas diferentes.

5

Visto, entretanto, que a palavra *amigo*[1177] é empregada mais
universalmente, como foi dito no início, por aqueles que abarcam
um sentido mais amplo (afirmando alguns que o semelhante é
amigo, enquanto outros afirmam o oposto), cabe-nos nos ocupar
também dessas amizades e de sua relação com os tipos que já foram
10 abordados. A semelhança vincula-se tanto ao prazeroso quanto ao
bom. *Com efeito, o bom é simples, ao passo que o mau apresenta muitas formas;*[1178] *e a pessoa boa é sempre semelhante e não muda seu caráter, enquanto a má e a destituída de senso diferem completamente
da manhã para a noite.*[1179] O resultado é os maus, se não chegarem
15 a um acordo, não serem mutuamente amigos e se separarem; ora,
amizade instável não é amizade. Assim, o semelhante é amigo porque o bom é semelhante. Todavia, de certo modo é o prazer que
determina a amizade; de fato, para os semelhantes o que oferece
prazer é o mesmo e tudo, inclusive, é naturalmente prazeroso a si

---

1176. ...αὐτοῦ ἕνεκα... (*hautoû héneka*), ou seja, de cunho egocêntrico.

1177. ...φίλον... (*phílon*).

1178. ...τό τε γὰρ ἀγαθὸν ἁπλοῦν, τὸ δὲ κακὸν πολύμορφον·... (*tó te gàr agathòn haploûn, tò dè kakón polýmorphon*).

1179. ...καὶ ὁ ἀγαθὸς μὲν ὅμοιος ἀεὶ καὶ οὐ μεταβάλλεται τὸ ἦθος, ὁ δὲ φαῦλος καὶ ὁ ἄφρων οὐθὲν ἔοικεν ἕωθεν καὶ ἑσπέρας. ... (*kai ho agathòs mèn hómoios aeì kai ou metabálletai tò êthos, ho dè phaûlos kai ho áphron outhèn éoiken héothen kai hespéras.*).

LIVRO VII | 271

mesmo. Disso decorre que vozes, *estados*[1180] e a companhia dos per-
20 tencentes à mesma espécie proporcionam mutuamente máximo
prazer, algo idêntico ocorrendo com *os animais distintos do ser hu-*
mano;[1181] e, dessa maneira, há possibilidade de que mesmo os maus
experimentem afeição mútua.
Mas o prazer funde o mau com o mau.[1182]
O oposto, contudo, é amigo do oposto do prisma da utilidade.
De fato, o semelhante não tem utilidade para si mesmo, *de manei-*
25 *ra que o senhor necessita do escravo e o escravo do senhor, e esposa e*
marido necessitam-se mutuamente;[1183] e o oposto é prazeroso e *de-*
sejável[1184] na sua utilidade, não como encerrado no fim, mas como
concorrendo para o fim; com efeito, quando uma coisa obteve o
que a apetece, significa que atingiu seu fim e não anseia o oposto,
ou seja, exemplificando: o quente não anseia o frio, nem o seco anseia o úmido.
30 Entretanto, de algum modo o amor do oposto é também o
do bom. Opostos anseiam-se mutuamente devido à mediania,
porquanto se anseiam como *sinais de reconhecimento*,[1185] já que
dessa maneira a partir de ambos os sinais forma-se uma mediania
única.[1186] *Desse modo*,[1187] o [amor do bom] é o do oposto acidental-

---

1180. ...ἕξεις... (*héxeis*), mas há quem sugira conjetural e opcionalmente πράξεις (*práxeis*),
ações.

1181. ...τοῖς ἄλλοις ζῴοις... (*toîs állois zóiois*), literalmente: os outros animais.

1182. ...κακὸς κακῷ δὲ συντέτηκεν ἡδονῇ. ... (*kakòs kakôi dè syntéteken hedonêi*). Eurípides.
Cf. 1238a35 e nota pertinente. A única diferença formal das citações é a partícula
adversativa δὲ (*dè*) na segunda citação, ou seja, a feita acima.

1183. ...διὸ δεσπότης δούλου δεῖται καὶ δοῦλος δεσπότου, καὶ γυνὴ καὶ ἀνὴρ
ἀλλήλων... (*diò despótes doúlou deîtai kai doúlos despótou, kai gunè kai anèr alléllon*).

1184. ...ἐπιθυμητὸν... (*epithymetòn*), ou *desejado*.

1185. ...σύμβολα... (*sýmbola*). Originalmente sinais materiais para mútuo reconhecimento
de pessoas que contraíram relações de hospitalidade entre si, como as duas metades de
um osso ou de uma moeda que, guardadas por duas pessoas, serviam, ao serem encaixa-
das, para o reconhecimento recíproco no futuro, quando as pessoas voltassem eventualmente a se encontrar, ou mesmo seus descendentes.

1186. Ou seja, à luz da nota anterior, do encaixe das duas metades opostas surge algo mediano
único.

1187. ...ὥστε... (*hóste*), mas Susemihl prefere ἔτι (*éti*), ademais.

272 | ÉTICA A EUDEMO

mente, mas essencialmente é o da mediania; com efeito, opostos não se anseiam mutuamente, mas sim a mediania. De fato, se dema-
35 siado frias, as pessoas retomam a mediania ao serem submetidas ao aquecimento e, se demasiado quentes o recuperam quando subme-tidas ao resfriamento, o mesmo ocorrendo no que toca a outras coisas. Se não é isso que acontece, permanecem sempre situadas no desejo, pois não se encontram nas medianias. Entretanto, alguém na mediania frui sem apetite (desejo) aquilo que é naturalmente prazeroso, enquanto os outros indivíduos fruem tudo o que as re-
40 tira de sua condição natural. Essa forma de relação existe também
1240a1 entre as coisas inanimadas; *torna-se amor quando ocorre entre as coisas animadas*.[1188] A decorrência disso, ocasionalmente, é as pes-soas extraírem prazer de outras que não lhes são semelhantes, *por exemplo, austeros de espirituosos e diligentes de indolentes*;[1189] com efeito, encontram-se na mediania. Daí, de maneira acidental, como foi dito, amigos são amigos de opostos por conta do bem.
5 Foi, portanto, indicado qual a quantidade das formas de ami-zade, quais os sentidos diferentes em que chamamos as pessoas de amigas e, inclusive, aqueles que amam e são amados, tanto de um modo em que estes são amigos, quanto de um modo em que a ami-zade está ausente.

6

QUANTO A SE ALGUÉM É AMIGO DE SI MESMO ou não, é algo que requer muito exame. Há, da parte de alguns, o parecer de que
10 toda pessoa é, sobretudo, amiga de si mesma e, em consonância com esse parecer, essa amizade serve de critério mediante o qual se julga a amizade relativamente aos amigos na alteridade. Do prisma do argumento e tendo em vista os atributos tidos como distintivos dos amigos, [essas amizades] são, em alguns aspectos, opostas, en-

---

ˉ1188. ...τὸ φιλεῖν δὲ γίνεται, ὅταν ᾖ ἐπὶ τῶν ἐμψύχων. ... (*tò phileîn dè gínetai, hótan êi epi tôn empsýkhon*).

1189. ...οἷον αὐστηροὶ εὐτραπέλοις καὶ ὀξεῖς ῥαθύμοις... (*hoîon austepoì eutrapélois kaì oxeîs rhathýmois*).

LIVRO VII | 273

quanto em outros patentemente semelhantes. De fato, num sentido a *amizade por si mesmo*[1190] o é por analogia, não absolutamente.

15 Ser amado e amar, com efeito, exigem dois elementos dissociados; assim, um indivíduo é amigo de si mesmo mais propriamente na maneira em que descrevemos o indivíduo sem controle e o com controle dentro da voluntariedade ou involuntariedade, no entendimento de que as partes de sua alma estão reciprocamente relacionadas de certo modo. E todas essas questões têm um fundo semelhante, a saber, *se alguém pode ser seu próprio amigo ou inimigo*[1191] e se é possível a alguém tratar-se injustamente; todas essas relações,
20 com efeito, reclamam dois elementos dissociados; na medida, então, em que a alma é dupla, essas relações numa certa maneira lhe dizem respeito, ao passo que na medida em que tal duplicidade não é dissociada, não lhe dizem respeito.

É com base na disposição da amizade por si mesmo que são determinadas as modalidades restantes que costumamos investigar nos discursos. Considera-se como amigo aquele que quer certos
25 bens para uma pessoa, ou que crê ele serem bens, não em seu próprio interesse, mas em função da outra pessoa; de outra maneira, aquele que quer *a existência*[1192] para outra pessoa, mesmo que não conceda bens a esta, mas tão só o existir em favor de outrem e não no seu, seria estimado como maximamente amigo desse outro indivíduo; e de outra maneira, ainda, um indivíduo é amigo de alguém cuja companhia deseja tão só por conta de sua presença e não por
30 algo distinto, do que constituem exemplos os pais, que embora desejem a existência de seus filhos, preferem a companhia de outras pessoas. A discordância está presente na relação recíproca de todas essas situações. Certos indivíduos não se julgam amados a menos que o outro lhes deseje este ou aquele bem; outros a menos que sua existência seja desejada; outros, ainda, a menos que sua companhia o seja. Ademais, estimaremos como amor o sofrer com aqueles que sofrem, sem qualquer motivo adicional; por exemplo, escravos relativamente aos seus senhores sofrem com eles porque quando estes

---

1190. ...αὕτη ἡ φιλία... (*haúte he philía*).
1191. ...εἰ φίλος αὐτὸς αὑτῷ καὶ ἐχθρός,... (*ei phílos autòs hautôi kaì ekhthrós*).
1192. ...τὸ εἶναι... (*tò eínai*).

274 | ÉTICA A EUDEMO

últimos são atingidos pelo sofrimento são cruéis com os primeiros,
35 e não no próprio interesse dos senhores, *como as mães com seus filhos e as aves que sofrem mutuamente.*[1193] O amigo, com efeito, quer, sobretudo, ser capaz não só de compartilhar do sofrimento do amigo, como também experimentar a mesma dor (por exemplo, sofrer ao mesmo tempo a sede) se isso for possível, e se não, o mais próximo disso. O mesmo discurso vale para o regozijo; com efeito, esse
1240b1 é experimentado – excluindo qualquer outra razão – pelo fato de que o outro se regozija. *Ademais, se diz acerca da amizade coisas tais como que amizade é igualdade e que os verdadeiros amigos são uma única alma.*[1194] Todas essas sentenças remontam ao indivíduo isolado, pois é desse modo que o indivíduo quer os bens para si mesmo;
5 ninguém, com efeito, se faz beneficiado por outro motivo, {nem fala bem de si com base em outra consideração}[1195] porque agiu na condição de um indivíduo; com efeito, aquele que exibe amor quer parecer que ama, não amar. E, no tocante ao amigo, querer sua existência, sua companhia, o partilhar de alegrias e tristezas com ele,
10 ser uma única alma com ele, e a incapacidade mesma de viverem separados, mas morrerem juntos (pois é essa a condição do indivíduo, e ele se associa a si mesmo dessa maneira), todos esses traços dizem respeito à pessoa boa relativamente a si mesma. Na pessoa má ocorre discordância, por exemplo, no descontrolado, o que justifica pensarmos com razão na possibilidade de um indivíduo ser inimigo de si próprio; como, porém, é ele uno e indivisível, é desejável para
15 si mesmo. É o que sucede a uma pessoa boa, que é amiga segundo a virtude; *com efeito, o indivíduo mau não é uno, mas múltiplo e num mesmo dia diferente e volúvel.*[1196] Conclui-se que mesmo a amizade de alguém por si mesmo é, a rigor, amizade voltada para o bom; de

---

1193. ...ὥσπερ αἱ μητέρες τοῖς τέκνοις καὶ οἱ συνωδίνοντες ὄρνιθες. ... (*hósper hai metéres toîs téknois kaì hoi synodínontes órnithes*).

1194. ...ἔτι τὰ τοιάδε λέγεται περὶ τῆς φιλίας, ὡς ἰσότης φιλότης, καὶ μὴ μίαν ψυχὴν εἶναι τοὺς ἀληθῶς φίλους. ... (*éti tà toiáde légetai perì tês philías, hos isótes philótes, kaì mè mían psykhèn eînai toùs alethôs phílous*).

1195. {...} J. Solomon, traduzindo o texto de Susemihl, acusa uma falha no texto neste ponto.

1196. ...ἐπεὶ ὅ γε μοχθηρὸς οὐχ εἷς ἀλλὰ πολλοί, καὶ τῆς αὐτῆς ἡμέρας ἕτερος καὶ ἔμπληκτος. ... (*epeì hó ge mokhtheròs oukh heîs allà polloí, kaì tês autês heméras héteros kaì émplektos*).

LIVRO VII | 275

fato, porque num certo sentido um indivíduo guarda semelhança
20 consigo mesmo, é uno e bom para si; ele é nessa medida amigo e
desejável a si mesmo. E uma pessoa é assim por natureza; a pessoa
má, porém, contraria a natureza. A pessoa boa não encontra o que
reprovar em si no instante de seu ato, como ocorre com aquela a
quem falta controle, nem ainda na relação de seu posterior com o
seu anterior, como no caso do *penitente*,[1197] nem naquela de seu anterior com seu posterior, como no caso do *mentiroso*[1198] (e, geralmente, se indispensável a distinção, como o fazem os sofistas, ela
25 está ligada consigo mesma *como Corisco e bom Corisco*,[1199] pois está
claro que é boa alguma quantidade idêntica deles[1200]); realmente,
quando as pessoas reprovam a si mesmas, é como se estivessem se
matando; todos, porém, parecem bons a si mesmos. E aquele que é
pura e simplesmente bom empenha-se em ser amigo de si mesmo,
como foi dito, porque tem dentro de si encerrados dois elementos
30 que, naturalmente, querem ser amigos e cuja cisão é impossível. A
conclusão é que, no que toca ao ser humano, julga-se que cada indivíduo é amigo de si mesmo, embora no que se refere aos outros
animais, não seja isso o que ocorre, *por exemplo, o cavalo de si para
si {...},*[1201] portanto, não é amigo. Tampouco é o que ocorre com as
crianças até que alcancem a capacidade de prévia escolha, pois uma
vez atingida, o intelecto passa a estar em discordância com o apetite.
35 A amizade relativamente a si mesmo assemelha-se àquela que surge
do parentesco, quer dizer, não está no próprio poder de nenhuma
pessoa dissolver nenhum de seus laços, sendo que mesmo na hipótese de os indivíduos entrarem em conflito, parentes permanecem
parentes e o indivíduo preserva sua singularidade enquanto vive.

1197. ...μεταμελητικός, ... (*metameletikós*).

1198. ...ψεύστης... (*pseústes*).

1199. ...ὥσπερ τὸ Κορίσκος καὶ Κορίσκος σπουδαῖος, ... (*hósper tò Korískos kaì Korískos spoudaîos*). Embora nome de um dos amigos de Aristóteles, o nome *Corisco* é empregado aqui como qualquer pessoa que se supõe e não uma pessoa em particular e concreta.

1200. Isto é, de Corisco e do bom Corisco.

1201. ...οἷον ἵππος αὐτὸς αὑτῷ... (*hoîon híppos autòs hautôi*): {...} Susemihl acusa uma lacuna aqui.

276 | ÉTICA A EUDEMO

A partir das considerações feitas até aqui fica, então, claro quantos sentidos há de *amar*[1202] e que todas as amizades remontam à primária.

7

1241a1 CABE TAMBÉM À NOSSA INVESTIGAÇÃO examinar a *concórdia*[1203] e a *benevolência*.[1204] De fato, alguns as identificam, ao passo que outros são da opinião de que sua existência independente é impossível. A benevolência não é nem completamente diferente da amizade nem o mesmo que esta. Com efeito, quando dividimos a amizade em três modalidades, não encontramos a benevolência
5 nem na amizade em função da utilidade nem naquela em função do prazer. Se uma pessoa quer o bem de outra pessoa porque isso lhe é útil,[1205] entende-se que seu querer não seria motivado a favor dessa outra pessoa, mas em seu próprio favor, quando se pensa que a benevolência é como {...},[1206] não sendo ela em favor de quem a sente, mas em favor daquele a quem é dirigida; e se ela estivesse presente na amizade em função do prazer, as pessoas seriam benevolentes até com as coisas inanimadas; *está claro, portanto, que a*
10 *benevolência diz respeito à amizade segundo o caráter*.[1207] Todavia, o benevolente é apenas aquele que quer o bem, enquanto o amigo é aquele que também faz o bem querido por alguém; *com efeito, a*

1202. ...φιλεῖν... (*phileín*): o verbo φιλέω (*philéo*) corresponde aos substantivo φιλία (*philía*), amor, amizade. Embora nos permitamos alternâncias nos termos ao traduzir, no contexto geral Aristóteles atém-se fundamentalmente ao mesmo conceito, empregando usualmente o mesmo termo-chave em grego, ora o substantivo, ora o verbo. Vale dizer que nesse contexto geral não se distingue conceitualmente afeição, amor e amizade.

1203. ...ὁμονοίας... (*homonoías*), analiticamente: harmonia de sentimentos.

1204. ...εὐνοίας... (*eunoías*).

1205. Ou seja, útil à *primeira pessoa*. Exprimindo-nos melhor, porque a pessoa lhe é útil.

1206. Lacuna.

1207. ...ὥστε δῆλον ὅτι περὶ τὴν ἠθικὴν φιλίαν ἡ εὔνοια ἐστίν. ... (*hoste dêlon hóti perì tèn ethikèn philían he eúnoia estín* (...ἠθικὴν φιλίαν... *ethikèn philían*) a amizade primária, ou seja, a amizade em função da virtude.

LIVRO VII | 277

benevolência é o começo da amizade.[1208] De fato, todo amigo é benevolente, embora nem toda pessoa benevolente seja amiga. O benevolente parece ser apenas alguém que constrói um começo.

15 Em razão disso, ela[1209] é o começo da amizade, não a amizade. Pensa-se que amigos são concordes e que os indivíduos concordes são amigos. A concórdia, porém, não é plenamente abrangente, abrangendo apenas o exequível pelos que estão em concórdia e o que concorre para sua vida em comum. Tampouco se restringe a um acordo de pensamento ou de desejo, já que é possível pensar e desejar coisas opostas, discórdia que ocorre na pessoa descontro-

20 lada; supondo ser alguém concorde com outro indivíduo no que respeita a uma prévia escolha, isso não significa que também o seja necessariamente em matéria de desejo. Descobre-se a concórdia entre as pessoas boas; *os maus, ao menos quando suas prévias escolhas e desejos são idênticos, prejudicam-se mutuamente.*[1210] E parece que *concórdia*, como sucede com amizade, não é uma palavra de sentido simples; se sua forma primária e natural é boa, a impossibilitar

25 que os maus sejam concordes, há outra forma manifestada até por pessoas más, quando as prévias escolhas e desejos destas se voltam para objetos idênticos. As duas partes devem, nesse caso, desejar o mesmo, ou seja, aquilo cuja obtenção é possível para ambas; com efeito, se o desejo for pelo impossível para ambas, surgirá o confli-

30 to. Aqueles que estão em concórdia não entram em conflito.

Conclui-se que a concórdia está presente quando estamos diante de uma idêntica prévia escolha no que diz respeito a quem deve governar e quem deve ser governado, entenda-se não cada um escolhendo a si mesmo, mas ambos fazendo a prévia eleição da mesma pessoa. *A concórdia é amizade cívica.*[1211]

No que diz respeito à concórdia e à benevolência, isso é o suficiente.

1208. ...ἔστι γὰρ ἡ εὔνοια ἀρχὴ φιλίας. ... (*ésti gàr he eúnoia arkhè philías*).

1209. Ou seja, a benevolência.

1210. ...οἵ γε φαῦλοι ταῦτα προαιρούμενοι καὶ ἐπιθυμοῦντες βλάπτουσιν ἀλλήλους. ... (*hoí ge phaúloi taûta proairoúmenoi kaì epithymoûntes bláptousin allélous*).

1211. ...καὶ ἔστιν ἡ ὁμόνοια φιλία πολιτική. ... (*kaì éstin he homónoia philía politiké*).

8

35 QUESTIONA-SE PORQUE BENFEITORES amam mais os beneficiados do que estes a eles, quando a justiça pareceria exigir o contrário. Seria de supor que assim acontece por motivo de utilidade e proveito pessoal; o benefício é devido a uma das partes, sendo dever da outra retribuí-lo. Mas não é só isso, tratando-se também de um princípio natural; com efeito, a atividade é mais desejável, 40 havendo a mesma relação entre *o produto e a atividade*[1212] entre as 1241b1 partes de que tratamos aqui, ou seja, o beneficiado é, por assim dizer, o produto do benfeitor. Isso explica porque animais experimentam um intenso instinto relativamente aos seus filhotes, quer no sentido de gerá-los, quer naquele de preservar o produto de sua geração. E realmente os pais amam seus filhos mais do que são amados por eles (*e as mães mais do que os pais*)[1213] e estes últimos, 5 por sua vez, amam seus filhos mais do que seus pais, *porque a atividade é o melhor.*[1214] E as mães amam mais seus filhos do que os pais porque os consideram como sendo mais produto materno. De fato, mede-se o trabalho pelo grau de dificuldade, e na geração é a mãe que suporta a maior dor.

10 Eis o estabelecido por nós relativamente à amizade por si mesmo e àquela que vai além da própria pessoa.[1215]

9

CONSIDERA-SE QUE O JUSTO é alguma coisa igual e que a amizade está fundada na igualdade, isto se não houver erro no dizer:

1212. ...τὸ ἔργον καὶ ἡ ἐνέργεια, ...(*tò érgon kaì he enérgeia*).

1213. ...καὶ αἱ μητέρες τῶν πατέρων ... (*kaì hai metéres tôn patéron*).

1214. ...διὰ τὸ τὴν ἐνέργειαν εἶναι τὸ ἄριστον. ... (*dià tò tèn enérgeian eînai tò áriston*), ou seja, a atividade produtiva, nesse caso em particular a atividade de gerar um produto: filhos.

1215. Ou seja, a amizade pelo outro.

LIVRO VII | 279

Amizade é igualdade. *Todas as formas de governo são espécies de*
15 *justiça*;[1216] com efeito, são *comunidades*[1217] e toda comunidade tem
a justiça como fundamento, do que resulta existir tantas espécies
de justiça e de comunidades quanto de amizades; e todas essas espécies têm limites comuns, suas diferenças estando estreitamente
correlacionadas. *Mas como há semelhança entre as relações da alma
com o corpo, do artesão com a ferramenta e do senhor com o escra-*
20 *vo*,[1218] não existe comunidade entre os dois termos de cada um desses pares, pois não são dois, ou seja, o primeiro é um e o segundo é
uma parte desse um; tampouco é o bem divisível entre os dois, mas
aquilo que de ambos pertence ao um em função do qual existem.
O corpo é a ferramenta natural [da alma], o escravo é, por assim
dizer, uma parte ou ferramenta removível de seu senhor, enquanto
a ferramenta é como se fosse uma espécie de escravo inanimado.
25   As demais comunidades constituem uma parte das *comunidades
do Estado*,[1219] *por exemplo, a dos membros de uma mesma fratria*,[1220]
ou dos *sacerdotes realizadores dos sacrifícios*,[1221] ou a dos *negócios fi-*

1216. ...αἱ δὲ πολιτεῖαι πᾶσαι δικαίου τι εἶδος... (*hai dè politeîai pâsai dikaíou ti eîdos*).

1217. ...κοινωνίαι... (*koinoníai*).

1218. ...ἐπεὶ δ᾽ ὁμοίως ἔχει ψυχὴ πρὸς σῶμα καὶ τεχνίτης πρὸς ὄργανον καὶ δεσπότης πρὸς δοῦλον, ... (*epeì d' homoíos ékhei psykhè pròs soma kaì tekhnítes pròs órganon kaì despótes pròs doûlon*).

1219. ...πόλεως κοινωνιῶν, ...(*póleos koinoniôn*).

1220. ...οἷον ἡ τῶν φρατέρων... (*hoîon he tôn phatéron*). O sentido de *fratría* (φρατρία) é específico e restrito. Aristóteles, já neste ponto fazendo o ético convergir para o político, alude à comunidade de cidadãos existente em Atenas que tinha como comuns certos rituais (sacrifícios) e repastos de cunho religioso. Como nas sociedades antigas em geral, a conexão entre religião e política era muito estreita (algo que em boa medida é herdado pela Idade Média), a fratria correspondia, dentro da estruturação sócio-política ateniense, a uma divisão de caráter político que tinha como núcleo ou célula a família (γονή [*goné*]); uma tribo (φύλη [*phýle*]) continha três fratrias e cada uma destas trinta famílias. A tribo, subdividida em vários demos (demo: δῆμος [*dêmos*]), era a divisão maior, e como Atenas possuía quatro tribos, o número de fratrias era doze e o de famílias trezentos e sessenta. Não esqueçamos que mulheres, escravos e estrangeiros não residentes, embora integrassem a população ateniense, não eram cidadãos. Para a compreensão da formação e transformação das formas de governo e instituições políticas atenienses, é imprescindível a consulta da *Constituição de Atenas* de Aristóteles.

1221. ...ὀργίων... (*orgíon*).

280 | ÉTICA A EUDEMO

nanceiros.[1222] {e ainda formas de governo}[1223] Todas as formas de governo estão presentes conjuntamente na comunidade doméstica, *tanto as corretas quanto os desvios*[1224] (de fato, o que ocorre nas formas de governo é como o que ocorre nas *harmonias*[1225]), a auto-
30 ridade paterna sendo *real,*[1226] a relação entre marido e mulher aristocrática, aquela entre irmãos republicana, ao passo que os desvios destas são a tirania, a oligarquia e a democracia; e existem, portanto, tantas quantas formas de justiça.

Considerando-se que a igualdade é numérica ou proporcional,
35 haverá várias formas de justiça, de amizade e de comunidade. A co-

---

1222. ...χρηματιστικαί... (*khrematistikai*).

1223. ...ἔτι πολιτεῖαι... (*éti politeîai*) é registrado com reservas, daí o indicarmos restritivamente entre chaves. Esta adição é totalmente dispensável e, a rigor, até destituída de sentido neste contexto. Geralmente indicada com reservas por aqueles que estabeleceram o texto da *Ética a Eudemo*, os tradutores em geral costumam omiti-la.

1224. ...καὶ αἱ ὀρθαὶ καὶ αἱ παρεκβάσεις... (*kaì hai orthaì kaì hai parekbáseis*). Para Aristóteles as formas de governo originais e corretas são a monarquia, a aristocracia e o regime republicano; as derivadas e corrompidas (desvios) são respectivamente a tirania, a oligarquia e a democracia. A monarquia é a forma de governo em que o poder está nas mãos de um só governante, a aristocracia aquele em que o poder está nas mãos de alguns homens (entre os mais virtuosos) e o regime republicano aquele em que o poder está sob o controle da maioria dos cidadãos; a monarquia desvia-se para a tirania quando o monarca passa a governar em interesse próprio; a aristocracia corrompe-se quando a administração política passa a servir aos interesses de uma minoria de ricos (oligarquia ou plutocracia); a república transforma-se em democracia quando a maioria que governa atende apenas aos interesses dos pobres. O termo utilizado por Aristóteles aqui para república ou regime republicano é πολιτεῖα (*politeîa*) numa acepção bastante restrita e específica, dada a larga amplitude semântica dessa palavra, que significa, inclusive, genericamente, pura e simplesmente *forma de governo*; para democracia ele emprega a própria palavra da qual originamos morfologicamente a nossa: δημοκρατία (*demokratía*). Mas ver *Ética a Nicômaco*, Livro VIII, capítulos 10 e 11. A ideia central do Estagirita quanto às formas de governo é que, na sua administração do Estado (πόλις [*pólis*]), os governantes devem atender aos interesses de todos os membros da sociedade dentro de um conceito de igualdade proporcional e não quantitativa. Assim, tenhamos em vista a democracia ateniense com a qual Aristóteles conviveu, ou tenhamos em vista a democracia moderna com a qual convivemos ainda hoje, o pensamento político aristotélico não é a favor da democracia a título de melhor forma de governo. Ver a *Política*, embora recomendemos que sua leitura e seu estudo sejam realizados após a leitura e o estudo da *Ética a Eudemo* e da *Ética a Nicômaco*.

1225. ...ἁρμονιῶν, ... (*harmoniôn*), ou seja, na música.

1226. ...βασιλικὴ... (*basilikè*).

LIVRO VII | 281

munidade democrática e também a amizade dos camaradas (companheiros) (medidas, com efeito, pelo mesmo padrão) baseiam-se na igualdade numérica; já a comunidade aristocrática, *a melhor*,[1227] e a real baseiam-se na igualdade proporcional (uma vez ser justo o superior e o inferior não terem o mesmo, mas sim o proporcional); semelhantemente na amizade de pai e filhos de ambos os sexos, e o
40 mesmo valendo para comunidades.

10

1242a1 FALA-SE, ASSIM, DAS AMIZADES de parentes, de camaradas (companheiros), de membros de comunidades, e da chamada amizade *cívica*.[1228] Há mais de uma forma de amizade de parentes, a entre irmãos e a entre *pai e filhos*;[1229] são encontradas, com efeito, a ami-
5 zade segundo a proporção, por exemplo, a paternal, e a segundo o número, *por exemplo, a dos irmãos*.[1230] Com efeito, esta última aproxima-se daquela dos camaradas (companheiros), pois também neste caso ocorre a reivindicação de privilégios por parte dos mais velhos. Quanto à amizade cívica, é constituída, sobretudo, com base na utilidade, pois parece, com efeito, ser a insuficiência do indivíduo que transmite permanência a essas ligações, ainda que pudessem ser formadas de qualquer modo pelo interesse da convi-
10 vência. Somente a amizade cívica e o seu desvio não se limitam a ser amizades, sendo também comunidades fundadas na amizade, ao passo que as outras amizades são segundo a relação de superioridade. A justiça pertinente à amizade segundo a utilidade é maximamente justiça porque se trata [precisamente] de *justiça cívica*.[1231] A associação da serra com a arte que a emprega é diferente, ou seja, não é em função de alguma meta comum (*com efeito, é como o instrumento*

1227. ...ἡ ἀρίστη... (*he aríste*).

1228. ...πολιτική. ... (*politiké*), isto é, a amizade entre os cidadãos no seio do Estado.

1229. ...πατρὸς καὶ υἱῶν... (*patròs kai huión*): entenda-se pais e filhos do sexo masculino.

1230. ...οἷον ἡ τῶν ἀδελφῶν. ... (*hoîon he tôn adelphôn*).

1231. ...πολιτικὸν δίκαιον. ... (*politikòn díkaion*), ou seja, a justiça entre cidadãos que vivem num mesmo Estado.

282 | ÉTICA A EUDEMO

15 *e a alma*),[1232] mas no interesse daquele que as emprega. Acontece realmente de a própria ferramenta receber a atenção a que faz jus em vista de sua função, já que ela existe por conta de sua função. {...}[1233] E a essência de uma verruma é dupla, *sendo a atividade mais importante*,[1234] a saber, furar. E nesta espécie se inserem, como foi dito antes, o corpo e o escravo.

20 Assim, a busca da maneira devida de comportar-se com um amigo é a de um tipo particular de justiça. De fato, em termos gerais, toda a justiça está vinculada ao amigo, pois a justiça envolve certos indivíduos cuja relação é a de membros de uma comunidade, e o amigo é tal membro ou na família ou na vida. *O ser humano, com efeito, não é apenas animal político, mas também animal administrador doméstico*[1235] e sua cópula não é, como a dos outros [ani-
25 mais], ocasional e com qualquer parceiro casual, fêmea ou macho; o ser humano é {um animal peculiar não solitário e sociável}[1236] que se associa àqueles com os quais está naturalmente aparentado; conclui-se que haveria comunidade e alguma espécie de justiça mesmo que o Estado não existisse. A comunidade doméstica é uma espécie de amizade; a relação entre senhor e escravo corresponde, de fato, à de uma arte e suas ferramentas, e à da alma e seu corpo; tais
30 relações não são amizades ou formas de justiça, mas algo análogo a isso, como no caso do *sadio*,[1237] que não é o justo, mas análogo a este. A amizade entre esposo e esposa é amizade com base na utilidade e constitui uma comunidade; aquela entre pai e filho do sexo masculino é idêntica à amizade de um deus relativamente ao ser

---

1232. ...οἷον γὰρ ὄργανον καὶ ψυχή... (*hoîon gàr órganon kai psykhé*).

1233. {...} Susemihl indica uma lacuna neste ponto.

1234. ...ὧν τὸ κυριώτερον ἡ ἐνέργεια, ... (*hôn tò kyrióteron he enérgeia*).

1235. ...ὁ γὰρ ἄνθρωπος οὐ μόνον πολιτικὸν ἀλλὰ καὶ οἰκονομικὸν ζῷον, ... (*ho gàr ánthropos ou mónon politikòn allà kai oikonomikòn zôion*). Entenda-se *animal político* como animal integrante do Estado (πόλις [*pólis*]), ou seja, a nos expressarmos em termos modernos, animal capaz de viver em comunidade social, que é distinta da comunidade doméstica (οἰκία [*oikía*]) e da administração doméstica (οἰκονομία [*oikonomía*]).

1236. {...} J. Solomon, traduzindo o texto de Susemihl, acusa uma falha no texto neste ponto.

1237. ...ὑγιεινὸν... (*hygieinòn*), mas talvez espúrio. É provável, como sugere Rackham, que seja ...ἐπιεῖκες... (*epieíkes*), equitativo.

LIVRO VII | 283

humano, entre o benfeitor e o beneficiado, *e em geral do governante natural relativamente ao governado natural.*[1238] Quanto àquela en-
35 tre irmãos, é, sobretudo, amizade baseada no companheirismo, já que se conforma à igualdade...

> *Pois não fui declarado bastardo por ele,*
> *Mas o mesmo Zeus que a mim governa*
> *Chamado foi de pai de ambos...*[1239]

...visto ser assim que falam os indivíduos que buscam a igualdade.
1242b1 *Consequentemente, é na comunidade doméstica que temos primeiramente as origens e fontes da amizade, das formas de governo político e da justiça.*[1240]

Como há três tipos de amizade, baseados [respectivamente] na virtude, na utilidade e no prazer, e duas variedades de cada um desses tipos (posto que cada um destes baseia-se, por sua vez, ou
5 em superioridade ou em igualdade), e o que é justo relativamente a eles foi esclarecido à luz de nossas discussões, na variedade entre superior e inferior as reivindicações por proporção mostram-se diferentes, a do superior sendo a da proporção inversa, ou seja, o que ele recebe do inferior deveria ser igualmente proporcional ao que o inferior dele recebe, sua postura sendo aquela do governante em re-
10 lação ao governado; se não é isso, de qualquer modo há da parte dele reivindicação de uma porção em termos de igualdade numérica (pois, com efeito, é o que acontece também em outras parcerias: *ora* as porções apresentam igualdade numérica, *ora* igualdade proporcional; se a contribuição feita por cada partido foi de somas de

---

1238. ...καὶ ὅλως τοῦ φύσει ἄρχοντος πρὸς τὸν φύσει ἀρχόμενον. ... (*kaì hólos toû phýsei árkhontos pròs tòn phýsei arkhómenon*). Para Aristóteles, os indivíduos humanos têm pendor natural para mandar ou serem mandados, o que equivale a dizer que as pessoas podem ser naturalmente governantes ou governados, isto dentro de sua usual analogia com o senhor e o escravo, o pai e o filho e o esposo e a esposa. Segundo o Estagirita, a relação de mando e obediência é determinável pela natureza e não pelo hábito ou costume.

1239. ...οὐ γάρ τι νόθος τῷδ' ἀπεδείχθην, ἀμφοῖν δὲ πατὴρ αὐτὸς ἐκλήθη Ζεὺς ἐμὸς ἄρχων... (*ou gár ti nóthos tôid' apedeíkhthen, amphoîn dè patèr hautòs ekléthe Zeùs emòs árkhon*). Sófocles, fragm. 684, Nauck.

1240. ...διὸ ἐν οἰκίᾳ πρῶτον ἀρχαὶ καὶ πηγαὶ φιλίας καὶ πολιτείας καὶ δικαίου. ... (*diò en oikíai prôton arkhaì kaì pegaì philías kaì politeías kaì dikaíou*).

284 | ÉTICA A EUDEMO

dinheiro[1241] numericamente iguais, na divisão também ficarão com uma porção numericamente igual; se tratar-se de somas desiguais,
15 ficarão com porções proporcionalmente iguais). Essa proporção, contrariamente, é invertida pelo inferior, sendo feita então uma conjunção em diagonal; pareceria, porém, que nesse caso o superior sai em desvantagem, *sendo a amizade ou a parceria um serviço que se presta onerosamente.*[1242] Conclui-se que se deve restaurar a igualdade e criar proporção mediante algum outro recurso; e este é
20 *a honra*,[1243] a qual naturalmente pertence a um governante ou a um deus relativamente a um governado. Vantagem e honra, entretanto, têm que ser igualadas.

A amizade segundo a igualdade é a cívica. Tem como respaldo a utilidade, sendo *os cidadãos*[1244] amigos entre si como os Estados o são, e como...

25 *Atenienses não reconhecem mais megarianos...*[1245]

...semelhantemente ocorre com os cidadãos quando não são reciprocamente úteis, e a amizade entre eles é uma transação que se paga à vista. A despeito disso, observa-se aqui uma relação de governante e governado, não se tratando de um governante natural ou de um nos moldes da realeza, mas de alguém que governa no seu turno,[1246] e não com o propósito de atuar como benfeitor, nos
30 moldes do deus, mas com o propósito da possibilidade de partilhar igualmente do bem e do ônus. Resulta que a amizade cívica objetiva basear-se na igualdade. Entretanto, existem duas formas de amizade baseada na utilidade, a saber, *a puramente legal e a moral.*[1247]

1241. ...ἀργύριον, ... (*argýrion*).

1242. ...καὶ λειτουργία ἡ φιλία καὶ ἡ κοινωνία. ... (*kaì leitourgía he philía kaì he koinonía*). Rackham sugere, a título conjectural, a substituição de ...καὶ ἡ... (*kaì he*) por ...καί οὐ... (*kaí ou*), com o que a frase mudaria substancialmente, ou seja: *sendo a amizade um serviço prestado onerosamente e não uma parceria.* O *serviço prestado onerosamente* (λειτουργία) equivale aqui a um ato unilateral de caridade.

1243. ...ἡ τιμή, ... (*he time*).

1244. ...οἱ πολῖται, ... (*hoi politai*).

1245. ...οὐκέτι γιγνώσκουσιν Ἀθηναῖοι Μεγαρῆας... (*oukéti gignóskousin Athenaîoi Megarêas*). Cf. 1236a37.

1246. Aristóteles parece ter em mente aqui a democracia ateniense de seu tempo.

1247. ...ἧ μὲν νομικὴ ἧ δ' ἠθική. ... (*hè mèn nomikè hè d' ethiké*).

LIVRO VII | 285

A amizade cívica considera a igualdade e a coisa, como se conduzem *os vendedores e os compradores*,[1248] daí se dizer:
Ao amigo sua remuneração.[1249]

35   Portanto, quando baseada num contrato, trata-se de amizade
cívica do tipo legal; quando, porém, existe uma confiança mútua
quanto à determinação da retribuição, estamos diante de uma amizade [cívica do tipo] moral, a dos camaradas (companheiros). Nesse tipo, por via de consequência, *as acusações*[1250] são muito frequen-
tes, o que é causado pelo fato de ser ele contrário à natureza; de fato,
as amizades com base na utilidade e na virtude diferem, mas esses
40   indivíduos[1251] querem ter ambas ao mesmo tempo, associando-
-se em função da utilidade, porém concebendo que se trata do
tipo moral de amizade entre pessoas virtuosas; e, por conseguinte,
1243a1 concebem tal amizade como não do tipo legal, mas na pretensão de
que envolve mútua confiança.

De fato, no geral, entre as três formas de amizade, a que dá margem ao maior número de acusações é a forma baseada na utilidade
(com efeito, a virtude *não enseja qualquer acusação*,[1252] e amigos
com base no prazer, uma vez hajam recebido o que queriam e concedido o que tinham a conceder, rompem; diferentemente aqueles
5   que são amigos em função da utilidade não dissolvem de imediato
seu relacionamento quando este é em termos de companheirismo
e não meramente do tipo legal); entretanto, o tipo legal de amizade baseado na utilidade é destituído de acusações. A dissolução da
amizade cívica de tipo legal é mediante dinheiro (pois este serve
de medida equalizadora), enquanto a dissolução daquela de tipo
moral é determinada pelas vontades das partes. Daí a existência em

---

1248. ...οἱ πωλοῦντες καὶ οἱ ὠνούμενοι... (*hoi poloûntes kaì hoi onoúmenoi*).

1249. ...μισθὸς ἀνδρὶ φίλῳ. ... (*misthòs andrì phílo*). Citação parcial (do ponto de vista do
      texto de Hesíodo que chegou a nós) de *Os trabalhos e os dias*.

1250. ...τὰ ἐγκλήματα... (*tà enklémata*).

1251. Isto é, as pessoas que contraem e entretêm o tipo moral de amizade cívica. Aristóteles
      aponta para a incompatibilidade entre amizade segundo a utilidade e amizade segundo
      a virtude.

1252. ...ἀνέγκλητον... (*anénkleton*).

286 | ÉTICA A EUDEMO

certos lugares de uma lei proibindo *processos*[1253] no caso de tran-
10 sações voluntárias entre pessoas que se associam como amigos, o
que é correto; *com efeito, não é natural que as pessoas boas se proces-
sem*,[1254] e estas executam suas transações como tais e lidando com
indivíduos confiáveis. Aliás, nessa forma de amizade, as acusações
revelam-se incertas de ambos os lados, [ignorando-se] como cada
parte fará sua acusação, porquanto a confiança entre elas encerra
um caráter moral e não legal.

15 O modo no qual devemos estimar o justo constitui uma dificuldade: se considerando a quantidade efetiva ou qualidade efetiva do
serviço que foi prestado ou sua quantidade e qualidade do prisma
do favorecido; de fato, é possível ser como diz Teógnis...

Pequeno, ó deusa, para ti, porém grande para mim,[1255]

...podendo suceder o contrário, como nas palavras: *Isso é jogo para*
20 *ti, porém morte para mim.*[1256] Assim, como foi dito, surgem acusações; com efeito, o benfeitor reivindica retribuição, na medida em
que prestou um expressivo serviço devido à solicitação do outro
em necessidade, ou alegando alguma outra justificativa referente
ao expressivo valor do benefício a favorecer a outra parte; silen-
cia acerca do que a operação constituiu para si próprio, enquanto
aquele que recebe insiste no valor do ponto de vista do benfeitor,
25 não do seu próprio. Em outras ocasiões, a posição é invertida, ou
seja, enquanto um[1257] declara a pequenez do benefício de que foi
objeto, o outro[1258] declara a grandeza dele; por exemplo, se alguém,
correndo algum risco, beneficiou outra pessoa com uma dracma, o
primeiro enfatiza a magnitude do risco, ao passo que a segunda en-

---

1253. ...δίκας... (*díkas*).

1254. ...τοῖς γὰρ ἀγαθοῖς οὐ πέφυκε δίκαιον εἶναι, ... (*toîs gàr agathoîs ou péphyke díkaion einai*), ou seja, considerando-se que pessoas boas já agem conforme a justiça em suas relações, não há necessidade de recorrerem aos tribunais.

1255. ...σοὶ μὲν τοῦτο, θεά, σμικρόν, ἐμοὶ δὲ μέγα, ... (*soì mèn toûto, theá, smikrón, emoì dè méga*). Teógnis de Atenas, poeta trágico, floresceu entre séculos V e IV a.C.

1256. ...σοὶ μὲν παιδιὰν τοῦτ' εἶναι, ἐμοὶ δὲ θάνατον. ... (*soì mèn paidiàn toût' einai, emoì dè thánaton*).

1257. Isto é, o beneficiado.

1258. Isto é, o benfeitor.

LIVRO VII | 287

fatiza a insignificância da quantia, tal como ocorre no pagamento
de um empréstimo de dinheiro – pois também nesse caso a discus-
30 são é em torno disso: um reclama o valor de quando o dinheiro foi
emprestado, enquanto o outro se dispõe a pagar um valor presente,
a não ser que o contrato contenha uma cláusula.

*Portanto, a [amizade] cívica leva em consideração o acordo e a
coisa, a moral a prévia escolha*;[1259] nessa última existe mais justiça, e
justiça entre amigos. A causa do conflito é a *amizade moral*[1260] ser
mais nobre,[1261] mas a baseada na utilidade ser *mais necessária;*[1262] no
35 início as pessoas se dispõem a serem *amigas morais*,[1263] isto é, amigas
com base na virtude; quando, porém, algum interesse individual
gera um choque, *torna-se claro que eram diferentes.*[1264] Com efeito,
1243b1 a maioria das pessoas visa ao que é nobre somente quando já tem
posses *em abundância*,[1265] o que ocorre, inclusive, com o tipo mais
nobre de amizade. Evidencia-se, assim, como devemos estabelecer
distinções nesses casos. No que toca a amigos morais, é preciso apurar se as prévias escolhas de ambos são iguais, nada mais devendo ser
reivindicado entre eles; na hipótese de se tratar de amigos segundo
a utilidade ou amigos do ponto de vista cívico, é preciso examinar
5 que tipo de acordo seria lucrativo para eles. Mas se um diz que a
amizade deles tem uma base, e o outro diz que a base é outra, não
há nobreza, quando uma retribuição é devida, em alguém se limitar
a *proferir belos discursos,*[1266] o mesmo valendo para a outra situação;
mas como nada disso foi estipulado contratualmente, com base no
fato de que se tratava de uma amizade moral, impõe-se a presença

---

1259. ...ἡ μὲν οὖν πολιτικὴ βλέπει εἰς τὴν ὁμολογίαν καὶ εἰς τὸ πρᾶγμα, ἡ δ' ἠθικὴ εἰς
τὴν προαίρεσιν... (*he mèn oûn politikè blépei eis tèn homologían kaì eis tò prâgma, he d'
ethikè eis tèn proaíresin*).

1260. ...ἠθικὴ φιλία... (*ethikè philía*), ou seja, a amizade baseada na virtude.

1261. ...καλλίων... (*kallíon*).

1262. ...ἀναγκαιοτέρα... (*anankaiotéra*).

1263. ...ἠθικοὶ φίλοι... (*ethikoi phíloi*).

1264. ...δῆλοι γίνονται ὅτι ἕτεροι ἦσαν. ... (*dêloi gígnontai hóti héteroi êsan*), quer dizer, fica
claro que não eram, a rigor, amigas com base na virtude.

1265. ...ἐκ περιουσίας... (*ek periousías*).

1266. ...καλοὺς λέγειν λόγους, ... (*kaloùs légein lógous*).

288 | ÉTICA A EUDEMO

de alguém que atue como juiz nessa conjuntura, de modo que nenhuma das partes ludibrie a outra por meio de dissimulação, cada uma devendo se contentar com sua sorte. Contudo, está claro que a
10 amizade moral é respaldada na prévia escolha, porquanto mesmo que uma pessoa – após haver sido grandemente beneficiada – deixa de retribuir [plenamente] por incapacidade de fazê-lo, mas fazendo-o apenas na medida de sua capacidade, sua ação é considerada nobre; com efeito, mesmo o deus satisfaz-se em receber sacrifícios segundo a nossa capacidade de fazê-los. Todavia, um vendedor não se dará por satisfeito diante de um comprador que declara não ter capacidade de continuar pagando, como também não se satisfará aquele que fez um empréstimo.
15 Ocorrem muitas acusações em amizades não baseadas na reciprocidade de tipo direto, nas quais não é *fácil*[1267] discernir o que é justo; de fato, é *difícil*[1268] avaliar a partir de um dado elemento relacionamentos que não são *diretamente*[1269] recíprocos; é exemplo disso o que acontece nas *relações amorosas*,[1270] nas quais, com efeito, uma pessoa busca a outra como alguém cuja convivência lhe proporciona prazer, ao passo que a segunda pessoa, às vezes, busca a primeira por sua utilidade; quando o amante deixa de amar, tendo
20 ele mudado, o outro também muda, e em seguida *calculam uma coisa pela outra*;[1271] e brigam como Píton e Pamenes,[1272] como agem geralmente *professor e aluno*[1273] (*pois conhecimento e dinheiro não se*

1267. ...ῥᾴδιον... (*ráidion*).

1268. ...χαλεπὸν... (*khalepòn*).

1269. ...κατ᾽ εὐθυωρίαν... (*kat'euthyorían*).

1270. ...ἐρωτικῶν, ... (*erotikôn*), relações de parceiros sexuais.

1271. ...λογίζονται τι ἀντί τινος, ... (*logízontai ti antí tinos*), abrigando decerto a ideia de retribuição e até retaliação. Para os conhecedores do latim, a expressão *ti antí tinos* traduz τι ἀντί τινος melhor ainda.

1272. Não sabemos ao certo a que Píton Aristóteles alude: pode ser a Píton de Catânia, poeta trágico, a um orador bizantino ou a um dos generais (o que nos parece mais cabível contextualmente) de Alexandre da Macedônia. Todos esses personagens históricos são contemporâneos de Alexandre e, é claro, do próprio Aristóteles. Pamenes foi um renomado general tebano.

1273. ...διδάσκαλος καὶ μαθητής... (*didáskalos kai mathetés*).

LIVRO VII | 289

medem com uma única medida)[1274] e como agiu Heródico,[1275] o médico, com o paciente que se propôs a lhe pagar uma modesta quantia, e como *o tocador de lira e o rei*.[1276] O segundo destes associou-se
25 ao primeiro visando ao prazer, enquanto o primeiro ao segundo visando à utilidade; no entanto, na hora de efetuar o pagamento, o rei entendeu que deveria considerar a si mesmo como alguém que se associara a outra pessoa *por prazer*[1277] e declarou que tal como o tocador de lira lhe proporcionara prazer com seu canto, ele[1278] lhe proporcionara prazer por sua *promessa*.[1279] Todavia, também fica aqui evidente como deve ser nossa decisão; é preciso que a medição obedeça a um padrão, *mas não um número, mas sim uma proporção*.[1280] Cabe-nos medir por proporção, como é medida, inclusive,
30 a associação cívica; de fato, como pode alguém que confecciona calçados *associar-se*[1281] a um agricultor sem que os produtos de ambos sejam igualados pela proporção? Resulta que a proporção

---

1274. ...ἐπιστήμη γὰρ καὶ χρήματα οὐχ ἑνὶ μετρεῖται, ... (*epistéme gàr kaì khrémata oukh enì metreîtai*). Esta frase, contundentemente crítica, é provavelmente dirigida aos sofistas, que, de maneira flexível ou não, cobravam por suas aulas. Aristóteles não só reprovava essa prática, como considerava dúbio o conhecimento dos sofistas.

1275. ...Ἡρόδικος... (*Heródikos*), mais precisamente Heródico de Selímbria ou Megara. Figura histórica importante, controvertida e versátil cujo perfil, entretanto, não chegou a nós com muita clareza. Teria sido um misto de atleta, treinador de atletismo, médico e sofista, atuante em Atenas no século V a.C. Platão o menciona mais de uma vez: ver *A República*, Livro III, 406a-b; *Protágoras*, 316e; *Fedro*, 227d. Na verdade, nos manuscritos consta ...Πρόδικος... (*Pródikos*), o famoso sofista de Ceos contemporâneo de Sócrates, e não Heródico. De qualquer modo, essas duas grandes personalidades prestam-se igualmente à analogia de Aristóteles.

1276. ...ὁ κιθαρῳδὸς καὶ ὁ βασιλεύς. ... (*ho kitharoidòs kaì ho basileus*).

1277. Ou seja, fazendo de si objeto de prazer, o que equivale a dizer, destruindo a bilateralidade, na associação, entre o parceiro que busca o prazer e o outro que busca a utilidade, eliminando esta última, numa tentativa de reduzir a associação a uma busca comum de prazer pelos dois parceiros.

1278. Isto é, o rei.

1279. ...ὑποσχόμενος... (*hyposkhómenos*), ou seja, a promessa de pagar. O rei rompe os princípios que norteiam a associação suprimindo a utilidade e tornando a parceria mutuamente prazerosa.

1280. ...ἀλλ' οὐχ ὅρῳ, ἀλλὰ λόγῳ. ... (*all' oukh hóroi, allà lógoi*).

1281. ...κοινωνήσει... (*koinonései*), mas o sentido é mais preciso, ou seja, aquele de uma parceria e intercâmbio comerciais.

290 | ÉTICA A EUDEMO

revela-se como sendo a medida apropriada para parcerias que não são diretamente recíprocas; por exemplo, se um indivíduo se queixa que concedeu sabedoria, enquanto o outro concedeu dinheiro, qual é a proporção da *sabedoria relativamente ao rico*[1282] e quanto
35 foi concedido a cada uma das partes? De fato, se uma delas concedeu a metade da quantia inferior, ao passo que a outra nem sequer um mínimo percentual da superior, evidencia-se que essa última está incorrendo em injustiça. Também neste caso já pode irromper de início uma discussão, se acontecer de uma parte entender que se associaram motivados pela utilidade, sendo isso contestado pela outra, que declara que a associação delas foi com base em alguma outra forma de amizade.

11

1244a1 COM RESPEITO À PESSOA BOA pela qual se tem amizade por sua virtude, precisamos examinar se é cabível prestar assistência e socorro a ela ou a alguém capaz de efetuar uma retribuição igual. Trata-se do mesmo problema de sabermos se devemos beneficiar o amigo
5 preferencialmente a uma pessoa virtuosa. *De fato, se alguém é amigo e virtuoso, talvez não seja muito difícil,*[1283] contanto que não se superestime uma qualidade e se subestime a outra, proporcionando um extremo benefício ao indivíduo como amigo, mas o fazendo apenas ligeiramente com relação ao indivíduo como pessoa virtuosa. Em outros casos, contudo, surgem *muitos problemas;*[1284] por exemplo, se um indivíduo foi, mas não será amigo, e o outro será, mas não é ainda, ou um indivíduo tornou-se amigo, mas no presente não é,
10 e o outro no presente é, mas não foi e não será. {...}[1285] Mas o outro

---

1282. ...σοφίᾳ πρὸς τὸ πλούσιον... (*sophíai pròs tò ploúsion*).

1283. ...ἂν μὲν γὰρ ὁ φίλος καὶ σπουδαῖος, ἴσως οὐ λίαν χαλεπόν, ... (*àn mèn gàr ho phílos kaì spoudaîos, ísos ou lían khalepón*). A não colocação da vírgula entre σπουδαῖος e ἴσως (semelhantemente ao indicado por Fritsche) mudaria o sentido dessa segunda palavra, com o que traduziríamos: ...De fato, se alguém é amigo e igualmente virtuoso, não é muito difícil... .

1284. ...πολλὰ προβλήματα... (*pollà problémata*).

1285. {...} Susemihl acusa uma lacuna neste ponto.

LIVRO VII | 291

problema[1286] é mais difícil. Com efeito, talvez haja algo nos versos de Eurípides, quais sejam:

Palavras trazem como teu justo pagamento palavras,
Mas aquele que concedeu uma ação uma ação terá;[1287]

...e não se deve tudo conceder ao próprio pai, existindo algumas coisas a serem dirigidas à mãe, ainda que entre os dois o pai seja superior; *com efeito, tampouco a Zeus tudo sacrificamos,*[1288] como
15 também não é ele o receptor da totalidade das honras, mas apenas de algumas. Desse modo, talvez haja algumas coisas que devam ser concedidas àquele amigo útil, enquanto outras ao amigo virtuoso; por exemplo, o fato de uma pessoa dar-te alimento e as coisas necessárias não cria para ti o dever de oferecer-lhe tua companhia; nem, em consonância com isso, te vês no dever de entregar ao amigo a quem concedes tua companhia aquilo que não obténs dele, mas do amigo útil; são indignas todas as pessoas que, contrariamente ao que deviam fazer, tudo concedem a alguém que amam.
20 E as definições indicadas em nossos discursos em algum sentido são todas pertinentes à amizade, mas não à mesma forma de amizade. Com efeito, alguém querer para o amigo útil as coisas que são boas para ele é algo que lhe diz respeito, como diz respeito ao benfeitor e, na realidade, diz respeito a qualquer tipo de amigo (já que essa definição de amizade não tem cunho distintivo); para um outro [tipo de amigo], que alguém queira sua existência; para
25 um outro ainda, que alguém queira sua companhia; para aquele *segundo o prazer*[1289] que alguém *compartilhe suas tristezas e suas alegrias.*[1290] Todas essas definições aplicam-se a alguma forma de amizade, mas nenhuma delas à amizade como algo singular. Assim, as definições são muitas, cada uma parecendo pertencer à amizade como algo singular, o que não é, por exemplo: o propósito no sentido

---

1286. Ou seja, o indicado no início do capítulo.

1287. ...λόγων δίκαιον μισθὸν ἂν λόγους φέροις, ἔργον δ' ἐκεῖνος ἔργον ὃς παρέσχετο. ... (*lógon díkaion misthòn àn lógous phérois, Érgon d' ekeînos érgon hòs paréskheto.*). Fragm. 882, Nauck.

1288. ...οὐδὲ γὰρ τῷ Διὶ πάντα θύεται , ... (*oudè gàr tôi Diì pánta thýetai*).

1289. ...καθ' ἡδονὴν... (*kath'hedonèn*).

1290. ...συναλγεῖν καὶ συγχαίρειν. ... (*synalgeîn kaì synkhaírein*).

292 | ÉTICA A EUDEMO

de que [o amigo] exista; *com efeito, o [amigo] superior e benfeitor quer a existência de seu produto*[1291] (e com respeito àquele que concedeu uma existência, tem-se o dever de retribuí-la), embora ele[1292]
30 queira não a companhia desse [amigo], mas aquela do amigo que proporciona prazer.

Há alguns amigos que cometem injustiças entre si, pois amam mais as coisas do que os possuidores delas, sendo, inclusive, amigos destes em função daquelas (tal como o indivíduo que elege seu vinho porque é agradável e sua riqueza porque é útil) – afinal, a riqueza é mais útil do que o seu possuidor; disso resulta o agastamento do possuidor, como se houvessem preferido suas posses a ele próprio, sendo por elas inferiorizado; o outro, por sua vez,
35 queixa-se, procurando agora encontrar no possuidor o indivíduo virtuoso, tendo anteriormente estado em busca da pessoa que lhe proporcionava prazer ou vantagem.

12

1244b1 É preciso examinar também a *autossuficiência*[1293] e a amizade, bem como as relações recíprocas de suas potências. É o caso, com efeito, de levantar a questão de se aquele que é autossuficiente em todos os aspectos terá um amigo, ou se, sendo o amigo procurado por carência, a pessoa boa é maximamente autossuficiente. Se a vida as-
5 sociada à virtude é uma vida de felicidade, por que deveria alguém necessitar de um amigo? De fato, o indivíduo autossuficiente nem necessita de pessoas úteis, nem de pessoas que o entretenham, nem de pessoas que lhe façam companhia, pois estar consigo mesmo lhe basta. Isso é, sobretudo, evidente no caso de um deus; está claro que na medida em que ele de nada necessita, não necessitará do ami-
10 go, e visto que dele não necessita, não o terá. Daí concluir-se que

---

1291. ...καὶ γὰρ ὁ καθ᾽ ὑπεροχὴν καὶ ποιήσας εὖ βούλεται τῷ ἔργῳ τῷ αὑτοῦ ὑπάρχειν... (*kai gàr ho kath'hyperokhèn kaì poiésas eû boúletai tôi érgoi tôi hautoû hypárkhein*). Entenda-se o produto (obra) como o amigo beneficiado.

1292. Ou seja, o beneficiado.

1293. ...αὐταρκείας... (*autarkeías*).

LIVRO VII | 293

também *o mais feliz ser humano*[1294] experimentará uma mínima necessidade de amigos, exceto diante da impossibilidade para ele de ser autossuficiente. Assim, necessariamente quem viver *a melhor vida*[1295] terá um escasso número de amigos, número que se tornará continuamente menor, além de não haver da parte dele o anseio por amigos, desprezando não só os amigos úteis como também os
15 desejáveis como companhia. Apesar disso, é certo que mesmo sua situação parece mostrar que o amigo não o é em função de utilidade ou benefício, mas que o único amigo é aquele em função da virtude. De fato, quando prescindimos de tudo, buscamos os outros para compartilhar nosso gozo, pessoas a quem beneficiarmos de preferência a benfeitores; some-se a isso que estamos mais capacitados a julgá-los quando nossa condição é a de autossuficiência
20 do que quando é a de carência, e, sobretudo, necessitamos de amigos que sejam dignos de nossa convivência.

Entretanto, no tocante a essa dificuldade, é necessário considerarmos se não estivemos parcialmente corretos e parcialmente desconectados da verdade por conta de nossa *comparação*.[1296] A questão ganha clareza no momento em que apuramos o que é a vida *no que diz respeito à atividade e como fim*.[1297] *Evidentemente é*
25 *o perceber e o conhecer, de modo que a convivência social é o perceber e o conhecer em comum*.[1298] Todavia, o perceber e o conhecer, eles mesmos, constituem o que há de mais desejável já no plano de cada indivíduo (o que explica porque o desejo pela vida é inato em todos nós, pois viver deve ser considerado uma forma de conhecer). Se, então, abstraíssemos e supuséssemos *o conhecer ele mesmo e a*
30 *sua negação*[1299] (embora isso se apresente impreciso no argumento tal como o formulamos, mas não impreciso nas coisas observadas),

---

1294. ...ἄνθρωπος ὁ εὐδαιμονέστατος... (*ánthropos ho eudaimonéstatos*).

1295. ...τῷ ἄριστα ζῶντι, ... (*tôi arista zônti*).

1296. ...παραβολήν. ... (*parabolén*).

1297. ...κατ᾽ἐνέργειαν, καὶ ὡς τέλος. ... (*kat' enérgeian, kai hos télos*).

1298. ...φανερὸν οὖν ὅτι τὸ αἰσθάνεσθαι καὶ τὸ γνωρίζειν, ὥστε καὶ τὸ συζῆν τὸ συναισθάνεσθαι καὶ τὸ συγγνωρίζειν ἐστίν. ... (*phaneròn oún hóti tò aisthánesthai kai tò gnorízein, hóste kai tò syzên tò synaisthánesthai kai tò syngnorízein estín.*).

1299. ...τὸ γινώσκειν αὐτὸ καθ᾽ αὐτὸ καὶ μὴ... (*tò gignóskein autò kath'hautò kai mè*).

294 | ÉTICA A EUDEMO

não haveria quaisquer diferenças entre esse conhecer e aquele de outra pessoa em lugar de si mesmo; tal coisa, contudo, assemelha--se ao viver de outrem em lugar daquele de si mesmo, *quando perceber e conhecer a si mesmo são razoavelmente mais desejáveis.*[1300] De

35 fato, é necessário levar em consideração ao mesmo tempo duas coisas, a saber, que a vida é desejável e que o bem o é, e, em decorrência

1245a1 disso, que é desejável que essa *natureza*[1301] seja inerente a si mesmo, tal como é inerente a eles. Se, portanto, do par das séries correspondentes, uma está sempre na classe do desejável, e o conhecido e o percebido são, em geral, constituídos graças à sua participação na *natureza do determinado,*[1302] *de maneira que o querer perceber a si*

5 *mesmo*[1303] é querer que o si mesmo seja de um determinado caráter, e assim o considerando não somos em nós mesmos cada uma dessas coisas, *mas tão só por participação nessas faculdades no perceber ou conhecer*[1304] (pois aquele que percebe torna-se percebido graças ao que se percebe e do modo e no aspecto nos quais anteriormente se percebe, constatando que ao conhecer alguém se torna conhecido) – resulta o querer-se sempre viver porque se quer sempre conhecer,

10 a própria pessoa, por sua vez, querendo ser ela mesma *o objeto conhecido.*[1305] De um certo prisma, optar por viver na companhia de outras pessoas poderia parecer tolo (a começar, inclusive, por aquilo que nos é comum com os outros animais, como comer ou beber juntos; com efeito, que diferença faz acontecerem essas coisas na proximidade de outras pessoas ou separadamente, *se suprimes o dis-*

15 *curso racional?*[1306] Mas mesmo participar de um discurso casual não altera o quadro e, tampouco, ensinar ou aprender é possível com relação a amigos autossuficientes, uma vez que se alguém aprende,

---

1300. ...εὐλόγως δὴ τὸ ἑαυτοῦ αἰσθάνεσθαι καὶ γνωρίζειν αἱρετώτερον. ... (*eulógos dè tò heautoû aisthánesthai kaì gnorízein hairetóteron*).

1301. ...φύσιν. ... (*phýsin*), quer dizer, a *desejabilidade* simultânea da vida e do bem.

1302. ...ὡρισμένης φύσεως, ... (*horisménes phýseos*).

1303. ...ὥστε τὸ αὐτοῦ βούλεσθαι αἰσθάνεσθαι... (*hoste tò hautoû boúlesthai aisthánesthai*).

1304. ...ἀλλὰ κατὰ μετάληψιν τῶν δυνάμεων ἐν τῷ αἰσθάνεσθαι ἢ γνωρίζειν... (*allà katà metálepsin tôn synámenon en tôi aisthánesthai è gnorízein*).

1305. ...τὸ γνωστόν. ... (*tò gnostón*).

1306. ..ἂν ἀφέλῃς τὸν λόγον... (*àn aphéleis tòn lógon*), ou: ...*sendo ingênuo o discurso...* .

LIVRO VII | 295

ele não é como deve ser,[1307] ao passo que se ensina, a deficiência é do amigo, e semelhança é amizade). Entretanto, decerto é evidente
20 que todos nós julgamos mais prazeroso compartilhar boas coisas com os amigos, na medida do cabível a cada um, e o maior bem que se é capaz de compartilhar, embora com alguns caiba compartilhar o *prazer físico*,[1308] com outros caiba compartilhar a *especulação das artes das musas*,[1309] com outros a filosofia; e, assim, o amigo é paralelamente necessário (daí se dizer *Amigos distantes é penoso*[1310]). A
25 conclusão é que não é aconselhável ocorrer separação mútua quando isso acontece. Daí o *amor sexual*[1311] parecer assemelhar-se à *amizade*,[1312] pois o amante deseja a companhia de seu amado, embora não do modo que é o mais devido, mas de um modo sensual.

Conclui-se que o argumento, ao suscitar a questão, afirma o que antes indicamos, enquanto os fatos revelam o que vimos posteriormente; em decorrência, fica claro que aquele que suscita a questão de algum modo nos engana. Cabe-nos sondar a verdade apoiando--nos no seguinte: o amigo quer ser, como diz o provérbio, *outro*
30 *Héracles, outro eu*;[1313] todavia, é separado do amigo, e é difícil para todos os indivíduos vir a ser caracteristicamente um quando são dois; embora o amigo seja naturalmente o que mais guarda afinidade com o amigo, este se assemelha quanto ao corpo, aquele quanto à alma, alguém em uma parte do corpo ou da alma, e alguém mais de outra maneira. De qualquer modo, o amigo quer ser, por assim

---

1307. Isto é, autossuficiente.

1308. ...ἡδονῆς σωματικῆς... (*hedonês somatikês*), prazer do corpo.

1309. ...θεωρίας μουσικῆς... (*theorías mousikês*). O sentido aqui não é o restrito de música. Ainda que não haja, a rigor, um pleno consenso entre os estudiosos e especialistas em mitologia grega quanto à correspondência e atribuição de determinadas artes a cada uma das nove musas (filhas de Zeus e Mnemosine), costuma-se considerar que as artes das musas (artes distintas de outras artes e da filosofia) são as seguintes: música, dança, poesia (lírica, erótica, épica, cômica, idílica e trágica), retórica, história, astronomia e hinos religiosos.

1310. ...μόχθος οἱ τηλοῦ φίλοι... (*mókhthos hoi teloû phíloi*).

1311. ...ἔρως... (*éros*).

1312. ...φιλία... (*philíai*).

1313. ...ἄλλος Ἡρακλῆς, ἄλλος αὐτός... (*állos Heraklês, állos autós*).

296 | ÉTICA A EUDEMO

35 dizer, um *eu separado*.[1314] Assim, perceber e conhecer o amigo tem
que ser, de certa forma, perceber e conhecer a si mesmo. O efeito é ser razoavelmente prazeroso inclusive compartilhar *das coisas*
vulgares[1315] e da vida ordinária de um amigo (pois a percepção do
amigo sempre acontece simultaneamente), embora seja preferível
compartilhar *os prazeres mais divinos*;[1316] a razão disso é ser sempre
1245b1 mais prazeroso contemplar a si mesmo fruindo do bem superior, *o*
que é ora uma paixão, ora uma ação, ora outra coisa.[1317] Se, entretanto, é prazeroso para alguém, ele próprio, viver bem, e o mesmo para
o amigo, e se conviver implica em trabalho comum, certamente a
associação será, sobretudo, nas coisas que estão incluídas no fim.
Por essa razão deveríamos tanto especular quanto festejar asso-
5 ciativamente, não com base nos prazeres do alimento e naqueles
necessários (porquanto essas associações não parecem ser genuína relação social, não passando de gozo), mas cada um animado
do desejo efetivo de compartilhar o fim para cuja consecução está
capacitado; se assim não é, as pessoas querem, sobretudo, serem
benfeitores de seus amigos ou serem por eles beneficiadas. Revela-
-se com isso que o convívio é um dever, que é o que todos querem
10 sobremaneira, inclusive especialmente o indivíduo que é *o mais feliz*
e o mais excelente.[1318] Todavia, que o oposto parecia ser a conclusão
do argumento também se mostrava razoável, sendo verdadeira essa
afirmação. Com efeito, a solução está no âmbito da comparação, a
correspondência abrigando verdade; considerando que o deus é tal
que prescinde de um amigo, afirmamos o mesmo do ser humano que
15 se assemelha ao deus. Contudo, com base nesse mesmo raciocínio,
concluiríamos que o indivíduo virtuoso não pensará, pois a perfeição do deus não o admite, sendo ele superior ao pensar qualquer
coisa exceto ele mesmo. A razão disso é que no tocante a nós, é

1314. ...αὐτὸς διαιρετὸς... (*autòs diairetòs*).

1315. ...τὰ φορτικὰ... (*tà phortikà*).

1316. ...τὰς θειοτέρας ἡδονάς... (*tàs theiotéras hedonás*). Aristóteles refere-se aos prazeres da
alma, entre eles, sobretudo, os prazeres da especulação (θεωρία [*theoría*]).

1317. ...τοῦτο δ' ἐστὶν ὁτὲ μὲν πάθος, ὁτὲ δὲ πρᾶξις, ὁτὲ δὲ ἕτερόν τι. ... (*toûto d' estín hotè*
mèn páthos, hotè dè práxis, hotè dè héterón ti).

1318. ...ὁ εὐδαιμονέστατος καὶ ἄριστος ... (*ho eudaimonéstatos kaì áristos*).

LIVRO VII | 297

algo distinto de nós que serve de referência para nosso bem-estar, enquanto no caso do deus, é ele mesmo seu próprio bem-estar.

20 *Quanto a buscarmos e orarmos por muitos amigos e ao mesmo tempo declararmos que aquele que tem muitos amigos não tem nenhum, ambas essas declarações estão corretas.*[1319] Se existe possibilidade de conviver e compartilhar das percepções de muitos simultaneamente, é maximamente desejável que sejam na maior quantidade possível; devido, contudo, à suma dificuldade que isso acarreta, a atividade da percepção em conjunto tem que ser necessariamente entre poucos, de modo que não só a aquisição de muitos amigos é difícil
25 (com efeito, para isso o teste é necessário) como, uma vez obtidos, surge outra dificuldade, a saber, sua utilização.

Queremos, às vezes, que aquele que amamos saia-se bem distante de nós, às vezes que participe das mesmas coisas.[1320] E a vontade de estar juntos caracteriza a amizade; com efeito, se é possível estar juntos e se sair bem, passa a ser a opção de todos; mas se o sair-se bem é impossibilitado pelo estar juntos, nossa escolha é como teria
30 sido talvez a da mãe de Héracles,[1321] isto é, ser ele um deus de preferência a permanecer com ela, não excluindo, porém, o fato de ser um servo de Euristeu.[1322] Seria o caso de dizer coisas como o gracejo do laconiano quando alguém, durante uma tempestade, o instruiu a invocar *os Dioscuros.*[1323]

1319. ...καὶ τὸ ζητεῖν ἡμῖν καὶ εὔχεσθαι πολλοὺς φίλους, ἅμα δὲ λέγειν ὡς οὐθεὶς φίλος ᾧ πολλοὶ φίλοι, ἄμφω λέγεται ὀρθῶς. ... (*kai tò zeteîn hemîn kaì eúkhesthai polloùs phílous, háma dè légein hos outheìs phílos hôi polloì phíloi, ámpho légetai orthôs*).

1320. ...καὶ ὁτὲ μὲν ἀπεῖναι εὖ πράττοντα τὸν φιλούμενον βουλόμεθα, ὁτὲ δὲ μετέχειν τῶν αὐτῶν. ... (*kai hotè mèn apeînai eû práttonta tòn philoúmenon boulómetha, hotè dè metékhein tôn autôn*).

1321. Ou seja, a mortal Alcmene.

1322. Euristeu: na mitologia rei de Micenas e Tirins. Após o ataque de loucura de que Héracles foi acometido e que o levou a matar a própria esposa e os filhos, o Oráculo de Delfos determinou que ele servisse ao rei Euristeu por doze anos, executando trabalhos dos quais o rei o incumbiria.

1323. ...τοὺς Διοσκόρους. ... (*toùs Dioskórous*), que significa literalmente *os meninos de Zeus*, quer dizer, Cástor e Pólux, deuses protetores dos navegantes e dos viajantes em geral, no mar e na terra, sobretudo por ocasião das tormentas e tempestades.

298 | ÉTICA A EUDEMO

É aparentemente característico daquele que tem amizade man-
35 ter o amigo longe do compartilhamento de suas adversidades,
enquanto este último quer compartilhá-las. É de se esperar que
ambas essas atitudes ocorram; nada, com efeito, deve ser tão doloroso para um amigo quanto ser distanciado, sendo prazeroso
estar com o amigo; porém entende-se que ele não deve optar por
seu interesse. Assim, as pessoas afastam os amigos no que respeita a participarem dos males que as afligem; preferem guardar seus
1246a1 sofrimentos para si, de modo a não parecer que egoisticamente escolhem realmente a alegria às expensas da dor do amigo {...}[1324] e,
por outro lado, julguem um alívio não suportar seus males isoladas.
Mas considerando-se que tanto o bem-estar quanto o estar juntos
são desejáveis, *fica claro que estar juntos em associação com um bem
menor é mais desejável do que estar separados em associação com um
5 maior.*[1325] Mas como não fica claro quanta importância tem o estar
juntos, diverge-se nesse ponto, algumas pessoas sendo da opinião
de que é sinal de amizade compartilhar juntos de tudo e declaram,
por exemplo, que é mais prazeroso jantar acompanhado, ainda que
dispondo do mesmo alimento, do que fazê-lo sem companhia; outras querem compartilhar apenas o bem-estar, pois segundo elas, a
supor situações extremas {...},[1326] pessoas mergulhadas em grandes
10 fracassos estando juntas ou em grandes sucessos estando separadas
{...}[1327] encontram-se em paridade. E igualmente no que toca à má
sorte, ocorre algo semelhante; por vezes, o que queremos é a ausência de nossos amigos e não é nosso desejo causar-lhes dor quando
sua presença nada produzirá de positivo, ao passo que em outras
ocasiões a presença deles proporciona máximo prazer. Nada há de
não razoável nessa contradição. De fato, ocorre devido ao que foi
indicado antes e simplesmente porque nos esquivamos à visão de
15 um amigo que sofre ou que se encontra num estado precário, que é

1324. {...} Susemihl acusa uma lacuna neste ponto.

1325. ..δῆλον ὅτι τὸ ἅμα εἶναι μετ᾽ ἐλάττονος ἀγαθοῦ αἱρετώτερόν πως ἢ χωρὶς μετὰ
μείζονος. ... (*dêlon hóti tò háma eînai met'eláttonos agathoú hairetóterón pos è khorís
metà meízonos*).

1326. {...} Susemihl acusa uma lacuna neste ponto.

1327. {...} Susemihl acusa uma lacuna neste ponto.

LIVRO VII | 299

como agiríamos no nosso próprio caso; por outro lado, nada supera o prazer de ver um amigo, pela razão já mencionada, e vê-lo *sadio*[1328] se a própria pessoa estiver doente, de maneira que qual dessas situações é a mais prazerosa nos leva a decidir se queremos a pre-
20 sença ou ausência do amigo. É o que ocorre também, por idêntica razão, com respeito a pessoas inferiores; mostram-se especialmente ansiosas para que seus amigos não se saiam bem e *nem existam*[1329] se elas se virem na necessidade de suportar seus próprios males. Resultado: às vezes acontece de pessoas levarem consigo para a morte aqueles que amam; de fato, julgam que se estes sobreviverem a elas, experimentarão uma percepção mais aguda dos males que os afligem, tal como alguém atingido pela adversidade que se lembrasse
25 que outrora se saíra bem teria mais percepção de sua adversidade do que se pensasse que sempre se saíra mal. {...}[1330]

1328. ...μὴ κάμνοντα... (*mè kámnonta*), não doente, segundo o texto de Susemihl. Outros indicam ...μὴν κάμνοντα... (*mèn kámnonta*), **decerto doente**, sugerindo uma solidariedade de amigos na doença. Não deixa de ser cabível, mas não nos parece que a coerência interna do contexto acene para isso. Ficamos com Susemihl.

1329. ...μηδ᾽ εἶναι... (*med᾽ eînai*), que é o que Susemihl e outros registram. Bekker e outros indicam ...μηδ᾽ ἀπεῖναι... (*med᾽ apeînai*), *nem se ausentem*. Cabível e aceitável, mas preferimos aqui o texto baseado em Susemihl, que nos parece justificado pela sequência imediata do contexto.

1330. {...} Susemihl acusa uma lacuna neste ponto.

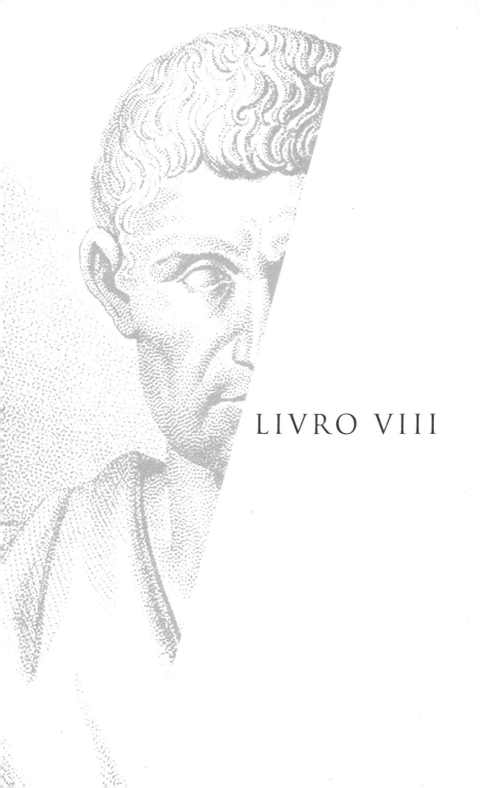

LIVRO VIII

1[1331]

NESSE PONTO PODERÍAMOS levantar uma questão, a saber, se é possível usar cada coisa tanto em vista de seu desígnio natural quanto de outro modo, e neste caso *enquanto* ela mesma ou acidentalmente; *por exemplo, um olho para ver ou, de outro modo, para* 30 *ver falsamente olhando de soslaio, de maneira que uma coisa pareça duas,*[1332] ambos esses usos se devendo ao fato de o olho ser olho, sendo, entretanto, possível usá-lo de outro modo, isto é, {*acidentalmente, por exemplo caso se pudesse vendê-lo ou comê-lo*}[1333]. Algo semelhante ocorre no tocante ao uso do conhecimento; com efeito, podemos usá-lo verdadeira ou incorretamente, por exemplo, quando escrevemos voluntariamente uma palavra incorretamente, momento em que empregamos conhecimento como *ignorância,*[1334] 35 *tal como as dançarinas que, às vezes, trocam mão por pé, usando pé como mão e esta como pé.*[1335] Se, nesse enfoque, todas as virtudes

---

1331. Alguns helenistas (como J. Solomon) e editores preferem considerar, até em consonância com um dos manuscritos, o conteúdo deste último Livro como capítulos 13 a 15 do Livro VII. Não é o que adotamos, simplesmente devido à clara mudança de tema da discussão. Assim fazemos por mero motivo didático, sem entrar, obviamente, no mérito da questão.

1332. ...οἷον εἰ ὀφθαλμὸς ἰδεῖν ἢ καὶ ἄλλως παριδεῖν διαστρέψαντα, ὥστε δύο τὸ ἓν φανῆναι, ... (*hoîon ei ophthalmòs ideîn è kaì állos parideîn diastrépsanta hoste dýo tò hèn phanênai*).

1333. { } ...κατὰ συμβεβηκός, οἷον εἰ ἦν ἀποδόσθαι ἢ φαγεῖν. ... (*katà symbebekós, hoîon ei ên apodósthai è phageîn*). Esse texto que indicamos entre chaves é considerado dúbio por Solomon.

1334. ...ἀγνοίᾳ... (*agnoíai*).

1335. ...ὥσπερ μεταστρέψας τὴν χεῖρα, καὶ τῷ ποδί ποτε ὡς χειρὶ καὶ ταύτη ὡς ποδὶ χρῶνται αἱ ὀρχηστρίδες. ... (*hósper metastrépsas tèn kheîra, kaì tôi podí pote hos kheirì kaì taútei hos podì khrôntai hai orkhestrídes.*).

304 | ÉTICA A EUDEMO

fossem formas de conhecimento, usar inclusive *a justiça como injustiça*[1336] seria uma possibilidade, situação em que alguém estaria sendo injusto cometendo ações injustas em decorrência da justiça, como quando se cometeria atos de ignorância em decorrência do conhecimento; mas sendo isso impossível, evidencia-se que as virtudes não são formas de conhecimento. E também se não é possível que a ignorância decorra do conhecimento, porém tão só o erro e a execução do mesmo que é decorrente da ignorância, seguramente uma pessoa jamais agirá em decorrência da justiça de maneira idêntica a fazê-lo em decorrência da injustiça. Considerando-se, porém, que a *sabedoria*[1337] constitui conhecimento e uma certa verdade, produzirá o mesmo efeito do conhecimento; de fato, seria possível, em decorrência da sabedoria, agir tolamente e cometer os mesmos erros que o tolo comete; se, contudo, o uso de cada coisa *enquanto* ela mesma fosse simples, agindo nessa linha as pessoas estariam agindo sabiamente. No tocante a *outras formas de conhecimento,*[1338] existe algo soberano que produz seu desvio. Mas como é possível existir qualquer conhecimento que produz o desvio do conhecimento soberano? Não há mais nenhum conhecimento ou intelecto para realizá-lo. E tampouco pode a virtude produzi-lo, uma vez que a sabedoria se serve dela, porquanto a virtude do governante utiliza aquela do governado. Então o que é? Ou é como ocorre com o vício da parte irracional da alma, que recebe o nome de descontrole, sendo o indivíduo descontrolado desregrado, indivíduo que possui razão, mas que quando seu apetite é poderoso, este o distorce, levando-o a fazer o raciocínio oposto? Ou é evidente que também no caso da presença da virtude na parte irracional, mas presença de *insensatez*[1339] na racional, uma e outra serão

---

1336. ...τῇ δικαιοσύνῃ ὡς ἀδικίᾳ... (*têi dikaiosýnei hos adikíai*).

1337. ...φρόνησις... (*phrónesis*).

1338. ...ἄλλαις ἐπιστήμαις... (*állais epistémais*).

1339. ...ἄνοια... (*ánoia*), ou seja, falta de razão, falta de senso. Embora esta palavra possa também significar correntemente *ignorância*, isto é, falta de conhecimento, o sentido aqui nos parece conceitualmente preciso, de modo que não devemos confundir ἄνοια (*ánoia*), ausência de razão, de senso, com ἄγνοια (*ágnoia*), que significa precisamente ignorância, ou seja, falta de conhecimento. Um indivíduo ignorante é diferente de um indivíduo estúpido, tolo ou louco. Entretanto, esses conceitos, a despeito de distintos,

LIVRO VIII | 305

transformadas de outra maneira? O resultado seria a possibilidade
se usar a justiça de maneira injusta e má e a sabedoria de maneira
tola – com o que os usos opostos também seriam possíveis.

20   É, com efeito, *absurdo*[1340] que o vício, surgindo a qualquer tempo na parte
irracional, devesse distorcer a virtude na parte racional e reduzi-la
à ignorância, ainda que a virtude, na parte irracional, na presença de insensatez na racional, não devesse converter a insensatez,
levando esta a construir juízos eivados de sabedoria e corretos; e,
por outro lado, a sabedoria, na parte racional, não devesse fazer o
desregramento, na irracional, agir moderadamente, o que parece
25   ser a essência do autocontrole. Conclui-se que haverá ação sábia resultante da *insensatez*.[1341] Ora, essas conclusões são absurdas, *sobre-*
tudo essa da ação sábia resultante da insensatez;[1342] de fato, trata-se
de algo decerto não observado em outros casos; o desregramento
distorce o conhecimento médico ou gramatical, mas, de qualquer
modo, estamos facultados a declarar que não é a *ignorância*,[1343]
se oposta, porque não possui superioridade, mas sim a virtude
30   que está relacionada desse modo ao vício em geral. Seja o que for
que estiver no domínio da capacidade de alguém justo, estará também naquele de alguém injusto, *e em geral a incapacidade está con-*
tida na capacidade.[1344] Assim, está claro que sabedoria e virtude são
concomitantes nas pessoas, que os estados mencionados acima dizem respeito a outrem *e que estão corretas as palavras socráticas de que*

---

são ambos cabíveis na discussão em pauta, além do que, é perfeitamente compreensível, no estabelecimento de textos a partir dos manuscritos, a alternância variável entre
palavras tão semelhantes como ἄνοια e ἄγνοια. Ver, logo na sequência, 1246b1-2 e
1246b25.

1340. ...ἄτοπον... (*átopon*), literalmente *fora de lugar*, deslocado, mas o sentido aqui é abstrato: despropositado, absurdo.

1341. ...ἀνοίας... (*anoías*). Mas há quem prefira ἀγνοίας (*agnoías*). Ver nota 1339.

1342. ...ἄλλως τε καὶ ἀπὸ ἀνοίας χρῆσθαι φρονήσει φρονίμως... (*állos te kaì apò anoías*
khrêsthai phronései phronímos). Traduzindo mais próximo à literalidade: ...sobretudo a
de empregar a prudência prudentemente em decorrência da insensatez... .

1343. ...ἄγνοιαν... (*ágnoian*).

1344. ...καὶ ὅλως ἔνεστιν ἐν τῇ δυνάμει ἡ ἀδυναμία. ... (*kaì hólos énestin en têi dynámei he*
adynamía).

306 | ÉTICA A EUDEMO

nada é mais poderoso do que a sabedoria. [1345] Mas quando ele[1346] disse o mesmo referindo-se ao conhecimento estava incorreto, já que
35 a sabedoria é uma virtude e não um conhecimento, *mas um outro gênero de cognição.* [1347]

2

VISTO, CONTUDO, QUE NÃO É SOMENTE a sabedoria, atuando
em consonância com a virtude, que produz bem-estar, tendo nós
1247a1 também feito referência ao indivíduo que tem boa sorte como se
saindo bem, a indicar que também esta última produz bem-estar
e os mesmos efeitos do conhecimento, *devemos investigar se é por
natureza ou não que uma pessoa tem boa sorte e outra má sorte,* [1348] e
qual é a situação no âmbito desses temas. Com efeito, vemos que
alguns indivíduos têm boa sorte, porquanto muitos, ainda que tolos, obtêm sucesso em coisas relativamente às quais *o que decide é a
5 sorte,* [1349] inclusive em coisas que, embora exijam arte, dependem em
larga escala da sorte, *como na arte militar e na do piloto.* [1350] É a boa
sorte desses indivíduos, assim, decorrente de uma certa disposição
de caráter, ou produzem eles certos resultados positivos não em razão de qualidades próprias? Presentemente, as pessoas tendem para
esta última opinião, sustentando que esses indivíduos possuem
10 dotes naturais. Entretanto, a natureza produz seres humanos com
certas qualidades, ou seja, qualidades diversas, sendo eles diferentes

---

1345. ...καὶ ὀρθῶς τὸ Σωκρατικόν, ὅτι οὐδὲν ἰσχυρότερον φρονήσεως. ... (*kaì orthôs tò Sokratikón, hóti oudèn iskhyróteron phronéseos*).

1346. Sócrates.

1347. ...ἀλλὰ γένος ἄλλο γνώσεως. ... (*allà génos állo gnóseos*). Susemihl acusa uma lacuna neste final de período.

1348. ...σκεπτέον ἄρ᾽ ἐστι φύσει ὃ μὲν εὐτυχὴς ὃ δ᾽ ἀτυχής, ἢ οὔ, ... (*skeptéon âr' esti phýsei hò mèn eutykhès hò atykhés, è oú*), entendendo-se aqui uma espécie de dualidade inescapável, ou seja, ninguém é, a rigor, destituído de sorte (τύχη [*týkhe*]), pois *não ter boa sorte* corresponde *a ter má sorte.*

1349. ...ἡ τύχη κυρία, ... (*he týkhe kyría*), ou, literalmente: ...a sorte é soberana... .

1350. ...οἷον ἐν στρατηγίᾳ καὶ κυβερνητικῇ. ... (*hoîon en strategíai kai kybernetikêi*).

desde o nascimento, como notamos que alguns têm olhos *claros*,[1351] enquanto outros olhos negros, em razão de uma porção particular deles possuir uma qualidade peculiar; consequentemente existem os que têm boa sorte e os que não a tem.[1352] Está claro que seu sucesso não se deve à prudência (sabedoria prática), pois esta não é irracional, mas transmite a razão do porque atua como atua, enquanto
15 eles se veriam impossibilitados de indicar a razão de seu sucesso; com efcito, isso seria *arte*;[1353] ademais, é patente que o fato de serem tolos não os impede de se saírem bem, embora não sejam tolos em relação a outros aspectos (no que, de fato, nada haveria de absurdo, e exemplificamos com Hipócrates,[1354] que era geômetra, mas tido como *estúpido e tolo*[1355] quanto a outros aspectos, comentando-se dele que, por ocasião de uma viagem, teve subtraído de si, por ser
20 ingênuo, *muito dinheiro*[1356] em Bizâncio pelos *coletores do imposto alfandegário da 50ª parte*[1357]), mas ainda assim tolos em relação ao próprio negócio em que que têm boa sorte. De fato, em matéria de *navegação*[1358] não são os mais extraordinariamente hábeis os dotados de boa sorte, mas (tal como no jogo de dados, em que uma pessoa lança o dado obtendo o um e outra o lança e obtém o seis), um indivíduo tem boa sorte de acordo com os ditames da natureza. Ou, como dizem, porque sendo ele amado por um deus, o sucesso é algo
25 de origem externa, como, por exemplo, no caso de um navio mal construído que frequentemente realiza melhor uma viagem não graças à sua construção, mas porque tem um bom piloto? Nesse caso, o homem de boa sorte tem um piloto que é a divindade. Cau-

---

1351. ...γλαυκοὶ... (*glaukoi*). Aristóteles parece utilizar aqui esse termo no seu sentido genérico, mas o sentido restrito de *azuis num tom acinzentado* também é admissível.

1352. Ver nota 1348.

1353. ...τέχνη... (*tékhne*).

1354. Hipócrates de Quios (*circa* 460 a.C.), matemático e filósofo pitagórico. Não confundir com Hipócrates, pai da medicina ocidental.

1355. ...βλὰξ καὶ ἄφρων... (*bláx kai áphron*).

1356. ...πολὺ χρυσίον... (*polù khrysíou*), literalmente: ...muito ouro... .

1357. ...πεντηκοστολόγων... (*pentekostológon*).

1358. ...ναυκληρίαν... (*nauklerían*).

308 | ÉTICA A EUDEMO

sa estranheza, porém, que *um deus ou divindade*[1359] se dispusesse a amar um indivíduo dessa espécie e não o indivíduo melhor e o mais sábio. Se aqui o sucesso [daqueles que têm boa sorte] tem como
30 causa necessária a natureza, ou a inteligência, ou alguma forma de proteção, a eliminarmos estas duas últimas, conclui-se que aqueles que têm boa sorte a terão por ser isso determinado pela natureza. Entretanto, não há dúvida de que a natureza é causa daquilo que é invariavelmente ou geralmente do mesmo modo, enquanto ocorre o oposto com a sorte. Se, então, o sucesso que não contava com expectativa parece ser algo produzido pela sorte, *mas se é devido à sorte que alguém tem boa sorte,*[1360] pareceria que a causa de sua sorte
35 não é o tipo de causa que produz invariável ou geralmente idêntico resultado; ademais, se uma pessoa se sai bem ou não porque pertence a um certo tipo humano, digamos alguém que por ter olhos claros não enxerga com nitidez, concluiremos que *a causa não é a sorte, mas a natureza,*[1361] do que resulta que não se trata de alguém *que tem boa sorte*, mas de alguém que é, por assim dizer, *bem dotado.*[1362] Assim, por via de consequência, cabe-nos declarar que as
1247b1 pessoas que dizemos ter boa sorte a têm não por causa da sorte; disso se concluiria que elas não têm boa sorte, pois as que têm são pessoas para as quais a sorte é reponsável por coisas boas.

Todavia, se assim for, diremos que de modo algum existe sorte, ou que existe, mas não é causa? *Não, é necessário tanto que exista quanto que seja causa.*[1363] Nesse caso, será adicionalmente causa de
5 bens ou males para certas pessoas. Se, contudo, procedermos à sua

---

1359. ...θεὸν ἢ δαίμονα... (*theòn è daímona*). Aristóteles parece empregar aqui o segundo termo (que encerra variados sentidos) na acepção genérica de divindade menor e não nomeada, distinta do deus maior, pré-olímpico, olímpico ou não olímpico e nomeado, para o qual é reservado o primeiro termo.

1360. ...ἀλλ' εἴπερ διὰ τύχην εὐτυχής, ... (*all' eíper dià týkhen eutykhés*).

1361. ...οὐ τύχη αἰτία ἀλλὰ φύσις ... (*ou týkhe aitía allà phýsis*).

1362. As expressões que indicamos em itálico, em grego respectivamente ...εὐτυχὴς... (*eutykhès*) e ...εὐφυής... (*euphyés*) consubstanciam a conclusão de Aristóteles em termos afirmativos, mas convém notar que seu exemplo da pessoa de olhos claros que não enxerga com nitidez é formalmente negativo, o que significa que ela teria má sorte e não boa sorte, e que seria naturalmente mal dotada e não bem dotada.

1363. ...ἀλλ' ἀνάγκη καὶ εἶναι καὶ αἰτίαν εἶναι. ... (*all' anánke kaì einai kaì aitían einai*).

LIVRO VIII | 309

completa eliminação, diremos que nada acontece em decorrência da sorte, ainda que digamos ser ela uma causa simplesmente porque, embora exista uma outra causa, não a vemos; por conta disso, ao definir a sorte há quem a entenda como uma *causa insuscetível de ser calculada pela razão humana*,[1364] concebendo-a como algo autenticamente natural. Isso seria certamente assunto para uma outra in-
10 vestigação. Mas como observamos certas pessoas terem sorte numa ocasião, por que não a teriam também uma segunda vez pela mesma razão? Afinal a mesma causa produz o mesmo efeito. Isto, por conseguinte, não será uma questão de sorte. Entretanto, quando um idêntico acontecimento decorre de antecedentes indefinidos e indeterminados, será bom ou mau para certo indivíduo, mas não existirá um conhecimento disso que chegue a nós pela *experiência*;[1365] se, com efeito, existisse, *alguns teriam aprendido a ter boa sorte*,[1366] ou
15 efetivamente *todas as ciências, como disse Sócrates, seriam formas de boa sorte*.[1367] O que, então, impede que tais coisas ocorram de maneira frequente e sucessiva a alguém, não porque assim devessem ocorrer, mas como, por exemplo, poderia ocorrer de dados exibirem sempre o lance *feliz*?[1368] E daí? Não existem na alma impulsos que procedem da razão, enquanto outros resultam do desejo irracional? E não são estes anteriores? De fato, se o impulso provocado pelo
20 apetite que se volta para o prazeroso existe por natureza, também o desejo tão só por natureza caminharia *sempre*[1369] para o que é bom. Se, portanto, alguns indivíduos são bem dotados pela natureza (como *aqueles que têm pendor para o canto*,[1370] que embora não tenham aprendido a cantar, possuem o dom natural para fazê-lo),

---

1364. ...αἰτίαν ἄλογον ἀνθρωπίνῳ λογισμῷ, ... (*aitían álogon anthropínoi logismôi*).

1365. ...ἐμπειρίαν, ... (*empeirían*).

1366. ...ἐμάνθανον ἄν τινες εὐτυχεῖν, ... (*emánthanon án tines eutykheín*).

1367. ...πᾶσαι ἂν αἱ ἐπιστῆμαι, ὥσπερ ἔφη Σωκράτης, εὐτυχίαι ἦσαν. ... (*pâsai èn hai epistêmai, hósper éphe Sokrátes, eutykhíai êsan*).

1368. ...μακαρίαν... (*makarían*), o lance *afortunado*: Susemihl. Ou ...μάκραν... (*mákran*), com o que teríamos: ...o *grande* lance..., mas a ideia é a mesma, isto é, o lance que exibe o número seis.

1369. ...πάντοτε. ... (*pântote*).

1370. ...ᾠδικοι... (*ódikoi*).

310 | ÉTICA A EUDEMO

e prescindindo da razão movem-se segundo o rumo que lhes é indicado pela natureza e desejam o que devem desejar e da maneira
25 devida, serão eles bem-sucedidos, mesmo *sendo tolos e irracionais*,[1371] tal como [aqueles outros] cantarão bem, ainda que incapazes de ministrar o ensino do canto. E pessoas assim têm boa sorte; com efeito, sem o concurso da razão, costumam ser bem-sucedidas. A conclusão é que os indivíduos que têm sorte a têm por natureza.

Ou a expressão *boa sorte*[1372] apresenta múltiplos sentidos? De
30 fato, a realização de algumas coisas é por impulso e em decorrência da prévia escolha daqueles que as realizam, enquanto outras não ocorrem desse modo, mas de modo contrário; e se, no que toca ao primeiro caso, os realizadores se saem bem em situações em que parece que *fizeram mau uso da razão*,[1373] dizemos que tiveram boa sorte; por outro lado, no segundo caso, se quiseram um bem diferente ou inferior àquele que obtiveram. É possível, então, que na primeira situação as pessoas devam sua boa sorte à natureza; nesse caso, *com*
35 *efeito, o impulso e o desejo*[1374] foram em vista do objeto devido e tiveram êxito, mas o raciocínio foi tolo; nessa sua conjuntura, quando acontece de o raciocínio parecer incorreto, mas sua causa ser o impulso, essas pessoas são salvas pela correção de seu impulso; surgem algumas ocasiões, ao contrário, nas quais a pessoa assim raciocina devido ao *apetite*[1375] e se revela como sendo destituída da boa sorte.

No caso, contudo, das outras pessoas, como será a boa sorte de acordo com o bom dom natural do desejo e do apetite? Decer-
1248a1 to num caso e outro a boa sorte é a mesma. *Ou existe um número maior das formas de boa sorte e sorte dupla?*[1376] Entretanto, como observamos algumas pessoas gozando de boa sorte *contrariando todas as ciências e os cálculos corretos*,[1377] fica claro que a causa da

---

1371. ...ἄφρονες ὄντες καὶ ἄλογοι, ... (*áphrones óntes kaì élogoi*).

1372. ...εὐτυχία... (*eutykhía*).

1373. ...κακῶς λογίσασθαι... (*kakôs ligísasthai*), literalmente: ...raciocinaram mal... .

1374. ...ἡ γὰρ ὁρμὴ καὶ ὄρεξις ... (*he gàr hormè kaì órexis*).

1375. ...ἐπιθυμίαν... (*epithymían*).

1376. ...ἢ πλείους αἱ εὐτυχίαι καὶ τύχη διττή; ... (*è pleíous hai eutykhíai kaì týkhe ditté;*).

1377. ...παρὰ πάσας τὰς ἐπιστήμας καὶ τοὺς λογισμοὺς τοὺς ὀρθοὺς... (*parà pásas tàs epistémas kaì toùs logismoùs toùs orthoùs*).

LIVRO VIII | 311

5 boa sorte é algo distinto. Mas é boa sorte ou não aquilo através de que alguém gerou um apetite pela coisa devida e na ocasião devida, quando para ele o cálculo racional humano era impotente para chegar a isso? De fato, isso não é totalmente *destituído de razão*[1378] e tampouco o é o apetite natural, ainda que distorcido em decorrência de alguma coisa. Julga-se, então, que a pessoa tem boa sorte, uma vez que a sorte é a causa daquilo que contraria a razão, e isso 10 contraria a razão, *pois contraria o conhecimento e o universal*.[1379] É provável, porém, que não seja oriundo da sorte, embora assim se afigure devido à causa acima indicada. Conclui-se que esse argumento não demonstra que a boa sorte ocorre por determinação da natureza, mas que nem todos os que parecem ter boa sorte são bem-sucedidos devido à sorte, mas sim devido à natureza; por outro lado, tampouco demonstra a inexistência da sorte, nem que esta 15 não seja a causa de qualquer coisa, mas apenas que não é a causa de tudo de que aparenta ser.

Mas seria o caso de alguém suscitar a questão: é a sorte a causa precisamente de se constituir o apetite pela coisa devida na ocasião devida? Ou, nessa perspectiva, não será ela a causa de tudo, inclusive do pensamento e da deliberação? Com efeito, não se delibera após uma deliberação anterior que implicou deliberação, nem se 20 pensa após um pensamento anterior ao pensar, e assim por diante *ao infinito*,[1380] *mas existe algum princípio*.[1381] *Por conseguinte, o pensamento não é o princípio do pensar, nem a deliberação o do deliberar*.[1382] Diante disso, o que resta exceto a sorte? Portanto, tudo resultaria da sorte... Ou é o caso de existir certo princípio fora do qual não existe nenhum outro e que ele, por ser o que é, é capaz de produzir isto ou aquilo? É este o objeto de nossa investigação, a saber,

---

1378. ...ἀλόγιστον... (*alógiston*).

1379. ...παρὰ γὰρ τὴν ἐπιστήμην καὶ τὸ καθόλου. ... (*parà gàr tèn epistémen kaì tò kathólou*).

1380. ...εἰς ἄπειρον , ... (*eis ápeiron*).

1381. ...ἀλλ᾽ ἔστιν ἀρχή τις . ... (*all'éstin arkhé tis*).

1382. ...οὐκ ἄρα τοῦ νοῆσαι ὁ νοῦς ἀρχή, οὐδὲ τοῦ βουλεύσασθαι βουλή. ... (*ouk ára toû noêsai ho noûs arkhé, oudè toû bouleusasthai boulé*).

312 | ÉTICA A EUDEMO

25 *o que é o princípio do movimento na alma.*[1383] É clara a resposta: *como no universo, aí Deus tudo move;*[1384] de certa maneira, o divino em nós tudo move. *O princípio da razão não é a razão, porém algo superior.*[1385] E o que, senão Deus, poderia ser superior até mesmo ao conhecimento e ao intelecto? Não é o caso da virtude, pois esta é um instrumento do intelecto; e, por conta disso, como eu afir-
30 mava há pouco, são chamados de indivíduos de boa sorte aqueles que, embora sendo irracionais, obtêm êxito em suas iniciativas, não importa do que se trata. E deliberar não lhes é vantajoso, pois possuem dentro de si um princípio que supera o intelecto e a delibera-ção (ao passo que os outros têm a razão, mas carecem desse princí-pio); e possuem *inspiração*,[1386] a despeito de incapazes de deliberar;
35 de fato, apesar de irracionais, conseguem até aquilo que tem a ver com o *prudente e sábio*,[1387] quer dizer, *sua divinação é rápida;*[1388] so-mente quanto àquela fundada na razão não devemos ser explícitos; é obtida por alguns por experiência, enquanto por outros graças à habituação no emprego da observação; em um e outro caso recorre-se ao divino. Com efeito, essa qualidade permite discernir bem tanto o futuro quanto o presente e as pessoas de que se trata aqui são aquelas cuja razão está desimpedida. Isso explica porque os melan-
40 cólicos são *videntes nos sonhos do que é verdadeiro;*[1389] parece que
1248b1 quando a razão é desimpedida, o princípio se revela mais forte, tal

---

1383. ...τίς ἡ τῆς κινήσεως ἀρχὴ ἐν τῇ ψυχῇ. ... (*tís he tês kinéseos arkhè en têi psykhêi*).

1384. ...ὥσπερ ἐν τῷ ὅλῳ, θεός καὶ πᾶν ἐκεί κινεῖ... (*hósper en tôi hóloi, theós kai pân ekeí kineî*). Nesse parágrafo, a discussão em torno da sorte (τύχη [*týkhe*]), já no âmbito me-tafísico, esbarra na questão psicológica, ou seja, da alma e desemboca claramente na dimensão teológica. Sobre a concepção aristotélica de Deus, ou seja, *o primeiro motor imóvel*, ver *Metafísica*, Livro XII, sobretudo o capítulo 7.

1385. ...λόγου δ' ἀρχὴ οὐ λόγος, ἀλλά τι κρεῖττον. ... (*lógou d' arkhè ou lógos, allá ti kreîtton*).

1386. ...ἐνθουσιασμόν, ... (*enthousiasmón*).

1387. ...φρονίμων καὶ σοφῶν... (*phronímon kai sophôn*).

1388. ...ταχεῖαν εἶναι τὴν μαντικήν... (*takheîan eînai tèn mantikén*).

1389. ...εὐθυόνειροι... (*euthuóneiroi*), ou, com maior precisão: ...nos sonhos veem o que real-mente sucederá... . Sobre este tema o leitor pode consultar na *Parva Naturalia* de Aris-tóteles os tratados *Do Sono e da Vigília, Dos Sonhos* e *Da Divinação no Sono*.

LIVRO VIII | 313

como acontece de o cego lembrar-se melhor, já que foi dispensado de ter sua memória ocupada com os objetos da visão.

Fica evidente, portanto, que existem duas formas de boa sorte, uma *divina*,[1390] graças à qual se entende que o sucesso do indivíduo de boa sorte se deve a Deus, sendo o caso daquele que se sai bem em
5 obediência ao seu impulso. Na outra forma a pessoa se sai bem contrariando seu impulso. Ambas essas formas são irracionais. A primeira apresenta continuidade, a segunda não.

3

DISCORREMOS, PORTANTO, anteriormente acerca de cada virtude *em particular*;[1391] e uma vez que distinguimos separadamente a fa-
10 culdade de cada uma, cabe-nos explicar com clareza a virtude que é o produto da associação de todas as virtudes, que já estamos designando como *nobreza*.[1392] É evidente que aquele que faz jus a essa denominação tem verdadeiramente que ser detentor das virtudes parciais ou particulares; de fato, não pode ser diferente tampouco em relação às outras coisas; com efeito, ninguém é sadio no corpo
15 como um todo, isto é, integralmente, mas não em qualquer parte dele; a maioria das partes e as mais importantes, senão todas, devem necessariamente se encontrar na mesma condição do todo. *Ser* **bom** *e ser* **nobre** *diferem não só verbalmente como também no que*

1390. ...θεία...(*theía*).
1391. ...κατὰ μέρος μὲν οὖν περὶ ἑκάστης ἀρετῆς εἴρηται πρότερον... (*katà meros mèn oún peri hekástes aretês eíretai próteron*).
1392. ...καλοκἀγαθίαν. ... (*kalokagathían*), ou honradez. Mas é um vocábulo composto de difícil tradução que esses nossos termos traduzem precariamente. Melhor tentar entendê-lo: designa uma conduta moral irrepreensível que reflete um sólido caráter moral igualmente irrepreensível. Afinal, trata-se da síntese harmoniosa de todas as virtudes. A nossa expressão *integridade moral* se aproxima, ainda que imperfeitamente, desse conceito.

314 | ÉTICA A EUDEMO

encerram em si mesmos.[1393] Todos os bens encerram fins que são desejáveis em função de si mesmos. Entre estes, os nobres são aqueles que,
20 existindo em função de si mesmos, são objetos de louvor; de fato,
são aqueles que a uma vez ensejam ações louváveis e são eles próprios louváveis, como é o caso da própria justiça e das ações que lhe
são próprias; e também das ações moderadas, visto ser também a
moderação louvável; a *saúde*,[1394] porém, não é louvável, já que seu
produto não o é; e tampouco *o agir vigorosamente*,[1395] porquanto
25 o vigor não é louvável; trata-se de coisas boas, mas não dignas de
louvor. Do mesmo modo, inclusive nos outros casos, isso também é
esclarecido pela *indução*.[1396] Portanto, se os bens naturais são bons
para uma pessoa, estamos diante de uma boa pessoa. Embora as
coisas pelas quais as pessoas lutam e pelas quais têm o maior apreço, nomeadamente *honra, riqueza, boas qualidades do corpo, formas de boa sorte e poder*[1397] sejam por natureza boas, podem se reve-
30 lar danosas a algumas pessoas devido à disposição de caráter delas.
Nem o tolo, nem o injusto e nem o desregrado extraem proveito
ao delas se servirem, não mais do que o proveito que um enfermo
extrairia da alimentação de uma pessoa sadia, ou aquele que alguém
enfermiço e aleijado extrairia da disciplina de um indivíduo saudável e fisicamente íntegro. Um indivíduo é nobre pelo fato de ser
35 detentor daqueles bens que encerram uma nobreza que lhes é própria; adicionalmente porque é um praticante de coisas nobres que
assim são em função de si mesmas; entenda-se por *coisas nobres*[1398]
as virtudes e as ações resultantes da virtude.[1399]

1393. ...ἔστι δὴ τὸ **ἀγαθὸν** εἶναι καὶ τὸ **καλὸν κἀγαθὸν** οὐ μόνον κατὰ τὰ ὀνόματα,
ἀλλὰ καθ᾽ αὑτὰ ἔχοντα διαφοράν. ... (*ésti dè tò **agathòn** eînai kaì tò **kalòn kagathòn**
ou mónon katà tà onómata, allà kath᾽ hautà ékhonta diaphorán.*).

1394. ...ὑγίεια... (*hygíeia*).

1395. ...τὸ ἰσχυρῶς, ... (*tò iskhyrôs*).

1396. ...ἐπαγωγῆς. ... (*epagorês*).

1397. ...τιμὴ καὶ πλοῦτος καὶ σώματος ἀρεταὶ καὶ εὐτυχίαι καὶ δυνάμεις, ... (*timè kaì
ploûtos kaì sómatos aretaì kaì eutykhíai kaì dynámeis,*).

1398. ...καλὰ... (*kalà*).

1399. ...αἵ τε ἀρεταὶ καὶ τὰ ἔργα τὰ ἀπὸ τῆς ἀρετῆς. ... (*haí te aretaì kaì tà erga tà apò tês
aretês.*).

LIVRO VIII | 315

Existe também uma *disposição cívica*,[1400] como a possuída pelos *lacônicos*[1401] e que outros que a eles se assemelham estão capacitados a possuir, disposição que é essencialmente a seguinte: são da
40 opinião de que se deve, sim, ser detentor de virtude, mas em função
1249a1 das coisas que são naturalmente boas; consequentemente, ainda que sejam *homens*[1402] bons (uma vez que as coisas naturalmente boas são boas para eles), *não possuem nobreza*;[1403] em relação a essas pessoas, não se trata apenas de obter as coisas nobres em função delas mesmas e realizar a prévia escolha de ações boas e nobres. Mais
5 do que isso: para elas aquilo que não é nobre por natureza, mas bom por natureza, é nobre; de fato, a nobreza das coisas é sempre determinada pela nobreza dos motivos e das escolhas das pessoas. Em decorrência disso, do ponto de vista da pessoa nobre, as coisas naturalmente boas são nobres; com efeito, o justo é nobre, sendo este de acordo com o mérito e a pessoa nobre é merecedora dessas coisas; e que se acresça que *aquilo que é adequado*[1404] é nobre,
10 sendo tais coisas adequadas àquela pessoa, a saber: *riqueza, bom nascimento, poder.*[1405] A nobreza das coisas, portanto, para a pessoa nobre, corresponde ao caráter vantajoso delas, ou melhor, as mesmas coisas são tanto vantajosas quanto nobres; para os indivíduos ordinários, contudo, não existe tal correspondência, porquanto coisas boas em termos absolutos não são para eles boas, embora o sejam para a pessoa boa, além do que, do ponto de vista da pessoa nobre, são também nobres, na medida em que ela empreende mui-
15 tas coisas nobres em razão delas. É de se notar, todavia, que aquele que julga que a posse das virtudes deve ocorrer em função de *bens externos*[1406] empreende ações nobres somente acidentalmente.

1400. ...ἕξις πολιτική, ... (*héxis politiké*).

1401. ...Λάκωνες... (*Lákones*), os habitantes da região da Lacônia na Grécia, ou seja, os espartanos.

1402. ...ἄνδρες... (*ándres*), indivíduos humanos do sexo masculino. Mas Aristóteles parece ter em mente as pessoas de ambos os sexos.

1403. ...καλοκἀγαθίαν δὲ οὐκ ἔχουσιν... (*kalokagathían dè ouk ékousin*).

1404. ...τὸ πρέπον... (*tò prépon*).

1405. ...πλοῦτος εὐγένεια δύναμις. ... (*ploûtos eugéneia dýnamis*).

1406. ...ἐκτὸς ἀγαθῶν... (*ektòs agathôn*).

316 | ÉTICA A EUDEMO

A nobreza, portanto, é virtude completa.[1407]

Discorremos também a respeito do prazer e de que espécie de bem se trata, e dissemos que *as coisas pura e simplesmente prazerosas*[1408] são também nobres, enquanto as pura e simplesmente boas são também prazerosas. O prazer somente acontece na ação; *em ra-*
20 *zão disso, o indivíduo verdadeiramente feliz também viverá com máximo prazer, e isso não constitui uma exigência vã dos seres humanos.*[1409]

Considerando-se, porém, que o médico dispõe de uma *norma*[1410] que lhe serve de referência para discernir o corpo que está sadio do que não está, e relativamente ao qual cada coisa, numa certa medida, deve ser realizada e é *sadia,*[1411] e se for realizada menos ou mais,
25 a saúde deixará de existir, *no que diz respeito a ações e escolhas*[1412] da-
1249b1 quilo que é naturalmente bom, mas não louvável, o indivíduo bom precisa ter uma norma *tanto de disposição quanto de escolha e do evitar,*[1413] e inclusive no que respeita à *abundância ou escassez*[1414] de riqueza e de boa sorte. Anteriormente estabelecemos a norma como orientada pela razão; isso, todavia, é tal como se alguém dissesse
5 no tocante à dieta alimentar, que é *como orientado pela medicina e seu próprio princípio racional,*[1415] o que, ainda que verdadeiro, carece de clareza. É necessário, portanto, nesse caso como em outros,

---

1407. ...ἔστιν οὖν καλοκἀγαθία ἀρετὴ τέλειος. ... (*éstin oûn kalokagathía aretè téleios*). *Completa* (...τέλειος... *téleios*) não só no sentido quantitativo de ser soma e síntese de todas as virtudes, mas também naquele qualitativo de ser a expressão mais elaborada e aprimorada da virtude, quer dizer, a virtude perfeita.

1408. ...τά τε ὑπλῶς ἡδέα... (*tá te haplôs hedéa*), quer dizer, prazerosas em termos absolutos e não relativos.

1409. ...διὰ τοῦτο ὁ ἀληθῶς εὐδαίμων καὶ ἥδιστα ζήσει, καὶ τοῦτο οὐ μάτην οἱ ἄνθρωποι ἀξιοῦσιν. ... (*dià toûto ho alethôs eudaímon kaì hédista zései, kaì toûto ou máten hoi ánthropoi axioûsin*).

1410. ...ὅρος... (*hóros*).

1411. ...ὑγιεινὸν, ... (*hygieinòn*).

1412. ...περὶ τὰς πράξεις καὶ αἱρέσεις... (*perì tàs práxeis kaì hairéseis*).

1413. ...καὶ ἕξεως καὶ τῆς αἱρέσεως καὶ φυγῆς, ... (*kaì héxeos kaì tês hairéseos kaì phygês*).

1414. ...πλήθους καὶ ὀλιγότητος... (*pléthous kaì oligótetos*).

1415. ...ὡς ἡ ἰατρικὴ καὶ ὁ λόγος ταύτης, ... (*hos he iatrikè kaì ho lógos taútes*).

LIVRO VIII | 317

viver tendo como referência *o princípio orientador*[1416] e o estado e
a atividade do princípio orientador, como o escravo, que tem que
viver segundo o princípio orientador do senhor; e cada um segundo
aquele que lhe diz respeito particularmente. E considerando que o
10 ser humano é naturalmente constituído por uma parte que governa
e outra que é governada, e cada um de nós deveria viver acatando o
princípio orientador (o governante) alojado dentro de si (que é duplo, uma vez que a medicina constitui o princípio orientador num
sentido, enquanto a saúde o constitui num outro, sendo a primeira
em função da segunda), é o que ocorre com *a faculdade especulativa*.[1417] *Deus, com efeito, não é governante imperioso*,[1418] sendo sim
aquilo em favor do que a sabedoria emite suas ordens (a expressão
15 *aquilo em favor do que*[1419] tem duplo sentido, algo já distinguido em
outra parte[1420]); daí resulta que *aquele*[1421] de nada necessita. Portanto, a escolha e posse de coisas naturalmente boas, não importa se
coisas boas relativas ao corpo, à riqueza, a amigos ou a outros bens,
que maximamente vierem a produzir a *especulação de Deus*[1422] são as
melhores, constituindo também a mais nobre das normas; e uma e
20 outra[1423] que, por deficiência ou excesso, venham a nos impedir de

---

1416. ...τὸ ἄρχον... (*tò árkhon*), o mesmo que o princípio de governo ou de autoridade. ἀρχή
(*arkhé*), nominativo singular, *princípio*, palavra de largo leque semântico, abrange, isolada ou conjuntamente (aqui conjuntamente) os nossos sentidos de regência (condu-
ção, orientação), governo, regra, controle, poder e autoridade. A usual analogia que
Aristóteles faz logo na sequência com o escravo e o senhor arroja luz a essa ideia.

1417. ...τὸ θεωρητικόν. ... (*tò theoretikón*).

1418. ...οὐ γὰρ ἐπιτακτικῶς ἄρχων ὁ θεός, ... (*ou gàr epitaktikôs árkhon ho theós*). ...ο ὁ θεός,
... (*ho theós*) literalmente *o deus*. O problema aqui e em todo este contexto, bem como
no Livro XII, cap. 7, 1072b25-30, da *Metafísica*, não é propriamente linguístico, mas de
interpretação. Nossa tradução segue a da *Metafísica*, no entendimento de que Aristóteles se refere não ao deus (um deus impreciso ou não nomeado da religião grega), mas ao
primeiro motor (πρῶτον κινοῦν [*prôton kinoún*]).

1419. ...οὗ ἕνεκα , ... (*oú héneka*).

1420. Ver *Física*, Livro II, capítulo 2, 194a27-28 ss., 194a36; *Metafísica*, Livro XII, capítulo 7,
1072b2-3; *Da Alma*, Livro II, capítulo 4, 415b1-3.

1421. ...ἐκεῖνός... (*ekeînós*), quer dizer, Deus.

1422. ...θεοῦ θεωρίαν, ... (*theoû theorían*).

1423. Ou seja, escolha e posse.

318 | ÉTICA A EUDEMO

servir a Deus e especulá-lo, são ruins. Esta norma a alma possui, sendo ela a norma mais excelente para a alma, a saber, *perceber o mínimo da parte irracional da alma enquanto tal.*[1424]

Que isso baste, portanto, quanto ao que tínhamos a declarar so-
25 bre a norma da nobreza e o propósito das coisas simplesmente boas.

1424. ...τὸ ἥκιστα αἰσθάνεσθαι τοῦ ἀλόγου μέρους τῆς ψυχῆς, ᾗ τοιοῦτον. ... (*tò hékista aisthánesthai toû alógou mérous tês psykhês, hêi toioûton*).